U0359880

现代经济与管理类规划教材

普通高等教育"十三五"规划教材

管 理 学

——基本理论·实战方法·标杆案例

主编 赵继新 郑强国 魏秀丽

清华大学出版社

北京交通大学出版社

·北京·

内 容 简 介

本书以计划、组织、领导、控制、创新五大职能为基本框架，介绍管理学的基本理论和基本方法，同时按照知识—能力—思维的结构进行深入拓展。本书内容共分为 10 章，分别是管理与管理学、管理思想的演进、计划、决策、组织、领导、激励、沟通、控制和创新。

本书适用于管理类专业的本科生和专科生使用，也可以作为企业管理人员培训的教材或者教学参考书。

图书在版编目（CIP）数据

管理学：基本理论·实战方法·标杆案例 / 赵继新，郑强国，魏秀丽主编. —北京：北京交通大学出版社：清华大学出版社，2020.8

现代经济与管理类规划教材

ISBN 978-7-5121-4284-8

Ⅰ. ① 管…　Ⅱ. ① 赵…　② 郑…　③ 魏…　Ⅲ. ① 管理学–高等学校–教材
Ⅳ. ① C93

中国版本图书馆 CIP 数据核字（2020）第 135529 号

管理学——基本理论·实战方法·标杆案例
GUANLI XUE——JIBEN LILUN·SHIZHAN FANGFA·BIAOGAN ANLI

责任编辑：吴嫦娥

出版发行：清 华 大 学 出 版 社　　邮编：100084　　电话：010-62776969　　http://www.tup.com.cn

　　　　　北京交通大学出版社　　邮编：100044　　电话：010-51686414　　http://www.bjtup.com.cn

印　刷　者：三河市华骏印务包装有限公司

经　　销：全国新华书店

开　　本：185 mm×260 mm　　印张：18　　字数：461 千字

版 印 次：2020 年 8 月第 1 版　　2020 年 8 月第 1 次印刷

定　　价：49.00 元

前　　言

管理学作为高等院校经济与管理专业的核心课程，是管理专业学生的第一门专业必修课，也是管理专业考研的必考课程。管理学在历经百年发展之后，管理理论纷呈，管理实践丰富，面对模糊性与不确定性与日俱增，管理者面对的世界已经发生改变、正在改变，并将持续改变。因此，学习管理学是我们应对变化和挑战的必然选择。

目前管理学的教材很多，本书按照管理的职能展开，以计划、组织、领导、控制、创新五大职能为基本框架，同时按照知识—能力—思维的结构进行管理学的基本理论和基本方法的纵向拓展，希望能形成管理学的知识结构与学习者的认知结构之间的相互结合。

本书具有如下特色。

第一，知识系统，奠定学生的管理基础。本书内容全面，逻辑清晰，要点突出，便于初学者全面系统领会和掌握管理学的体系结构，掌握管理学的基本理论和基本方法，从而为今后学习其他管理专业课程和开展科学研究打下坚实的基础。每章配有知识测验题。

第二，注重实践，提升学生的管理能力。本书结合通俗易懂的例子和实际的企业案例进行解析，注重培养灵活运用管理学的知识解决身边实际问题的能力，培养学生的计划能力、协调能力、组织能力和沟通能力等管理能力。每章配有技能训练题。

第三，重在拓展，提升学生的管理思维。通过本书的学习，可以帮助学生建立管理思维，用管理的思维去发现问题、分析问题和解决问题，培养学生识别科学问题并积极寻找解决方法的基本管理素质以及善于独立思考和创新的开放性思维。每章配有思维拓展题。

第四，添加视频，提供信息化的学习方式。本书不仅有纸质的学习内容，也有视频的学习内容。对于管理学中的重点知识点，本书配有讲解的视频，可以扫描书中相应位置的二维码获取。

第五，线上线下，达成最好的学习效果。本书配套的在线课程，可以登录中国大学MOOC（慕课）（https://www.icourse163.org/）搜索"北方工业大学"，找到"管理学"进行学习。线上的"管理学"每个学期都会持续更新内容，有最新的案例、最前沿的实践，还有在线测试和在线讨论环节，通过线上课程可以拿到中国大学 MOOC 的学习证书。

本书由北方工业大学经济管理学院工商管理系管理学教学团队的老师编写，团队成员具有丰富的教学经验和实践经历。赵继新和郑强国负责本书的整体设计、框架结构，魏秀丽负责整本书的审阅和统稿。编写的具体分工如下：第 1 章，郑强国；第 2 章和第 7 章，魏秀丽；第 3 章和第 8 章，付艳荣；第 4 章和第 10 章，张淑谦；第 5 章和第 9 章，宋钰；6 章，罗文豪。

我们期待本书能不断完善管理学的知识体系，提高学习者的学习兴趣。相对于不断更新的管理实践，本书肯定存在不足之处，恳请读者们提出宝贵的意见，以便我们能够不断丰富和完善本书。在本书编写过程中，参考了国内外学者的成果，在此表示感谢。

本书由"2018 年北方工业大学教材建设专项"资助。

编　者

2020 年 8 月

目　　录

第1章

管理与管理学

■■■■■➡ **学习目标**

学完本章后，你应该能够：
◎ 理解管理的内涵、特征及属性；
◎ 理解管理的职能与原则；
◎ 明确管理者的层级及其应具备的技能；
◎ 理解不同管理者的角色定位；
◎ 理解学习管理学的意义。

■■■■■➡ **基本概念**

管理　管理者　管理者角色　管理者技能　适度管理　人本管理

■■■■■➡ **开章案例**

华为公司对管理的认识

华为技术有限公司（以下简称华为）自 1987 年创立以来，从最初的 2.1 万元人民币起家，发展到了如今营业收入 1 090.3 亿美元的世界 500 强企业排名 61 位的企业。至 2019 年6 月，全球已商用的 5G 网络中，2/3 由华为提供，华为已经成长为世界通信产业的领导者。短短三十多年的时间，华为凭什么能够超越众多西方百年巨头？当华为总裁任正非以 70 多岁的高龄，指挥着麾下近 20 万知识型人才大军征战世界时，你会深刻体会到，技术很重要，资本很重要，但最重要、最具魅力的还是华为的管理。关于管理对华为发展的作用，从华为公司高管讲话和公司经营管理团队文件内容中可见一斑：

资源是会枯竭的，唯有文化才会生生不息。一切工业产品都是人类智慧创造的。华为没有可以依存的自然资源，唯有在人的头脑中挖掘大油田、大森林、大煤矿……

——《华为基本法》

为什么世界上出现了 IBM、微软，其实体现的不仅是技术，体现的是管理。某种意义上

1

看，某些公司不比华为差，为什么没有发展起来，就是没有融入管理，什么东西都是可以买来的，唯有管理买不来。

——任正非在管理工程事业部计算机集成制造系统汇报会上的讲话

核心竞争力是多方面的，技术与产品仅仅是一个方面，管理和服务的进步远远比技术进步重要。没有管理，人才、技术和资金就形不成合力。

——任正非，创新是华为发展的不竭动力

所有公司都是管理第一，技术第二。没有一流的管理，领先的技术就会退化；有一流的管理，二流的技术也会进步。

——任正非与学员交流纪要

互联网不断地往新的领域走，带来了技术的透明、管理的进步，它加快了各公司之间差距的缩短。因此，未来的竞争是管理的竞争，我们要在管理上与竞争对手拉开差距。

——华为经营管理团队纪要

一个组织的成功与否，管理活动起着关键性的作用。在竞争日益加剧的现代社会中，如何通过有效的管理，让组织的成员为了实现组织的整体目标而努力工作，是每个组织亟待解决的问题。因此，管理作为一门科学具有其独特的价值。

1.1　管理的概念、特征与属性

任何一项活动要做到有效率，并取得较好的、令人满意的效果，就必须要进行管理。管理是通过对人和资源的配置实现组织目标的过程。

1.1.1　管理的概念

自 19 世纪末 20 世纪初管理学开始形成以来，学术界对管理的概念提出了多种解释，有的从管理的职能角度，有的从管理的目标角度，有的从管理的实践角度，虽然各种说法不尽相同，但总的来看，这些对管理概念的界定是对管理的不同解释，这是和管理实践和管理理论的发展密不可分的。比如哈罗得·孔茨认为，管理是设计并保持一种良好的环境，使人在群体中高效率地完成既定目标的过程；斯蒂芬·P. 罗宾斯认为，管理是指管理者同别人一起，或通过别人使活动完成得更有效的过程；赫伯特·亚历山大·西蒙认为管理就是决策，强调决策在管理过程中的重要性。这些定义是从不同的角度描述了管理活动的特征，虽然各有道理，但都或多或少地带有某种程度的局限性。

综合上述观点，我们认为，所谓管理，就是为了有效实现组织目标，由专门的管理人员利用专门的知识、技术和方法对组织活动进行计划、组织、领导、控制与创新的过程。

1.1.2　管理的特征

从对管理概念的界定中，我们不难总结出管理应具备以下特征。

（1）管理的目的性。即管理是有效地实现组织的目标。管理本身不是目的，管理的目的是有效实现组织的目标。而组织和成员竭力实现的最重要的目标就是实现卓越绩效，即为客户提供他们所需要的各种产品和服务。在这里应重点理解"有效"问题，管理的"有效性"体现在两个方面：一是为达到一定目标的资源被利用情况和产出能力的尺度，即"效率"；二是衡量管理者所选择的组织目标的适宜程度以及组织目标实现程度的一个尺度，即"效果"。只有"高效率"加"高效果"才是有效管理。效率、效果与管理有效性关系如图 1-1 所示。

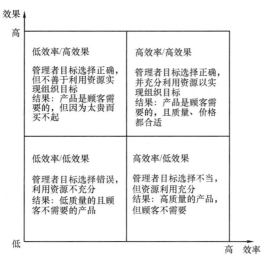

图 1-1　效率、效果与管理有效性关系

（2）管理的主体是具有专门知识、利用专门技术和手段来进行专门管理活动的管理者。作为一种劳动分工，管理活动是一种专门活动，是一种专门职业，必须具有相应的管理知识和能力才能胜任管理工作，成为一名合格的管理者。我们把这种专门的知识和技能叫作管理技能。

判断你属于哪种类型的管理者

传统管理者与现代管理者的比较，如表 1-1 所示。通过此表，判断你属于哪种类型的管理者。

表 1-1　传统管理者与现代管理者的比较

传统管理者	现代管理者
遵循命令链	与任何可能将工作完成的人交往
做重复工作	学习新的方式
要求长时间工作	要求结果
独占信息	分享信息
试图掌握一个主要的领域，如营销和财务	试图掌握更宽系列的管理领域
更多单独作决策	邀请别人参与决策
向上看，寻找指令和答案	与其他人质疑、合作、协商，以发现解决方案
认为其他人主要是老板和竞争者	在共同目标和相互尊重、信息交换的基础上建立关系
认为自己是管理者和老板	认为自己是支持者和内部咨询者

（3）管理的客体是组织活动及其参与要素。作为一项活动，管理的客体就是管理的对象，管理的对象是一切可以调用的资源。组织需要通过特定的活动来实现组织目标，而任何活动的进行都是以利用一定的资源为条件的，包括人、财、物等资源。这些资源就是管理的客体，其中最重要的管理客体是人力资源。

（4）管理活动的内容就是管理职能的发挥，包括信息获取、决策、组织、领导、控制、创新等多项职能，其中计划、组织、领导、控制是管理的基本职能。管理是一系列相互关联、连续进行的活动，即计划、组织、领导、控制，从而建立起管理的框架。

1.1.3 管理的属性

管理的属性主要体现在两个方面：一是基于生产力水平决定的自然属性和基于不同生产关系决定的社会属性，即管理的二重性；二是基于管理科学本身的科学性和基于管理实践应用层面的艺术性。

1. 自然属性和社会属性

管理的二重性，是指管理的自然属性和社会属性。一方面，管理具有同社会化大生产和生产力相联系的自然属性，表现为管理过程中对人、财、物等资源的配置和利用；另一方面，管理又是人类的活动，而人类必然地生存在一定的生产关系和一定的社会文化中，要受生产关系的制约和社会文化的影响。

首先，管理的自然属性是一种不以人的意志为转移，也不因社会制度意识形态而有所改变的客观存在。管理理论揭示了自然客观规律，并创造了与这一规律相适应的管理手段、管理方法。管理活动只有遵循这些规律，利用这些方法和手段，才能有效保证组织的顺利运行。管理的自然属性体现在两个方面：一方面，管理是社会劳动过程的一般要求；另一方面，管理在社会劳动中具有的特殊作用，只有通过管理才能实现劳动过程所必需的各种要素的组合，这和生产关系、社会制度没有直接关系。

其次，管理的社会属性体现在管理作为一种社会活动，只能在一定的社会历史条件下和一定的社会关系中进行。管理具有维护和巩固生产关系、实现特定生产目的的功能。管理的社会属性与生产关系、社会制度紧密相连。

最后，管理的自然属性和社会属性之间是相互联系、相互制约的。一方面，管理的自然属性不可能独立存在，它总是存在于一定的社会制度、生产关系中；同时，管理的社会属性也不可能脱离管理的自然属性而存在，否则，管理的社会属性就成为没有内容的形式了。另一方面，管理的二重性又是相互制约的，管理的自然属性要求具有一定社会属性的组织形式和生产关系与其相适应；同时，管理的社会属性也必然对管理的方法和技术产生影响。

2. 管理的科学性和艺术性

管理的科学性和艺术性，这两方面哪一个更重要的争论自从管理学诞生以来就没有停止过。实际上，管理是科学性和艺术性的统一。

（1）管理的科学性。管理学是一门科学，因为其具有科学的特点。首先，管理具有客观性。管理学的研究对象是人类社会中各种组织的管理活动，这是从客观实际出发，揭示管理活动的客观规律，因为这一规律是对事物及其规律的真实反映，任何人都不可违背，是一种客观存在。其次，管理具有实践性。管理是从实践中产生并在实践中得到发展的一门学科，管理的很多内容和理论是人们多年实践的总结，并通过实践的检验上升为理论。再次，管理具有系统性。经过多年的发展，管理已经形成了完整的逻辑体系和理论，这一理论是经过检验得到证实的。最后，管理具有发展性。随着管理实践的深入和组织竞争的多样性，管理将会向前发展以解决以前没有解决的问题。所以，管理具有一般科学所具有的特征，是反映客观规律的知识体系，因此管理具有科学性。

（2）管理的艺术性。艺术的含义是指管理者通过熟练运用知识，并且通过高超的技能来达到某种效果。之所以说管理具有艺术性，是因为同样的管理理论在不同的管理者手中能起到完全不同的管理效果；同时，管理的效果还是管理方法与管理环境相融合的结果，同样的管理方法因为环境不同，实施起来就必然地有所区别，否则，就会犯"东施效颦"的错误。这一点是管理作为一门科学有别于其他科学的特点。

基于以上分析，我们看到，管理是科学性和艺术性的统一。要想成为一名合格的管理者，不仅要学习管理的理论、方法，还需要培养灵活运用管理知识的技能，达到科学性和艺术性的统一。

1.2　管理的职能与原则

1.2.1　管理的职能

管理工作的职责就是帮助组织充分利用自身资源，实现组织目标。那么，管理者如何实现这一目标呢？解决方案就是要通过发挥管理的计划、组织、领导、控制等管理职能来实施管理活动，计划、组织、领导、控制等活动内容就是管理的职能。关于管理职能，不同的管理学家有不同的看法，如亨利·法约尔在《一般管理与工业管理》中提出五要素说，即管理职能应包括计划、组织、指挥、协调、控制五项职能；孔茨提出管理职能包括计划、组织、人员配备、领导、控制等。实际上，作为管理活动内容的主体，管理的基本职能包括计划、组织、领导、控制四项职能，其他职能可以作为这些职能的派生职能。管理四项基本职能之间的关系，如图 1–2 所示。

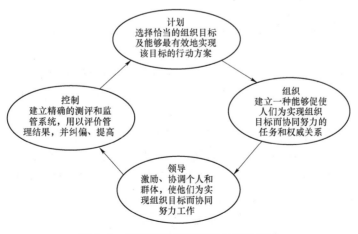

图 1–2　管理四项基本职能之间的关系

1. 计划

计划是管理的一项重要职能。计划是管理者用来识别并选择恰当的目标和行动方案的过程，一般包括三个步骤：① 确定组织将要追求的目标，即组织将要成为什么。这一目标的结果就是企业战略，是关于组织追求什么目标的决策，这一决策将直接影响到组织行动方案的制定。② 制定实现这一目标所要采取的行动方案。要实现已定的目标，采取哪些行动计划和方案是需要科学谋划的。这一步就是制定企业各个业务环节的决策，是实现组织目标不可缺少的部分和程序。③ 决定如何分配组织资源以实现组织目标。管理活动的核心就是组织资源的优化配置以实现组织目标，因此，计划不仅规划出组织目标，制订出详细的执行方案，还要对组织内外部资源的取得和分配进行统一协调，以高效地实现组织目标。

计划是一项高难度的活动，因为一般来讲，组织应该追求什么样的目标，以及如何最有效地追求这些目标，并不是一下子就能搞清楚和弄明白的。当一个管理者在调动组织资源去追求某个特定目标时，肯定面临着风险，且预期收益越大，面临的风险也越大，这就需要管理者重视管理的计划职能，因为计划直接决定组织的效率和效果。

2. 组织

组织是管理者建立一个组织成员间能够互动和合作的工作关系结构以实现组织目标的过程。组织的职能之一就是根据员工各自承担的特定工作任务，将他们分配到各个部门工作。在组织过程中，管理者还要在不同的个人和部门之间分配职权和职责。

组织职能发挥的结果就是创设组织结构，即一种能够协调和激励组织成员，使之协同工作以实现组织目标的正式工作及其报告关系体系。组织结构决定了一个组织能在多大程度上充分利用自身资源创造产品和服务。为有效地实现计划所确定的目标，就必须充分发挥组织职能，在组织内部进行部门划分、权利分配和工作协调。它是计划工作的延伸，包括组织结构的设计、组织关系的确立、人员的配置及组织的变革等。

3. 领导

领导是管理者利用职权和威信施展影响，指导和激励各类人员努力去实现目标的过程。在领导职能发挥中，管理者不仅要为组织成员清楚地描述明晰的发展前景，还要激发他们的活力，使员工明白自己在实现组织目标的过程中所发挥的作用。

领导职能的发挥需要管理者运用权力、影响力、观察力、说服力及沟通技巧来协调个人和群体的行为，使他们的活动和努力步调一致；同时，在领导过程中，管理者还要鼓励员工向高层次发展，领导的结果应是为组织培养具有主动性和主人翁责任感的忠诚员工。

4. 控制

控制是管理的一项重要职能；没有控制，管理的结果往往难以保证。在控制过程中，管理者要评估组织完成目标的程度，并采取相应的行动以保持或改善组织的业绩。一般包括确立控制标准、衡量实际业绩、进行差异分析、采取纠偏措施等环节。

控制过程的结果是准确测评绩效和规范组织效率及效果的能力。在实施控制职能的过程中，管理者首先要确定控制的目标（目标可能涉及生产力、产品质量、对顾客需求的反映等方面），然后设计出信息和控制系统，以便为评估绩效提供所需要的信息，在此基础上，对管理的计划、组织、领导职能发挥情况进行评估和修正。

计划、组织、领导、控制这四项职能是管理职能的本质。不论是组织的规模大小，还是管理的层次高低，抑或是处于组织中不同的部门，一个有效的管理者都必须成功地履行这四项基本职能。

1.2.2　管理的原则

管理作为一门科学，是指导管理者实施管理的理论基础，管理者在实施管理职能时，为有效地实现组织目标，合理地安排业务活动和利用经济资源，做到有效管理，就必须遵循一定的原则，采取正确的方法，这样才能发挥管理的效果；否则，越是坚持管理的科学性，离组织目标就会越远。

1. 效益原则

管理的任务就是要实现组织的目标，创造良好的组织绩效就是组织的最大目标。组织绩效的直接体现就是以较少的投入实现较大的产出，即创造最大的效益，包括经济效益和社会效益。背离了这一点，组织就失去了存在的意义和理由，依托组织而存在的管理者也就没有任何意义了。因此说，作为一名管理者，要实施管理职能，首先要坚持的原则就是效益原则。

从经济学意义上分析，效益指的是产出和投入之间的比例关系。任何一项活动，在投入一定的前提下，产出越多，则效益越高；反之，效益则差。同样，如果产出一定，投入的资源和成本越小，效益越高；反之，则效益越差。追求最大的效益是人类活动的基本原则，这是由资源的有限性决定的。在一定的时期内，组织能够调动和使用的资源总是有限的，这种有限性同时受到取得资源的成本制约，那么，在一定的技术水平下，组织能够利用这些资源提供的产品和服务也是有限的。但与此完全不同的是，人类的需求不受资源和产品有限性的约束，这样供给和需求之间就必然地出现偏差。为缓和这一矛盾，人类在经济活动中，必须遵循效益原则。

在管理中，坚持效益原则就要求管理者要在一定的资源条件下，产出最大的价值。现代管理科学所强调的价值不是单纯的商品价值，而是经济价值和社会价值相结合、相统一的价值。管理的价值是指一个组织有关劳动的全部消耗总和与该组织对社会提供有益贡献的全部总和的关系。前者称为资源消耗，后者称为社会效用。其关系如下式表示：

$$价值=社会效用/资源消耗$$

管理的效益原则要求管理者应以价值为中心来开展所有工作，一方面要强调社会效用的提高；另一方面又要强调资源消耗的降低。管理价值中的社会效用既有可以用货币来表示的效益，如利润、税收、产品价格、社会福利费用、科学技术开发收益等，也有不能用货币表示的效用，如环境保护的贡献、对人类长期发展的贡献、对社会政治安定的贡献、对社会精神文明及文化教育的贡献等。而资源消耗，既包括物力和财力的消耗，也包括智力和时间的消耗，是一种综合的成本概念，是物力资源、财力资源、智力资源和时间资源的综合支出。

坚持效益原则，就必须在组织管理效果和管理效率两个方面提高管理技能，其中重要的技能有两个：一个是"做正确的事"，另一个是"正确地做事"。作为管理者，首先要做到的是能够判定自己所做的事情是否是"正确的事"，只有做正确的事，组织才会有效果，才会有效益。其次，是做到"正确地做事"，即坚持管理的科学性，把正确的事采取正确的方法做对，这样，组织的效率在有效果的基础上得到提高。但如果摆不正这两者的关系，管理者就会犯错误。过去我们一直强调管理者要正确地做事，单纯强调管理应坚持科学的方法，把事做对，但如果做的事情本身就是错误的，那方法越正确、做事的效率越高，离组织目标可能就越远。所以，坚持效益原则，就要求管理者首先判定选择的目标是否正确，只有在"做正确的事"的前提下"正确地做事"，才能取得预期的效益。

2. 人本原则

人本原则就是在管理中坚持以人为本，即在管理活动中把人作为管理的核心，不仅仅是把人看作管理的主要对象，看作企业的最重要资源，还把人作为管理的主体，通过激励，调动和发挥员工的积极性和创造性，引导员工去实现预定的目标。

人本原则是管理的核心，管理者在实施管理中要做到两点：一是确立"人本位"，二是尊重"人本性"。

1）确立"人本位"

所谓"本位"，就是某一事物的出发点、立足点、基本、根本等。确立"人本位"，就是在企业管理中，重视人的主导地位，把人作为组织中重要的资源和活力源泉，以人的需求和特征为出发点开展企业的生产、经营活动，使"物"服从于"人"。这就要求管理者在实施管理职能时，都把人作为首要因素加以考虑并重视，把人看作一个完整的"人"，而不是机器。只有真正确立了员工在企业中的人本位，才能真正做到了把员工当作天字第一号的资产，才能真正形成员工对组织的归属承诺，进而做出非凡的业绩。

确立企业中的人本位说起来容易，做起来却并非易事，这实际上是对企业管理的挑战。比如在制定企业使命和发展经营战略时，传统的做法是考虑企业利润目标，人只是实现利润目标的一个手段，是战略棋盘中的一个棋子；但如果确立人本位后，在企业使命和经营战略中，员工受益和发展也成为一个目标，是企业发展为之努力的一个方向，这不是简单的加减法，是管理理念和管理方法的重大变革。再比如人力资源管理中的业绩评价，传统业绩评价的基本目的是评估性的，即通过业绩评价划分出员工等级，以此作为补偿的依据，同时也常常用于激励员工更好地表现，希望下次能获得较好的评估（或害怕获得负面的评估）。这样的业绩评估无助于员工能力和水平的提高，相反还可能导致出现一种抑制合作与团队工作的心态，或抑制对话，甚至降低效率和放弃产品与服务的质量。但人本位下的业绩评价，其目的是作为一种开发性工具，通过业绩评价确认问题，并提供一个解决问题的平台，建立一个让员工成长，并承担更大责任的计划基础。

2）尊重"人本性"

从 20 世纪 20 年代中期以来，关于人性本质的讨论一直没有停息过。许多学者、专家、企业家纷纷从不同的角度开始了对人的研究，人们在管理中对人的因素的兴趣达到了惊人的程度。随着各种理论成果的相继出现，各种关于人性的认识逐渐被应用、被淘汰或被强化。最具代表意义的人性假定有"经济人"假设、"社会人"假设、"自我实现人"假设、"复杂人"假设，后期还出现 X 理论、Y 理论和 Z 理论，但仔细分析这些理论我们会看到，尽管它们对人的认识角度不同，但他们从不同角度认识人的最终目的是相同的，即都是追求更高的生产效率，获取更多的企业利润。人本原则中的尊重人本性，就是说在管理中既要强调人的普遍共性，又要尊重每一个员工的个性特征和特殊利益要求，尊重人的尊严，开发人的潜能，点亮人性的光辉，回归生命的价值。

尊严，是人对自己价值的认识，是人的一种自我意识；尊重人的尊严，就是不仅把员工看作资源，不仅重视"善以用人"，而且更强调"善以待人"，并且要把"善以待人"作为"善以用人"的前提。充分尊重和理解人的尊严，肯定人的尊严，才是真正做到了人本管理。

开发人的潜能，就是在正确"识"人的基础上，做到"人尽其才"。通过管理活动，不仅使员工主动积极地参与经营管理活动，发挥其能力，为企业目标服务，而且在实现企业目标的过程中，使员工得到全面的发展。

点亮人性的光辉，就是在管理中要顺应人性。从一定意义上说，人类文明史就是人性不断升华的过程。就人的本性而言，极端的"性善"或"性恶"都是片面的，人有光辉的一面，也有懒散、消极和阴暗的一面，问题的关键是如何引导其表现出光辉的一面。点亮人性的光辉，是管理的首要使命，通过顺应人性化的管理，激发人们对真善美的追求。

回归生命价值，就是归结到人性的终点，一个有尊严的人、有人生合理定位的人、实现个人价值的人才是一个完整的人，这样的人生才是一个完整的人生。人本管理尊重人的尊严，重视其价值实现，回归生命价值。

3. 适度管理原则

管理活动中存在许多相互矛盾的选择，比如战略决策中的专业化和多元化问题、管理幅度的宽窄问题、组织结构设计中的集权和分权问题等，这些矛盾体同时存在于一个组织之中。如果处理不好这些矛盾关系，管理就会走向极端，犯错误。在这些相互对立的选择中，前者的优点恰好是后者的局限所在，而后者的贡献恰好构成了前者的劣势。因此，组织在业务活动范围的选择上既不能过宽，也不能过窄；在管理幅度的选择上，既不能过大，也不能过小；在权力的分配上，既不能完全集中，也不能绝对分散，必须在两个极端之间找到合适点，进行适度管理，实现最佳组合。

正因为存在这些相互对立的选择才使得管理者的劳动更加重要，同时也正因为这些对立的存在，从而寻求最佳组合成为必要。管理者的工作效率更多的不是取决于他们对管理的理论知识和方法的掌握，而是取决于他们对所掌握的这些知识和方法的应用能力。正是这个原因，许多管理的理论研究者和实际工作者才强调："管理是一种艺术，而不是一门科学。"而大多数管理学教材认同，"管理既是一门科学，也是一门艺术。"

管理工作中许多因素之间存在明确的关系，可以用数学公式，即函数关系来表示，而更多的关系是无法用函数关系来表示的，呈现一种错综复杂的关系，有的甚至是演绎推理也无法表达清楚。例如，某种激励政策在一个组织非常有效，到了另一个组织就不怎么有效；或是对同一组织内的这部分成员起作用，对另一部分成员不太起作用。那么，激励政策和所达到的效果之间就不存在一种明确的函数关系。正是基于这种情况，管理应坚持适度原则。

严格上讲，适度管理原则没有一个准确的数量概念，而是管理实践的归纳。正如我们在做饭时放盐量的把握一样，没有人在做饭时必须用天平去称要放多少盐，而是根据日常经验估量着去放。这就是管理的艺术性。

适度管理原则要求管理者进行适情管理和适时管理。适情管理是指管理者应该根据组织内外的环境和能力特点来进行选择，在管理时要审时度势，管理制度和措施要适应组织的环境和特点，不能超越约束条件去做管理；适时管理则要求管理者根据环境和能力的变化来对这种选择进行调整，只有恰当的时机、合适的条件同时又符合自身能力的管理才是有效管理。

1.3 管理者的层级、角色与技能

1.3.1 管理者的层级

在现代社会中，存在形形色色的各种组织。但各种组织自己并不会运转，它们需要管理者来加以管理；同时，不同的管理者侧重的管理活动重点是不同的，这就势必出现不同的管理层级。

1. 操作者与管理者

随着劳动分工的深入，开始出现了专门的管理阶层，这些专门从事管理工作的人就是管理者。任何组织都是由一群人组成的，根据其在组织中的地位和作用的不同，组织成员可以简单地划分成两类：操作者和管理者。

所谓操作者，是指在组织中直接从事具体的业务，且对他人的工作不承担监督职责的人。如工厂里的工人、饭店里的厨师、学校的教师、医院的医生、商店的营业员等。他们的任务就是做好组织所分派的具体的操作性事务。

管理者则相反，他们是那些在组织中指挥他人完成具体任务的人。如企业的厂长，学校的校长、系主任，机关中的科长、处长、局长，公司的主管、经理等。他们虽然有时也做一些具体的事务性工作，但其主要职责是指挥下属工作。因此，管理者区别于操作者的一个显著特点就是，管理者有下属并向其汇报工作。

不同领域的管理者头衔

CEO：chief executive officer，首席执行官

COO：chief operating officer，首席运营官

CFO：chief finance officer，首席财务官

CTO：chief technology officer，首席技术官

CIO：chief information officer，首席信息官

CHRO：chief human resource officer，人力资源总监

CBO：chief business officer，首席商务官

CCO：chief communication officer，首席沟通官

2. 管理的层级

为了使经营活动既有效率又有效果，组织一般需要三种类型的管理者，即基层管理者、中层管理者和高层管理者，三个管理层从下到上列成一个层级结构，如图 1-3 所示。一般而言，基层管理者要向中层管理者报告，而中层管理者要向高层管理者报告，在利用组织资源提高组织绩效方面，处在不同等级上的管理者担负着各不相同但又相互关联的职责。

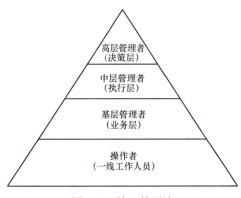

图 1–3　管理的层次

基层管理者、中层管理者、高层管理者三个管理阶层，构成了组织的三个基本层级。

1）基层管理者

处于管理层级底层的管理者，通常被称为主管。他们的主要职责是对从事产品生产和服务等特定活动的非管理层员工进行日常的监督管理。基层管理者领导下属直接进行生产，开展业务活动，直接指挥和监督现场作业人员，保证完成上级下达的各项计划和指令。

基层管理者遍布于组织的各个部门，是管理者群体中的多数。基层管理者的例子很多，例如汽车生产车间的一个工作小组的主管、医院外科的护士长、汽车经销商客户服务部中管理多名技师的首席技师等，都是属于基层管理者，他们几乎每天都要与下属打交道，组织下属开展工作，协调下属的行动，解决下属的困难，反映下属的要求。

2）中层管理者

正如他们的名字一样，中层管理者位于组织层级中高层管理者与基层管理者之间。有时候也把他们叫作战术管理者，是负责将战略管理者制订的总目标和计划转化为更具体的目标和活动的群体。中层管理者的主要职责是寻找一个组织人力资源和其他资源的最佳配置方式来实现组织目标。

中层管理者传统意义上的角色是作为高层和基层之间桥梁的管理控制者。中层管理者接受公司目标并将其分解为事业单位目标，把事业单位计划集中起来供高层参考，作为内部沟通的"联系眼"，向下解释和传达高层的意图，向上反映一线的信息。现在中层管理者角色的变化需要他们不仅是管理的控制者，而且还是其下属的成长教练。他们必须支持下属并训导他们，在培养其技能和创新中使下属成长。

在具体管理技巧上，中层管理者必须确保那些基层管理者能够保持长期战略目标与短期目标（需要马上行动的事情）之间的平衡；同时，为了改进组织效果，中层管理者要评估组织所追求的目标是否合适，并向高层管理者建议改变目标的方法。

3）高层管理者

高层管理者要对组织所在部门的绩效负责，他们担负着跨部门职责，对组织所在部门负有全面的责任。一般而言，高层管理者负责设定组织目标，比如公司应该生产何种产品，提供何种服务，决定各个部门之间应怎样互动，监督各个部门的中层管理者如何有效利用组织资源以实现组织目标。作为高层管理者，日常的主要工作是侧重于决定有关组织的大政方针，和沟通组织与外界的交往联系。在很多情况下，组织的成败往往取决于高层管理者的一个判断、一个决策或一项安排，因此，高层管理者很少从事具体的事务性工作，而把主要精力和时间放在组织全局性或战略性问题的考虑上。

在管理中，各个层级的管理角色是不同的。管理者只有找准角色定位，才能有效避免滑入管理误区，尤其是管理实践处于不断发展过程中，管理者必须适应企业内外环境的变化，及时地转化角色。

尽管管理者在组织中的地位不同，职责不同，但从他们所从事的工作性质看，无论管理者在组织中的地位如何，其所担负的基本任务是一样的，即：设计和维护一种环境，使身处其间的人们能在组织内协调地工作，从而有效地实现组织的目标，他们所从事的都是管理工作。

 理论链接

管理学家罗宾斯对不同层次管理者的工作时间分配，做出如图 1-4 所示的统计。可以看出，不同层次的管理者在工作时间的分配比例不同，工作内容的重点有较为明显的差异。

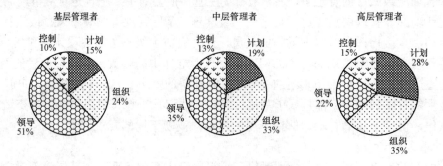

图 1-4　不同层次管理者工作时间分配比例

 **管理实践**

提高时间管理能力

实践中，管理者往往都非常繁忙，总觉得时间不够用。为了有效地利用时间，必须掌握以下基本原则。

1. 诊断自己的时间

诊断自己的时间，目的在于知道自己的时间是如何耗用的。

2. 分析无效的和浪费的时间

应该确定哪些事根本不必做，哪些事做了也是白费功夫。如果做这些没有效果的或者不归自己职责范围的事，就坚决地排除在外。产生时间浪费的原因很多，如一个单位的制度不健全、环节过多、信息不灵、人浮于事、相互扯皮等都会造成时间上的惊人浪费，那就改革管理制度，减少内耗造成的时间浪费。

3. 掌握科学的时间管理方法

一般来说，组织的事务按照事务的重要性和紧迫性来进行分类，可以分为四种。

① 紧急而且重要。包括未按时交货、设备出故障、产品质量出现问题等。如果这些事

情属于领导者的工作范围，那么对这类燃眉之急的事一般都不会马虎，必须花上整天的时间来处理，直到解决为止。

② 重要但不紧急。包括远景规划、产品创新、人才培养等。这类事务看起来一点都不急迫，可以从容地去做，但却是领导者的第一要务。在这类事务上要花最多的时间，否则就是"不务正业"了。

③ 紧急但不重要。包括批阅日常文件、工作例会、接打电话等。这类事务也需要赶快处理，但不宜花去过多的时间。

④ 不紧急也不重要。包括可不去的应酬、冗长而无主题的会议等。对于这类事务，领导者可先想一想："这件事如果根本不去理会它，会出现什么情况呢？"如果答案是"什么事都没发生。"那就应该立即停止做这些事。

人的精力总是有限的，如果能够很好地利用时间，便能提高管理工作的有效性。

1.3.2　管理者的角色

管理角色是指处于组织中特定位置的管理者被期望完成的一系列特定任务。要成为一名合格的管理者，必须在自己的位置上找准角色定位，这对其管理职能的发挥、组织赋予其应有的责任实现至关重要。

在以往管理角色研究中，明茨伯格提出了著名的有效管理者 10 种角色理论，集中阐述了当一个组织的管理者在进行实际管理工作时，应该做什么、做什么才是最重要的。明茨伯格把这 10 种角色组合为决策、信息、人际关系三大类，在参与计划、组织、领导、控制等管理职能时，管理者需要不断变换这三大类中不同的角色。

1. 决策角色

决策角色与管理者进行战略规划及利用资源所使用的手段密切相关。作为一名管理者，如何合理地配置资源，怎样根据企业内外环境条件的变化进行战略和计划设计，都需要管理者合理决策。因此，决策角色是一个管理者肯定要承担的角色。但这一角色因为管理层级的不同，担负的决策责任和决策内容是不一样的，越是高层管理者，承担的决策职能就越多，相应的决策责任也越大。

2. 信息角色

能否获取和传递有用的信息对管理任务的完成和管理目标的实现关系重大。在管理者信息角色中，管理者要扮演信息收集者、信息传播者和信息发言人三个角色。信息收集者要求管理者要保有对外界信息变化的敏感度，尽可能收集与组织绩效及组织目标发展有关的信息，为我所用；信息传播者要求管理者要有效利用信息技术迅速有效地把信息传递给员工，进而影响他们的工作态度和行为；信息发言人角色要求管理者为促进组织发展能力，用统一的口径对组织内外各种人员做出积极反应的态度，能做到"言行一致"。

3. 人际关系角色

管理者在实施管理职能时必然地与组织内外的各类人员交往，管理实际上体现在对人的管理，因此，人际关系角色对管理者是一个非常重要的角色。如果这一角色不能有效担当的话，可以判定他肯定不是一个合格的管理者。管理者担任人际关系角色的目的就是发挥领导、指挥、控制、协调等管理职能，为员工和作为整体的组织进行监督和提供方向。

 **理论链接**

明茨伯格划分的管理角色

明茨伯格将管理角色划分为三大类，共 10 种具体角色，如表 1–2 所示。

表 1–2　管理角色的划分

角色类型	具体角色	角色活动举例
决策角色	企业家 混乱应对者 资源分配者 谈判者	● 利用组织资源开发新产品和服务 ● 迅速行动，采取正确措施应对组织面临的来自外部环境的突发事件 ● 在组织的不同职能和部门之间分配资源，设定预算和薪资计划 ● 与供应商、分销商、员工就产品的质量与价格、技术、人力资源等达成一致，与其他组织就合作项目的资源筹措等达成协议
信息角色	监控者 传播者 发言人	● 评估承担不同职能的管理者的工作成果，采取正确的措施提高其绩效 ● 监控可能在未来对组织产生影响的内外部环境的变化。 ● 告知员工发生在内外部环境中可能对他们及组织产生影响的变动，就组织的前景和目标与员工进行沟通 ● 发起全国性的广告宣传活动，提高新产品和新服务的知名度；在当地社区宣讲组织未来的发展意向
人际关系角色	挂名首脑 领导者 联络者	● 在公司会议上向员工展示未来的组织目标，阐述组织的道德原则等 ● 为员工树立学习的榜样，向下属发布直接的命令和指示，就人力与技术资源的使用作出决策，动员员工支持特定的组织目标 ● 协调不同部门管理者的工作；与不同的组织建立联盟关系，以共享资源，生产新产品和服务

 **管理者指南**

管理角色和任务的转变

不同管理角色的比较如表 1–3 所示。

表 1–3　不同管理角色的比较

	基层管理者	中层管理者	高层管理者
变化的角色	从具体任务的执行者变成监督者和控制者	从管理控制者到支持性教练	从关注部门利益到关注组织的整体利益，注重影响组织发展的重大决策的正确性
基本价值观	在一线部门内通过专注于生产率、创新和成长实现业务绩效	通过支持和协调使公司的优势体现到独立的一线部门中	在整个组织中创造一种氛围和价值观
关键活动	● 保证完成上级下达的各项计划和指令 ● 针对具体任务，通过管理，不断地改进绩效	● 人员开发和支持活动 ● 在单位内联合分散的知识、技能和最佳经验 ● 协调短期绩效和长期战略间的矛盾	● 确定整个组织的目的和战略 ● 建立一整套规范和价值观体系以支持合作和信任 ● 在确定扩张机遇范围和绩效标准时挑战已有假设

1.3.3　管理者的技能

技能是来源于知识、信息、实践和资质的特殊能力，一般管理者需要具备的个人技能分为三类：技术技能、人际和沟通技能、概念和决策技能。

（1）技术技能。这是指执行一项特定的任务所必需的那些能力。也就是说，技术技能与一个人所从事的工作有关，如编制计算机程序、撰写财务报告、分析市场统计数据、起草法律文件、设计图纸等。对于管理者来说，就是要掌握和运用各种管理技术，并普遍熟悉和了解本部门及其他组织有关部门所从事的技术项目。管理技术中包括决策技术、计划技术、诊断技术、组织设计技术、评价技术等。技术技能通常通过学习专业教育或组织内部的在职培训获得。

（2）人际和沟通技能。这一技能关系到管理者与人友好合作的能力，通常也叫作"人际技能"，因为管理者大部分时间是与人打交道的，必须与形形色色的人交往，因此，必须具备与人共事、激励或指导组织中的各类员工或群体的能力。人际技能是一个人以合适的方式与人沟通的能力。由于管理是一种群体性的工作，因此对于管理者来说，表达能力、协调能力和激励能力都是非常重要的。

（3）概念和决策技能。即涉及管理者认识复杂动态问题，发现影响问题的许多冲突因素并为组织和其他利益相关者解决问题的能力。在任何既定的环境中，有众多的影响因素，要了解某一事件是如何影响和怎样受到其他因素的影响时，需要很高的概念技能。作为一名管理者，需要快速敏捷地从混乱而复杂的环境中辨清各种因素之间的相互关系；抓住问题的实质，并迅速决策，这就需要更频繁地应用概念和决策技能。

越是高层的管理者，越需要更多的概念和决策技能；越是基层的管理者，越需要更多的技术技能；人际和沟通技能对不同层次的管理者都很重要。不同管理层级要求不同的管理技能如图 1-5 所示。

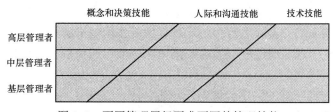

图 1-5　不同管理层级要求不同的管理技能

有效管理者必须具备这三种技能，任何一种管理技能的缺失都有可能导致管理的失败。小型公司创办者面临的一个最多问题就是缺乏恰当的概念和人际技能，具有技术技能的创业者往往不知道如何成功地进行风险管理。同样，从事技术的专家在向管理岗位转换的过程中面临的一个最大问题是缺乏有效的人际技能。管理的技能、角色和职能紧密相关，一个合格的管理者总是在角色转换中不断接受新的教育培训，以发展自己的技能，只有这样才能适应当今不断变化、竞争越来越激烈的社会。

 **管理展望**

包括现在和未来，一个有效的管理者将发生如下变化：

○从效率的关键是官僚，到成功的关键是灵活性和员工参与；

○从因循守旧管理，到持续变化和创新；

○从相信员工是机器的部件，需要使用和控制，到相信整个组织的人都能够并且必须以不同的方式为提供竞争优势和成功做贡献；

○从仅仅依赖于个人能力和绩效，到也依靠合作和团队；

○从关心内部的老板，到关注外部的顾客；

○从使用沟通和技术去控制人，到使用沟通和技术去交流和授权；

○从高层管理者和技术专家做大部分贡献，到所有员工都增加价值；

○从看上去很忙，到关注真正结果。

1.4 管理学的特性、研究方法及重要性

1.4.1 管理学的特性

作为一门独立的科学，管理学不同于其他学科，有其独立的特征，只有把握管理学本身的特征，并清楚管理学内容体系，我们才能有目的地应用。

泰勒在《科学管理原理》一书中说过："科学管理的理论或者说科学管理哲学，虽则刚刚为人们所理解，而管理实践本身却已逐步推进。"他认为："科学管理包括一种主要的普遍原则。"根据管理是"通过协调集体活动，实现资源合理配置，并且达成组织预定目标"的这一基本含义，我们认为，管理学是指导管理活动实现管理目标的基础理论，所有管理学中具有普遍意义的主要原则与方法，都是它的研究内容。

管理学是一门系统地研究管理活动基本规律和一般方法的科学。管理作为一门科学来研究始于近代。近几十年来，随着社会的不断进步、科学技术的飞速发展，以及管理活动内容的日益丰富，管理在人们的实际生活和生产过程中的作用越来越受到广泛关注和重视。这就为全面、系统地研究管理活动过程中的客观规律和一般方法提供了必要的条件，使管理学的研究不断得到充实和发展。

（1）管理学是一门独立的科学。首先，管理学是一门科学，它具有其他一切学科所具有的基本特征。管理学作为一般管理原理，区别于"宏观管理学"和"微观管理学"。它是研究所有管理活动中的共性原理的基础理论学科，无论是"宏观管理学"还是"微观管理学"，都需要管理学的原理作为基础来加以学习和研究。管理学是各门具体的或专门的管理学的共同基础。其次，管理学是一门独立的科学，有自己独立的学科体系。它有特定的研究范围和研究对象，具有一系列含义明确的最基本概念和经过实践检验证明其正确的原理与原则，能够形成一个完整的且比较严密的理论体系。最后，最根本也是最重要的是，它能反过来指导人们的实践，并使人们顺利地达到预期的目的。

（2）管理学是一门定性和定量相结合的科学。管理学应该而且能够广泛运用数学知识，凭借多种数学运算，以实现其更高程度的科学化与精确化。管理学不仅借用了数学中各种现成的运算方法，而且创造了许多适合于管理学研究的专门的运算方法，这些就构成了管理学定量化的一面。但是，也必须看到，管理学所涉及的众多因素中，人占据了举足轻重的地位，

而人这种因素具有非常大的不确定性，它有许多不能量化的东西，人组成的组织更是如此。因此，很多时候只能进行定性的分析，采用价值判断的方法。管理学任何时候都将是一门定性分析与定量分析相结合的科学。

（3）管理学是一门软科学。软科学是和硬科学相对应的一种说法。如果把组织中的人力、物力和财力看作是硬件的话，管理就是软件。通过管理，充分调动人的积极性，发挥他们的内在潜力，有效地利用财力和物力，用较少的成本实现组织的目标，这正是管理的任务所在。这是把管理看成软科学的第一层理由。同样，管理本身不能创造价值，它必须借助于被管理者和其他各种条件，通过他们来体现管理的价值，这种价值很难从其他人创造的价值中明确区分出来，究竟管理创造了多少价值，完全是一种模糊的概念。这是管理称为软科学的第二层理由。通过管理提高效益，是有一个时间过程的，其效益只能通过较长时期之后才能得到显现。一项管理措施在没有实施之前，总会有各种不同的看法，有些管理措施甚至在实施相当长时间后，还不能正确评价。实际上，即使是同一项管理措施，由于管理环境不同、管理艺术差异，结果也会有较大的不同，这和硬科学的评价及结果证明是完全不同的。因此，管理是一门软科学。

（4）管理是一门应用性科学。首先，管理学的知识来源于人们的管理实践，是人们管理经验的概括和总结。没有实践，它就成了无源之水、无本之木。其次，管理学的知识，必须运用到实践中才有价值；否则，它就失去了存在的意义。最后，管理学知识的正确与否，归根结底要接受实践的检验。管理学是为管理者提供从事管理的有用的理论、原则和方法的实用性学科。管理的实践性表现为它具有可行性，而它的可行性标准是通过经济效益和社会效益来加以衡量的。因此，管理学又是一门应用性科学。

（5）管理是一门综合性学科。管理学的主要目的是要指导管理实践活动。管理活动的复杂性、多样性决定了管理学内容的综合性。管理学的综合性表现为：在内容上，它需要从社会活动的各个领域、各个方面以及各种不同类型组织的管理活动中概括和抽象出对各门具体管理学科都具有普遍指导意义的管理思想、原理和方法；在方法上，它需要综合运用现代社会科学、自然科学和技术科学的成果，来研究管理活动中普遍存在的基本规律和一般方法。面对当代异常复杂的管理活动，作为管理者仅掌握单一方面的知识是远远不足够的。因此，管理学涉及政治学、经济学、心理学、人类学、社会学、生理学、伦理学、工艺学、数学、统计学、会计学等多门学科的知识。

（6）管理学具有很强的社会性特征。管理学研究的是管理活动中的各种关系及其一般规律，在管理活动中，人既是管理的主体，又是管理的客体。所以，管理学所研究的主要对象和研究内容是关于人的方面，这就决定了管理学必然带有很强的社会性特征。虽然管理学是一门独立的学科，但是与社会学是密切相关的，管理是一种生产力，同时也反映一定的生产关系，其反映的生产关系必然地在管理学的理论观点上有所表现。所以，有人说，没有超越阶级的管理学。管理学的这一特征就要求我们在学习、借鉴他国管理理论和实践中，要注意其社会性特征。

1.4.2　管理学的研究方法

管理学作为一门科学，有其特有的研究方法。

1. 归纳法

归纳法就是通过对客观存在的一系列典型事物（或经验）进行观察，从掌握典型事物的典型特点、典型关系、典型规律入手，进而分析研究事物之间的因果关系，从中找出事物变化发展的一般规律，这种从典型到一般的研究方法也称为实证研究。由于管理过程十分复杂，影响管理活动的相关因素极多，并且相互交叉，人们所观察到的往往只是综合结果，很难把各个因素的影响程度分解出来，所以大量的管理问题都只能用归纳法进行实证研究。

在管理学研究中，归纳法应用得最广，但局限性也十分明显。其主要原因如下。① 一次典型的调查（或经验）只是近似于无穷大的总体中的一个样本，所以实证研究必须对足够多的对象进行研究才有价值。如果选择的对象没有代表性，归纳出的结论也就难以反映出事物的本质。② 研究事物的状态不能人为地重复。管理状态也不可能完全一样，所以研究得出的结论只是近似的。③ 研究的结论不能通过实验加以证明，只能用过去发生的事实来证明，但将来未必就是过去的再现。

因此，在运用归纳法进行管理问题的实证研究时，应当注意以下几点。① 要弄清与研究事物相关的因素，包括各种外部环境和内部条件，以及系统的或偶然的干扰因素，并尽可能剔除各种不相关的因素。② 选择好典型，并分成若干类，分类标志应能反映事物的本质特征。③ 研究对象应有足够数量，即按抽样原理，使样本容量能保证调查结果的必要精度。④ 调查提纲或问卷的设计要力求包括较多的信息数量，便于作出简单明确的答案。⑤ 对调查资料的分析整理，应采取历史唯物主义和辩证唯物主义的方法，去寻找事物之间的因果关系，切忌采取先有观点再搜集材料加以论证的形而上学的方法。

2. 试验模拟方法

在管理活动中，试验方法已成为摸索经验、进行决策的强有力的工具。试验方法是帮助管理者发现问题、分析原因并采取有效措施予以解决的有力工具。任何事物的发展变化过程往往是由多种因素共同起作用的结果，但这些因素的作用程度不同。通过试验，管理者可以找到影响事物发展变化的主要因素，发现问题产生的主要原因，进而有针对性地采取相应的管理措施。

管理研究中比较常见的试验方法有三种。① 对比试验。顾名思义，这是通过比较来研究和提示管理对象某种特性的试验方法。这种试验往往是为验证某些假设而采取的。对比试验一般要把试验对象分成两个以上情况相似的组群，然后将其中一个或多个组群作为"试验组"，另外设置一个或多个"对照组"作为比较的对象。进行试验时，要使"对照组"的情况保持不变，使"试验组"的情况不断变化，进而发现情况变化对"试验组"所产生的影响。进行这种试验时，除了需要研究的一个或几个变量外，各组其他一切方面都应尽可能相似，这样才容易真正发现试验因素的作用。② 可行性试验。在管理实践中，拟订出方案后，常常要先做小规模的试验以验证方案的可行性，或者根据出现的问题适当修改方案。有时在最终方案拟订之前也要进行试验，以此比较众多可行方案的优劣，进而选择出最佳决策方案。③ 模拟试验。即依据已取得的关于管理对象的事实材料，运用已知的客观规律，建立起一个与管理对象的某些方面相似的模拟模型，然后对模拟模型进行试验，再把试验结果类推到实际管理对象上去的管理方法。

3. 比较管理学方法

比较管理学是建立在比较分析的基础上对管理现象进行研究的一个管理学分支，其研究范围往往是跨国度的，它主要分析不同体制、不同国家之间在经济、文化、社会上的差异对管理的影响，探索管理发展的模式和普遍适用于先进国家和发展中国家的管理规律。比较管理学作为一种研究方法已广泛应用于各种管理要素的研究之中。

比较管理学最早产生于 20 世纪 50 年代末，是伴随跨国公司的发展与经济国际化的趋势而不断发展起来的。跨国公司作为一个整体，需要实现公司整体经营目标，而其生产经营活动分散于世界各地，其经营管理工作又必然受到当地的政治、经济、文化、技术等环境因素的影响。在这种情况下，外国企业如何有效管理，本公司在国外开拓业务应如何进行管理，目前的管理措施是否适用，管理学理论是否具有普遍性等问题便自然成为管理理论与实践工作者普遍关注的焦点。

过去的管理学研究一般是集中于一般性原理的探讨，忽视对具体的、特殊的问题的研究。比较管理学研究要注重这种一般性和特殊性的关系。在研究过程中，首先要考察一国管理的特殊性，然后要探讨各国管理的一般性（或统一性）；其次要特别注意一般性与特殊性的关系；最后在掌握一般性和特殊性的基础上探索每个国家管理的途径。我们目前学习的管理理论主要是西方管理理论，如何把西方的管理理论与中国实际结合起来，是一个重大的课题。因此，比较管理学研究方法也是一个重要的方法。

1.4.3　学习管理的重要性

首先，管理源自实践但高于实践。现在我们经常听到一些成功的企业家说过类似的话语："管理只可能从艰苦的实践中学来，不交学费是难以得到管理真经的"，我们也看到某些民营企业家虽然没有上过任何工商管理方面的课程，但却把自己的企业经营得有声有色，那管理真的不用学吗？学习管理真的不重要吗？当然不是。我们不能否定在企业界确有如上所描述的先例，但如果把这个案与成功企业的普遍性相比，他们所占的比例还是非常小的，我们只能说这些成功的企业家本身的悟性很高，能实施"自觉管理"，或者他们从书本以外的学习能力很强，直接应用于自己的管理实践中去。

虽然说学习管理无法代替从实践中或经验中获得的知识和技巧，但管理课程能提供有价值的准备和补充你的经验。管理学课程中所涵盖的理论和原则大多是源自实践，并经过实践检验的，学习管理学有利于你尽快地从别人经验中获得启示，也可以为未来的管理职业生涯奠定基础。更进一步说，管理学是很多理论研究者和实践大师的经验总结，其管理原理和相应的原则，可以避免你犯别人曾经犯下的错误。因此，学习管理一方面能给你有益的启示，另一方面也能有效地避免你踏进同一个陷阱。

其次，管理者无处不在。只要存在组织，无论组织的性质和规模如何，都需要管理者，管理者在所有类型组织的所有领域内工作，组织从管理者的有效管理中获益。实际上，任何一个组织，如果忽略管理者的作用，注定是失败的。中国自古就有"一将无能，累死三军"的说法，其实强调的就是管理者的重要性。既然管理者无处不在，既然管理非常重要，我们当然要学习管理，用管理的理论、方法、技术及管理的思想武装我们，使管理发挥其作用。

再次，管理对社会发展至关重要。资源对任何社会和文化都是宝贵而稀缺的，组织越是有效率地利用这些资源，就越能为社会带来福利和繁荣，组织自身也能从中获得自身的利益。由于管理者具有资源获取和配置的决策权，因此，组织的效率和效益实际上取决于管理者的水平。按这一逻辑推理，社会发展的程度也决定于管理者的管理水平。所以，要成为一名合格的管理者，使宝贵而稀缺的资源优化配置，必须学好管理学。

最后，管理对我们自身发展关系密切。尽管我们大多数人不是管理者，也许也有人在未来的职业生涯规划中也没有成为管理者的计划，但我们不能以此为理由忽视对管理的学习。因为我们最终是要工作在组织之中，甚至在多数情况下是在团队中工作，我们就不得不与管理者打交道，与合作伙伴打交道。学好管理，有助于我们处理好与老板和同事的关系。管理揭示了如何决策、计划，如何有效沟通和工作，而做好这些正是个人绩效的体现，能赢得老板的注意和支持。同样，我们生活在一个竞争激烈的社会中，人们都为一些重要的资源而竞争，比如高薪工作、令人满意的职业等。而要使自己在竞争中获胜，学好管理是获胜的重要途径。因此说，无论你将来是否要成为管理者，学好管理都是非常重要的。

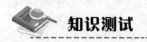 **知识测试**

1. 对于管理人员来说，需要具备多种技能，如概念和决策技能、人际和沟通技能、技术技能等。越是处于高层的管理人员，对于以上三种技能按其重要程度的排列顺序为（　　）。

　　A. 概念和决策技能、技术技能、人际和沟通技能

　　B. 技术技能、概念和决策技能、人际和沟通技能

　　C. 概念和决策技能、人际和沟通技能、技术技能

　　D. 人际和沟通技能、概念和决策技能、技术技能

2. 南辕北辙的故事表明了（　　）。

　　A. 没有正确地做事

　　B. 没有做正确的事

　　C. 既没有正确地做事，也没有做正确的事

　　D. 既做了正确的事，也正确地做事了

3. 洞察事物、抽象形成概念的能力对下列哪类管理人员最为重要？（　　）

　　A. 高层管理人员　　　　　　　　　　B. 中层管理人员

　　C. 基层管理人员　　　　　　　　　　D. A 和 B

4. 根据明茨伯格的 10 种角色理论，管理者协调不同部门管理者的工作主要扮演（　　）角色。

　　A. 监控者　　　　　　　　　　　　　B. 联络者

　　C. 传播者　　　　　　　　　　　　　D. 发言人

5. 管理的基本职能是（　　）。

　　A. 计划、组织、指挥、协调　　　　　B. 计划、组织、领导、控制

　　C. 计划、决策、选人、用人　　　　　D. 决策、计划、领导、协调

6. 人们经常说，"外行不能领导内行"，但实践中"外行"领导"内行"也有许多成功的例子，甚至有时比"内行领导内行"更成功。从管理的角度分析，业务上的"外行"更适合担任（　　）。

　　A. 基层管理者　　　　　　　　　　　B. 中层管理者

　　C. 高层管理者　　　　　　　　　　　D. 不同层级的管理者都可以

7. 下述关于管理性质的论断哪一个比较正确？（　　）

    A. 管理活动与作业活动密不可分，但管理目标与作业活动目标是完全不一样的

    B. 管理科学的日臻完善使其科学性远远大于艺术性

    C. 管理工作主要是致力于内部的生产运作，精诚合作，与外界环境没有多大的关联

    D. 管理工作独立运行，有别于作业又为作业提供服务活动

8. 某技术专家因专业能力出色被提升为部门负责人。随着工作性质的转变，他应该如何调整自己的工作重心？（　　）

    A. 放弃技术工作，抓好管理工作

    B. 仍以技术工作为主，通过出色的技术技能带动下属

    C. 以管理工作为主，同时参与部分技术工作

    D. 抓好技术工作的同时，做好管理工作

9. 管理的普遍性是指（　　）。

    A. 所有管理者的风格相同　　　　　　B. 有一种最佳的管理方式

    C. 所有的组织都需要管理　　　　　　D. 以上都正确

10. 根据明茨伯格的管理角色理论，管理者的人际关系角色包括（　　）。

    A. 领导者　　　　　　　　　　　　　B. 监控者

    C. 发言人　　　　　　　　　　　　　D. 资源分配者

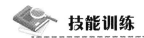 **技能训练**

采访一名管理者

    寻找一名管理者，并进行现场或电话访谈。这个人应该是全职经理，比如公司所有者、非营利组织的管理者、大型企业的公司副总裁或部门主管。要向他/她解释，你是一名学生，正在完成一项管理学作业。

    你的目的就是去了解管理是什么样的，管理者是做什么的，管理者是如何开展工作的。以下是一些对管理者的提问，可能对你获取相关信息有所帮助。

    1. 您一整天的时间是怎样度过的？如周一。

    2. 您的工作繁忙吗？实际工作中您如何解决时间不够用的问题？

    3. 作为一名管理者，您工作中最重要的部分是什么？

    4. 您必须解决的典型问题包括哪些？

    5. 当您刚刚成为管理者时，您做出的最大改变是什么？当时您需要学习的新技能是什么？

    6. 在您的管理者生涯中，遇到的最困难的情况是什么？你是如何解决的？

    7. 作为管理者，最令您满意的方面是什么？

    8. 作为管理者，您喜欢制定决策吗？您偏好自己作决策还是与您的部下一起作决策？请给出解释。

    9. 如果您必须聘用一个人来接替您的职位，您最看重哪些技能和素质？

    10. 一名高效的管理者究竟意味着什么？

    要求：

    1. 学生分组进行，每组 3～6 人。根据以上问题制定各组的访谈提纲。

2. 提交过程材料：访谈记录或采访录音/录像。

3. 运用本章有关知识，结合对管理和管理者的认识，对访谈的管理者进行总结，完成实训报告。

思维拓展

我是如何工作的——思科公司 CEO 钱伯斯

约翰·钱伯斯是当今世界最出色的企业经理人之一。在他的领导下，思科公司获得了前所未有的发展。当钱伯斯 1991 年 1 月加盟思科公司担任副总裁时，思科公司当年的销售收入仅为 7 000 万美元。2018 年 12 月，思科公司在世界品牌实验室编制的《2018 世界品牌500 强》中排名第 15 位。2019 年 7 月，2019《财富》世界 500 强中思科公司位列 225 位。对于这样一位带领思科公司走向辉煌的传奇人物，他是如何工作的？下面是钱伯斯在接受采访时的回答。

我通常在早上淋浴的时候制订一天的计划。这可能有点不同寻常，但我通过这种方式可以将所有事情想一遍，特别是当天要做的重要事情。我的工作安排一般是从早晨 7:30 左右到晚上 7:00。这中间会有一些缓冲的时间，以便我进行调整。

我初到公司的时候，使用的是经典的交流方式。我会到处走动，与或大或小的团队交谈。我能知道晚上谁在公司。现在，我可以告诉你谁的车在停车场。电子邮件的确非常高效，它让我可以发信息给所有的人。但是，我是个喜欢用声音交流的人。只有那样我才能有感情地交流。同时，我也希望听到有感情的回应。如果我能听见重要客户是如何向我介绍问题的，这样的倾听对我来说更容易。我每天会在上下班路上留 40～50 分钟的电话留言。

至于倾听员工的声音，我会每月主持一次生日早餐会。任何在那个月过生日的员工都可以来向我提问 1 小时 15 分钟。屋子里没有导演或副总裁，这样我可以掌握怎样是可行的，怎样是不可行。虽然这样不容易，却是我最享受的部分。

在获取信息方面，我喜欢读摘要。由于有阅读困难症，我几乎不读小说或是类似的东西。我喜欢快餐式的文章。每次开会和讨论前，我都要仔细阅读总结好的活页封面，这里面包括了我所需要的全部信息，比如演讲的内容、要见的客人和他们的背景等。每个主题不过两三页纸，正是我所希望的。

我通常在我太太爱琳娜上床之前结束一天的事情并且上床休息。我会浏览来自世界各地的重要报告，做一点儿总结。然后，爱琳娜和我会进行睡前的闲聊。

思考题：

1. 根据管理技能理论，你认为哪种管理技能对钱伯斯最重要？为什么？

2. 根据管理角色理论，案例中的钱伯斯在工作中扮演了哪些角色？对于如何扮演好这些角色，谈谈你的看法。

3. 试从管理职能的角度，分析钱伯斯发挥着哪些管理职能。请说明你的观点。

4. 互联网时代对管理者工作将带来哪些影响或改变？

推荐阅读

［1］明茨伯格. 管理工作的本质. 方海萍，等译. 杭州：浙江人民出版社，2017.

［2］德鲁克. 卓有成效的管理者. 许是祥，译. 北京：机械工业出版社，2019.

［3］赵继新. 经理人角色定位与技巧提升. 北京：经济管理出版社，2009.

［4］http://www.ceconline.com.

［5］https://www.hbrchina.org.

第2章

管理思想的演进

▬▬▬▬ ➡ 学习目标

学完本章后，你应该能够：
◎ 了解中国古代及西方早期的管理思想
◎ 掌握古典管理理论的内容
◎ 理解行为科学理论的实质
◎ 了解现代管理理论各学派的主要观点

▬▬▬▬ ➡ 基本概念

科学管理理论　一般管理理论　行政组织理论　人际关系学说　经济人　社会人

▬▬▬▬ ➡ 开章案例

任正非：华为为什么要坚持工业科学管理

有一种流行的观点认为，在互联网时代过去的工业科学管理的思想和方法已经过时了，现在需要的是创新，是想象力，是颠覆，是超越。我们认为互联网还没有改变事物的本质，现在汽车还必须首先是车子，豆腐必须是豆腐。当然，不等于将来不会改变。

近二十年来，我们花费十几亿美金从西方引进了管理。今天来回顾走过的历程，我们虽然在管理上已取得了巨大的进步，创造了较高的企业效率，但真正还没认识到这两百多年来西方工业革命的真谛。

西方公司自科学管理运动以来，历经百年锤炼出的现代企业管理体系，凝聚了无数企业盛衰的经验教训，是人类智慧的结晶，是人类的宝贵财富。我们应当用谦虚的态度下大力气把它系统地学过来。只有建立起现代企业管理体系，我们的一切努力才能导向结果，我们的大规模产品创新才能导向商业成功，我们的经验和知识才得以积累和传承，我们才能真正实现站在巨人肩膀上的进步。

随着公司全球业务的扩展和新的奋斗目标的提出，公司管理不断面临新的挑战。目前公司管理仍然存在一些难点问题。

一是跨领域、跨部门的端到端的主干流程的集成和结合部的贯通，仍是目前最大的短板。

二是公司运营管理与业界最佳实践还存在较大差距，已经成为制约公司市场竞争力提升的短板。

三是如何实现向以项目为中心的管理转型。公司要实现项目为中心的转移，才能避免大公司的功能组织的毛病，去掉冗余，才能提高竞争力，才能使干部快速成长。

四是简化管理问题已经提上日程。要防止管理的复杂性随规模非线性增长的问题。

解决上述复杂管理问题要靠现代管理体系的建设，管理体系建设的最终目标和衡量标准是提升一线组织的作战能力。

未来华为的产品要占领世界大数据流量的制高点，除了靠创新外，要靠严格、有效、简单的现代管理体系。只有在此基础上，才能实现大视野、大战略。

从历史角度看，蒸汽机和电力都曾在产业和社会生活中起过革命性的作用，但这些技术革命不是颠覆而是极大地推动了社会和生产的进步。互联网也不例外，其本质作用在于用信息化改造实体经济，增强其优质、低成本和快速响应客户需求的能力。一句话，提升实体经济的核心竞争力。

华为之所以能够在全球市场取得今天的成绩，就是因为华为十几年来真正认认真真、恭恭敬敬地向西方公司学习管理，真正走上了西方公司走过的路。这是一条成功之路，是一条必由之路。

互联网时代仍然需要科学管理，我们需要利用互联网来提升管理。管理是一个过程，是一个需要稳扎稳打的过程，必然要遵循管理的科学规律。

2.1　中国早期管理思想

中国具有悠久的文明史。在古代，中国在国家治理、军事思想、工程建筑等诸多方面均处于世界领先地位。中国古代管理思想集中体现了"顺道、重人、求和、法治、守信、预谋"等方面的特点，而对这些特点的研究将有助于提高当代人的决策管理水平。

1. 顺道

中国古代思想中的"道"有主、客观之分。主观范畴的"道"，是指治理国家的理论；客观范畴的"道"，是指客观规律。社会、生产、市场、人事、财务、农村和城市的治理都有其自身的规律可循。顺道，也称为"守常""守则""循轨"，就是指管理活动要顺应客观规律的发展要求。

"顺道"是中国古代管理活动的重要指导思想之一。老子认为，"道法自然"，即天有天道，人有人道，自然界和人类社会的运行与发展都有其自身固有的规律。就自然界而言，其运行规律是不以人的意志为转移而客观存在的，正所谓"天不变其常，地不易其则"。就人而言，人们的各项社会活动都要遵循客观发展的规律，必须顺轨而行，这样才能取得事业上的成功。《管子·形势》中提到的"万物之于人也，无私近也，无私远也"，也是告诫人们自然规律的客观公正性、不可抗拒性。顺应规律，人们的事业才会成功；违背规律，人们的事业必将失败。

根据"顺道"的管理思想，管理者首先要能够做到辩道，即能正确辨识客观规律，正确看待客观规律；其次，要顺道，即能够根据客观规律的要求来组织各项管理活动。

2. 重人

中国素有"求贤若渴"一说，历来讲究得人之道、用人之道，并把得人、用人作为治理国家、办成事业的先决条件。"重人"，是中国古代管理思想的又一大特点。这里所说的"重人"，主要包含两个方面的含义：一是重人心向背，二是重人才归离。

中国古代管理思想对这两方面含义有许多独到的见解，汉以后"重人"更是被思想家们奉为治国的基本方针。《吕氏春秋·求人》提出"得贤人，国无不安，名无不荣；失贤人，国无不危，名无不辱"，说的就是统治者能否做到重视人才，直接关系到能否成功地治理国家。诸葛亮认为"重人"关系到国家的安危存亡兴衰，他在《出师表》中总结汉朝的历史经验时说道："远小人，此先汉之所以兴隆也；亲小人，此后汉之所以倾颓也。"

此外，在选才方面，许多先贤都有精彩的见解。墨子提出要"察其所能而慎予官"；荀子告诫执政者"无私人以官职事业"；晏子进一步指出人的才能不一致性，没有全才，为此，提倡用人的优点，不用其短处；北宋王安石则系统化、理论化地论述了用人思想，概括为"教之、养之、取之、任之"。其中，"教之"，是指坚持学以致用，造就人才；"养之"，是指要给予政府官员相应的俸禄报酬；"取之"，是指选拔人才的途径；"任之"，就是根据特长任用人才。

3. 求和

中国自古以来就把天时、地利、人和奉为人们事业成功的三要素。"天时不如地利，地利不如人和"，可见，人和是发挥天时、地利作用的先决条件。对治理国家来说，人和能兴邦；对治理民生来说，和气生财。

孔子认为"利之用，和为贵。""和"强调的是人际关系的和谐与融洽。求和，就是要调整人际关系，以使人们之间建立团结和睦的关系。古人提倡"无偏无党""循公而灭私""天子无私人"，是谓"无私者容众"，切不可"以爵禄私所爱，"要严禁"独举""结纽"，以致"党而成群者"。可见，求和的关键在于当权者。这就要求当权者必须做到严于律己，公正无私，不重亲信与私人，这样才能团结大多数人，才能达到兴邦和生财的目的。

4. 法治

中国古代的法治思想起源于先秦，随后得到不断的发展与完善，逐步形成了明法、一法、常法这三条法治的基本原则。其中，明法是指法的公开性原则。《管子》关于明法提出了一系列的论述，"法必明，令必行"，"上有明法，下有常事也"，"号令必著明，赏罚必信，此正民之经也"。民明法，可防违法抗吏；吏明法，可防枉法殃民。"法之不明，而求民之行令也，不可得也。"明法使"人不敢犯"，才能做到"刑省法寡"，这叫作"明赏不费，明刑不暴""明法之犹，至于无刑也"，明刑者省刑。

一法，是指法令的统一性与平等性。《管子·君臣上》关于统一性提到"权度不一，则循义者惑"。《韩非子·有度》关于平等性提到任何人不得游离于法律之外，都要一视同仁，即"刑过不避大臣，赏善不遗匹夫"。《商君书·刑赏》中指出商鞅也曾规定："有功于前，有败于后，不为损刑；有善于前，有过于后，不为亏法；忠臣孝子有过，必以其数断。"《战国策》赞扬"商君法秦，法令至行，公平无私，法不畏强大，赏不私亲近"。

常法，是指保持法令的稳定性。《韩非子·五蠹》指出，"法莫如一而固，使民知之""国有常式，故法不稳"，"执者固，固者信"。《管子》也提出："上无固植，下有疑心；国无常经，民力不竭，数也。"可见，只有保持法的公开性、统一性、平等性及稳定性，才能取信于民，才能强化法的权威。

5. 守信

守信作为中国古代管理思想的特点之一，是中国数千年的生产管理实践活动中一直奉行的信条。孔子说："君子信而后劳其民。"韩非说："小信成则大信立，故明主立信。"《管子·形势》中说道："言而不可复乾，君不言也；形而不可再者，君不行也。凡言而不可复，行而不可再者，有国者之大禁也。"

可见，中国古代管理活动已认识到守信的重要性。治理国家要守信用，不能出尔反尔、政策多变，只有这样才能获得民心，才能成功地管理国家事务。

6. 预谋

早在《中庸》中就有关于预谋的论断，"凡事预则立，不预则废"，"无过在于度数，无困在于预备"。所谓预者，即预测、预谋、预备，核心是预谋。其中，军情预测、政情预测、年景预测、商情及气象预测等是预谋策划的基础。

中国古代运用预谋这一管理思想在实践过程中取得了一系列的成功。《史记·货殖列传》中记载：范蠡时刻关注市场需求的变化，并对粮食供求和价格变化趋势常作预测，"论其余不足，则知贵贱"，"贵上极则反贱，贱下极则反贵"，进行"时断"和"智断"，并提出"旱则资舟，水则资车"的"待乏"原则。

2.2　西方早期管理思想

西方管理实践和管理思想的革命性发展是在工业革命产生之后。从 18 世纪 60 年代开始的工业革命，加速了资本主义生产的发展和资本主义工厂制度的建立，从而使西方国家不仅在生产工业技术水平上而且在社会关系上都发生了巨大的变化。资本主义社会的初步形成和产业革命的顺利进行，对管理提出了新的要求。这一时期虽然没有形成完整的管理理论，但许多著名的经济学家、思想家对管理思想进行了积极有益的探索。

1. 亚当·斯密的劳动分工和"经济人"观点

18 世纪后半期英国古典政治经济学家亚当·斯密，对管理问题有很多见解。他的《国富论》不仅是经济学说史上的不朽巨著，也是宝贵的管理学思想遗产。

1）亚当·斯密的劳动价值论观点

亚当·斯密在《国民财富的性质和原因研究》中提出了劳动经济论和经济人的观点。在论述劳动经济论时，他首先强调了劳动价值理论，详细分析了劳动分工带来的效率的提高。为了证实这一观点，亚当·斯密对制针业的情况做了详细的分析。他指出，即使是制针这样简单的作业，如果每个人都单独完成全部的制造过程，那么一个有 10 个工人的工厂每天只能生产出 2 000 根银针。但是，如果将制针过程分解成好多个不同的作业程序，每个工人只从事其中有限的程序操作，那么尽管工厂设备简陋，也可以使产量增加到 4 800 根以上。

其次，他认为劳动分工是提高劳动生产力的重要因素之一。这主要是因为：第一，劳动分工可以使劳动者专门从事一项简单的工作，从而可以提高劳动熟练程度，增进劳动技能，从而提高生产效率；第二，劳动分工可以大量地减少由一种工作转换到另一种工作所需要的时间，提高劳动效率；第三，劳动分工可以使劳动过程简化，并可以使劳动者的注意力集中在某一特定的对象上，这样有利于发明专门化工具与机器，有利于发现比较简便的工作方法。

可以看出，亚当·斯密已经充分地认识了劳动分工和合理组织能够使生产形成专业化、标准化和简化趋势。而亚当·斯密关于劳动分工的观点，也是适应了当时工业革命对迅速提高劳动生产率以促进发展的要求，并成为资本主义管理学上的一条基本原则。

2）亚当·斯密的"经济人"观点

亚当·斯密对工业管理思想的另一大贡献是"经济人"的观点。"经济人"的观点是亚当·斯密在研究经济现象时的基本论点。他指出社会的经济现象是由具有追求个人利益的人们的活动所产生的。人们在日常的经济活动中，追求的完全是个人利益。但由于每个人的私人利益又受其他人利益的限制，这就迫使每个人必须顾及其他人的利益，因而产生了彼此之间相互的共同利益，进而产生了社会利益。为此，社会利益正是以个人利益为立足点的。亚当·斯密的经济人观点反映了资本主义生产关系的特点，它对于资本主义管理实践和后来发展形成的管理理论体系，都有深远的影响。

2. 查尔斯·巴贝奇的作业和报酬制度研究

英国发明家、科学管理的先驱者查尔斯·巴贝奇继续研究了亚当·斯密有关劳动分工的理论。他指出，劳动分工不仅可以提高工作效率，还可以带来减少工资支出的好处。查尔斯·巴贝奇关于劳动分工可以提高工作效率这一点做出了解释。他认为，如果生产过程中包含的不同工序越多，所需要花费在学习上的时间就相对越长，但如果一个工人只做其中一道工序，学习时间就可以缩短。这样所需学习内容的减少导致学习所需时间的节省，有利于确保工人有足够的体力来完成繁重的工作和提高工作熟练程度，从而有助于工作效率的提高。

查尔斯·巴贝奇关于劳动分工可以减少工资支出这一点也做出了说明。他认为，如果不对一项复杂的工作进行分工，每个工人都必须完成制造过程中的每项劳动环节，企业则必然会根据全部工序中技术要求和体力要求最高的标准来雇用工人，并支付他们工资。相反，如果在对一项复杂的工作进行合理分工之后，企业就可以根据不同生产工序的复杂程序和劳动强度来分别雇用不同的工人，并支付不同标准的工资，这样可以使工资总额得到减少。

此外，查尔斯·巴贝奇还强调人作为生产因素之一的重要性。他认为，企业与工人之间存在某种共同的利益，为此他极力提倡一种工资加利润分成的报酬制度，即所谓的一种分红制度，主张工人的收入应该由三个部分组成：按工作性质所确定的固定工资、按对企业生产率所做出的贡献分得的利润及为增进生产率提出建议而应得的奖金。实行这种报酬制度，使得工人可以按照他对生产率所做出的贡献分得工厂的一部分利润，并能够从提出合理建议中得到奖励等，这些都大大提高了工人的劳动生产积极性。

总之，查尔斯·巴贝奇对管理的贡献主要集中在两方面：首先，他提出仔细研究工作方法的重要性；其次，他主张按照对生产率贡献的大小来确定工人的报酬，这些都对以后的薪酬管理理论的发展做出了重大贡献。

3. 小詹姆斯·瓦特与马修·鲁滨逊·包尔顿的科学管理制度

小詹姆斯·瓦特与马修·鲁滨逊·包尔顿是最早在企业管理中使用科学的管理方法的企

业家。小詹姆斯·瓦特、马修·鲁滨逊·包尔顿分别是蒸汽机的发明者瓦特和其合作者包尔顿的儿子。他们的父亲在英国建立了索豪工程铸造厂，他们就负责这家铸造厂的管理，并进行了细致的分工：小詹姆斯·瓦特主要负责工厂的组织与行政管理工作，而包尔顿则负责这家工厂的销售与商业活动。在组织工厂的生产与销售活动中，他们采用了不少有效的管理方法，并建立和运用了许多管理制度及管理技术。突出表现在：他们经常组织市场调查，并向欧洲派出许多代表去收集各种可能影响蒸汽机市场需求的资料，并根据这些调查结果综合确定企业的生产能力和编制企业的生产计划。

小詹姆斯·瓦特与马修·鲁滨逊·包尔顿在企业管理实践中有着种种有益探索。① 在企业生产管理和销售方面，他们善于研究并预测市场动态，然后在这基础上编制生产计划及生产流程，制定出生产作业标准，有计划地组织和安排生产，使生产过程规范化、产品零部件生产标准化；② 在会计成本管理方面，他们采用原材料生产成本、人工费用、成品库存等分别记账的会计核算制度，并建立起详细的统计记录和控制系统，从而有利于对工厂制造的每台机器的成本与职工的培训计划费用的计算；③ 在企业人事管理方面，他们制定普通工人和管理人员的培训和发展计划；④ 他们对各项工作进行分析研究，并按工作研究结果来确定工资的支付办法；⑤ 在福利制度管理方面，他们主张实行由职工选举出来的委员会来对医疗福利费等进行管理。

4. 罗伯特·欧文的人事管理

罗伯特·欧文是 19 世纪初英国著名的空想社会主义者、最有成就的实业家之一，也是杰出的管理学先驱者。

罗伯特·欧文最早播下了人事管理的种子。欧文认为，人是环境的产物，人只有处在适宜的物质和道德环境下才能培养出好的品德和工作能力。他曾经在苏格兰一家大型纺织厂进行了一项试验研究。试验的主要对象是这家纺织厂的普通工人，试验的主要目的是探索对工人和工厂所有者双方来说都有利的管理方法与制度。当时的纺织厂工人劳动条件和生活水平都相当低下，工作积极性也不高。针对这一现象，罗伯特·欧文在工厂里对劳动管理采取了一系列的改革措施，如禁止雇用 10 岁以下的童工，并将原来雇用的童工送入学校学习；把先前长达十几小时的劳动日减少为十个半小时；禁止对工人进行体罚；为工人免费提供工厂内的膳食；设立向工人按成本销售生活必需品的廉价商店；设立幼儿园和模范学校；创办互助储金会和工人医院；给工人发放抚恤金及通过建造工人住宅与修筑道路来改善工人生活的社区环境等。实践证明，通过这些方面的改革，极大地调动了纺织厂工人的劳动积极性，提高了劳动生产率，企业获得了优厚的利润。

欧文指出了人的因素在工业生产中的重要性。他认为，如果把同样数目的钱和时间用来改善工人的劳动条件，那么带来的利润将不是初始投入资本的 5%、10% 或 15%，而是 50%，在更多情况下甚至会达到 100%。他嘲笑那些只注重把数以千计的货币和大量的时间用来购买和改进机器，而不愿意对改善工人生活及生产条件来进行投资的管理者，劝导他们来关心工人工作条件和生活条件的改善。

欧文提倡的这一系列改革措施充分体现了他对人这一生产要素的重视。欧文在关于人的因素方面上的管理实践和思想探讨，实际上是人际关系和行为科学理论的思想基础，对以后的管理活动产生了深远的影响。为此，一些现代学者把罗伯特·欧文称为现代人事管理的创始人。

上述西方早期的管理思想大多数是基于管理实践的总结而得出的，虽然零散、局限，没有形成一个完整的体系，甚至用现在的观点衡量还带有相当程度的片面性，但作为管理思想的启蒙，对后来的科学管理和其他管理理论的产生有着不可忽视的重要影响。

2.3　古典管理理论

19 世纪末 20 世纪初，企业的共同特点是高度劳动密集型，大多数企业没有明确的组织和计划，这造成经理和工人责任不明确，企业生产效率低下。在这种背景下，科学管理理论应运而生。

2.3.1　泰勒的科学管理理论

泰勒，美国著名管理学家、经济学家，被后世称为"科学管理之父"，其代表性的著作有《计件工资制》《车间管理》《科学管理原理》等。其中，著名的《科学管理原理》揭开了科学管理的序幕，主要内容如下。

1. 劳动定额原理

劳动定额原理是指制定一个"合理的日工作量"，即通过科学调查来确定工人们如何科学、合理、有效地工作及完成工作的时间。泰勒在研究中发现，工人每天的实际产量只有其劳动能力的 1/3～1/2，极大地阻碍了生产效率的提高。原因之一是工作分配不合理和工人们的劳动方法不科学。为此，泰勒进行了工时和动作研究以科学地确定一个工人每天合理的日工作量。首先，把生产过程中每个环节的每项操作分解成尽可能多的动作，剔除多余动作，总结出每一个动作最快、最好的方法，并把时间记录下来；其次，把工人每一动作时间进行加总，再加上必要的休息时间和不可避免的停顿耽搁时间，据此确定工人的劳动定额。这样，工人的工作定额的制定就从以经验为基础转变到以科学为基础。

2. 标准化原理

泰勒认为生产效率的提高不仅与工人们"合理的日工作量"有关，还与工人们使用的工具、机器、生产材料和作业环境有关。标准化原理是指在科学的操作方法基础上，使劳动工具的安排、机器的配置、材料的运用及作业环境的布局都有一个科学的标准，从而形成一个标准的作业条件。标准化作业条件的采用，消除了工作中不合理的因素，把各种最好的因素结合起来，从而使工人和机器的潜能得到充分发挥，极大地提高了工作效率。

3. 挑选并培训"第一流的工人"

工人是生产活动的主体，为了提高工作效率，挑选和使用"第一流的工人"成为必然。泰勒把工人分为头等工人和二等工人两类。那些有能力胜任且愿意工作的人称为头等工人；那些身体条件完全能够胜任但又十分懒惰的人称为二等工人。工人培训的劳动方法和劳动时间要以头等工人的情况为依据来确定。泰勒认为每个人的天赋、才能都有所不同，但只要工作适合，都可能成为第一流的工人。所以在对工作性质和工人的素质进行科学分析研究，使二者发挥最大效能的同时，需要科学地培训、教育工人。在关于培训问题上，泰勒认为不应该继续采用过去"师傅带徒弟"的方法，而应该利用标准的工作方法对工人进行集中的培训，直到工人科学而熟练地进行操作。

4. 差别计件工资制

在泰勒之前，已有人提出过这种带有激励性的付酬制度。泰勒认为不顾工人个人贡献大小平均分享利润和年终分享利润都不能充分调动工人的积极性。差别计件工资制是一种按照工人在一定时间内所生产的产品数量或完成作业量和预先规定的计价单位来计算其劳动报酬的工资形式，是一种与劳动成果紧密结合较好的按劳分配制度。他提出，如果工人完成定额或超过定额，按"高工资率"即正常工资的 125% 支付；如果没有完成定额则按低工资率，即正常工资的 80% 支付。通过此项措施激励员工按质完成或超过定额；同时泰勒强调，工资支付的对象是工人而不是职位，应根据实际工作表现，而不是按工作类别来支付工资。差别计件工资制因此得到了广泛的应用。

5. 计划职能与执行职能分离

在经验管理下，工人承担全部的计划职能和执行职能。工人虽然拥有丰富的操作经验，却没有时间去进行系统的研究和分析。泰勒认为，在大多数情况下，需要由一种人预先计划，而另一种人去处理工作，即计划职能和执行职能相分离。泰勒指出首先要设立工厂的计划部门，负责处理工厂全部日常管理事务。计划部门的主要任务是：① 进行调查研究，收集和整理工人的操作经验，为确定标准的操作方法和工时定额提供科学的依据；② 根据调查研究的结果，制定出标准的操作方法、合理的定额和工资标准；③ 制订计划，向工人发布命令、进行有效的监督和控制。执行部门的主要任务是根据计划部门制定的标准和定额进行实际生产操作。把计划职能与执行职能分开，即把计划这一管理活动从最基层的生产活动中分离出来，不仅有利于生产效率的提高，而且对组织结构的设计也具有很大的影响。

6. 职能工长制

在经验管理下，生产现场的每个管理人员都要承担全面的、繁杂的管理工作，因而他们不仅要具备专业技术知识还要具备体力、智力、品德等各方面的条件。但现实生活中同时具备如此多方面的条件的人是极少的。泰勒认为应该把管理工作按其性质、特点的不同进行分类。把庞大繁杂的管理工作划分为几个部分，由具有不同才能的人分别负责完成。这样，每位管理者承担的管理任务就减少了，且每位管理者在其职责范围内可以对工人下达指示和命令。在实行职能工长制的条件下，首先由于每个职能工长只承担某项职能，所以在较短的时间内就能训练出一批工头，大大节省培训时间；其次，进行职能分工使每位工长的职责明确，有利于管理效率的提高；最后，在标准化作业的条件下，实行职能工长制，能预定生产计划，详细下达生产指令，并由生产现场的工长直接指导，因而可雇用低工资的工人担任较复杂的工作，从而降低整个企业的生产成本。但由于一个工人同时接受几个工长的领导，破坏了统一指挥原则。因此，泰勒这一原则没有得以推广，他提出的管理职能分工的思想却得到了广泛的应用。

7. 例外原则

通常企业的全部管理事项分为常规和非常规事项两种。常规事项是指企业中经常出现、重复出现的事项，而非常规事项则是指生产经营中首次出现的，超过常规或标准的各种例外情况或企业的重大决策问题。针对不同性质的问题需采取不同的处理方法。例外原则是指企业高层管理人员应集中精力处理那些非常规事项，以及事关企业全局的重大事项、例外事项，而将一些日常重复出现的常规事项授权给下级管理人员进行处理。这个原则为后来的分权化管理和事业部制提供了理论依据。实行例外原则是企业的高层领导人摆脱日常事务的困扰，集中精力处理生产经营中的重大问题。

8. 思想革命

泰勒认为科学管理的实质不是那些作为科学管理辅助手段的提高效率的方法，而是工人和管理人员在思想上所进行的"一场全面的心理革命"。通过这一心理革命使工人和管理人员实现两个方面的精神变革。一方面，通过这场心理革命使双方把注意力从被视为最重要的分配剩余问题移开而转向为增加剩余，从而达到一种双赢的状态；另一方面，工长和工人都要用科学的知识代替个人的经验。双方在思想上的重大转变促使了各种提高效率的管理方法更加有效地贯彻、执行。

科学管理理论代替了工业革命以来一直延续的传统的经验管理方法，将科学引进到管理领域，推动了生产力的发展，大大提高了企业的生产效率；泰勒主张计划职能和执行职能分开，出现专门的管理阶层，为管理理论的发展开辟了道路；进行职能分工，使每个管理人员只执行一二项管理职能，并使高层管理者只承担例外事项的管理工作，为企业层级制的形成奠定了基础，提高了企业的管理效率；科学管理理论的现场作业管理方法在实际的生产组织管理中也取得了显著效果。

但泰勒的科学管理理论也存在缺点和不足。由于受当时社会条件制约，泰勒的科学管理理论侧重于生产作业管理，基本没有涉及企业的经营管理、营销、财务、人事等方面；同时，由于科学发展的局限性，泰勒的科学管理理论是建立在"经济人"的假设基础上的，对人的主观因素的影响未做深入讨论。

2.3.2　法约尔的一般管理理论

法约尔，古典管理理论的主要代表之一，也是管理过程学派的创始人。其主要代表作有《管理的一般原则》《工业管理和一般管理》《国家管理理论》等，他的一般管理理论对管理的发展做出了杰出的贡献。

在法约尔之前，西方的管理学家对管理的概念并没有一个明确的界定。在《工业管理和一般管理》一书中，法约尔第一次明确地回答了这个问题，他认为经营和管理是两个不同的概念。管理只是经营的一部分，而企业的全部经营活动包括 6 个方面的内容：① 技术活动，包括生产、制造、加工；② 商业活动，包括购买、销售、交换；③ 财务活动，包括筹集和最适当地利用资本；④ 安全活动，主要是保护财产和人员；⑤ 会计活动，包括财产清查、资产负债表、成本、统计等；⑥ 管理活动，包括计划、组织、指挥、协调和控制。

在管理能力方面，法约尔也做了充分论述。他认为管理是一种可以运用于一切事务中的活动，是随着一个人职务的上升，越来越需要的活动，并且管理知识可以通过教育而获得。"一个大型企业的管理人员最必需的能力是管理能力。因此我们可以肯定，单一的技术教育适应不了企业的一般需要，工业企业也是如此。但是当人们有效地尽最大努力推广和改进技术知识的时候，我们的工业学校在为未来的领导提供商业、财务、管理和其他职能知识方面，却什么都没有做，或者几乎什么都没有做……是不是因为管理能力只能在业务实践中得到呢？相信这是人们所提出的理由，但这是不成其为理由的。实际上，管理能力可以，也应该向技术能力一样，首先在学校里，然后在车间里得到。"[①]

---

① 宏泰顾问. 缔造管理：彻底改变管理的 15 位大师. 北京：中国纺织出版社，2004：19-20.

法约尔最突出的贡献是提出管理的计划、组织、指挥、协调和控制五要素，这为管理职能的进一步研究奠定了坚实的基础。

在提出管理的五要素后，法约尔进一步提出了管理的十四项原则（见表 2—1），这些原则直到现在还得以广泛应用。管理原则是人们从事管理活动的向导，可适用于一切需要。但他指出原则是灵活的，在管理方面没有什么死板和绝对的东西，只有尺度问题。

表 2—1　法约尔的十四项原则

劳动分工	劳动分工可以提高人们的熟练程度，从而提高人们的工作效率
权责相符	权力和责任是相互的，凡有权力的地方就有责任
纪律	纪律是组织的关键因素。为保证纪律的严肃性，高层领导和下级人员都必须接受纪律的约束
统一指挥	在任何工作中，一个下属人员应接受一个领导的命令
统一领导	对于目标相同的一组活动只能有一个领导和一项计划
个人利益服从集体利益	在一个企业里，一个人或一些人的利益不能置于企业的利益之上
报酬	对工人提供的服务必须付给公平的工资
集中	关于管理活动集权与分权的问题
等级链	从最高层管理到最底层管理的直线职权是一个等级链
秩序	物的秩序要求物归其位，以方便工作程序。人的秩序，要求适当的人从事适当的工作
公平	要用善意、公正的态度对待组织中的员工，鼓励员工忠实地执行职责
人员的稳定	管理当局应当提供有规则的人事计划，并保证有合适的人选接替空缺的职位
首创精神	首创精神是发明与执行的能力，应鼓励员工自发地制订和实施计划
团结精神	管理人员应当积极鼓励员工相互团结，在组织中建立起和谐团结的氛围

 理论链接

法约尔跳板

法约尔认为，等级制度就是从最高权力机构直至底层管理人员的领导系列。它是组织内部命令传递和信息反馈的正常渠道。这一渠道要求从最高权力机构发出的命令或向最高权力机构发出的报告都必须经过等级制度的每一级来传递。这条情报路线就是等级路线，又称权力线。依据这一等级路线进行传递有利于统一指挥原则的贯彻，但对于规模较大、层次较多的企业，这种方法有时会影响行动的速度。为解决这一问题，法约尔设计了"跳板"的方法以便使信息及时得到沟通。法约尔跳板用图 2—1 来说明。"法约尔跳板"又称为"法约尔桥"。

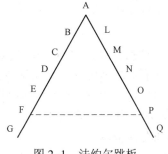

图 2—1　法约尔跳板

在图2-2中，假设F和P两个部门有联系。按上述等级路线要求，需先从F到A再到P，这之间每一级都需要停顿，然后按原路线返回出发点，这样太浪费时间。法约尔提出，让F同P直接协商，即在F与P之间搭上"跳板"，但F与P的行为必须得到他们各自上级E和O的许可，并将商定的结果向他们的上级报告，从而既维护了统一指挥的原则，又提高了工作效率。

由于长期担任领导人，法约尔从一开始就以企业的整体作为研究对象，着重于企业管理的一般理论，特别是企业的组织理论的研究。他的著作是对泰勒著作的有益补充。他的一般管理理论被后来的管理过程学派所继承，成为现代管理中普遍遵循的准则。

2.3.3 韦伯的行政组织理论

韦伯是同泰勒、法约尔处于同一时期的人，是德国著名社会学家、政治学家、经济学家、哲学家，是现代一位最具生命力和影响力的思想家。他的主要作品有《新教徒论与资本主义精神》《社会和经济组织的理论》《经济学通史》等。韦伯在管理思想上的主要贡献是提出了"理想的科层组织关系"理论，并因此被人们称为"组织理论之父"。

1. 权力的划分

韦伯认为，任何社会组织都必须以某种形式的权力作为其存在的基础。社会与其组成部分更多的是通过权力的行使而不是通过契约的关系或道德一致来聚集在一起的。他不仅认为权力是一种引起服从命令的结构，而且认为被管理者是乐于服从的。韦伯把权力划分为三类。

（1）传统型权力。这种类型的权力是以不可侵犯的古老传统和行使这种权力者的正统地位为依据的。如果他们当中有谁一再违反传统的习惯，那么它就有失去统治的合法性的危险。韦伯指出，族长制是传统型权力的最重要表现形式。

（2）个人魅力型权力。这种类型的权力是以对某个英雄人物或某个具有神授天赋的人的个人崇拜为依据的。对领袖人物的热爱、信赖和崇拜是人们服从这种权力的基础，而不是给予某种强制力量。在日常管理中，领袖很难经常创造出各种奇迹和英雄之举，且任何持久的政权都不能靠它的公民对伟大人物的信仰去赢得对其统治的服从。因此，韦伯认为，这种类型的权力不能作为稳固的政治统治的基础。

（3）法理型权力。这种类型的权力是以对标准规则的"合法性"的信念或对那些按照标准规则被提升为领导者的权力的信念为依据的。对法理型权力的服从是基于法规，而不是个人。在这种类型的权力中，所有管理人员都是非人格化的，因而能保持公正；都是经过挑选的，因而能胜任其职；他们的权力都是按照任务完成的需要加以划分的，并且限制在规定的范围之内。由于这种类型的权力能够保证高效率，因而成为现代国家管理体制的基础。

2. 理想的科层等级制度

韦伯所描述的理想的行政管理体制被称为"科层制"，又称为官僚行政组织。这种组织是通过职务或职位进行管理的，而不是通过传统的世袭地位来管理的，是建立在法理、理性基础上的最有效的组织形态。韦伯认为理想的行政管理体制应具备以下特征。

（1）职能分工。对组织的全部活动进行专业化的职能分工，并依据这种职能分工确定管理职位，详细规定各职位的权力和责任范围。

（2）等级制度。职位和职务均按照等级原则自上而下依层级来组织。每个下级必须服从上级的控制和监督。

（3）正式选拔。所有组织成员的选拔均以其技术能力为依据，组织内所有职务均由受过专门训练的专业人员担任。

（4）非人格化。管理人员不允许带有任何偏见和个人感情行事，必须一视同仁。

（5）正式规章制度。把组织各项业务的运行都纳入这些正式规章制度之中，全体雇员必须受统一的规章制度的约束。

（6）管理人员聘用制。管理人员不是他所管辖单位的所有者，管理人员都是根据一定的标准聘用的，他们的报酬和升迁都有明文规定。

3. 官僚行政组织的结构

韦伯把官僚行政组织分为三个部分，见图 2-2。它同现代企业中普遍实行的高层管理和基层管理几乎完全一致，这也说明韦伯的官僚行政组织的影响是非常深刻的。

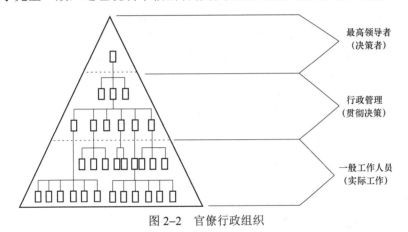

最高领导者
（决策者）

行政管理
（贯彻决策）

一般工作人员
（实际工作）

图 2-2　官僚行政组织

韦伯的理想的官僚行政组织理论适应了社会化大生产的现代化企业和一切大型社会组织的管理复杂化的需要。这种管理体制以法理型权力为基础，一切管理行为必须合理合法，不允许带有个人偏见，凭个人感情行事，即管理实现非人格化。这有力地驳斥了以个人意志为中心的封建世袭的管理模式。

今天，这种管理体制被当作正式组织的一种典型结构而被广泛应用。但这一理论也存在不足之处，严格按照规章制度行事虽然排除了在各项任务活动中个人的主观臆断，但当人们把执行规章制度当成不可侵犯的最高准则，不考虑是否有利于实现组织的目标时，制度将会使人人都变得墨守成规，整个组织变得僵化死板；下级升迁必须按照上级规定的升迁制度，因此会造成下级为个人利益而报喜不报忧，逢迎拍马，从而影响了上下级之间的有效沟通。韦伯的理论中重点研究了正式组织，而忽略了现实中非正式组织对管理工作的影响。

2.4　行为科学理论

行为科学理论的产生是生产力发展的产物，也是管理思想发展的必然结果。古典管理理论的建立，为当时生产力的发展和社会的进步做出了巨大的贡献。但随着社会的发展，古典管理理论的局限性也逐渐显露，比如强调"经济人"的假设，重视物质因素，强调严格的等级制度，而忽视人的主观能动性及社会、心理因素对人的行为的影响。这些弊端阻碍了生产的发展和社会的进步。于是，一门应用心理学、社会学、人类学及其他相关学科的成果，来研究管理过程中人的行为和人与人之间的关系规律的科学——行为科学理论应运而生。

2.4.1　早期的行为科学理论

梅奥原籍澳大利亚，美国行为科学家，人际关系的创始人。梅奥在美国西电公司的霍桑工厂中进行了有关职工行为的一系列实验和研究，揭开了行为科学真正的序幕。

1. 霍桑实验简介

霍桑实验主要经历了车间照明实验、继电器装配实验、访谈计划、绕线试验四个阶段，通过这四个阶段的结果分析，梅奥提出了著名的人际关系学说。

1）车间照明实验

这一实验的目的是验证车间照明程度同工作效率的关系。实验情况是在绕线女工中抽调12 人，分成实验组和参照组。在实验过程中，实验组的照明程度按一定比例逐渐增加，而参照组的照明度始终保持不变。结果研究人员发现两组的产量都在不断提高。后来他们又采用了相反的措施，逐渐降低实验组的照明度，甚至降到近似月光的程度，但结果惊奇地发现实验组的产量与参照组一样，一直是上升的。

对于这次实验结果的分析是：① 车间照明只是影响生产的一种因素，而且是一种微不足道的因素；② 由于涉及因素太多，难以控制，而其中任何一种因素的变化足以影响实验结果，所以照明对产量的影响无法准确地测定出来。

2）继电器装配实验

实验的目的是找到更有效的影响职工积极性的因素。在实验过程中，他们先后采取了多种方法进行实验，如改进物质条件和工作方法、安排休息时间、缩短工作日、实行个人计件工资制、改变对工人的监督与控制等。结果发现，上述措施都不同程度地导致了产量的增加，但当这些措施取消时，产量却未见下降。梅奥等人在认真分析导致产量增加的原因和产量未见下降的原因时认为：物质条件和工作方法的改进与产量提高无直接关系，工资制变化与产量提高无直接关系，工间休息减少工作的单调性没有直接依据，反倒是增加休息后工人的态度发生了较大改变。因此，研究人员认为，由于管理方式的改变而带来的人际关系的改善和员工士气的提高，才是引起产量增加的原因。

3）访谈计划

基于对前两个阶段的仔细研究，梅奥等人认为产量的变化可能与因工作环境变化所引起的工人精神和心理的变化有关。研究人员发现，按照拟定好的题目，以直接提问的方式进行访谈时，被访谈人往往不能对此进行自由的合作，于是他们对原来的访谈计划进行了调整，尽量为工人创造宽松的氛围，不规定谈话的内容和方式，让他们就自己关心的问题畅所欲言，发表言论。

通过访谈计划，研究人员认识到工人有各自关心的问题，对工作也有不同的意见。然而，工人表述出来的不满与其内心并未明确表述的不满并不是一回事。隐藏在内心的不满往往是引起其表述出来的不满的深层原因。当工人把内心的不满发泄出来以后，心情极为舒畅，感觉受到了尊重，生产率大大提高了。这证明了社会因素和心理因素对管理有重大影响。因而需要对管理人员进行训练，使他们能更好地倾听和了解工人的个人情绪、实际问题，从而改善人际关系，提高工人士气。

4）绕线实验

这一实验不去改变任何工作条件，只是对工人的工作情况进行观察和分析，目的是证实在工人中是否存在一种非正式组织。这次实验挑选了 14 名男工在一间单独的实验室中进行。其中，9 名绕线工，3 名焊工，2 名检验工。绕线工和焊工平均分成三组，2 名检验工共同担负三个小组的检验工作，构成正式组织。为加强他们之间的合作，工资制度实行集体计件制。实验中研究人员发现以下三种现象。① 工人们似乎有一个"合理的日工作量"，这个工作量一般低于管理当局的水平和工人们的实际能力，但又不至于引起管理当局的不满。产生这种现象的原因是：工人们认为如果努力工作，超过这一产量就有可能造成同伴失业，或使公司制定出更高的定额来；如果低于这个产量就会引起管理当局的不满。② 有一种团体的压力维持着这个工人们所认为的"合理的日工作量"，这些压力包括嘲笑、讽刺、孤立等。③ 在正式组织中存在非正式组织。这种非正式组织不受分工和地理位置的限制，而因共同的兴趣、爱好聚在一起活动，并且大多有自然形成的领袖和自己的行动规范。而这些行动规范对个人的影响主要有以下几点：① 不能干得太多或者太少，以免影响大家；② 不准向管理当局告密，做有害于同伴的事；③ 不要装作一本正经，自以为是，与同伴保持一定的距离。

通过四个阶段的实验，梅奥等研究者认识到：工人不是被动的、孤立的；影响工作效率提高的更重要的因素不是生理因素和物质因素，而是社会环境和社会心理等方面的因素。据此，梅奥出版了《工业文明中的人的问题》一书，正式提出人际关系学说。

2. 人际关系学说的主要内容

1）工人是"社会人"而不是"经济人"

科学管理理论假设工人是单纯追求金钱等物质需求的"经济人"。梅奥等人则认为工人是"社会人"，他们不是被动的、孤立的，而是属于某个团体并受之影响；他们并不单纯追求物质利益，还追求人与人之间的感情、安全感、归属感和受人尊敬等社会需求与心理需求。因此不能单纯强调技术和物质条件，更应注重从社会、心理等方面来进行组织和管理。

2）企业中除正式组织外还存在非正式组织

所谓正式组织，是指为了有效地实现组织的目标，按照企业成员的职位、责任、权力及其相互关系进行明确划分而形成的组织体系。科学管理只重视发挥正式组织的作用。梅奥等人认为企业员工在工作过程中，由于了解逐渐加深，从而形成某种共识，具有共同的社会感情，逐渐发展成为一种相对稳定的非正式组织。这种非正式组织可以保护工人免受内部成员疏忽所造成的损失，如生产过多导致提高生产定额，或生产过少引起管理当局不满；还可以保护工人免受非正式组织外部管理人员干涉形成的损失，如降低工资或提高生产定额。非正式组织与正式组织相互依存，对生产率的提高有重要影响。因此，管理人员应该利用非正式组织为正式组织的活动和目标服务。

3）新型的领导能力在于提高工人的满意度

科学管理认为只要制定科学的作业方法，改善工作条件，采用激励性的计件工资制就可以提高劳动生产率，即工人工作效率的提高主要取决于工作方法、作业条件和工资制度。梅奥等人认为，工人工作效率的高低主要取决于工人各种需要得到满足的程度，即工人的"满意度"。要提高工人的"满意度"，不仅要解决工人生产技术、物质方面的问题，还要掌握他们精神方面的需求，这样才能沟通意见，协调关系，适时、充分地激励工人，从而提高工作效率。

梅奥的人际关系理论重点在于提出了"社会人"人性假设和非正式组织的存在，强调良好社会关系对调动人的积极性起着决定性的作用。但该理论过于偏重这种非正式组织和社会心理等因素的影响，忽视了正式组织、理性因素。

2.4.2　行为科学理论的发展

虽然早在 19 世纪和 20 世纪初就有人开始研究关于人类行为的理论，但行为科学直到1949 年在美国芝加哥的一次跨学科的科学会议上才被正式命名。行为科学是一门综合性的学科，对它的定义有广义和狭义两种。广义的行为科学是指研究人的行为及动物的行为，是一个学科群；狭义的行为科学是指应用心理学、社会学、人类学及其他相关学科的成果来研究管理过程中人的行为和人与人之间的关系规律的一门科学。行为科学是由人际关系学说发展起来的，后来又融入了人力资源学派、现代的管理心理学和组织行为学，这些都是行为科学的主要组成部分。

行为科学理论发展起来后出现了很多流派，各个流派研究的侧重点是不同的，它们主要集中在三个领域：个体行为研究，组织行为研究和领导行为研究。

（1）个体行为研究，主要研究人的需要、动机、激励等问题。这一方面的理论主要有：马斯洛的需求层次理论、赫茨伯格的双因素理论、弗鲁姆的期望理论、麦克利兰的成就需要理论等。

（2）组织行为研究，主要研究企业中非正式组织以及人与人之间的关系问题。比较有代表意义的是卢因的团体动力学。主要包括以下几点。① 团体是一个和正式组织一样包含活动、相互影响、情绪三个要素并有自己行动规范的非正式组织。② 团体是处于均衡状态的各种力的场中，这些力是相互作用的，处于一个相对的均衡状态之中，涉及团体活动的环境、每个成员的个性以及每个人的生活习惯和相互之间的看法。③ 团体有着不同于正式组织的组织目标、组织结构和领导方式。④ 团体的规模不大，有利于交流各种信息和感情。管理者可采取恰当的措施，使团体的目标与企业的目标密切配合，提高管理效率。

（3）领导行为研究，主要研究企业中领导方式问题。比较有代表意义的是布莱克和莫顿的管理方格理论等。

2.5　现代管理理论流派

第二次世界大战后，西方资本主义的政治、经济格局发生重大调整，企业的经营环境发生了重大变化。如生产力和科学技术的高度发展、生产社会化程度的不断提高、国家干预经济范围的不断扩大、自然科学的不断渗透及人们受教育程度的提高等，都促进了管理思想的发展，形成了一系列不同的理论观点和流派，美国管理学家将这种状况称为出现了"管理理论丛林"。在这片"丛林"中，比较有代表性的学派有管理过程学派、社会系统学派、决策理论学派、系统管理理论学派、经验主义学派、管理科学学派、权变理论学派等。这些学派说明现代管理科学理论的时代已经到来，是继古典管理理论、行为科学管理理论之后，西方管理理论和思想发展的第三阶段。

2.5.1　管理过程学派

管理过程学派，又叫管理职能学派、经营管理学派。该学派源于法约尔的思想，后经孔茨等人发扬光大，成为现代西方管理理论丛林中的一个主流学派。该学派认为管理就是在组织中通过别人或同别人一起完成工作的过程，注重管理过程和职能的研究。

孔茨是管理过程学派的主要代表人物之一，主要著作有《管理学原理》《管理理论的丛林》《再论管理理论的丛林》等。

孔茨认为管理是一种艺术，其基本的原理和方法可以应用于任何一种现实情况。他把管理解释为通过别人使事情做成的各项职能，强调管理的概念、理论、原则和方法。至于管理的职能，他认为应划分为计划、组织、人事、指挥和控制等五项；协调本身不是一种单独的职能，而是有效地应用了这五项职能的结果。

1. 计划职能

这是五种管理职能中最基本的，其他四种管理职能都必须反映计划职能的要求。所谓计划，就是根据实际情况进行预测，在各种行为过程中作出抉择。孔茨将众多种类的计划划分为目的和任务、目标、策略、政策、规则、规划和预算。

2. 组织职能

孔茨认为"组织工作"是：明确所需要的活动并加以分类；对为实现目标必要的活动进行分组；把各个组分派给有权力的管理人员（授权）；为组织结构中的横向方面以及纵向方面制定关于协调的规定。

3. 人事职能

人事职能包括选择、雇用、考评、储备、培养和其他一些有关员工的工作。孔茨提出了对员工进行选择的测验方法，包括能力测验、熟练和适应性测验、职业测验和性格测验。员工考评的项目包括：与人友好共事的能力、业务知识、勤奋程度、判断力、分析能力、领导能力、首创精神、社交能力、完成任务的能力、生产成果和节约费用等情况，以及计划和指令的执行情况。在对人员进行测试、考评的基础上还要做好人员的储存、培养、晋升等工作。

4. 指挥职能

指挥就是引导员工有效地领悟和出色地实现企业既定目标，还要了解员工在计划执行过程中所遇到的各种问题。孔茨认为指挥是一门艺术，这门艺术由三部分组成：① 了解员工在不同时间和不同情境下有不同的激励因素的能力；② 鼓舞员工士气的能力；③ 按照某种方式来形成一种有利的环境，以便使员工对激励做出反应的能力。

5. 控制职能

控制职能就是按照计划的标准衡量计划的完成情况，并纠正计划执行过程中的偏差，以保证计划目标的实现。

2.5.2　社会系统学派

社会系统学派又叫社会系统理论，是从社会学的角度来研究管理，把企业各级组织和企业组织中人们的相互关系看成一种协作系统，并以协作系统为核心论述企业的内部平衡和对外条件适应的组织管理理论。该理论具有三个明显特点：① 认为组织的本质、特性和过程决定管理人员应具有的职能及如何使用这些职能；② 描述性地分析组织的本质；③ 把决策作为主要研究对象。

该学派的创始人是美国著名管理学家巴纳德。巴纳德一生发表了大量著作，其中最具代表性的是被管理学界称为美国管理文献经典著作的《经理人员的职能》，其代表性观点如下。

1. 组织是一个协作系统

为了把握组织的本质，巴纳德从构成组织的个人出发，研究个人参加协作活动的动机，从而建立组织，并在此基础上提出了协作系统概念。他认为，组织是两个或两个以上的人有意识协调的活动或效力系统。从这一概念中可以看出，组织是由人组成的，而任何个人都具有活动、心理因素、选择力、目的等个性。当个人要达成其目的时，不仅受其个性因素影响，还要受物理的、生物的、社会等诸方面环境力量的制约。因而，当个人要克服制约达成其目的时，协作就成了个人克服制约因素的手段。

2. 协作系统的三个基本要素

巴纳德认为协作系统无论其规模大小或级别高低，都必须包含三个普遍要素，即共同的目标、协作的意愿和信息的沟通。

（1）共同的目标。共同目标是协作的必要前提，组织成员对组织共同目标的理解分为两种：一种是指组织成员脱离了个人立场而站在组织整体利益的立场上客观地理解组织的共同目标的协作性理解；另一种是站在个人立场上主观地理解组织的共同目标的个人性理解。由于两种理解各自立场不同，因而常常会发生矛盾。所以，管理人员的重要任务就是强调组织共同目标和个人目标的协调问题，并使组织成员加深对共同目标的认同，并力争使他们感到共同目标实现的同时他们个人的需求也可以获得满足。

（2）协作的意愿。协作意愿意味着自我克制，交出对个人行为的控制权，是个人行为的非个性化。同时他指出，只有当组织因为成员的协作而提供的"诱因"大于或等于成员提供协作而导致的"牺牲"时，组织才能存续和发展。所以，组织为了获得或提高成员的协作意愿，一方面要提供客观的刺激如金钱、地位、权利等，另一方面要通过说服来改变个人的主观态度，通过思想上的反复灌输来培育成员的协作精神。

（3）信息的沟通。巴纳德认为只有通过信息沟通才能把上述两个要素联系和统一起来，形成动态过程；只有通过信息沟通，组织成员的个人目标和组织目标才能达成共识；也只有通过信息沟通，组织才能有效地了解成员的协作意愿和强度，从而为实现组织目标采取相应的措施。

巴纳德认为有效的信息沟通须遵循以下原则：① 信息沟通的渠道要被组织成员所了解；② 要求组织中每个成员都有一个正式的信息沟通渠道；③ 信息沟通路线应减少层次，尽可能直接和简洁；④ 在信息传递时，不能跳过某些层次，必须利用完整的信息交流路线；⑤ 信息沟通中心的管理人员必须尽职尽责；⑥ 当组织执行职能时，信息沟通的线路不能中断；⑦ 要保证信息沟通的权威性。

3. 经理人员的职能

经理人员职能的有效发挥在企业的生存和发展过程中起着关键性的作用。巴纳德认为经理人员在组织中的作用就是作为信息系统中相互联系的中心，协作组织成员的协作活动，保证组织的正常运转，实现组织的共同目标。巴纳德认为经理人员有以下三项主要职能。

（1）建立和维持组织的信息系统。巴纳德认为，建立一个正式的信息系统，使经理人员使组织的各个部分能在统一的指挥下展开活动，达到组织的共同目标。这项工作包括：确定和阐明经理人员职务，并配备合适的人员担任这些职务。

（2）从不同组织成员那里获得必要的服务，这主要包括：招募和选聘能够提供适合服务的工作人员，采用维持组织的各种手段，如"诱因"的维持，"士气"的维持，以保证协作系统的生命力。

（3）确立组织的共同目标，并通过组织各个部门的具体目标来加以阐明。

2.5.3　决策理论学派

决策理论学派是现代管理理论的一个重要学派，该学派以巴纳德等人的社会系统理论为基础，吸收行为科学和系统论的观点，运用电子计算机技术和统筹学的方法而发展起来的一种理论。这一学派的代表人物是西蒙。

西蒙是美国管理学家和社会学家，决策理论学派的创始人之一。由于他在决策理论方面做出了突出贡献，被授予 1978 年度诺贝尔经济学奖。主要著作有《管理行为》《公共管理》《管理决策的新科学》等。

西蒙在管理上的核心观点是，决策是管理的中心问题，贯穿于组织的各个方面、各个阶层和管理活动的全过程，所以管理就是决策。

1. 决策的标准

在决策标准问题上，西蒙提出了"满意标准"，否定了以往的"最优化"标准。以往的经济学家和管理学家往往把人看成是以"绝对理性"为指导的"经济人"或"理性人"，在决策过程中寻求最优决策方案，而以这种"绝对理性"为决策标准时，要求决策者必须：① 对可供选择的方案及其未来的后果要无所不知；② 要有无限的估量能力；③ 对各种可能的后果有一个完全而一贯的优先顺序。但事实上，决策者不可能完全具备这些条件，也就不可能作出"完全合理"或"最优"的决策。因此，西蒙认为，应该用"有限理性"的"管理人"假设代替"经济人"假设。

2. 决策的过程

通常人们认为，决策者是那些能在关键抉择时刻，在十字路口选定最佳路线的人。西蒙认为这一看法只注意了最后的抉择时刻而忽视了决策的全过程。他指出决策过程应包括下列四个阶段：情报活动阶段、设计活动阶段、抉择活动阶段和审查活动阶段，并且各个决策阶段既是循序渐进的，又常是相互交织的，所以这是一个"大圈套小圈，小圈之中还有圈的复杂过程"。

3. 决策的类型

西蒙把组织中的活动分为两类：一类是经常重复出现的例行活动，把对这种例行活动所制定的决策称为程序化决策；另一类是不重复出现的非例行活动，把对这种非例行活动所制定的决策称为非程序化决策。但是，对程序化决策和非程序化决策的划分并不是绝对的。西蒙指出，它们并非截然不同的两类决策，而是像光谱一样的连续统一体，一端为高度程序化决策，另一端为高度非程序化决策。我们沿着这个光谱式的统一体可以找到不同灰色梯度的各种决策，采用程序化和非程序化两个词也是用来作为光谱的黑色频段与白色频段的标志而已。其实"世界大多是灰色的，只有少数几块地方是纯黑或纯白的。"[①]

西蒙在他的决策理论中，还对这两种类型决策的处理技术做了分析，并指出传统方法与现代方法是不同的。在制定程序化决策时，采用运筹学、电子计算机技术的现代方法取代了应用习惯、设置标准操作规程的传统方法；在制定非程序化决策时，探索式解决问题、人类思维的模拟等现代方法取代了以个人经验、洞察力、直觉进行判断的传统方法。

2.5.4　系统管理理论学派

系统管理理论学派以一般系统理论为基础，把系统的观点运用于研究和分析企业管理活动的理论。该学派与社会系统学派和决策理论学派有着密切的联系，但侧重点不同。卡斯特是该系统学派的主要代表人物之一，代表性著作有《组织与管理》等。系统管理学派的主要观点如下。

1. 企业是由相互联系而共同合作的各个子系统组成的，以便达到一定目标的系统

管理系统学派将企业的子系统分为目标和价值子系统、技术子系统、社会心理子系统、结构子系统和管理子系统。① 目标和价值子系统对企业来说非常重要。企业通过该系统确定自身的社会价值观，进而制定企业的目标。② 技术子系统是由企业为完成任务所需的各种技术要素构成的，如知识、技能、设备等，随着活动特点而改变。③ 社会心理子系统是企业中人与人之间、人与团体之间相互关系的总和，其发展变化受企业内外环境力量的共同影响。④ 结构子系统，组织结构取决于组织目标，并为技术子系统和社会子系统提供正式的联系渠道，通过组织图、职位说明书、工作程序等形式表现出来。⑤ 管理子系统是企业系统的核心部分，它不仅联系和影响组织的各个子系统，进行计划、组织、控制、管理职能活动，还把组织同外部环境联系起来，进行计划、组织、控制等管理活动。

2. 企业是一个开放的系统

开放系统体现在系统总是不断地同它周围的环境相互作用，并且有内部和外部的信息反馈网络，能够不断地自动调节，以适应环境和自身的需要。

2.5.5　经验主义学派

经验主义学派又被称为经理主义学派。该学派认为管理就是研究管理的经验，应从管理的实际出发，以管理的经验作为主要研究对象，并对其加以抽象和概括，以便达到向各企业的经理提供管理企业的成功经验和科学方法的目标。

德鲁克是经验主义学派的主要代表人物之一，美国现代著名的管理学家。其著名代表作有《管理的实践》《卓有成效的管理者》《管理：使命、责任和实践》。

1. 管理的性质和任务

德鲁克认为，管理只同生产商品和提供各种经济服务的工商企业有关，管理的能力、技巧、经验不能移植并应用到其他机构中去，管理学是管理工商企业的理论和实践的各种原理、原则的集合。他强调管理的实践性，认为管理学不应是纯粹的理论研究，而应侧重于实践操作。

德鲁克把管理的任务归纳为以下三项。

---

① 李鹏，袁霞辉. 一次读完 25 本管理学经典. 长春：吉林人民出版社，2001：147.

（1）取得经济效果。取得经济效果是企业结构合理的目的，企业本身就是取得经济效果。因此，企业的管理人员在作决策时，必须首先考虑经济效果。

（2）使企业具有生产性，并使工作人员有成就感。无论是企业还是其他组织机构，所有的资源中只有一项真正的资源，就是人。因为人的心理具有多变性，所以对人的管理不能忽视心理因素，要满足员工的成就感，激励他们完成工作，以便使企业不断向前发展。

（3）妥善处理企业对社会的影响和所承担的社会责任。任何机构都是社会的器官，是为社会而不是自身的目的而存在的，企业也不例外。企业的好坏不是由企业自身而是由它对社会的影响来评价的。企业对社会产生积极的影响和做出卓越的贡献是企业对社会的主要责任。

德鲁克认为上述三项任务都有其重要性，不能强调某一项而忽视其他两项。

2. 管理的职责

德鲁克认为，作为企业主要管理人员的经理，有两项职责是别人不能替代的。① 他必须创造一个"生产的统一体"，这个统一体的生产力要比其他各个部分的生产力的总和更大。从这个意义上讲，经理不仅要做一名创新者，更要做一名很好的协调者，使企业各种资源特别是人力资源得到充分发挥。② 他在作出每一项决策和采取每一次行动时，都要兼顾企业的当前利益和长远利益，把二者很好地协调起来。

任何经理都有一些共同的必需的职责。① 树立目标并决定达到这些目标要做些什么，然后把这些信息传递给有关人员。② 进行组织工作。为了便于管理先将工作进行分类，划分成一些较小的活动，然后建立组织机构、选拔人员等。③ 进行鼓励和联系工作。利用奖金、报酬、提升职位等手段来鼓励人们做好工作，并通过有效的信息沟通协调企业的活动。④ 对企业的成果进行分析，确立标准，并对企业所有人员的工作进行评价。⑤ 使职工得到成长和发展，经理通过有效的管理方式使职工发展自己的才能。

3. 组织结构

德鲁克赞同法约尔等人有关组织结构不是"自发演变"的观点，他认为自发演变的组织结构只能带来混乱、摩擦和不良后果。他指出理想的组织结构必须具备以下条件：明确性；经济性；远景方向；理解本身的任务和共同的任务；决策；稳定性和适用性；永存性和自我更新。

4. 目标管理

德鲁克提出了一种影响较大的管理方法，即目标管理。所谓目标管理，是指一个组织中的上级和下级管理人员一起制定共同目标，使这个目标与每一个人的应有成果相联系，规定其主要职责范围，并用这些措施作为经营一个单位和评价每个成员的贡献。

目标管理共分三个步骤：第一，制定目标；第二，实施目标；第三，对成果进行检查和评价。而目标管理顺利实施的先决条件是：① 高层管理人员的参与；② 低层管理人员必须参加目标的制定和实施；③ 收集的情报资料要充分；④ 对实现目标的手段要有控制权；⑤ 对由于实行目标管理而带来的风险要予以承担；⑥ 对员工要有信心。

2.5.6　管理科学学派

管理科学学派，也叫作数量学派。该学派认为，管理就是制定和运用数学模型、程序系统来表示管理的计划、组织、控制、决策等职能活动的合乎逻辑的过程，求出最优解，以达到企业的目标。管理科学学派注重定量模型的研究和应用，使管理由定性研究转向定量研究。其思想体系是泰勒科学管理理论的拓展。

管理科学学派所追求的管理程序化和模型化，旨在把科学的管理原理方法和工具应用于管理的各种活动，特别是和决策活动结合起来，以减少经营管理中的不确定性，使投入的资源发挥更大的作用，得到最大的经济效益。该学派的代表人物有英国诺贝尔物理学奖获得者布莱克特、伯法等，他们的代表著作有《现代生产管理》《生产管理基础》等。

管理科学学派以系统思想为指导，从系统的整体效果出发考察分析问题，认为评价组织中的每一个决策或行动都必须考虑它对每个组织的影响和相关问题，以使整个组织的效果达到最优；同时指出可以把各学科对问题的不同描述综合起来考察，应用多学科交叉的方法分析问题，并强调随着对问题由浅入深的研究，以及内外因素的变化，模型也应不断优化。

1. 管理科学学派的前提假设

（1）认为组织成员是"经济人"或者叫"组织人""理性人"。他们认为，人是理性的动物，追求经济上的利益，会因为物质上的激励而努力工作。

（2）组织是一个追求经济利益的系统。该学派认为，组织是以最小的成本寻求最大的利益，并且这个最大的利益不是系统各个部门的局部利益最大，而是系统整体利益最大。

（3）组织是由作为操作者的人和物质技术设备所组成的人机系统。这个人机系统的投入、产出都能用准确的定量方式表示，因而可以建立相应的数学模型进行分析。

（4）组织是一个决策网络。管理决策具有结构性并组成网络，因而可以应用计量模型。

2. 建立和使用数学模型的步骤

（1）提出问题并阐述问题。通过观察和分析，发现组织中存在的问题，确定问题的实质，提出问题，并且要对影响问题的所有要素进行清楚的解释。

（2）建立数学模型。根据各个要素对该问题的影响进行分析，确定"变量"，建立数学模型。

（3）找出最优解。根据建立的模型，解出答案，并找出最优解。

（4）验证最优解。对模型和最优解进行理论和实际的验证，并对实际的结果和预期的结果进行比较，了解该解法的准确度。

（5）建立对所求解的控制。这是指当所设的变量与函数发生变化时，对方案采取的调整措施。

（6）把方案付诸实施。把制订好的解决方案转化为实际可行的作业程序，并随时记录执行过程中的各种情况，发现问题，随时纠正和改进方案。

目前，管理中应用比较广泛的数学模型有盈亏平衡模型、库存模型、投入产出模型、决策树、决策理论模型、网络模型等。

2.5.7 权变理论学派

权变理论学派根据系统观点来考虑问题，认为企业管理要根据企业内外环境的变化随机应变，管理中没有一成不变的、普遍适用的、"最好的"管理理论和方法，管理的方式和技术要随着企业的内外环境变化而变化，因此要求管理者根据企业内外条件的变化采取相应的管理方式。该学派采用案例研究的方法，通过对大量案例的分析，概括出管理的若干基本类型，并对每一个类型找出一种管理模式。

权变理论学派的代表人物有钱德勒、劳伦斯和洛希、卢桑斯等，他们的代表著作有《战略与结构》《组织和环境》《管理导论：一种权变学说》等。

权变理论学派把企业看成是一个受外界环境影响，同时又反过来对外界环境施加影响的开放系统。依据外部环境和工艺技术两个方面的因素，企业可划分为四种模式：① 外部环境和工艺技术都非常稳定的企业。这种类型的企业可采用集权式的组织机构。② 外部环境比较稳定，产品品种比较简单，工艺技术也比较稳定的企业。这类企业适宜采用直线职能制的组织结构。③ 外部环境变化快，产品品种较多，但工艺技术差别不大的企业。这类企业适宜采用矩阵制的组织结构。④ 外部环境变化非常快，且产品之间工艺技术差别大的企业。这类企业适宜采用事业部制的组织结构。

2.6　管理理论的新进展

20 世纪 80 年代以后，世界的政治经济形势发生了重大变化，经济发展的全球化趋势、信息技术的有效应用及对企业社会责任的关注等，给管理者提出了新的和更高的要求。为适应新形势的需要，一大批新的管理理论和管理模式也随之产生。

2.6.1　第五代管理

第五代管理的概念由美国学者萨维奇提出。1991 年，出版《第五代管理》。知识经济时代的到来以及计算机互联网技术的广泛应用使得传统的管理模式已经显得陈旧和落伍，对于如何管理好知识以及掌握知识的人，传统管理思想已经显得无能为力，在这种情况下第五代管理思想顺应而生。

企业不同的管理阶段与历史上不同的企业组织形式相关联，如第一代管理同工业革命前出现的手工作坊、商店和农场的私人所有制形式相联系。在工业化时代，企业管理的主要理论和模式有"斯密制"的分工合作理论、泰勒的科学管理和法约尔的行政组织理论等。第五代管理的组织基础是知识的网络化。在管理上更注重人的作用和人际沟通，企业经营并行网络化，可以同时进行一项和多项工作。组织结构更依赖小组和团队的活动，管理层次大为减少。第五代管理认为，没有一成不变的组织结构，企业必须根据自身人力资源的情况来设计和选择合适的团队。

由于第五代管理的技术基础是电子计算机网络，企业的信息管理也显得十分重要，企业的竞争能力与企业信息化程度密切相关。怎样收集信息，怎样使企业学习、交流和决策水平不断提高，这些都是信息管理需要面对的问题。

第五代管理思想主要包括以下几个方面。

（1）人类最大的挑战在于以新的更具有创造性的方式来组织人们的经历和知识。

（2）第五代管理主要是领导方式的问题。其注意力不应集中于某个人的力量，而应集中在如何锻炼、鼓励和培养其他人方面。领导首要创立一种环境，这一环境应能使企业中最优秀的人才能同其他最优秀的人才互相结合。

（3）传统的基于严格的等级体系、命令一致性和"一个人只有一个上司""命令与控制"等的管理策略应被侧重于"集中与合作"的公司内部和公司之间多团队的管理方式所取代。

（4）正如计算机的发展，经历了五个阶段发展到今天并行网络单元计算机一样，管理经历了五个阶段的发展：所有权、严格的等级制、矩阵组织、初层次网络化管理、利用并行网络单元计算机的思想建立知识联网。

（5）以任务为中心的复合团队在现代网络技术支持下将成为企业组织的主要形式，通过网络，不同团队可以时刻保持接触。

（6）工作不再是倾听、想象和记忆，不再是那种按吩咐去做的工作，而是一种对话式工作。

（7）应当建立虚拟企业，以排除传统企业组织所具有的缺乏灵活性、适应性和敏捷性的缺点。虚拟企业是由来自不同企业或同一企业不同部门的人员组成，以充分利用他们的知识和才干的团队。这个团队并不需要驻扎在一个地点，他们彼此之间通过计算机网络来联系与交流信息。

第五代管理是知识经济时代的管理，与工业经济时代的管理有重大区别。但是，由于知识经济还是一个尚未成形的经济形态，第五代管理也是一个有待深入研究、不断完善的理论体系。

2.6.2　学习型组织

彼得·圣吉长期致力于将系统动力学与组织学习、创造原理、认知科学、群体深度对话与模拟演练游戏融合在一起，在此基础上提出了"学习型组织"理论。1990年出版了著名的《第五项修炼：学习型组织的艺术与实务》一书，该书被誉为"21世纪的管理圣经"，并于1992年荣获世界企业学会最高荣誉的开拓者奖，圣吉本人也于同年被美国《商业周刊》推崇为当代最杰出的新管理大师之一。

学习型组织理论认为，组织或团体在学习及思维方面存在的障碍妨碍了组织的发展，甚至导致组织的最终衰败。而在新的经济环境中，企业要持续发展，必须建立学习型组织，提高企业的整体素质，增强企业的综合实力。彼得·圣吉认为企业的发展不能再只靠福特、斯隆、沃森那样伟大的领导者一夫当关，运筹帷幄，指挥全局，未来真正的企业将是能够设法使各阶级人员全心投入并有能力不断学习的组织——学习型组织。

1. 学习型组织建立的前提

1）第一项修炼：自我超越

"自我超越"的修炼是学习不断理清并加深个人的真正愿望，集中精力，培养耐心，从创造性的角度而不是反应性的角度来客观地观察现实，看待世界的过程。它是学习型组织的精神基础。精熟"自我超越"的人，能够不断实现他们内心深处最想实现的愿望，不断追求超越自我，从而形成一个持续的学习过程。自我超越既是指个人的自我超越，更是指组织的自我超越。当作为个体不断进步、自我超越时，组织也会不断学习，不断"超越自我"。

2）第二项修炼：改善心智模式

所谓"心智模式"，是指影响我们如何了解这个世界以及如何采取行动的许多思维模式、假设、成见甚至图像、印象等思维定式。它是存在于我们心中的。我们观察事物、分析问题、制定决策都会受到已有心智模式的制约，而且一旦已有的心智模式不能客观地反映事物，我们就有可能做出错误的判断。改善心智模式，客观地审视自己的内心，改变已有的思维定式，有助于自己更深入地学习，适应环境的不断变化。改善心智模式的方法有两种：反思和探询。

3）第三项修炼：建立共同愿景

共同愿景是由众多个人愿景凝聚而成的，是以个人愿景为基础的，是组织成员所共有的愿望、理想、使命或目标。企业建立共同愿景就能充分调动每个成员的力量，提高他们工作的主动性、积极性，使他们发自内心地努力工作，促进组织的不断发展。

4）第四项修炼：团队学习

在现代组织中，学习的基本单位不是个人而是团队。团队学习就是促使员工与团队合作得更好，使每个人的力量都能通过集体得以实现。当团队真正在学习时，不仅团队整体表现出色，个别成员成长的速度也比其他的学习方式要快。探索问题本质的深度会谈和寻求最佳选择的讨论是团队学习的两种方法。

5）第五项修炼：系统思考

彼得·圣吉认为企业是一个一系列复杂的系统，而系统本质上是处于一定的相互关系中并与周围社会环境发生关系的各组成部分的有机统一体。因此，在管理活动中要树立系统的观点和动态的观点，运用系统的理论和方法分析问题，把握企业的整体变化形态，从而取得较好的管理效果。系统思考是五项修炼的核心。

2. 学习型组织的特征

所谓学习型组织，是指通过培养弥漫于整个组织的学习气氛，充分发挥员工的创造性思维能力而建立起来的一种有机的、高度柔性的、扁平化的、符合人性的、能持续发展的组织。它一般具有以下几个特征。

1）组织成员拥有一个共同的愿景

组织的共同愿景，来源于组织成员个人的愿景而又高于个人的愿景，是组织中所有成员共同的愿望，是他们的共同理想。它能使不同个性的人凝聚在一起，朝着组织共同的目标前进。

2）组织由多个创造性个体组成

在学习型组织中，学习的基本单位是团体而不是个人，团体是由彼此需要他人配合的一群人组成的。组织的所有目标都是直接或间接地通过团体的努力来达到的。

3）善于不断学习

这是学习型组织的本质特征。所谓"善于不断学习"，主要有四点含义。① 强调"终身学习"。即组织中的成员均应养成终身学习的习惯。② 强调"全员学习"。即企业组织的全体成员，无论是高层的决策人员、管理人员，还是基层的操作人员都要全心投入学习。③ 强调"全过程学习"。即学习必须贯彻于组织系统运行的整个过程之中。④ 强调"团体学习"。即强调组织成员的互助合作和知识共享。学习型组织通过保持学习的能力，及时铲除发展道路上的障碍，不断突破组织成长的极限，从而保持持续发展的态势。

4）"地方为主"的扁平式结构

学习型组织的组织结构是区别于传统企业组织金字塔式的扁平式结构，即从最上面的决策层到最下面的操作层，中间相隔层次极少。它尽最大可能将决策权向组织结构的下层移动，让最下层单位拥有充分的自决权，并对产生的结果负责，从而形成以"地方为主"的扁平化组织结构。扁平式的组织结构有助于企业成员间形成互相理解、互相学习、整体互动思考、协调合作的氛围，从而使组织整体产生巨大的、持久的创造力。

5）自主管理

自主管理是使组织成员能边工作边学习并使工作和学习紧密结合的方法。通过自主管理，组织成员可以自己完成"发现问题—选择伙伴—选定目标—调查现状—分析原因—制定对策—组织实施—检查效果—评定总结"等活动。在这一过程中，组织成员能形成共同的愿景，相互交流、切磋、取长补短，不断学习新知识，不断进行创新，从而提高组织快速应变、创造未来的能力。

6）组织的边界将被重新界定

学习型组织的边界一般是在组织要素与外部环境要素互动关系的基础上划分的，它超越了传统的根据职能或部门划分的"法定"边界。

7）员工家庭与事业的平衡

学习型组织努力使员工丰富的家庭生活与充实的工作生活相得益彰。组织与员工相互信任，相互服务，互为对方考虑，使个人与组织的界限变得模糊，工作与家庭之间的界限逐渐消失，两者之间的冲突必将大为减少，从而提高员工家庭生活的质量，达到家庭与事业之间的平衡。

8）领导者的新角色

在学习型组织中，领导者是设计师、仆人和教师。领导者充当设计师的角色时，他不仅是设计组织的结构和组织政策、策略，更重要的是设计组织发展的基本理念；领导者充当仆人的角色表现在他对实现愿景的使命感，他自觉地接受愿景的召唤，甘心情愿地为愿景付出；领导者充当教师角色的首要任务是界定真实情况，协助人们对真实情况进行正确、深刻的把握，提高他们对组织系统的了解能力，促进每个人的学习。

培养"学习型"组织有利于提高企业的综合能力，实现个人与工作的真正融合，它是企业参与竞争的必然选择。它的真谛在于，通过建立学习型组织，体会建立过程中所付出的深刻内涵，引导出一种不断创新、不断进步的新观念，从而使组织日新月异，不断创造未来。

2.6.3 企业流程再造

1993 年，迈克尔·哈默与詹姆斯·钱皮共同提出了企业再造理论。

企业再造理论的产生有深刻的时代背景。20 世纪六七十年代，全球企业都面临着全新的挑战：信息技术的进步及全球经济一体化的出现使竞争的方式和手段不断发展，企业的生产、服务系统经常变化；市场需求日趋多变，产品寿命周期大大缩短；买方市场的出现，使企业的竞争不断加剧，并且顾客对产品和服务的要求也随着生活质量的改善而提高。面对这些挑战，企业应改变那种在大量生产、大量消费的环境下发展起来的企业经营管理模式，应该在更高水平上进行一场根本性的改革与创新，对企业的管理观念、组织原则和工作方法进行彻底的变革。企业再造理论目的是，"为了飞越地改善成本、质量、服务、速度等重大的现代企业的运营基准，对工作流程进行根本性的重新思考与彻底改革"。

企业再造理论认为，企业再造活动绝不是对原有组织进行简单修补的一次改良运动，而是重大的突变式改革。企业再造对植根于企业内部的、影响企业各种经营活动开展的、固有的基本信念提出了挑战；企业再造必须对组织中人的观念、组织的运行机制和组织的运作流程进行彻底的更新，要在经营业绩上取得显著的改进，迈克尔·哈默和詹姆斯·钱皮为"显著改进"制定了一个目标："周转期缩短 70%，成本降低 40%，顾客满意度和企业收益提高 40%，市场份额增长 25%"。企业再造理论的"企业再造"就是"流程再造"，其实施方法是以先进的计算机信息系统和其他生产制造技术为手段，以顾客中长期需要为目标，在人本管理、顾客至上、效率和效益为中心的思想的指导下，通过最大限度地减少对产品增值无实质作用的环节和过程，建立起科学的组织结构和业务流程，使产品质量和规模发生质的变化，从而保证企业能以最小的成本、高质量的产品和优质的服务在不断加剧的市场竞争中战胜对手，获得发展的机遇。

企业流程再造的过程大致可以分为以下四个阶段。

（1）诊断原有流程。一般来说，当市场需求、技术条件发生的变化使与过去的市场需求、技术条件相适应的原有作业程序难以适应时，作业效率或组织结构的效能就会降低。因此，应对原有的流程进行全面的功能和效率的分析，可以通过画流程图等手段帮助企业尽快找出流程中存在的问题。

（2）选择需要再造的流程。由于企业的资源有限，企业不可能对所有存在问题的流程全部进行再造，因此，只能选择一部分流程作为再造的对象。选择需要再造的流程时可以依据三个标准。① 紧迫性。不同的作业流程环节对企业的影响是不同的。因此，应选择那些问题症状比较明显甚至制约企业运作整体效率的流程作为再造的对象。② 重要性。当今市场要求企业以满足顾客需求为中心，而随着市场的发展，顾客对产品和服务的需求也发生了变化，因此，企业应该选择那些对顾客影响较大的流程作为再造的对象。③ 可行性。是指企业在选择流程时应考虑市场、技术变化的特点及企业的现实情况等因素。

（3）了解准备再造的流程。是指再造者在了解顾客需求的基础上，对现有流程要有一个很高的着眼点，对流程进行彻底的再设计，而不要花费大量时间对现有流程的每一个环节都做出烦琐而详尽的具体分析。

（4）重新设计企业流程。根据哈默的观点，重新设计企业流程时，要打破现有流程的局限，充分发挥想象力，激发创造的灵感和火花，群策群力，集思广益。

企业再造理论强调要打破原有分工理论的束缚，重新树立"以流程为导向"的思想，重建完整和高效率的新流程，适应新环境下企业变革发展的需要，并在实践中不断地发展和完善。

2.6.4　价值链管理

价值链理论是哈佛大学商学院教授迈克尔·波特于 1985 年在《竞争优势》一书中提出的。波特认为，企业与企业的竞争，不只是某个环节的竞争，而是整个价值链的竞争，而整个价值链的综合竞争力决定企业的竞争力。

波特认为，每一个企业都是在设计、生产、销售、发送和辅助其产品的过程中进行种种活动的集合体，所有这些活动可以用一个价值链来表明。企业的价值创造是通过一系列活动构成的，这些互不相同但又相互关联的生产经营活动，构成了一个创造价值的动态过程，即价值链。

价值链的增值活动可以分为基本增值活动和辅助性增值活动两大部分。

1. 企业的基本增值活动

企业的基本增值活动，即一般意义上的"生产经营环节"。这些基本活动包括以下五种类型。

（1）进料后勤。与接收、存储和分配相关联的各种活动，如原材料搬运、仓储、库存控制、车辆调度和向供应商退货。

（2）生产作业。与将投入转化为最终产品形式相关的各种活动，如机械加工、包装、组装、设备维护、检测等。

（3）发货后勤。与集中、存储和将产品发送给买方有关的各种活动，如产成品库存管理、原材料搬运、送货车辆调度等。

（4）销售。与提供买方购买产品的方式和引导它们进行购买相关的各种活动，如广告、促销、销售队伍、渠道建设等。

（5）服务。与提供服务以增加或保持产品价值有关的各种活动，如安装、维修、培训、零部件供应等。

2. 企业的辅助性增值活动

企业的辅助性增值活动，包括各种支持性活动。

（1）采购与物料管理。指购买用于企业价值链各种投入的活动，采购既包括企业生产原料的采购，也包括支持性活动相关的购买行为，如研发设备的购买等。另外，也包含物料的管理作业。

（2）研究与开发。每项价值活动都包含技术成分，无论是技术诀窍、程序，还是在工艺设备中所体现出来的技术。

（3）人力资源管理。包括涉及所有类型人员的招聘、雇用、培训、开发和报酬等各种活动。人力资源管理不仅对基本活动和支持性活动起到辅助作用，而且支撑整个价值链。

（4）企业基础制度。企业基础制度支撑了企业的价值链条，如会计制度、行政流程等。

在一个企业众多的"价值活动"中，并不是每一个环节都创造价值。企业创造的价值，实际上来自企业价值链上的某些特定的价值活动；这些真正创造价值的经营活动，就是企业价值链的"战略环节"。企业在竞争中的优势，尤其是能够长期保持的优势，说到底，是企业在价值链某些特定的战略价值环节上的优势。价值链如图 2-3 所示。

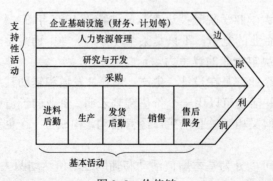

图 2-3　价值链

2.6.5　全面社会责任管理

2002 年，美国波士顿大学教授 Waddock 在借鉴全面质量管理（TQM）概念的基础上，提出了全面社会责任管理的概念与简要定义，即"对三重底线责任进行平衡管理的系统方法"。李伟阳，肖红军提出了全面社会责任管理的"3C+3T"模型。全面社会责任管理可以称之为社会价值目标管理模式，即管理框架以社会价值为主导，管理目标追求经济、社会和环境的综合价值最大化，管理方式注重利益相关方合作创造综合价值。全面社会责任管理由两个层次构成：一是由综合价值（comprehensive value）、合作（cooperation）和共识（consensus）等三要素组合而成的 3C 思想体系；二是由全员参与（total staff）、全方位覆盖（total fields）和全过程融合（total processes）等三部分构成的 3T 实施体系。[①]全面社会责任管理的 3T 实施体系如图 2–4 所示。

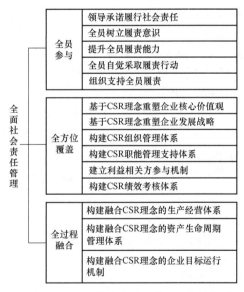

图 2–4　全面社会责任管理的 3T 实施体系

1. 全员参与

全面社会责任管理要求企业各部门、各层级和各岗位的所有员工都有意愿、有能力去落实履行社会责任的要求，并将其转化为行动。同时，全面社会责任管理还要求企业将履行社会责任理念拓展到利益相关方，携手利益相关方共同实现综合价值最大化，形成真正意义上的、包括内部员工和外部利益相关方的最广泛的全员参与。

2. 全方位覆盖

企业将履行社会责任的要求全面融入所有的生产经营活动和管理活动，从思想、战略、组织、制度和考核上形成全方位覆盖。

---

① 李伟阳，肖红军. 全面社会责任管理：新的企业管理模式［J］. 中国工业经济，2010（1）：114–123.

3. 全过程融合

全面社会责任管理要求企业将履行社会责任的理念融入生产经营的每一个环节，在企业价值链的所有活动中都贯彻落实追求综合价值最大化的要求，并实现企业社会责任理念与企业日常运行机制所有环节的全面融合。

知识测验

1. 在管理学发展历史上，被称为科学管理之父的是（　　　）。
   A. 韦伯　　　　　　B. 泰勒　　　　　　C. 法约尔　　　　　D. 西蒙

2. 泰勒认为，科学管理的中心问题是（　　　）。
   A. 提高劳动生产率　　　　　　　　B. 增加工资
   C. 时间动作分析　　　　　　　　　D. 增加利润

3. （　　　）认为，管理就是计划、组织、指挥、协调和控制。
   A. 泰勒　　　　　　B. 法约尔　　　　　C. 韦伯　　　　　　D. 德鲁克

4. 法约尔提出管理中具有普遍意义的原则有（　　　）。
   A. 5 项　　　　　　B. 9 项　　　　　　C. 10 项　　　　　D. 14 项

5. 企业中存在"非正式组织"的观点来源于（　　　）。
   A. 现代管理理论　　　　　　　　　B. 管理过程理论
   C. 科学管理理论　　　　　　　　　D. 霍桑试验结论

6. "霍桑试验"直接为（　　　）学说奠定了基础。
   A. 人际关系学说　　　　　　　　　B. 决策理论学说
   C. 组织管理学说　　　　　　　　　D. 权变理论学说

7. 泰勒的科学管理不包括以下哪方面内容？（　　　）
   A. 推出职能工长制，把生产职能与管理职能分开
   B. 重视员工经济需求之外的其他需求
   C. 主张劳资双方的共同合作
   D. 重视效率和人员选拔

8. 泰勒认为生产效率的提高还与工人们工作使用的工具、机器、生产材料、作业环境、工作流程有关，从而提出了（　　　）原则。
   A. 挑选并培训"第一流的工人"　　B. 标准化原理
   C. 差别计件工资制　　　　　　　　D. 职能工长制

9. 权变管理学派强调管理者的实际工作取决于所处的（　　　）条件，因此管理者应根据不同情景采取行动。
   A. 环境　　　　　　B. 技术　　　　　　C. 地位　　　　　　D. 组织

10. 提出劳动分工和经济人观点的是（　　　）。
    A. 大卫·李嘉图　　　　　　　　　B. 亚当·斯密
    C. 罗伯特·欧文　　　　　　　　　D. 查尔斯·巴贝奇

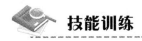 **技能训练**

现实中的管理究竟是什么样子的?

通过访谈一个企业的管理者，了解企业的具体运营情况，同时调查在该企业中：
● 哪些方面采用的是科学管理的结论？
● 哪些方面采用的是行为科学的结论？
● 哪些方面采用的是现代管理丛林的结论？
● 哪些方面是企业自己独特的创新管理？
要求：
1. 学生分组进行，每组 3～6 人。根据以上问题制定各组的访谈提纲。
2. 提交过程材料：访谈记录或采访录音/录像。
3. 运用本章有关知识，对访谈的管理者进行总结，完成实训报告。

 **思维拓展**

大数据将带来怎样的一场管理革命? [①]

管理大师戴明与德鲁克在诸多思想上都持对立观点，但"不会量化就无法管理"的理念却是两人智慧的共识。这一共识足以解释近年来的数字大爆炸为何无比重要。

有了大数据，管理者可以将一切量化，从而对公司业务尽在掌握，进而提升决策质量和业绩表现。关于亚马逊那些耳熟能详的故事遮蔽了它的真正实力。这些先天带有数字基因的公司所能做到的事，是上一代商业领袖梦寐以求的。但实际上，大数据的潜力也可以帮助传统企业实现转型，甚至帮企业获得更好的机会提升其竞争优势（线上企业一直都知道其核心竞争力来自对数据的理解力）。

这场大数据的革命远比之前的"数据分析"要强大得多。企业因此可以做精准地量化和管理，可以做更可靠的预测和更明智的决策，可以在行动时更有目标、更有效率；而且这些都可以在一直以来由直觉而不是数据和理性主宰的领域实现。

随着大数据工具与理念的不断传播，许多深入人心的观点将被撼动，比如经验的价值、专业性与管理实践。各个行业的商业领袖都会看清运用大数据究竟意味着什么：一场管理革命。

1. 大数据能否决定业绩

怀疑论者会问："有何证据显示，明智地运用大数据能提升公司业绩？"商业媒体上充斥着各种轶事案例，似乎在证明大数据驱动带来的价值。但我们最近发现的事实是，根本没人真正拿出严谨有力的证据。

---

① 本案例改编自 2012 年 10 月《哈佛商业评论》中文版，作者安德鲁·麦卡菲（Andrew McAfee）（麻省理工学院数字商业中心首席科学家）、埃里克·布林约尔松（Erik Brynjolfsson）（麻省理工学院斯隆商学院"许塞尔家族"教授兼数字商业中心院长）。

为了弥合这种尴尬的缺失，麻省理工学院的数字商业中心（MIT Center for Digital Business）组织了一个团队，与麦肯锡的商业技术部、沃顿商学院的同事 Lorin Hitt 以及麻省理工学院的博士生 Heekyung Kim 一起合作，考察大数据驱动的公司是否业绩更佳。

他们对北美 330 家上市公司的高管进行了结构性访谈（structured interview，这是一种对访谈过程高度控制的访问。访问的过程高度标准化，即对所有被访者提出的问题、提问的次序和方式，以及对被访者回答的记录方式等是完全统一的。），调研其组织与技术管理实践，然后从年报和其他一些独立信息源那里收集上市公司的业绩数据。

很显然，不是每家公司都喜欢数据驱动型的决策制定过程。研究发现，各行各业对大数据的态度和应用方法五花八门。但是，通过所有的分析，我们发现一种显著的关联性：越是那些自定义为数据驱动型的公司，越会客观地衡量公司的财务与运营结果。尤其是，运用大数据作决策的那些行业前三名企业，比其竞争对手在产能上高 5%，利润上高 6%。如果把劳动力、资金、购买服务和投资传统技术的投入都纳入计算，这些企业的表现依然卓越。它不仅有统计学上的显著性和经济上的重要性，而且也反映在其股票估价的增值上。

2. 大数据带来的管理挑战

大数据转型并不是万能的，除非企业能成功应对转型过程中的管理挑战。以下五个方面在这一过程中尤为重要。

1）领导力

那些在大数据时代获得成功的企业，并不是简单地拥有更多或者更好的数据，而是因为他们的领导层懂得设计清晰的目标，知道自己定义的成功究竟是什么，并且找对了问题。

大数据的力量并不会抹杀对远见与人性化洞察的需求。相反，我们仍然需要这种领导者——他们能抓住某个绝好的机会、懂得如何开拓市场、用自己的创意提供那些相当新奇的产品和服务，并且巧舌如簧地勾勒出一幅激动人心的前景，说服下属激情澎湃地为此拼命工作，最终成功赢得顾客。未来十年获得成功的企业，其领导者必然具备以上特质，与此同时推进了公司决策机制的转型。

2）人才

随着数据越来越廉价，实现大数据应用的相关技术和人才也变得越来越昂贵。其中最紧迫的就是对数据科学家和相关专业人士的需求，因为需要他们处理海量的信息。

统计学很重要，但是传统的统计学课程几乎不传授如何运用大数据的技能。尤其需要的能力是将海量数据集清理并系统化，因为各种类型的数据很少是以规整的形态出现的。

视觉化工具和技术的价值也将因此突显。随着数据科学家的涌现，新一代的电脑工程师必须能够处理海量数据集。而设计数据试验的技能，则会非常有助于弥补数据呈现的复杂关系与因果之间的鸿沟。除此之外，那些最优秀的数据科学家还需要掌握商业语言，帮助高管把公司面临的挑战变为大数据可以解决的形式。毫无疑问，这类人才炙手可热，很难找到。

3）技术

处理海量、高速率、多样化的大数据工具，近年来获得了长足的改进。整体而言，这些技术已经不再贵得离谱，而且大部分软件都是开源的。Hadoop，这个目前最通用的平台，就整合了实体硬件和开源软件。它接收涌入的数据流并将其分配至很便宜的存储盘，同时它也提供分析数据的工具。

尽管如此，这些技术需要的一整套技能对大部分企业的 IT 部门来说都是全新的，他们需要努力将公司内外所有相关的数据都整合起来。只有技术远远不够，但技术是整个大数据战略中不可或缺的部分。

4）决策

一家高效的公司通常把信息和相关的决策权统一在一起。而在大数据时代，信息的产生与流通，以及所需人才都不再是以往那样了。精明的领导者会创造一种更灵活的组织形式，尽量避免"自主研发综合征"，同时强化跨部门合作：收集信息的人要提供正确的数据给分析数据和理解问题的人；同时，他们要和掌握相关技术、能够有效解决问题的人并肩工作。

5）文化

大数据驱动的公司要问自己的第一个问题，不是"我们怎么想"而应该是"我们知道什么"，这要求企业不能再跟着感觉走。

很多企业还必须改掉一个坏习惯：名不副实的大数据驱动。我们发现很多这样的企业，最常见的表现是，高管们明明还是按传统方式作决定——以高薪人士的意见为主，却拿出一份香艳的数据报告支撑自己的决定是多么英明。其实，这不过是分配下属四处寻找的专为这个决定做辩护的一堆数字。

证据一目了然：大数据驱动下的决策更高明。高管们要么拥抱这一现实，要么卷铺盖走人。在各个领域中，企业只有找到将数据科学与传统技能完美结合的方式，才能打败对手。我们不能说，所有的赢家都会将大数据用于其决策制定。但数据告诉我们，这样确实胜算最大。

思考题：

1. 什么是"大数据"？大数据和一般的数据分析有何不同？

2. 大数据能否驱动公司业绩？请选择正方观点或反方观点搜集资料并进行论证。

3. 如果要实现大数据驱动公司业绩，还需要做哪些基础的管理工作？

 **推荐阅读**

[1] 方振邦，徐东华. 管理思想百年脉络：影响世界管理进程的百名大师. 3 版. 北京：中国人民大学出版社，2012.

[2] 雷恩，贝德安. 管理思想史. 孙健敏，黄小勇，李原，译. 6 版. 北京：中国人民大学出版社，2012.

[3] 郭咸纲. 西方管理思想史. 插图修订第 4 版. 北京：北京联合出版公司，2013.

[4] 德鲁克. 德鲁克管理思想精要. 李维安，王世权，刘金岩，译. 北京：机械工业出版社，2018.

[5] 曾仕强. 中国式管理. 北京：北京联合出版公司，2015.

第3章

计　划

▰▰▰▰▰➡ **学习目标**

学完本章后，你应该能够：
◎ 理解计划在管理中的地位和作用；
◎ 掌握计划的内容；
◎ 能够按照计划编制的程序编制一份简单的计划；
◎ 学会用工作分解结构法制定一个合理的目标体系；
◎ 掌握目标管理的本质和过程；
◎ 识别目标管理实施中的主要困难和应对措施。

▰▰▰▰▰➡ **基本概念**

计划　目标　5W2H　SMART原则　限定因素原则　许诺原则　项目计划　目标管理

▰▰▰▰▰➡ **开章案例**

创业为什么会失败

有一对夫妇去美国旅游，看到在当地一种可以DIY的数字油画非常风靡，是一种老少咸宜的手绘产品。它能够让你在没有任何绘画基础的条件下按照说明很容易就创作出一幅世界名画，顾客不仅从DIY中获得成就感，而且可以把自己创作的产品装饰自己家或者馈赠亲朋好友，投资这个产品的成本也不高。这对夫妇觉得数字油画在中国应该很有市场，于是在回国前他们联系好了一个美国供应商给他们提供货源。回国后，他们决定在当地最大的批发市场卖数字油画。但是在投下资金并拍下摊位之前，他们并没有制定任何正式的执行计划，因为他们认为这是一种新生事物，只能摸着石头过河。夫妇俩和市场的负责人洽谈后，投资10万元获得了一个位置相当好的摊位，为了保住这个摊位，他们必须先付一整年的租金。然而他们并没有想过要这个负责人保证，在这个市场上销售数字油画的只能是他们一家。虽然刚开始他们的生意非常兴隆，但是一个月之后，市场上就多了三家卖数字油画的摊位。

几周后，其他问题也出现了，夫妇两个发现他们盘点存货的能力欠缺，会经常出现某些样式数字油画过多而另一些过少的情况；由于他们没有精确计算过做生意所需要的成本，结果三个月后他们发现自己赚的钱并没有预想的多，而且市场上的竞争对手越来越多，除了网上有大量商家在销售，连大超市、折扣店都在卖，而且价格比自己的还低。最后，为了止损，夫妇俩只好把摊子转让给别人，这次创业以失败告终。

这对夫妇为什么拿了一手好牌却打得很烂？导致这对夫妇失败的原因有很多，一条重要原因是没有一个完整的创业计划，小企业抗风险能力很低，很多问题不提前考虑可能遇到的风险并想好对策，自然遇到问题就会措手不及，失败的概率就会大大增加。无论是创业还是管理运营中的企业，在做任何一项工作时，都会遇到复杂的外部环境和内部条件，所以提前预测并制订相应的应变计划，是非常必要的。

3.1　计划概述

3.1.1　计划的概念和作用

计划有广义和狭义之分。广义的计划，是指计划工作，包括编制计划、执行计划、检查计划的执行情况进行反馈，并为下一次做计划积累经验，从而形成一个 PDCA 的闭环管理；狭义的计划仅指编制计划。广义计划与狭义计划的关系见图 3–1。

通常我们指的计划是狭义的计划，即根据实际情况，通过科学的预测，权衡客观需要和主观条件，提出在未来一定时期内要达到的目标，以及实现目标的途径。它是使组织中各种活动有条不紊进行的保证。狭义的计划应该包括两个内容：① 确定目标，即做什么；② 为实现这一目标配置组织资源形成的行动路线，即怎么做。

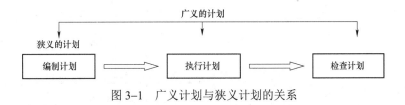

图 3–1　广义计划与狭义计划的关系

计划具有承上启下的作用：一方面，计划是决策的逻辑延续，为决策所选择目标的实现提供了组织实施保证；另一方面，计划又是组织、领导、控制和创新等管理活动的前提和基础，只有有了计划才有后续的组织、领导、控制等职能的发挥。计划的作用具体体现在以下几个方面。

1. 为组织的未来预测变化，减少冲击

计划是面向未来的；而在未来，无论是组织生存的环境还是组织自身都具有一定的变化性。计划工作就迫使组织管理者必须通过一定的预测，尽可能地变"意料之外的变化"为"意料之内的变化"，用对变化的深思熟虑的决策来代替草率的判断，从而面对变化也能变被动为主动，变不利为有利，减少变化带来的冲击。

但我们不能据此认为计划就可以消除变化，无论管理者的计划现在看来多么完美，有可能还是会有"意料之外的"变化发生，这是不是说计划就没有用了？制订计划的目的是最大限度地预测可能的变化和制定最有效的应变措施。

2. 减少重叠和浪费性的活动

实现目标的过程中的各种复杂活动，需要前后协调、相互联系，必须事先对实现目标中各项活动中涉及的人、事、物进行配置，设计好有条不紊的工作流程，才能避免脱节，减少重复和浪费性的活动。

3. 为组织成员指明行动的依据

良好的计划确立了组织的目标及具体的行动方案，这有利于组织内的成员认知到组织的目标，并明白自己在实现目标的行动中所扮演的角色、承担的任务，明确自己的行动方向，才能集中精力做好自己的工作，并知道如何配合计划中的合作者，相互协作，减少内耗，提高效率。

4. 有利于组织其他管理职能的开展

计划处于管理职能的首要地位，组织、领导、控制等管理职能只有在计划工作确定之后才能进行，并且都随着计划的改变而改变。只有当确定了目标和途径之后，人们才能确定要建立何种组织结构、需要配置何种人员、领导对下属员工如何权变地管理以及何时需要纠偏控制等。计划相对于其他职能的首要性如图 3–2 所示。

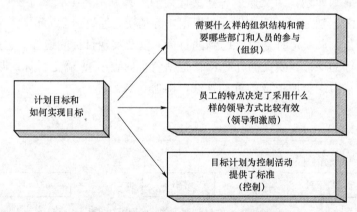

图 3–2　计划相对于其他职能的首要性

3.1.2　计划的内容

计划的任务是通过计划的内容来实现的，计划的核心可以概括为两个方面：① 目标，即做什么；② 实现目标的方法或者方案，即怎么做。展开来说，包含 7 个方面（5W2H）：做什么（what）；为什么做（why）；何时做（when）；何地做（where）；谁去做（who）；如何做（how）；需要多少成本（how much）。

（1）"做什么"是指明确一定时期的目标。例如，企业为了增强竞争力，确定近期的工作目标就是尽快推出换代产品。

（2）"为什么做"是指明确计划工作的宗旨、使命和战略，论证目标的可行性。这一步骤非常重要，如果在这个步骤没有做好，发生方向性的错误，即使后续过程再完美，也是南辕北辙。例如，由于激烈的市场竞争，企业的老产品已经慢慢在市场上丧失优势地位，经过对市场的调查和预测，公司管理层经过讨论，决定为了企业的持续发展，必须选择开发新产品的战略，同时结合自己的资源状况，对目标的可行性进行论证。

（3）"何时做"是指规定计划中各项工作的开始和完成的时间限制，以便于调拨资源、提高工作效率和进行有效的控制。

（4）"何地做"是指确定计划的实施地点或场所，了解计划实施的环境条件有何限制，以便合理安排计划的实施。

（5）"谁去做"是指计划的实施中各项任务的完成应该由哪些部门、哪些人员负责执行。只有明确责任到人，才能把计划落在实处。

（6）"如何做"是指制定实现目标的具体措施，重点是工作流程的策划。为了体现计划的预测性与应变性，工作流程中必须有应急方案。结合上面的例子，组织在做计划时必须预料到各种意外情况的发生。例如，如果产品研发不成功怎么办？如果核心技术人员想跳槽怎么办？如果研发需要的资金超过了预算怎么办？等等，在做计划时把这些容易出现的问题提前准备好预案，防止这些问题发生时没有准备而影响计划的实施。

（7）"需要多少成本"，是指本项计划需要多少成本。这关系到成本和效益的平衡，是决定事项是否值得做的重要财务指标，做好计划执行的预算非常必要和重要。

管理实践

美国国家档案馆里存有一份名叫《假如月球悲剧发生》的档案，那是 1969 年 7 月"阿波罗 11 号"登月时的档案。档案记载，如果确定宇航员无法回到地球，总统尼克松将首先召见他们的家属表示哀悼，然后由尼克松总统发表悼词："命运注定这两个为寻求和平而登上月球的勇士将永远在月球安息。这两个勇敢的人，阿姆斯特朗和奥尔德林知道他们没有回到地球的希望，但是他们同时也知道他们的牺牲会给人类带来希望，他们为了人类最崇高的目标——寻找真理和理想而贡献出了自己的生命。当每一个人在夜晚看到月亮时都会知道，在这个与地球完全不同的世界里，有一个永远属于人的角落。"悲剧最终没有发生，尼克松总统准备的那份悼词自然也没有用上。

但是，如果不准备那份失败的演讲稿会怎么样？

3.1.3 计划的表现形式

实践中计划的形式是多种多样的。孔茨和韦里克按计划不同的表现形式，从抽象到具体、从宏观到微观，形成计划的层次体系：使命和愿景、目标、战略、政策、程序、规则、规划（或方案）和预算等。

（1）使命和愿景。使命阐明一个组织在社会上存在的价值和意义。例如，工商企业的使命是向社会提供有使用价值的产品和服务；大学的使命是培养社会所需要的高级专门人才；医院的使命是治病救人。即使同样是工商企业，不同的企业其使命也可以不同。例如，华为的使命：华为致力于把数字世界带入每个人、每个家庭、每个组织，构建万物互联的智能世界。阿里巴巴企业使命：让天下没有难做的生意。

愿景是在坚持组织使命的基础上，阐述公司十年、二十年等长期要发展成什么样子、达成什么状态，是一种企业为之奋斗的图景。它就像灯塔一样为企业指明方向，是企业的灵魂。阿里巴巴刚成立时，公司提出的愿景是：企业要活80年，要成为世界十大网站之一。

组织的使命和愿景是组织的"定海神针"，它决定了组织什么可以做，什么不可以做，决定了组织的业务范围、战略方向。比如，阿里巴巴的使命是让天下没有难做的生意，就决定了公司最终选择做一个交易平台，而不是做一个贸易中间商。

 管理实践

部分企业的使命

（1）麦肯锡公司：帮助杰出的公司和政府更为成功；为高层管理综合研究和解决管理上的问题和机遇；对高层主管所面临的各种抉择方案提供全面的建议；预测今后发展中可能出现的新问题和各种机会，制定及时且务实的对策。

（2）波士顿咨询公司：协助客户创造并保持竞争优势，以提高客户的业绩。

（3）华夏基石管理咨询公司：打造知源商道，成就精彩人生。

（4）本田：我们要具备国际观，尽心尽力提供效率最高但价格合理的产品，以满足全世界顾客的需要。

（5）奔驰：努力使自己成为世界汽车工业的领头羊，公司的任何发展都要顺应时代的需求，不断创新，推动汽车工业的发展。

（6）福特：不断改进产品和服务，从而满足顾客的需求，只有这样我们才能够发展壮大，为股东提供合理的回报。

（2）目标。一个组织的使命太抽象，它需要具体化为组织在一定时期的目标才能起到指导的作用。目标是组织及其各个部门的经营管理活动在一定时期要达到的一定效果、结果或成果。

目标可以是定性的，也可以是定量的。例如，本月实现销售额1 000万元；本月把销售市场扩张到华南地区。目标可大可小，可以是组织的总目标，也可以是部门目标。目标可长可短，可以是长期目标，也可以是短期目标。

（3）战略。战略是为实现组织的长远目标所选择的发展方向、所确定的行动路线及资源分配方案的总体性计划。那些涉及长远发展、全局部署的管理活动都需要制定战略，因为选择方向、确定资源配置的优先次序要比其他管理工作更加重要。

（4）政策。政策是组织在决策时或处理问题时用来指导行动的明文规定。制定政策，有助于将一些问题管理的指导思想和行动方式事先确定并对员工加以明示，指导员工行为。政策的种类很多，包括组织的用人政策、产品定价政策、考核政策等。但要注意，政策必须允许对某些事情在有限的范围内有酌情处理的自由，以提高审时度势的应变力和激发员工创造

力。例如公司的用人政策规定，只雇用具有硕士学位以上的人员；优先从公司内部提拔人员，年龄要求在 35 岁以下，但对于高级人才年龄可以适当放宽至 45 岁等。

（5）程序。程序的实质是对所要进行的活动规定时间顺序，形成工作步骤。组织中所有重复发生的管理活动都应当有程序。因为制定了程序后，管理活动有了很大的确定性，参与活动的每个员工都明确自己的岗位职责，可以减轻主管人员重复决策的负担，提高管理活动的效率和质量。比如，重大决策程序、预算审批程序、会议程序、财务报销程序等。管理的程序化水平是管理水平的重要标志，制定和贯彻各项管理工作的程序是组织的一项基础工作。

（6）规则。规则也是一种计划，它是对具体场合和具体情况下，允许或不允许采取某种特定行动的规定。规则与政策的区别在于规则在应用中不具有自由处置权，规则与程序的区别在于规则不规定时间顺序，可以把程序看作一系列规则的总和。规则和程序，就其实质而言，旨在抑制思考，鼓励遵守和服从。所以，有些组织只是在不希望其员工运用自由处置权的情况下才加以采用。比如，自动化生产要求严格的流程和步骤，不允许员工随意发挥，所以就要制定生产规则，而不只是政策和程序。

（7）规划（或方案）。规划是为了实施既定方针所必需的目标、政策、程序、任务分配、执行步骤、使用的资源等而制订的综合性计划。规划一般是粗线条的、纲要性的。

（8）预算。预算是以数字表示预期结果的一种被称为"数字化"的计划。比如，预期可以生产多少产品，销售多少产品，各项成本分别是多少，利润预计多少等。预算可以帮助各级管理人员，从现金流的角度，全面、细致地了解企业经营管理活动的规模、资金运用和预期结果。预算工作的主要优点是促使人们去定量地制订计划，使计划工作做得更细致、更精确。

为了保证管理的效果和效率，这些形式的计划在组织管理中不可或缺，并发挥不同的作用。

3.1.4　计划的类型

1. 按职能分类

按企业的专业化分工的职能，将企业的计划分为销售计划、生产计划、采购计划、供应计划、新产品开发计划、财务计划、人事计划、后勤保障计划等。这些职能计划与组织中按职能划分管理部门的组织体系相一致。在每一种职能计划中，通常包含使命和愿景、目标、战略、政策、程序、规则、规划（或方案）和预算这些计划形式中的一种或多种。按职能将计划进行分类，有助于人们更加精确地确定主要作业领域之间的相互依赖和相互影响关系，有助于估计某个职能计划执行过程中可能出现的变化及其对全部计划的影响，并有助于将有限的资源在各职能计划间合理地进行分配。

2. 按广度分类

按广度可将计划分为战略性计划（strategical plan）与战术性计划（tactical plan）。战略性计划着眼于整个组织的、保持组织长期发展而设立的总体目标和寻求组织在环境中地位的计划；而规定总体目标如何实现的细节，解决组织中各部门在未来各个较短时期内的行动方案，称为战术性计划。战略性计划趋向于覆盖较长的时间跨度，一般为 5 年甚至更长的时间，这就决定了战略性计划只能是粗略的计划，必须依靠战术性计划来具体落实和实现。比如，企业的 5 年战略计划是开发一种全新产品，那么为开发这个产品需要制定人才引进计划、资金筹措计划、生产运营计划等战术性计划。

3. 按时间跨度分类

按时间跨度可将计划分为短期计划（short-term plan）、中期计划（middle-term plan）和长期计划（long-term plan）。短期是指一年以内的期限；长期一般超过 5 年以上；而中期介于两者之间。大量的研究表明，长期计划工作越来越受到企业的重视，那些有长期计划的公司，其成就普遍胜过没有长期计划或只有一些非正式长期计划的公司。一个企业如果在新产品开发、技术开发、市场开发、人才开发方面没有长期规划，就不能很好地调集资源做好规划和应急措施，只能走一步看一步，组织迟早会陷入困境。

4. 按明确性分类

按明确性可将计划分为具体计划（specific plan）与指导性计划（directional plan）。具体计划有明确规定的目标，不能模棱两可；指导性计划只规定一些一般的方针，它指出重点但不把管理者限定在具体的目标或特定的行动方案上。例如，一个增加利润的具体计划，可能具体规定在未来 6 个月内，成本要降低 4%，销售额要增加 6%；而指导性计划只提出未来 6 个月内使利润增加 10%～20%。指导性计划主要由高层管理者做出，提出指导性意见，下属针对实际情况发挥主观能动性做出具体计划，保证指导性计划的实现。

3.2 计划编制的程序

计划的编制是一个过程。为了保证计划编制得合理，计划编制过程中必须采用科学的方法。计划编制的程序如图 3-3 所示。

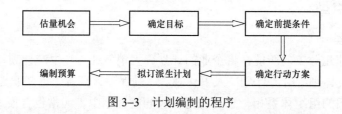

图 3-3　计划编制的程序

3.2.1 估量机会

估量机会就是要根据现实的情况对可能存在的机会做出现实的判断。这项工作是整个计划工作的真正起点。如果对外部环境和内部条件都不进行分析就确定组织的目标，那就是"水中捞月"；如果只考虑外部环境而不考虑内部条件来确定目标，那就是"痴心妄想"，如果只考虑内部条件而不考虑外部环境确定目标，那就是"井底之蛙"。

管理者在估量机会时应该考虑的内容包括：组织的期望、现实和期望的差距、组织中存在的问题和面临的困境、外部的环境提供的机会、利用这些机会所需的资源和能力、自己的优劣势和所处的地位等。

一般常用的估量机会的方法有 PEST 环境分析、SWOT 分析，在后续课程战略管理中会具体展开。SWOT 分析方法的简单举例如下：某家公司的经营业绩出现了滑坡，主要问题是外部环境中市场竞争过于激烈，主要产品供大于求，而顾客对同类型的功能改善的新产品有很高的需求热情，该公司的优势是在技术和生产管理方面均领先于竞争对手，弱势是销售能力不够强。经过分析，该公司的机会之一是，通过和科研院所合作，进行新产品开发，同时利用自己的生产优势降低成本，迅速推出新产品抢占市场；该公司的机会之二是，利用自己的生产和技术优势，继续降低成本，通过降低售价来扩大销售，提高市场占有率。当然，还有其他的机会可以思考和选择。

 **理论链接**

SWOT 分析方法

SWOT 分析方法是一种常用的企业战略分析方法，就是将与组织密切相关的外部环境进行分析，列举出组织面临的外部的机会和威胁，同时对自己的内部环境、资源条件进行内部优劣势的列举，依照矩阵形式排列，然后用系统分析的思想，把机会、威胁、优势和劣势等因素相互匹配起来加以分析，从中得出相应的结论，为战略决策提供可行的备选方案。这种方法的优点是可以对组织所处的环境进行全面、系统、准确的研究。其中，S（strengths）是优势、W（weaknesses）是劣势，O（opportunities）是机会、T（threats）是威胁。SWOT 分析方法是一个组织"能够做的"（即组织内部的强项和弱项）和"可能做的"（即组织外部的机会和威胁）之间的有机组合。

3.2.2　确定目标

在选择好组织可以抓住的机会后，实际上就大体上确定了计划的方向，接下来就是为整个计划确立目标，即计划预期的成果。目标的选择是计划工作的关键，直接决定行动能否取得预期结果。因为如果确立的目标本身不正确，投入的资源越多、计划得越周密，离组织的成功越远。

1. 目标的特点

1）目标的差异性

不同的人、不同的组织在同一时间会有不同的目标追求。不同行业的使命有差异是可以理解的，即使是同一行业的公司其使命也是不同的，不同的使命、不同的战略决定了组织目标有差异。

2）目标的层次性

目标的层次性是指各管理层级所制定的目标的形式、内容、重点是不同的。高层管理者制定的战略目标即使是一个很好的目标，但对每位组织成员来说过大，也过于抽象，很难对每个成员的日常工作产生具体的指导和激励。需要将组织目标逐步分解成一个与组织层次相适应的层次体系，让组织的每一个层次、每一个部门、每一个员工都有具体的目标，下一层次的目标是上一层次目标实现的手段，即只有下一层次目标的完成才有上一层次目标的实现。目标体系图示例如图 3-4 所示。

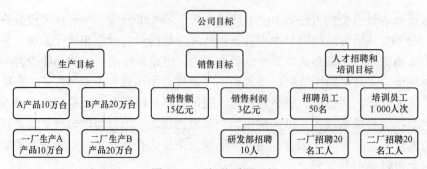

图 3-4　目标体系图示例

3）目标的网络性

目标的网络性，是指组织中各个部门的业务是相互依存的，所以各部门的目标也相依相存，形成网络性。比如，公司今年进行了战略调整，因此销售部门今年的目标之一是销售额比去年增长约 10%，那么其他部门的目标就应该相互匹配，生产部门的目标就应该是生产量比去年增长约 10%，以保证跟得上销售量增长，仓管部门可能就要为多产出的产品增加仓库的存储面积，人力资源部要增加销售人员来提高销售量等。因此，目标进行分解时，必须明确目标网络性特点。

4）目标的多样（元）性

组织目标应该是多方面的，不能只是单一的。如果组织以利润最大化作为唯一的目标，就会变得唯利是图，做出压榨员工、危害社会的行为。组织作为社会的特殊成员，有着众多的利益相关者，要保证企业健康、均衡的发展，就必须保证和所有的利益相关者和谐相处，兼顾经济效益和社会效益。

蒙牛集团成立至今，蒙牛人在墙上一直挂着其创始人牛根生提出的这样一段话："股东投资求回报，银行注入图利息，员工参与为收入，合作伙伴需赚钱，父老乡亲盼税收。"牛根生把企业比作一个生态圈，他告诫员工：这个生态圈里方方面面的利益都得照顾到，如果忽略或损害了其中的某个环节，就算这次你占到了便宜，下次它肯定就会不再到位，这时你的链条就断了，生态圈就没法再循环下去了。这句话恰恰说明的就是这个道理。

企业的利益相关者和企业多元化目标如表 3-1 所示。

表 3-1　企业的利益相关者和企业多元化目标

面对的利益相关者	利益相关者的关注点	企业为了适应利益相关者所确立的目标
股东或投资者	利润、投资回报率	销售额、成本、利润、投资回报率等
员工	待遇、发展空间	员工工资、员工培训、员工职业发展等
消费者	产品或服务	产品质量、品牌忠诚度、新产品开发等
政府	税收、守法、就业	纳税额、吸纳就业人员、精神文明建设、捐款等
社区	环境、受惠	环境保护、捐赠、设施共享等
供应商	利润、公平对待	公平对待、合理利润等
……	……	……

但是，如果给予员工太多的目标，他们会感到不知所措，并且不太可能完成；同时，企业的资源是有限的，也不能保证同时实现多个目标，这就要求组织在确立目标时要按照重要和紧

急的原则分清主次、突出重点。有些目标是要同时兼顾的，有些目标是可以放在以后来实现的。

5）目标的动态性

某一时期的目标是基于现实和对未来的预测制定的，但是在目标实施的过程中，外部环境和内部条件是在不断变化的，所以当内外部条件发生改变时，组织的目标可能就必须进行调整和修改，否则执行一个过时的目标就是"刻舟求剑"。

2. 目标制定的有效性原则

在具体目标制定时，目标要符合 SMART 原则。

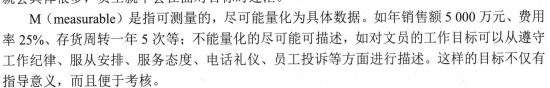

S（specific）是指要具体明确，不能模棱两可引起歧义。比如，一个公司给前台人员提出一个目标：要保证优质服务。什么是优质服务？这很模糊，难以执行。可以具体描述为：及时接听电话，见了客人要微笑，不与访客争吵，等等。这样的目标就会具体很多，员工就不会在面对目标时迷茫。

M（measurable）是指可测量的，尽可能量化为具体数据。如年销售额 5 000 万元、费用率 25%、存货周转一年 5 次等；不能量化的尽可能可描述，如对文员的工作目标可以从遵守工作纪律、服从安排、服务态度、电话礼仪、员工投诉等方面进行描述。这样的目标不仅有指导意义，而且便于考核。

A（attainable）是指可达成的，目标是要能够让目标执行者通过一定的努力可以完成的，而不是遥不可及的。可达成的目标要兼具先进性和合理性。但是目标合理与否，往往取决于目标制定者和执行者的认知。如果目标执行者认为目标过于远大不可能实现，就会削弱其实现目标的动力，甚至对目标有对抗。所以，目标是否合理，必须上下级达成一致的共识。有时候，目标按照传统的做法可能是冒险的，但如果采用创造性的方法，充分地整合资源，那就是合理的目标了。创造性的目标对多数人来说是难以理解和接受的，为了激励目标执行者，针对同一个任务可以设立两个目标：确保目标和理想目标。确保目标是无论环境如何都是应该实现或者可以实现的，理想目标是通过创造性行为可以实现的目标。达到了确保目标可以给予基本的薪酬；如果达到了理想目标，则会根据超额的幅度给予重奖，这样既解除了目标执行者的后顾之忧，又激励其克服困难、发挥主观能动性，追求更高的目标。

R（relevant）是指目标必须和组织的使命和愿景相关联，各部门、各层级和各员工的目标与职责有关联，同时各部门的目标之间有关联，相互支持，这也是目标的网络性特点决定的。

T（time-bound）是指有完成时间期限，各项目标要规定明确的完成时间或日期，便于监控评价。如果没有时间限制，对目标的执行者就没有压力，就会导致拖延而难以实现，对组织来说没有体现管理的效率。

3. 目标的表述方式

如何清晰的阐述目标，专家乔治·莫里西提出一个四点模型：从什么时间开始到什么时间结束（时间跨度），通过怎样的方式（行动），以什么为代价（时间消耗和资源消耗），实现什么样的结果（单一的、可衡量的结果）。

例如：在 6 月 1—30 日，背会 3 000 个英语四级表中的单词；在本年底之前，以不超过预算成本为限，和 A 公司合作完成技术改造项目。

4. 确定目标的步骤

（1）回顾组织的使命。目标应该和组织的使命相一致。比如，对一个制药企业，其基本的使命是解除患者痛苦，那么该企业开展的任何项目的目标都应该基于这个使命，不仅仅是作为企业要赚钱，更要保证服务患者，承担责任与坚持诚信。如果偏离了组织的使命，即使这个目标实现了，也是减弱了对组织的贡献。

（2）评估可以获得的资源。目标虽然是可以有挑战性的，但也要基于现实的资源来进行设立，要符合目标的可达成原则。

（3）独立或者在他人参与下确定目标。这取决于目标的影响范围，目标的影响范围越广，参与人应该越多。

（4）写下这些目标并传达给所有必须知道这个目标的人员。把目标用文字的形式固定下来，并广为传播和知晓，一方面显示实现的决心，另一方面可以作为证据便于考核。

（5）在执行目标的过程中评估目标是否需要修改和更正。

确定目标有两层含义：第一，如果是多目标的话，要确定出目标的优先次序；第二，如果是做战略目标的话，还要把目标分解为各部门、各人员、各环节的分目标。

确定目标的优先次序是指在一定时期内，要实现的目标很多，但是目标的实现又受限于组织现在的资源和能力，所以管理者只能按照自己的价值判断确定主要目标、次要目标等目标，先实现主要目标后再实现次要目标，以便合理安排和分配组织有限的资源。

把目标分解，形成目标网络体系，以便平衡组织内部各部门之间和不同组织层次之间的目标，以预防出现目标相互矛盾的问题。在目标分解中，公司整体目标要分解成部门目标，部门目标要分解为个人目标，并具体量化为经济指标和管理指标。比如把公司销售额目标分解成大区、省、市、县的销售额目标；公司成本下降目标分解成采购成本下降指标、生产成本下降指标、货运成本下降指标或行政办公费用下降指标等；采购成本下降又可以再分解成原料成本下降指标、包装材料成本下降指标、促销成本下降指标等。这样，建立企业的目标网络，形成目标体系图，通过目标体系图把各部门的目标信息显示出来，就像看地图一样，任何人一看目标网络图就知道工作目标是什么，遇到问题时需要由哪个部门来支持。

3.2.3 确定前提条件

这是计划工作的一个重要内容。目标是确定计划的预期成果，而确定前提条件则是要确定整个计划活动所处的未来环境，明确要实现目标需要的内外部条件，尤其是限定性条件。计划是对未来条件的一种"情景模拟"，确定前提条件就是要确定这种"情景"所处的状态和环境。这种"情景模拟"能够在多大程度上贴近现实，取决于组织对未来的预测质量的高低。只有做好前提条件的预判，才能做到知己知彼，心中有数，才能更好地确定备选方案。

例如，你准备利用暑假时间进行海外旅游，到什么国家旅游呢？你需要根据自己的财力、时间、精力、个人偏好等内部条件，以及旅游国家的安全性、自然风景状况等外部环境来进行选择。最后如果你决定了去泰国作为旅游目的地，算是确立了目标。但是去泰国采用什么旅游方式呢？自驾游还是跟团游还是别的什么方式？你就需要收集信息，如当地的治安、货币、气候、食宿，你自己的时间、承受的费用额度等，只有把这些条件都查清楚了，才能够设计行程、路线、旅行方式。

确定前提条件是非常重要的。通过对内外部条件的分析，我们才能够掌握哪些条件是有利的，哪些条件是不利的；哪些条件是已经具备的，哪些条件是不具备需要创造的，就会不断促使计划制订者思考：不利的条件能不能克服，不具备的条件怎么创造，现有的条件如何更好地利用。这是我们选择备选方案的基础和前提。

3.2.4　确定最终行动方案

要确定最终的行动方案，并且保证行动方案的质量，要经过对行动方案的拟订、评价，最终选择出最满意的方案。这实际上就是一个决策过程。

计划方案的拟订就是找出尽可能多的备择方案。在这一阶段，计划者要集思广益、拓展思路、大胆创新，在对组织内外环境把握的基础上，选出尽可能多的备择方案。通常情况下，收集信息越广，备择方案越多，确定的最终行动方案的质量就越高。

评价备择方案要具备两个要素：一是评价的标准；二是各个标准的相对重要性，即权数。

为了保持计划的灵活性，防止环境的不确定性带来的冲击，往往可能会选择两个甚至两个以上方案，其中一个最满意的是决定最终采取的方案，并将其余的方案也进行细化和完善，作为后备方案。

备择方案的制订是非常有意义的：一方面是应对未来可能的变化，保证在任何情况下都有所预料而不会失控，就有必要在按照最可能的情况制订正式方案的同时，按照其他可能发生的情况制订备用方案；另一方面，方案最好采用群体决策方法，这有助于提高方案质量。

3.2.5　拟订派生计划

行动方案选择好后，计划工作并没有结束，还必须帮助涉及计划工作的各层级、各部门直至各人制订支持总计划的派生计划。总计划需要派生计划的支持和保证，完成派生计划是实施总计划的基础。

常用的派生计划可以按照职能划分，如融资计划、生产计划、采购计划、研发计划、销售计划等。还可以按照各个部门设计派生计划，如项目组一工作计划、项目组二工作计划等。

拟订的派生计划要包含 5W2H 的内容。要落实计划中每项工作由谁负责、谁执行、谁协调、谁检查，明确规定工作标准，制定相应的奖惩措施，使计划中的每一项工作落实到最终的个人，并有清晰的考核标准来监督和保证计划的实施。还需要确定资源的分配方式，制作时间进度表，对涉及的每个人、每个部门和每个环节的时间进度进行规划。

3.2.6　编制预算

计划的最后一步工作就是将计划转变为预算，使之具体化、数字化。预算是以数量和货币表示计划的各项活动所需资源（尤其是资金）分配的一项书面说明。

预算的种类很多，包括销售预算、成本预算、投资预算、生产预算等。只要涉及资金使用的都需要编制预算。

编制预算的目的有三个方面。一是帮助管理者掌控全局、做好决策。对任何组织而言，资金状况是举足轻重的。计划必然要涉及资源的分配，只有将其数量化后才能汇总和平衡各类计划，分清轻重缓急，分配好资源。二是预算可以成为衡量计划是否完成的标准。三是编制预算有助于培养勤俭节约、精打细算的工作作风。

以企业的总预算的编制为例，其基本编制过程如下。

① 编制销售计划。估计产品或服务的种类、数量和销售费用，编制销售计划，估计某一时期销售额。② 根据销售计划编制生产计划。根据产品或服务的种类和数量，确定生产数量和产成品的存储量。③ 根据生产计划编制成本计划，计算出材料成本、人工成本、制

造成本、销售成本等。④ 结合固定资产投资和资金筹措计划，编制预计的资产负债表、损益表和现金流量表，从而从资金运动的角度对计划有个全局的掌控。

3.3　计划编制的原则和方法

3.3.1　计划编制的原则

在计划工作中，要坚持限定因素原则、许诺原则、灵活性原则和改变航道原则。

1. 限定因素原则

所谓限定因素，是指妨碍组织目标实现的重要因素。限定因素原则可以表述如下：主管人员在制订计划时，必须全力找出影响计划目标实现的主要限定因素，有针对性地采取得力措施，消除或减弱这些因素对计划实施产生的阻碍性影响。限定因素原则有时又被形象地称作"木桶原则"，其含义是木桶能盛多少水，取决于桶壁上最短的那块木板。

2. 许诺原则

许诺原则的含义有两个。第一，计划的本质是决策者对完成各项工作所做出的许诺，许诺越大，实现许诺的时间就越长；反之亦然，这是计划的时间和计划的任务之间的匹配问题。例如，某大学一年级学生确定了一个目标是四年后大学毕业时去美国留学，那么他的为美国留学的学习计划就应该以四年为期限来进行拟订。第二，许诺越大，实现许诺的时间越长，实现许诺的可能性就越小；反之，许诺越小，实现许诺的时间越短，许诺越容易实现。因此，在计划工作中可以将长期计划分解为一个一个的短期计划，逐期实现短期计划，最终实现长期计划。这样有利于确保计划工作的质量，使长期计划目标不至于落空。比如，若人生目标为："我想身体强健"，这个目标太大，可以改为制定更小的目标，如"我今年饮食要更健康，不吃高脂高热食品""我想今年跑一个半马拉松"等。

管理实践

1984 年，在东京国际马拉松邀请赛中，名不见经传的日本选手山田本一出人意料地获得了世界冠军。当记者问他凭什么取得如此惊人的成绩时，他说了这么一句话："凭智慧战胜对手。"

两年后，意大利国际马拉松邀请赛在意大利北部城市米兰举行，山田本一代表日本参赛。这一次他又获得了世界冠军。记者又请他谈经验，他回答的仍然是上次那句话："凭智慧战胜对手。"

他的回答一直令人们感到不解。10 年后秘密在山田本一的自传中被揭开了。他是这么说的："每次比赛之前，我都要乘车把比赛的路线仔细地看一遍，并把沿途比较醒目的目标画下来：比如第一个目标是银行，第二个标志是一棵大树，第三个标志是一座红房子……这样一直画到赛程的终点。比赛开始后，我就奋力地向第一个目标冲去；等到达第一个目标后，我又奋力向第二个目标冲去。40 多千米的赛程，就被我分解成这么几个小目标轻松地跑完了。起初我并不懂这样的道理，我把我的目标定在 40 多千米外终点线上那面旗子上，结果我跑到十几公里时就疲惫不堪了，更难以支撑下来剩下那段遥远的路程。"

3. 灵活性原则

一般情况下，制订正式计划往往和更高的利润、更好的绩效相联系，凡是有计划未能导致高绩效的情况，一般都是因为不确定环境的变化。所以，计划工作必须随机应变，因地制宜。在外部环境变化固定的情况下，具有明确性的具体计划更适宜，而在未来变化剧烈的情况下，仅给行动施以宽松的指导性计划可能会更有效。

计划工作本身与灵活性并不矛盾。首先，计划并不是为了消除变化，而是基于对未来可能发生变化的预测来对组织活动做出安排。其次，管理者制订计划的目的和制订计划的正确方式，应该是预测变化并制定出最有效的应变措施，计划中留出的调整计划的余地越大，由于未来意外事件引起损失的风险就越小。最后，在正式计划以外增加备选计划，以应对环境的不确定性，也是对灵活性的保证。

4. 改变航道原则

计划制订出来后，计划工作者就要管理计划，促使计划得以实施，但是环境是在不断变化的，总有一些问题是不能预测到的，这时就要考虑是否需要调整计划或重新制订计划。

改变航道原则与灵活性原则不同。灵活性原则是使计划本身具有适应性，而改变航道原则是使计划执行过程具有应变能力，为此，计划工作者就必须经常地检查计划，重新调整、修订计划，以此达到预期的目标。

管理箴言

企业计划易犯的十个错误

1. 没有事先做计划。做计划并不容易，但计划的过程肯定会让你的公司为不确定的未来做好准备。

2. 忽视价值观和远见说明。你应把战略与预见联系起来，把预见、目的和目标与公司的宗旨联系起来，然后再把所有这些与计划联系在一起。公司的价值观和远见说明就是要提醒你应该往哪个方向走以及你将会成为什么样的人。

3. 对顾客的主观臆断。不能忽略了顾客的所想。请记住，如果你不去真心听取顾客的意见，不去了解他们的需要，那么，你的竞争者是会去听、去做的。

4. 低估竞争者。有时你会专注于自己的产品或服务，而忘记有人在试图开发同样的产品或服务。行业中的竞争越激烈，竞争者似乎也越精明。注意了解竞争者如同倾听顾客的意见一样重要。你对竞争者了解得越多，就越能击败他们。

5. 忽略你的优势。你总可以从竞争者身上学到很多东西，这一点毋庸置疑。但是，对某个竞争者来说是正确的做法，对你来说并一定就是最好的方法。因此，利用你自己的优势。

6. 把预算误认为计划。计划是在做预算之前你要做的所有工作。它首先涉及对你的行业、顾客、竞争者进行分析，然后你再做出正确的财务决定，预算是关于完成组织目标和计划所需资金的来源和用途的说明。

7. 回避合理的风险。任何事都有风险，尤其是在今天竞争激烈的市场中，做生意就意味着冒险，因此不要回避合理的风险，去大胆尝试——在你完成计划之后，评价一下这种冒险，你会觉得这一步是对的。

8. 独断专行。没有人总是对的。如果公司很大，那么可以让尽可能多的人参与进来，提出他们不同的观点。你得到的观点越多，你的计划也就越坚实。

9. 害怕变革。我们的生活最终都会有些变化，要改变经营的做法很不容易，如果你很成功就更难改变了。然而，一个好的计划会提醒你及时地改变一些做法，因为这样可以让你更贴近顾客，更具竞争力，更有效率，更能成功。

10. 忽视激发与奖励的作用。计划应转化为公司全体人员的努力和活动，它应对每个人都有意义。要能激发员工的积极性，对他们的成绩予以奖励。

（资料来源：张玉利. 管理学. 2 版. 天津：南开大学出版社，2004：197–198.）

3.3.2 计划编制的方法

1. 滚动计划法

计划在执行过程中，必然要根据情况进行调整。这不仅因为计划活动所处的客观环境会发生变化，而且可能因为人们对客观环境的主观认识有了改变。为了使组织活动更加符合实际，必须对计划进行适时的调整。滚动计划法是保证计划在执行过程中能够根据情况变化适时修正和调整的一种现代计划方法。

滚动计划的基本做法是，制订好组织在一个时期的行动计划时，计划的内容采用远粗近细的办法，即近期计划因为对环境预测比较准确要做得详细，远期的内容要较粗略。在计划期的第一阶段结束时，根据第一阶段情况及第二阶段组织内外条件的变化，对第二阶段的原计划加以修改，使其更加适合当前的情况。依照该原则对计划不断延伸修改，滚动向前。

滚动计划法主要应用于长期计划的制订和调整，也可应用于短期计划，如年度计划或季度计划的编制和修订。采用滚动方式编制年度计划时，可将计划期向前推进一个季度，到第一季度末根据第一季度计划执行结果和客观情况的变化，对原来的年度计划进行相应的调整，使计划期向前推进一个季度。滚动计划法大大增强了计划的应变能力，保证了长期计划和短期计划衔接的一致性。

以中长期计划为例，滚动计划法如图 3–5 所示。

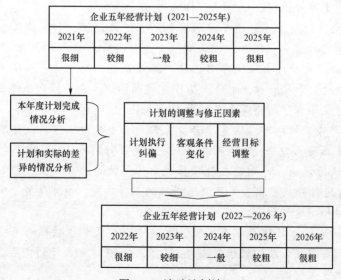

图 3-5　滚动计划法

2. 甘特图

甘特图也称为任务进度图，是基于作业排序的目的，将活动与时间联系起来的方法之一，1917 年由亨利·甘特开发并以他的名字命名。甘特图如图 3-6 所示，横轴表示时间，纵轴表示活动（项目），线条表示在整个期间上计划和实际的活动完成情况。甘特图直观地表明任务计划从什么时候开始，什么时候结束；哪道工序或者任务在前，哪道在后，管理者也可以直观地弄清一项任务（项目）还剩下哪些工作要做，并可评估该工作目前是提前还是滞后，还是正常进行。

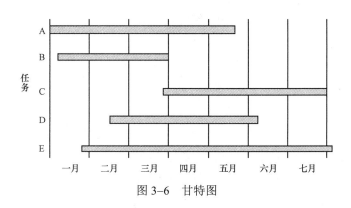

图 3-6　甘特图

甘特图的优点：① 图形化描述，比较直观易于理解；② 有 Excel、Microsoft Project、Edraw Max、Edraw project 等专业软件支持，无须担心复杂计算和分析。

甘特图也有其局限性，只能从甘特图看出现实和计划的差异，但无法显示出产生差距的原因，无法确定哪些差距是关键控制点；同时甘特图也无法表明各项任务之间的相互影响和逻辑关系。比较简单的任务的计划可以采用甘特图，如果项目过大、任务过多，甘特图的线条过多，就会增加阅读的难度。比较复杂的任务的计划还是要借助网络计划图来控制。

3. 网络计划技术

网络计划技术的基本原理，以建筑工程计划管理为例，可以归纳为以下四点。

（1）把一项工程（项目）的全部建造过程分解成若干项工作，并按各项工作的开展顺序和相互制约关系，绘制成网络图形。

（2）通过网络图时间参数计算，找出关键工作和关键线路。关键线路是完成所有作业工程所需时间最短的作业线路。

（3）利用最优化原理，不断改进网络计划的初始方案，寻求其最优方案。

（4）在网络计划执行过程中，对其进行有限监督和控制，达到合理地安排人力、物力和资源，以最少的资源消耗获得最大的经济效果。

网络计划技术的基本模型是网络计划图。所谓网络计划图，是指"由箭线和节点组成的，用来表示工作流程的有向、有序、有进度的网络图形"。所谓网络计划，是"用网络图表达任务构成、工作顺序，并加注工作时间参数的进度计划"。网络计划图如图 3-7 所示。

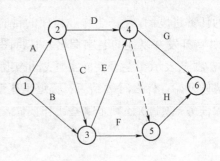

工作	紧后工作
A	C D
B	E F
C	E F
D	G H
E	G H
F	H
G	—

图3-7　网络计划图

3.4　项目计划

项目是为创造独特的产品、服务或成果而进行的临时性工作，如开发一项新产品、计划举行一场活动、策划一个营销方案、建造一栋建筑等。项目的种类非常多，比较普遍，而且能比较直观地反映计划的编制过程，所以本节重点介绍如何做项目计划。

3.4.1　项目计划的步骤

1. 确定项目目标

项目目标必须包括质量标准、时间进度、预期效果、成本状况，一般来说都会在项目合同中界定。

2. 项目的任务分解

一般来说，一个项目比较庞大、步骤众多，必须对整个项目进行任务分解，分解成一个个容易管理和实施的小任务，形成任务管理层次图。项目分解一般采用 WBS 方法。

3. 制订进度计划

针对第 2 步项目任务分解形成的任务清单，确定各活动之间的逻辑和先后顺序，利用运筹学方法、网络分析技术、计划评审技术等制订各任务的进度计划。

4. 编制预算

通过各任务的资源计划，确定成本预算。

3.4.2　项目的任务分解

项目的任务分解常用的是 WBS 方法。

1. WBS 方法原理

WBS 即英文"work breakdown structure"的缩写，指的是为了实现项目目标，项目团队创造必要的可交付成果工作，按可交付成果所做的层次分解。

1）WBS 方法相关概念解析

为了更好地理解 WBS，要先理解如下概念。

（1）可交付成果：可交付性成果是指可以测量的、有形的、可证实的结果或可见的制品等。比如，成功举办一台春节晚会；开发出一款新的手机等。

（2）项目：为了创造产品、服务或某项结果而进行的一次性工作。比如，策划并开展一场班级团建活动。

（3）子项目：大项目分解成的一个个小项目，更便于管理和控制。可以由一个人或者一个组织来执行。所有的子项目的完成意味着总项目的完成。比如，策划并开展一场班级团建活动，可以按照一定的方法分解为团建内容的筹划、团建的后勤工作、团建的沟通联络工作等。

（4）任务：由子项目分解出来的，可以产生有形结果的工作内容。如上述的"团建的后勤工作"这个子项目，就包含交通安排、住宿安排、餐饮安排等任务。

（5）工作包：最小的可交付成果，WBS 的最底层元素。如上述的"餐饮安排"这个任务，其工作内容包括一日三餐的菜品、就餐地点、就餐座位安排等。

2）WBS 方法原理

WBS 的核心工作就是项目分解，最终形成 WBS 结构图。

（1）项目分解。指把大项目分解为子项目，子项目分解为一个个任务，每个任务又分为一个个工作包。例如"班级拓展训练活动"这一项目，按照流程和内容就可以分解为动员同学们、寻找拓展训练地点、联系交通、安排住宿、团队活动内容安排等多个任务，而仅仅是"动员同学们"这一任务，又可以细分成提前确定班会时间地点、确定班会教室、准备好开场话术、准备好和同学们沟通的内容、争取和同学们达成共识等多项具体的工作。

（2）形成 WBS 结构。无论你把一项任务分解成多少项工作、活动，这些工作、活动都应该是结构分明的，它们之间存在一定的内在联系，可用 WBS 结构图来表示。同时，为了更好地落实到每项工作的负责人，还要建立项目责任矩阵。

WBS 结构图如图 3-8 所示。

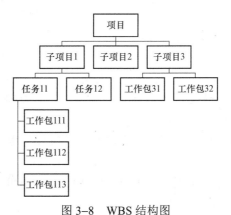

图 3-8 WBS 结构图

项目责任矩阵如表 3-2 所示。

表 3-2 项目责任矩阵

编码	工作活动	员工 A	B	C	D	E
11	任务 11	★				
111	工作包 111	★	■	■		

续表

编码	工作活动	员工A	B	C	D	E
112	工作包112			■		
113	工作包113	★			■	
12	任务12					★
……	……	……	……	……	……	……

表3-2中，用"★"表示该任务的负责人，用"■"表示该任务的次要负责人或配合者。通过项目责任矩阵，可以比较直观地掌握每项任务的负责人和其成员。

2. WBS要遵循的原则

（1）遵循MECE原则。即对一个项目、子项目、任务进行分解时，要做到不重复（mutually exclusive，相互排斥）、不遗漏（collectively exhaustive，完全穷尽）的分类，即独立性和完备性。因此，某项任务应该在WBS的一个地方且只应该在WBS的一个地方出现，WBS中某项任务的内容是其下所有WBS项的总和。

（2）遵循SMART原则。即一项工作分解成最终的工作包，是最小的可交付成果（目标），因此要符合目标的SMART原则。

（3）将主体目标逐步细化分解，每个工作原则上要求分解到不能再细分为止；最低层次的任务活动应直接分配到个人去完成，即：一个WBS项只能由一个人或者一个部门负责，即使许多人都可能在其上工作，也只能由一个人负责，其他人只能是参与者。

（4）可视化原则，可以分层看到每一项细化的工作。

（5）能够符合项目目标管理的要求，能方便地应用工期、质量、成本、合同、信息等手段。

（6）WBS不要太多层次，以四至六层为宜。太多层次反而降低了管理效率；层次过多，就考虑外包。最低层次的工作包的单元成本不宜过大，工期不要太长，否则不好掌控。

清楚了WBS的分解原则后，则可以动手进行工作分解。

3. WBS分解的方法

按照内容来分解，WBS的分解方法有如下几种。

（1）按产品的物理结构分解。例如，制造一台电视，可以按照电视的外壳制造、芯片设计、显示屏制造等进行分解。

（2 按产品或项目的功能分解。例如，新产品的开发设计项目，可以按照产品的硬件和软件来进行分解。

（3）按实施过程分解。例如，建造一栋大楼的项目，可以分解为如何建造主体结构，如何进行内部装饰，如何进行环境绿化等。

（4）按项目的地域分布分解。例如，某项目涉及多地域同时开展的，就可以按照项目的地域不同进行分解。

除此之外，还可按照项目的目标、按照部门、按照职能进行分解。

按照组织方式来分解，WBS分解方法有三种。

（1）类比法。就是以一个类似任务的WBS为基础，制定本任务的工作分解结构。例如，在策划班级拓展训练活动时，计划者可能在以前做过班级其他类似活动的计划和WBS，或者有别的计划者的类似的WBS，此时，就可以借鉴来编制新活动的WBS。

（2）自上而下法。常常被视为构建 WBS 的常规方法，即从任务的目标开始，逐级对任务进行分解。这是一个不断增加级数、细化工作任务的过程。

（3）自下而上法。需要先通过头脑风暴法，尽可能地确定任务有关的各项具体活动，列出详细的活动清单后，再开始对所有活动进行分类，以便于将这些详细的活动归入上一级的大项中，这样逐级归纳到 WBS 的上一级内容中去，直至任务的目标。

3.5　目标管理

按照传统的管理方法，计划一般由最高层管理者设计和拟订，然后按照组织层次逐级向下分解，最终落实到个人。虽然这种方法有助于使管理计划具有可控性、系统性和协调性，但是利用这种方法开发出的计划，因为缺少员工的参与而未必是一个可实施的计划。比如，由只关注外部环境而不一定了解内部情况的高层管理者制订的计划，往往会脱离企业实际，员工不认同；员工不认同计划就不会积极推行下去；员工不积极，没有完成计划，就会找各种理由为自己开脱，企业面临法不责众的困境。

美国管理大师德鲁克在其名著《管理的实践》中最先提出了"目标管理"的概念，目标管理就是员工参与制订计划的一种典型的管理方法。

3.5.1　目标管理的概念与本质

1. 目标管理的概念

目标管理（management by objectives，MBO）是一种综合地既考虑以工作为中心又考虑以人为中心的系统管理方式。它是一种组织中上级管理人员同下属共同制定组织目标，并把其具体化展开至组织每个部门、每个层次、每个成员，他们的目标成果和岗位责任密切联系，并用这些目标来进行管理、评价和决定对每个部门、层次、成员的贡献和奖励报酬等一整套系统化的管理方式。这种方法的核心，是以目标来激励员工的自我管理意识，激发员工行动的自觉性，充分发挥其智慧和创造力，以期最终形成员工与企业同呼吸、共命运的企业文化。

2. 目标管理的理论基础

目标管理的理论基础是动机激发理论、人性假设理论和授权理论。

1）动机激发理论

从行为科学的角度来看，需要引发动机，动机引发行为。所有需要、动机和行为都是由目标引导的。目标管理就是遵循这一原理，根据人们的需要，使企业目标与个人目标相结合，激发动机进而引导人们的行为，去完成企业的整体目标。

2）人性假设理论

目标管理是以"自我实现人"的假设和麦格雷格的"Y 理论"为基础，认为人并非生来就是懒惰的，在适当的条件下，人们不但愿意而且能够主动承担责任，对所参与的工作目标能实行自我指挥与自我控制。因此，管理人员对下级应该采取信任型的管理措施，实行参与式管理，让员工参与目标的制定。

3）授权理论

授权理论认为，授权就是上级管理者把原属于自己的权力通过恰当的方式授予给可以信任的下属。这样，一方面上级管理者可以从日常事务中解脱出来，另一方面也可以发挥下属的主观能动性。目标管理就是遵循授权理论，由上级与下级一起共同协商讨论确定目标后，授予下级部门或者个人以相应的自主权，从而达到"自主控制""自我管理"的目的。

3. 目标管理的实质

（1）重视人的因素，让员工参与管理，激发员工的主动性。目标管理要求在制订计划时要听取员工意见，上下级的关系是平等、尊重、依赖、支持，同时把个人需求与组织目标结合起来，激发员工动机，目标实现过程是自觉、自主和自治的。

（2）建立层层分解的目标体系。目标管理通过专门设计的过程，将组织的整体目标逐级分解，转换为各单位、各成员的分目标，这些目标相互配合，形成协调统一的目标体系。只有每个人完成了自己的分目标，整个企业的总目标才有完成的希望。而且在目标分解过程中，权、责、利三者明确且对等。

（3）最终考核以成果为导向，过程不过多控制。目标管理中，工作成果是评定目标完成程度的标准，也是人事考核和奖惩的依据。至于完成目标的具体过程、途径和方法，上级并不过多干预，主要是授权员工，要求员工自我控制、自我评估。但要注意上级并不是在确定了目标后就放任不管了，而是要有一定的过程监控，防止最终结果的失控。

（4）自我控制、自我评估观念的应用。因为在计划的执行过程中，上级对过程的监督减少，所以员工必须具有自检能力，并能提出改进工作的意见。

3.5.2 目标管理的基本程序

目标管理全过程可用图3-9来表示。从图3-9可以看出，目标管理全过程主要有三个环节或阶段：第一阶段为目标体系的制定；第二阶段为实现目标过程的管理；第三阶段为对成果进行考核和评价。

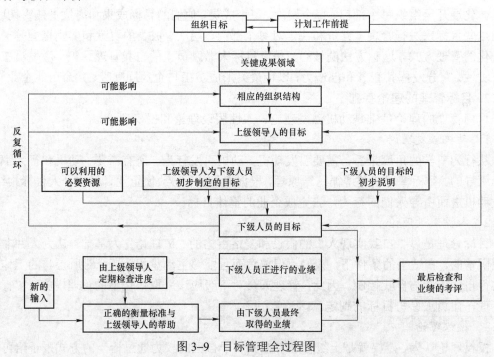

图3-9 目标管理全过程图

1. 目标体系的制定

这是目标管理最重要的阶段。从企业的最高管理层开始，由上而下逐级确定目标。下一级目标是实现上一级目标的手段，上下级形成"目的—手段"的关系，从而最终构成一种锁链式的目标体系。第一阶段可细分为以下四个步骤。

1）高层管理预定目标

在确定战略目标时，高层管理者的角色决定了其更有权威，所以战略目标通常由高管先确定。但这也是一个暂时的、可以改变的目标预案。

2）重新审议组织结构和职责分工

目标管理要求每一个分目标都有确定的责任主体。因此，预定目标之后，需要重新审查现有的组织结构是否适合，根据新的目标分解要求可以进行组织结构调整，明确目标责任者和协调关系。

3）确立下级的目标

首先使下级明确组织的规划和目标，然后商定下级的分目标。在讨论中上级要尊重下级，平等待人，耐心听取下级意见，帮助下级发展一致性和支持性的分目标。分目标要符合 SMART 原则。

4）上下级达成协议

上下级就实现目标所需要的资源配置的权力、实现目标后的奖惩事宜达成协议，实现责权利的统一。写成书面协议，编制目标记录卡片，整个组织汇总所有资料后，绘制出目标图。

2. 实现目标过程的管理

通过目标的设定，每个员工都明确自己在实现总目标的过程中应承担的责任，在各自职责范围内，实行自主管理、自我监督、自我调整。

员工自主管理并不表示领导可以放手不管；相反，由于形成了目标体系，一环失误，就会牵动全局，因此，领导在目标实施过程中的监控是必不可少的。首先要进行定期检查，利用双方经常接触的机会和信息反馈渠道自然地进行；其次要求下级通报进度，便于协调；再次要帮助下级解决工作中出现的困难和问题。当出现意外、不可测事件严重影响组织目标实现时，也可以通过一定的手续，修改原定的目标。

3. 对成果进行考核和评价

当目标管理的一个周期结束时，必须加以考核和评价。目标完成结果的考核比较简单，只要将实际成果与预先设置的目标进行比较即可。原先设置的目标越具体，测量就越容易、越准确。检查的方法可灵活地采用自检、互检、专门机构检查。检查评价结果要反馈到目标承担者，使其得到总结和教训，同时根据评价结果进行奖惩。

具体可分以下几步。

（1）员工个人对照目标标准进行自我评估，提交书面报告。

（2）上下级一起就考核目标完成情况进行确认，从而按照制度规定决定奖惩，总结经验教训。该环节一定要严格兑现奖惩，增强目标管理的权威性。对于完成好的，要充分肯定成绩，这样有利于调动员工的积极性；如果目标没有完成，应分析原因、总结经验，切忌相互指责，以保持相互信任的气氛。同时，坚持具体问题具体分析，对于非个人原因造成的问题，一般不要采用惩罚措施。惩罚不是目的，考核的重点应放在总结经验教训上。

（3）在上一阶段目标管理的经验教训基础上，讨论下一阶段目标，开始新的目标管理循环。

3.5.3 目标管理面临的困难及解决对策

目标管理是目前运用比较广泛的管理方法之一。很多美国企业，如杜邦和通用汽车公司等都采用目标管理方法。许多组织应用目标管理取得了显著的成效。然而，也有一些组织未能获得预想的效果，这源于在实施目标管理中存在种种困难影响了目标管理取得预期效果。

1. 目标管理在实施中存在的困难和问题

1）目标难以准确设置

德鲁克认为，真正的困难不是确定我们需要哪些目标，而是决定如何设置这些目标。组织内的许多目标难以定量化、具体化；许多团队工作在技术上不可分解，目标很难分解和落实到个人；组织内外部环境的可变因素越来越多，变化越来越快，对目标的弹性要求越来越高。这些都使得设置真正可考核的、符合实际的、公平的目标很难。

2）一些高层管理者错误使用目标管理

高层管理者的理念、承诺、参与及全力支持，是目标管理发挥作用的重要条件。而事实上，一些管理者在目标商定后，又不给下属放权；有的管理者不兑现承诺，破坏了下属对其的信任，这些错误的做法影响员工的积极性，导致目标管理"形存而神亡"，很难取得预期的效果。

3）过分强调短期目标忽视长期目标

在多数实行目标管理的组织中，目标可量化性就决定了目标一般都是短期的，就可能导致整个组织只追求短期目标而以牺牲长期目标为代价。另外，由于过分强调定量化目标，可能导致忽视一些定量性不明显的指标，如只奖励高生产率而不重视创造性。因此，管理人员在目标分解时一定要全面，兼顾短期目标和长期目标的关系。

4）目标的商定耗费时间

因上下级要统一认识，商定目标等都是反复进行的，这样就会花费更多的时间来商讨；一旦商讨不成，管理者趋向于利用他们的权力把目标强加于下级，这也会造成员工的不满和抵触。

5）存在不灵活的危险

目标管理要结果导向，各部门、各人的业绩和奖惩与目标成果挂钩，这就必须保持其明确性和稳定性。但是计划是面向未来的，组织必须根据未来变化的环境对目标进行修正。然而，有时修订一个目标体系与制定一个目标体系所花费的精力相差无几，而且同时还要考虑是否修正奖惩条例，这会使目标管理更加复杂。

6）对人性的假设过于乐观

目标管理对于员工的假设是"自我实现人假设"，即 Y 理论，而现实并不完全如此，特别是将目标的考核和奖励联系在一起后，一些员工在商定目标时，往往追求指标要低、出力要少、奖励要多；当完不成目标后，就找各种客观理由为自己开脱，就会逼迫管理者放松要求，一旦形成这种"不按规矩来"的氛围，就会影响绩效评估的诚信和公平，目标管理就失去了权威性，很难继续推行下去。

既然存在上述难题，管理者在实施目标管理时，就应该想办法，采取措施，消除或者减弱这些困难带来的影响。

2. 实施目标管理的措施

1）力求准确制定目标

目标制定的质量直接关系到目标管理实施的成败，因此，要力求准确地制定目标。

（1）要根据企业的经营战略目标，制定公司年度整体经营管理目标。这要依赖于组织对外部环境和内部条件的较为准确的信息把握，以及合适的分析工具。

（2）目标和具体计划是密不可分的。在制定目标时一定要通过计划的实施过程来检验是否是现实的目标，目标不是拍脑袋随意想出来的。比如，公司销售部门制定的一个目标是：今年的销售额比去年增加 1 000 万元。为什么是 1 000 万元，不是 500 万元或者 2 000 万元呢？如何检验这个目标是可行的呢？就要有具体的行动方案来支持。如今年可以多开拓一个地域市场，再增加一个网上商城的销售渠道，预计可以增加 1 000 万元的销售额，那么确定这个目标就比较可行。稳定发展的企业主要参照历史数据并结合企业战略目标、重大战略转型及关键经营管理调整措施等因素来制定目标；新办企业没有多少经验可以参考，在制定目标时，目标要保持弹性。

（3）长期目标和短期目标相结合，短期目标中要体现长期目标的指导原则，不能只顾短期目标忽视长期目标。比如，短期目标之一是：在月底销售额达到 500 万元。为了防止员工为争取完成销售额而损害消费者利益，同时还要确定"顾客投诉率"或"顾客满意度"等体现长期目标的短期目标。

（4）为了降低环境变化对目标的冲击，保持目标的弹性而减少不灵活的风险，目标最好是一个区间，确定最低目标和预期目标。最低目标是大概率可以实现的，预期目标是期望实现的，并且奖惩和目标结合时，要根据最低目标和预期目标有所区别。比如，实现最低目标，只能拿基本报酬；超过最低目标以上实现不同比例的奖励，以鼓励有能力的员工为实现更高的目标而努力。

2）在目标制定中应充分沟通一致

制定目标既可以采取由上到下的方式，也可以采取由下到上的方式，还可以两种方式相结合，但最重要的是上下级全面沟通，力争达成一致。上级和下级因为立场不同、角度不同、想法不一致是正常的，如果通过沟通告知员工其个人目标和组织目标是一致的，那么就容易激发员工的认同感，从而达成一致目标，减少在制定目标时的纠结和摩擦。公司总经理要向全体员工宣讲公司的战略目标，向部门经理或关键员工详细讲解重要的经营目标和管理目标，部门之间相互了解、理解、认可关联性的目标，上级和员工要当面沟通确认员工的个人目标。

3）实施目标时要及时纠偏

要经常检查、监控目标在实施过程的执行情况和完成情况。如果出现偏差，及时从资源配置、团队能力和管理系统等方面分析原因，及时纠偏，确有必要时才调整目标，并告知员工，取得员工的谅解。

4）奖惩制度一定要遵守

按照制定的指标、标准对各项目标进行考核，依据目标完成的结果和质量与部门、个人的奖惩挂钩，甚至与个人升迁挂钩。这样才能通过结果反馈保持对员工的持续激励。

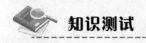 **知识测试**

1. 很多企业的管理者认为，在当前这样一个飞速变革的经营环境中，计划赶不上变化，制订计划到底有多大意义？在下面诸多观点中，哪一种最有道理？（　　　）

　　A. 变化快要求企业只需制订短期计划

　　B. 计划制订出来之后，在具体实施时经常要进行大调整，因此计划的必要性不大

　　C. 尽管环境变化速度很快，还应该像以前一样制订计划

　　D. 变化的环境要求制订的计划更倾向于短期的和指导性的计划

2. 在编制 WBS 时，下面说法错误的是（　　　）。

　　A. 可交付成果中包括最终可交付物和实现最终结果所需要的中间可交付物

　　B. 每个 WBS 元素可以从属于两个以上的母层次 WBS 元素

　　C. 每个工作包都应可以分配给一名团队成员或一家分包商单独负责

　　D. 可交付成果具有唯一性

3. 因为任何企业都要和供应商、经销商、政府、社区、顾客、员工有利益相关，所以组织在制定目标时，不能只满足于满足股东的利润要求，还要处理好和供应商、经销商等利益相关者的关系，从而保证企业的持续发展。因此企业目标往往会是多个，这是目标的（　　　）。

　　A. 差异性　　　　　　B. 多样性　　　　　　C. 层次性　　　　　　D. 网络性

4. 良好目标具有的特征是（　　　）。

　　A. 具体可衡量的　　　　　　　　　　B. 具有挑战性且是可以实现的

　　C. 有完成目标的时间限制　　　　　　D. 以上都是

5. 对于目标管理理论而言，以下说法错误的是（　　　）。

　　A. 目标管理的核心是发挥员工的自我管理、自我控制能力，所以对员工实现目标的过程不要干涉，要相信员工能做好所有的事儿

　　B. 员工的目标应该与组织的目标保持一致

　　C. 目标管理中，上下级在制定目标有分歧时，要通过沟通达成目标的一致

　　D. 目标可以由下而上制定，也可以由上而下制定

6. （　　　）也被称为数字化的计划。

　　A. 规则　　　　　　B. 政策　　　　　　C. 预算　　　　　　D. 目标

7. 计划工作的第一步是（　　　）。

　　A. 估量机会　　　　B. 确定目标　　　　C. 确定前提　　　　D. 做好预算

8. （　　　）目标实现的因素叫作限定因素。

　　A. 影响　　　　　　B. 促进　　　　　　C. 支持　　　　　　D. 妨碍

9. 合理的计划期限的确定问题体现在（　　　）原理上。

　　A. 改变航道　　　　B. 灵活性　　　　　C. 许诺　　　　　　D. 限定因素

10. 灵活性原理是指计划工作中体现的灵活性越大，则由于未来意外事件引起的损失的危险性就越（　　　）。

　　A. 大　　　　　　　B. 小　　　　　　　C. 灵活　　　　　　D. 捉摸不定

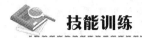 **技能训练**

1. 通过访谈企业家等直接途径和查找案例等间接途径，了解一家初创企业从创建的动机、创建的筹划过程、成立初期的运营所经历的波折。学习目的是从中体会创业计划的重要性和创业的不易。

2. 请结合一门具体的课程，列出教师课堂管理的五个目标，并进行小组讨论，把结果反馈给任课教师。学习目的是如何设置符合 SMART 原则的目标。

3. 针对你的实际情况，做一个旅游计划、英语学习计划、社团活动计划、迎新计划、大学四年的规划、人生规划等。要求将自己置于真实的活动场景中，以组织者的身份编制项目计划。学习目的是掌握计划编制的方法。

4. 如果有创业的意愿，请编制一份创业计划书。可参考"全国大学生课外学术科技作品竞赛、挑战杯中国大学生创业计划大赛"，官网 http://www.tiaozhanbei.net/。

5. 假设你现在有一笔 30 万元的资金，经过初步分析，你决定投资开设一家西餐馆，那么按照 WBS 方法将开设西餐馆过程中涉及的工作进行分解，尽可能保证西餐馆顺利开业。

 **思维拓展**

华泰集团年度计划为何失败

到了年底，每个企业都忙着总结、盘点、整顿和部署，华泰集团也不例外。

华泰集团成立于 1997 年，由一家塑料小厂起步，现已成为一家以塑料制品的设计、生产、销售及以国际贸易为主、具有一定技术先进性、产品多样性的民营企业集团。集团的创始人、董事长兼总经理刘建国是一位材料专家。在他的带领下，华泰集团自成立之初，整体业绩一直处于上升趋势，最近几年的年平均销售额达 300 亿元人民币。

随着企业的规模扩大，刘总越发感觉企业管理的难度。虽然自己的企业一直发展得都还不错，但是他知道这种发展是因为他一直提倡技术领先，产品具有技术领先优势，而且原材料在国内有成本优势。不久的将来，随着市场竞争的加剧，国家对环保要求越来越严格，各项成本就会上升，这种情况下，从管理要效益就显得非常重要。而由于领导层不重视，没有在成立之初就开始规范化管理，所以目前企业粗放管理的问题成为企业发展的最大障碍。

为了让企业发展得更好，2015 年 10 月，刘总请某著名管理咨询公司的赵老师为华泰集团做企业诊断和企业培训。赵老师经过一段时间的考察后给刘总提了一个建议："市场竞争越发激烈，而且原材料的供求波动大，政府对产品生产条件的要求越来越严格，国际上对塑料、塑胶制品的产品品质要求更高，所以不管是从生产部门、市场部门还是研发部门都应积极应对未来的不可预期性，要对未来的变化进行预测，并根据未来的市场情况，制订一份合理的、细致的年度计划。"这些年来，刘总一直战斗在生产和销售的第一线，每项业务也都亲自抓，重点工作都在生产上，公司每年不是没有计划，而是计划比较粗糙：每年接近年底时，刘总召集公司的高层出去考察和调研，然后回来商讨公司的发展规划，他们确定下来后，让总经理助理拟订一个简单的框架式的书面计划，几个高管以这个高层论坛的基调为基础确定各职能部门的目标和计划，然后就逐级下达给下级部门和员工。因为计划不是很细致，在计划执行中遇到什么问题都是请示刘总来解决，虽然有些波折，大家请示来请示去得也很累，但是目前还没有出过大的差错。听了赵老师的建议，刘总觉得确实有必要在专家的帮助下借着做计划理清发展思路，于是 12 月初，召集公司中层以上管理者开了年终会议，要求各部门集中精力制订 2016 年的年度计划，并由总经理办公室审核。

华泰集团最初起家是一家小企业，创业元老们一直跟着刘总同甘共苦，刘总也待他们不薄，所以这些创业元老现在大都是各部门负责人，但是管理水平参差不齐。由于以往并没有制订详细年度计划的惯例，各部门负责人在接到这样的任务之后，都不知道怎么做，到了报交计划的时间，只是按照之前几年的数据报表，根据自己的主观预测改写了几个目标的数据就上交了。

看到各部门提交来的计划，刘总能够感觉到各部门负责人对制订年度计划的重要性没有完全重视。于是又邀请赵老师到公司，在对各部门负责人做集中培训后，再召集这些部门负责人一起，在赵老师指导下，多次商量反复修改并最终确定出各部门的年度计划。

将年度计划发送到各部门负责人手中后，刘总再三强调："年度计划只是对未来整体一年的规划和设想，设想未必都能和现实一致，有问题咱们再调整。大家就都照着这个方案来做吧，希望年底能见到各位的好成绩！"

接到计划，生产部负责人马上着手落实新生产基地的选择和建立。市场部的营销方案做得还是不错的，不仅延续了以往的营销策略，而且重视了新媒体等传播渠道的开发。年中的时候，眼看一项项计划正在有条不紊地执行着，没想到，研发部的一位技术骨干提出辞职，原因是受不了研发部主任的专制管理，缺少人情味。刘总极力挽留，但是该技术骨干去意已决，公司不得不展开新一轮招聘，紧张了一段时间。期间，还因为某一个工厂管理不善，废液不慎泄漏，被相关部门要求整改，还被罚了一笔巨款，也让刘总颇费了些周折。

转眼间，2016 年已经过去，拿着相关部门提交的业绩报告，刘总陷入了沉思。

回忆过去一年的经营，再看看手上的数据信息。大部分的部门都没能按照计划完成指标，公司整体的营业额也未达到预期的效果，再加上新工厂的投资，华泰集团的投入也比预期增加很多。企业盈利虽然增加了，但并没有达到预期的目标。难道是年度计划有问题？

刘总抽出大量的时间，分别和各部门负责人进行了交谈，但是结果似乎出乎他的意料。

生产部门：我们是按照研发部门的创新程度来生产，而销售目标是市场部的事，生产再好、再多，销售不出去，我们有什么办法？制订年度计划有什么用？

市场部门：市场的不规范和竞争的惨烈是我们没有预料得到的，同质化产品造成的价格博杀使我们不得不一次次地修改销售策略，就算是制定了经营目标，也得根据市场的变化而定，而且先前咱们没有正儿八经地制订计划，不也干得好好的嘛？

研发部门：我们只能根据市场部门提供的一线信息对我们的产品做有选择的改进和创新，还得保证新产品有市场的前景和规模，我们也很难。对于研发来说，计划和设想是一回事，能不能把创意实现到产品又是另一回事儿！你认为创新就这么容易？！给我们定的目标有点高，我们都觉得这个目标要给我们 2 年时间才有可能实现……和专家讨论时，当时我们也不能肯定能不能当年完成，这创新的事谁能说得准呢？以为就是走走过场，没人当真。

财务部门：每年都做财务预算，但是好像每年都没能按照预算来实行，每次都是超支。当然，这期间因为有新项目上马、有市场不利方面等原因，使得我们也只能是每次总结的时候才能统计出有用的数字，这期间变化太大，难以预料。

面对各部门的反馈，刘总陷入沉思……

思考题：

1. 各部门负责人为什么对做计划不重视？你觉得应该怎么说服他们？

2. 刘总牵头的年度计划为什么会失败？请结合案例材料，谈谈你的认识。

3. 如果你给刘总提建议的话，该公司的年度计划应该怎么做？

 推荐阅读

[1] 萨茹拉. 没有计划的人一定被计划掉：萨茹拉给年轻人的忠告. 北京：人民日报出版社，2013.

[2] 张玉利，薛红志，陈寒松，等. 创业管理. 4 版. 北京：机械工业出版社，2016.

[3] 巴林杰. 创业计划书：从创意到方案. 陈忠卫，等译. 2 版. 北京：机械工业出版社，2016.

[4] 布赫季科. 工作分解结构实操秘诀. 汪小金，王爱萍，译. 2 版. 北京：中国电力出版社，2016.

第 4 章

决　策

学习目标

学完本章后，你应该能够：

◎ 掌握决策原则和类型；

◎ 掌握定量、定性的决策方法；

◎ 熟练运用决策制定的步骤；

◎ 掌握群体决策和个体决策的优缺点。

基本概念

决策　确定型决策　风险型决策　群体决策　量本利分析　头脑风暴法　德尔菲法
鱼骨图法

开章案例

哪个策略会赢

在一档新出的综艺节目里，压轴的"数钞"环节最受现场观众的青睐。在"数钞"环节，主持人会拿出一大沓钞票，里面含有面额不同的纸币与硬币，杂乱堆叠在一起。在规定的三分钟内，四位参赛的观众谁数得最多且总额分毫不差，那么他数出的现金就都归他所有。然而，目前还没有人获得过奖金。这听起来似乎令人费解，但正因为如此，每当节目进行到该环节必会引起全场轰动。

最近一期节目，打破了无人获奖的记录。游戏开始前，主持人提示各位参赛者："根据我们往期的经验要想获得奖金，是需要一定技巧的，祝各位好运，游戏开始！"听到口令后，四位参赛者迅速埋头数起了钞票。同时，主持人轮流给参赛者出简单加减法运算，以此干扰他们的思路，并且必须答对题目才能接着往下数。几轮下来，时间到，主持人公布了四位参赛者的总金额：第一位，3 472 元；第二位，5 823 元；第三位，3 897 元；第四位，只数出区区 528 元，与前三位相距甚远。接着主持人把四位参赛者所数的钞票重数了一遍，正确的结果分别是：3 572、5 822、3 887、528。前三位参赛者，不是多计了一张 100 元，就是少计了一张 1 元或者 10 元，距离正确金额都存在一"票"之差。只有数得最少的第四位观众完全正确。听到这样的结果，现场观众和四位参赛者反应各不相同。有人苦笑着摇了摇头，有人后悔地盯着曾经握在手里的钞票，有人心满意足。有人甚至问主持人："能重来一次吗？"主持人回答："非常遗憾，你只有这一次机会。"

最后，主持人向现场观众说："本次获胜的是四号参赛者，将获得 528 元奖金，恭喜！其实，点钞这个环节能实打实地数对的，才算拿到手里。这个游戏策略应该是求稳不求快，让每一分钟都挣着钱。

案例中第四位参赛者的"求稳不求快"给观众们留下了很大的启发。同样的三分钟，第四位参赛者赢得了 528 元的价值。人生有无数种可能，时刻处于得失之间，但人是不可能将自己的人生选择成最完美的。站在"选择"的十字路口上，只要目标明确，适当的取舍也是经营人生的一种策略。同样，对于组织而言，管理者在作决策时，必须根据企业自身能力与外部环境的特征，明晰自身目标并制订计划，集中资源不遗余力地向新方向出发；如果一味求快求大，反而会弄巧成拙。

在管理的计划职能中，目标设立与战略选择是基础，决策是核心，计划的成功与否，直接取决于决策的正确与否；同时，决策也是一个复杂的过程，有许多影响因素，作为管理者，必须掌握决策的基本知识，理解和重视决策，并不断提高决策技能。本章主要围绕决策的概念和类型、决策的过程、决策的影响因素和原则及决策的方法进行阐述，并围绕理论知识进行相应的技能训练。

4.1　决策的概念和类型

4.1.1　决策的概念

决策的概念有狭义和广义两种理解。狭义地说，决策就是人们为了达到一定目标，在充分掌握信息和对有关情况进行全面深刻的分析基础上，用科学的方法拟订并评估各种方案，从中选出合理方案的过程。广义的理解是，决策不仅是拟订和选择方案的过程，还包括在作出选择之后的决策执行以及执行后的效果评价。本章使用的是广义的概念。

要准确理解决策这一概念，必须把握以下四个关键词。

（1）目标。决策前必须有明确的目标，即所要达到的目的是什么。如果目标本身模棱两可、不确定或者不合理、超越现实，那就无从谈起合理的决策。

（2）两个以上的备选方案。如果只有一个方案，那就不用选择，也不存在决策。只有唯一答案的选择往往是失败的。

（3）分析判断。每个备选方案都有其优缺点，管理者必须尽可能搜集到相关信息，进行逻辑分析，采用科学方法对各个方案进行评价，才能在多个备选方案中选择一个较为理想的方案。在这个过程中，更多的时候人们是在对未来难以把握的情况下作出决策的，所以，掌握充足的信息、进行合理的预测，是进行决策的重要前提；同时，决策是一个需要发挥创造力的过程，对决策者的素质要求比较高。因此，一定的创造力、直觉、经验在帮助分析判断中是十分重要的。

（4）决策是一个过程。不能把决策理解为决定采用哪个方案时一刹那的行动，决策是从搜集信息到设计方案、选择方案再到执行方案，经过执行方案的反馈又进入下一轮决策的全过程。决策实际上是一个"决策—实施—再决策—再实施"连续不断的循环过程，贯穿管理活动的始终，贯穿管理的各种职能活动中，即贯穿于计划、组织、人员配备、领导和控制活动之中。正是在这个意义上，西蒙认为：决策的含义，从广义上，和"管理"一词几近同义。

4.1.2　决策的类型

依据不同的划分标准，决策可以分成许多类型。了解各种类型决策的特点，有助于管理者合理决策。

1. 按决策的重要程度划分

（1）战略决策。是指关系企业或组织未来发展方向与远景的全局性、长远性的施政方针方面的决策，具有全局性、长远性与战略性的特点。战略决策对企业而言是重大决策，比如确定或改变企业的经营方向和经营目标，新产品开发、企业上市、企业并购、开拓海外市场、合资经营、扩大企业规模等，都属于战略性决策。

（2）管理决策。是指对企业的人力、资金、物资等资源进行合理配置的一种决策，具有局部性、中期性与战术性的特点。管理决策的制定是附属于战略决策的，是为企业实现战略目标服务的，因此也叫战术决策。比如配合企业的战略决策所进行的组织结构调整、人事调整与资金筹措与使用、生产安排等都属于管理决策的范畴。

（3）业务决策。是指日常业务活动中为提高工作效率与生产效率，合理组织业务活动进程所作出的决策，具有琐细性、短期性与日常性的特点。如每日产量、机器设备的故障检修、产品设计的选择等。业务决策虽然处理一些细节问题，但对企业同样重要，如果许多业务决策都考虑欠周，日常工作总是出现问题和矛盾，很难想象经营决策能够顺利执行。

企业中不同层次管理者所承担的决策任务是各不相同的。基层管理者主要从事业务决策，中层管理者主要从事管理决策，高层管理者主要从事战略决策。但这并不意味着基层管理者对管理决策与战略决策不闻不问。实践证明，基层管理者必须了解管理决策与战略决策，才能更好地作出合理的业务决策。此外，中层管理者在作出管理决策时，必须对战略决策有深入的理解，同时应该指导和帮助基层管理者进行业务决策。高层管理者除制定战略决策之外，他们还通过战略决策来示范并引导管理决策和业务决策，从而促进战略决策的贯彻实施。管理层次与其对应的决策任务如图 4–1 所示。

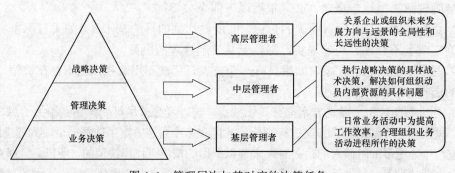

图 4–1　管理层次与其对应的决策任务

2. 按决策的重复程度划分

（1）程序化决策——例行问题的决策，应对结构良好的问题（指那些直观的、熟悉的和易于解决的问题）。是指经常重复发生，能按原已规定的程序、处理方法和标准进行的决策。即有关常规的、反复发生的问题的决策。

（2）非程序化决策——例外问题的决策，应对结构不良问题（是指新颖的、不经常发生的、信息模糊和不完整的问题）。是指偶然发生的或首次出现而又较为重要的决策。具有极大偶然性、随机性，又无先例可循且有大量不确定性的决策活动，其方法和步骤也是难以程序化、标准化，不能重复使用的。

程序化决策一般有先例可循，有现存的政策和规则可依；非程序化决策则往往缺乏信息资料，无先例可循，无固定模式，需要开拓与创新。例如，某奶制品生产企业的产品一直以其味道独特、产品多样和营养丰富而受到消费者的欢迎，在全国的市场占有率达到20%。但最近却被媒体报道，有一家幼儿园的孩子喝了该企业的牛奶后集体中毒住进了医院，在社会上引起广泛关注，对企业造成了负面影响，产品销售大幅下滑。这个事件是企业过去没有遇到的，对这类问题该如何处理就是非程序化决策。

3. 按决策制定条件的确定性划分

（1）确定型决策。是指决策的条件是确定的，即在已知未来可能发生的情况的条件下，根据每一个行动方案只能产生的唯一的结果来选择最优方案。可供选择的方案之间的优劣比较和预期结果是明确的。具体方法包括：① 线性规划、库存论、排队论、网络技术等数学模型法；② 微分极值法，即利用微分求导的方法确定极大（小）值；③ 盈亏平衡分析法，即借助盈亏平衡点进行分析的方法。

比如，某个决策者手中有一笔钱准备投资，有三个备选方案：① 购买国库券，年利率7%；② 存一年期银行定期存款，利率4.5%；③ 存银行活期存款，利率1.5%。如果这个决策者的目标只是想多获得利息，那么其决策是一种稳定条件下的决策，显然他会选择购买国库券。

（2）风险型决策。是指决策者不能预先确知环境条件在未来会处于一种什么状态，但可能的状态及其概率可以预先客观估计，在每种不同的状态下，每个备选方案会有不同的执行后果，所以不管哪个备选方案都有风险的决策，常用的方法是决策树分析法。

比如，某人有一百万元想投资开设一家生产机床的企业，但不能确定今年的市场状况如何，如果今年的行情好（固定资产投资比较旺盛），预计可以赚五十万元；如果行情不好（因为紧缩政策，企业普遍投资不高），可能会赔钱二十万元。经专业人士预测，行情好的概率是65%，行情不好的概率是35%，该人是否要投资？根据概率论的相关知识，我们不难作出决策。

（3）不确定型决策。是指决策者不能预先确知环境条件，或者未来可能的状态和各种状态的概率无从估计，或者决策者对各个备选方案的执行后果难以确切估计，这就是不确定条件下的决策。主要依靠决策者的经验和判断能力。

实际上，大多数企业的决策，都属于不确定条件下的决策，因为企业的经营过程受到多种因素的影响，而且各种因素中有的是偶发因素，对企业的影响可能是暂时的、短期的，但后果可能是巨大的。例如，2020年我国新冠肺炎疫情的爆发，导致许多行业的经营受到影响。在不确定条件下决策，关键在于尽量掌握有关信息资料，根据决策者的直觉、经验和判断果断决策。

猿猴的决策

热带雨林的树枝上、草丛里生活着各种各样的动物，它们嬉闹、玩耍，一片生机盎然。突如其来的一场暴雨带来了滔天的洪水，淹没了大片的雨林，惊慌失措的动物们都拼命地朝一处高处聚拢。但看着不断暴涨的洪水和越来越小的落脚之地，聚在一起的动物们紧张万分，于是大家在最聪明的猿猴召集下，开始讨论如何脱险。

猿猴决定先派出一名动物去迅速报信求救，很快青蛙、水蛇、乌龟、蜈蚣被大家推选出来。然后，猿猴灵机一动："只会游泳还不行，速度必须要快！"猿猴瞥了蜈蚣一眼，脑子一转便自鸣得意作出决断：蜈蚣会水，腿又多，一定跑得快。因此，决定让蜈蚣马上出发。大家也坦然接受了这个决定，开始继续讨论其他紧急问题。但很快天都黑了，大家发现蜈蚣还没有出发，结果是因为蜈蚣脚太多，反而成为穿鞋需要最多时间的那一个。这让大家对猿猴的决策大失所望。

这个故事告诉我们：一方面，要想作出科学的决策，就不能想当然，也不能简单地就事论事，而是要考虑到决策可能产生的一系列后果。另一方面，决策要从正反两方面考虑，充分利用反向思维，在不同意见的交锋中取得一致。

4. 按决策的依据和方法划分

（1）经验决策。是指依靠过去的经验和对未来的直觉进行决策。这时，决策者的主观判断与个人经验起关键作用。此类决策感性成分较多，理性成分较小。现代社会环境变化快捷，涉及的问题越来越复杂，仅凭经验决策往往导致失误。

（2）科学决策。是指决策者按科学的程序，依据科学的理论，用科学的方法进行决策。科学决策有一套严密程序：先进行大量的调查、分析、预测工作，然后在行动目标的基础上确定各种备选方案，再从可行性、满意性和可能后果等多方面分析、权衡各备选方案，最后进行方案择优，执行该方案，并收集反馈信息。在整个决策过程中，使用现代化的决策技术，如运筹学、结构分析、计算机模拟等，有时还借助现代化的决策工具，如电子数据处理系统、管理信息系统、决策支持系统等。

但是，在无法获得充分的信息时，直觉和经验决策仍起着重要作用。

5. 按决策的主体划分

（1）个体决策。如果决策的信息分析活动、备选方案的设计活动以及选择活动由一个人来完成，这种决策称为个体决策.

（2）群体决策。如果决策的上述活动是由包括两个人以上的群体共同完成，这种决策称为群体决策。区分群体决策还是个人决策的关键在于，信息分析活动、备选方案的设计活动以及选择活动中只要有一个活动是合作完成的，就可以认为是群体决策。群体决策有利于集思广益，但容易因协调而拖延决策；个体决策有利于决策的迅速作出，但准确性较低，风险增大，两者各有利弊。

决策过程中的布利丹效应

新到陌生车站的一位异地旅者需要先找一个落脚之地，便问这里的站长："请问这里有几家旅店呢？""两家。"站长回应道。旅者又问："那哪一家更好一点呢？"站长用自己的经验回答他："这是一个无法解答的难题！因为无论你到了哪一家，都会马上后悔自己的选择，怎么就没去另一家呢？"

管理者在进行决策时也会面临各种取舍，若是百般权衡利弊、犹豫不决，只会失去最佳的决策时机。14 世纪法国哲学家布里丹讲的一则寓言故事就很好地印证了这一点：一头饥饿至极的毛驴，面对完全相同的两捆草料，竟始终犹豫不决，不知道该选择哪一捆草料，最后被活活饿死了。后来的人们用"布利丹驴"来形容那些优柔寡断、面对选择时举棋不定的人，这种在决策过程中犹豫不决的现象也被称为"布利丹效应"，也叫作"布利丹选择"或"布利丹困境"。

6. 按决策需要解决的问题性质划分

（1）初始决策。是指组织对从事某种活动或从事该活动的方案所进行的初次选择。

（2）追踪决策。是指在初始决策执行后，根据环境的变化对组织活动方向、内容或方式的重新调整的决策。追踪决策作为初始决策的后续过程，显然要受到初始决策的影响。组织中的大部分决策当属追踪型决策。

4.2　决策的过程

决策包括许多阶段的工作：决策的核心是在分析、评价、比较的基础上，对多种备选方案进行选择；选择的前提是拟订多种可行性方案；要拟订备选方案，首先要确定所要解决的问题，如果有多个问题需要解决的话，还要找出哪个问题最关键、最急迫，解决这个问题最终要达到什么目标，要实现这个目标，需要收集和掌握哪些信息，再采用一定的技术方法、战略判断制订多种可行性的方案，并从这些方案中依据一定的标准进行评价选优，确定最终的活动方案。方案实施后，还要评价决策效果。

1. 研究现状，找出问题并分析问题产生的原因

决策是为了解决一定问题而作出的，因此，制定决策，首先要分析问题是否已经存在或将要发生，然后分析是何种性质的问题和问题产生的深层次原因以及它对组织的影响程度。

问题往往首先由外部环境变化引起。外部环境的变化，如政府政策的调整、技术的变革、经济增长方式的改变、竞争对手的战略导向变化等，都有可能打破组织内部活动与外部环境的平衡，导致组织活动的方向、活动方式和内容发生改变。组织如果不适时地发现问题并采取措施，而是等外部环境的变化已经对组织的生存造成危机时再去研究如何适时解决，就会变得极为被动。避免出现这种被动局面的关键是在危机开始之前就先认识到变革的必要。所以，搜集和关注信息，了解外部环境和内部条件的变化，分析它们对组织产生的影响，是正确和及时决策的基础。

2. 明确决策目标

明确决策的目标就是针对存在的问题将要采取的措施应符合哪些要求，必须达到哪些效果。明确决策目标，不仅为方案的制定和选择提供了依据，而且为决策的实施、控制及组织资源的分配和各种力量的协调提供了标准。

决策的目标可以是单一目标，如企业经营利润、盈利率等，也可以是多目标，现实情况中更多的是多目标，即综合考虑环境、经济和社会可持续发展，实现短期利益和长期利益的兼顾。多目标决策更有利于提高决策的质量。如某牙膏生产企业因为市场竞争激烈，最近的销售量开始下滑。有人建议公司模仿国外某公司的做法，通过增加牙膏管口的直径增加消费者的用量来进行渗透销售，增加销量。结果被公司高层拒绝了，他们认为，要解决这个问题，不能单从利润的角度来考虑，不能损害消费者的利益，我们要树立良好的企业形象。那么，该公司的决策就是一个多目标决策。

尽管多目标决策能兼顾各目标之间的平衡，但目标之间的地位是不一样的，要分清目标体系中各目标的主次。决策时常犯的错误不是由于决策方法不科学，往往是由于决策目标模糊或设定不合理，而且常常不被人们认识到。

 **理论链接**

鱼骨图分析法

鱼骨图 1953 年由日本管理大师石川馨先生提出，故又名石川图。它是一种发现问题"根本原因"的方法，也被称为"因果图"。管理问题的特性总是受到一些因素的影响，通过头脑风暴法找出这些影响因素，并将它们与特性值一起，按相互关联性整理成一种层次分明、条理清楚并标出重要因素的图形，也叫特性要因图，因其形状如鱼骨，所以叫鱼骨图。鱼骨图基本结构如图 4-2 所示。这是一种透过现象看本质的分析方法。比如，在分析企业产品滞销的问题时，可以采用鱼骨图分析法，能较为容易地发现导致产品滞销的主要因素是材料、设备、人员、方法和环境。

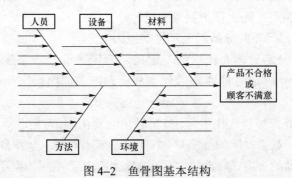

图 4-2　鱼骨图基本结构

3. 拟订方案

决策的本质是选择。而要进行正确的选择，必须提供多种备选方案。因此，在决策过程中，拟订可替代的方案要比既定方案的选择重要得多。

方案描述了组织为实现目标拟采取的各种对策的具体措施和主要步骤。任何目标的实现，都可以通过多种不同的活动来实现，正所谓"条条大路通罗马"。因此，人们可以拟订出不同的方案。在制订方案时，各方案应满足整体详尽性和相互排斥性的要求。所谓整体详尽性，是指将各种可能实现的方案尽量都考虑到，以免漏掉那些可能是最好的方案。所谓相互排斥性，是指这些不同的方案必须相互替代、相互排斥，而不能相互包容，如果某个方案的活动包容在另一个方案中，那么它就失去存在的意义。

1）方案的来源

方案产生的过程是在环境研究和发现不平衡的基础上，根据组织任务和消除不平衡的目标，提出改变设想开始的，这种设想有两个来源：经验和创造。

（1）经验。经验可能是决策者或决策群体自己的，也可能是其他管理者或群体的实际做法。尽管过去自己面临的环境与目前的状况可能有很大差别，但过去成功的做法毕竟可以作为产生一个备选方案的经验参考。虽然他人面对的挑战与自己面临的可能有诸多不同，但别人达到目的的捷径还是可以作为一种备选方案的。

（2）创新。在竞争激烈的商业社会，今年和去年的情况就会有很大变化，所以仅靠过去积累的经验是远远不够的，决策者必须根据新情况的变化采取新颖的、独创的方案，只有这样才能走在别人的前面，确立竞争优势，在决策方案的设计活动中，创新具有十分重要的地位和作用。所以，决策者应该具有随机应变的创造力。

在实际决策中，方案的拟订、比较和选择往往是交织在一起的，因为方案的拟订不是一次性完成的，需要不断地完善。这种完善往往需要在与其他方案的比较中，受到其他方案的启发。但为了研究的方便，需要把方案拟订和比较选择两种工作区别开来。

 **管理实践**

艾森豪威尔的果断决策

1944 年 6 月 4 日，诺曼底登陆作战的 45 个师、一万多架飞机和几千艘各型舰船集结完毕，正式开始作战计划。但是关键时刻的气象状况却是十分不乐观：据气象船和气象飞机对大西洋英吉利海峡的气象监测，之后的三天因为低压的影响，出航的条件将十分恶劣。而盟军的司令官们都知道，登陆战役发起的"D"日，气象、天文、潮汐这三种自然因素条件的影响会相当关键，对此盟军的最高统帅艾森豪威尔也是一时束手无策。一方面，恶劣天气可能直接导致登陆失败；另一方面，耽误时间太久会贻误战机，无法缓解前线的压力，也给德军阻击这次登陆计划更多的准备时间。因此，当盟军联合气象组的负责人、气象学家斯塔戈预报有一股冷风正向英吉利海峡移动，在冷风过后和低压槽到来之前，即 6 日上午可能会出现一段转好的天气时，艾森豪威尔果断作出最后决定："好，我们行动吧！"后来的战果我们都清楚，虽然盟军损失空降兵 60% 的装备是因为恶劣的天气，海浪的翻涌也使一些战船触礁沉没，暴风降低了轰炸的效果，但诺曼底登陆的最终成功，为战胜纳粹德国做出了巨大的贡献。

艾森豪威尔回过头来看这段历史时说道："上帝只给了我12个小时，幸运的是，我抓住了它。"对于决策者来说，机会就像一扇迅速旋转的转门，你必须抓住时机迅速挤进去，而不是等待它停下来的时候。因此，艾森豪威尔在选择登陆日时，要在德军反应过来之前实现快速登陆，就不能追求十全十美的登陆条件，他们选择的"D"日——6月6日上午的天气状况并不理想，但相较于延期登陆可能给盟军带来的巨大损失及战败的后果，艾森豪威尔将军的登陆决策无疑是正确的。

2）可行性方案的制订

在初步确定方案的基础上，对提出的各种设想进行集中、整理和归类，形成多种不同的初步方案；在对这些初步方案进行筛选、补充和修改以后，对余下的方案进一步完善，并预计其执行结果，便形成了一系列不同的可行方案。

每个可行方案都要具备下列条件：能够实现预期目标，各种影响因素都能定性与定量地分析，不可控的因素也大体能估计出其发生的概率。

可供选择的方案数量越多，被选方案的相对满意程度就越高，决策就越有科学。因此，在方案制订阶段，要广泛发动群众，充分利用组织内外的专家，群策群力，提出尽可能多的改进设想，制订尽可能多的可行方案。

当我们发现在现有目标层次上解决问题有困难时，从更高的目标层次上考察问题，就可以发现新的备选方案，从而绕过原有问题，在更高层次上解决问题。例如，某保健品公司在产品广告、促进销售、公司利润最大化三个目标层次上，提出了不同方案，如图4-3所示。

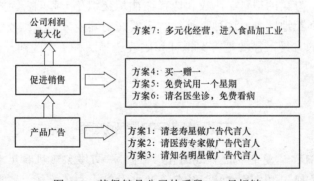

图4-3　某保健品公司的手段——目标链

4. 方案的比较和评价

每个可行方案都会对目标的实现发挥某种积极作用，也会产生消极作用，因此必须对每个可行性方案进行综合的分析和评价，了解各种方案的优势和劣势。评价和比较的主要内容有以下几个方面：① 方案实施所需的条件是否具备，筹集和利用这些条件需要付出何种成本；② 方案实施能够给组织带来何种长期利益、短期利益；③ 方案实施中可能遇到风险甚至失败的可能性。

根据上述比较，就能找出各方案的差异，分析出每种方案的优劣。

5. 方案的选择

针对方案评价和比较，可以进行方案的选择。也就是说，不仅要确定能够产生综合优势的实施方案，而且要准备好环境发生预料到的变化时可以启用的备用方案。确定备用方案的目的是对可预测的未来变化准备充分的必要措施，以避免临时应变可能造成的混乱。

在方案选择过程中，决策者要注意处理好下述几个方面的问题。

（1）要统筹兼顾。在选择过程中，决策者不仅要注意决策方案的各项活动之间的协调，而且要充分考虑社会、政治、文化等方面的因素，还要使决策结果的副作用（如环境污染、人员裁减等）减少到可以允许的范围内。也就是说，统筹考虑方案的经济效益和社会效益及可能带来的潜在问题，要充分利用组织现有的结构和人力条件，为实现新的目标服务。

（2）发扬民主，尽可能地发动相关人员献计献策。因为只有员工理解并认可的方案才能被较好地执行；同时更要注意反对意见，因为许多决策方案再好也可能是有瑕疵的。决策者要充分注意方案评价和选择过程中的反对意见，因为反对意见不仅可以帮助从多种角度去考虑问题，促进方案的进一步完善，而且可以提醒防范一些可能出现的风险。

（3）要有果断和敢冒风险的魄力。任何方案都会有支持者和反对者，赞同方案的人可以列出一大堆方案的优势，否定方案的人也会举出很多反对的理由。在众说纷纭的情况下，决策者要在充分听取意见的基础上，根据自己对组织任务的理解和对形势的判断，权衡各种方案的利弊，做出决断。同时决策是为未来而做的，而未来几乎充满了不确定因素，所以，大多数的决策本身就存在风险。风险和收益是成正比的。所以，在决策时，要敢于冒风险，有胆识、有勇气，看准时机，果断决策。当然，冒险不是蛮干，决策者必须尽量多地收集资料，清醒地估计到各项决策方案的风险程度，估计到最坏的可能性并拟订出相应的对策，使风险损失降到最低限度。

6. 方案的实施

方案的实施是指将决策传递给有关人员并得到他们愿意执行的承诺。方案的拟订和选择最好是让相关人员参与，因为执行决策的人参与了决策制定过程，认识到这样做的必要性和可行性，才有热情干事，实施起来才更有效。

7. 评价决策效果

评价决策效果就是看它是否解决了问题，是否取得了预期的目标，这实际上就是管理的控制职能。在评价决策效果的基础上，如果解决了现在的问题，可能会遇到新的问题，那就要继续进行决策的制定过程；如果决策执行后评价的结果发现问题仍然没有得到解决，那就应回过头来继续进行决策的优化过程。决策制定过程如图 4-4 所示。

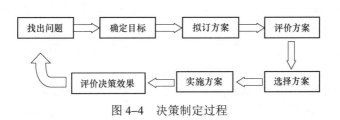

图 4-4　决策制定过程

4.3 决策的影响因素和原则

要做好决策，当然要从决策的影响因素出发，只有把所有影响决策的因素找出来，遵循相应的原则，才能做好决策。

4.3.1 决策的影响因素

一般而言，决策效果的优劣受到以下因素的影响。

1. 环境

环境对组织决策的影响是不言而喻的。首先，环境的特点影响组织的活动选择。比如，就企业而言，处于垄断市场上的企业，通常将经营重点致力于内部生产条件的改善、生产规模的扩大及生产成本的降低，而处在竞争市场上的企业，则需密切注视竞争对手的动向，不断推出新产品，努力改善营销宣传，建立健全销售网络。其次，对环境的习惯反应模式也影响组织的活动选择。即使在相同的环境背景下，不同的组织也可能做出不同的反应和行动方案的选择。比如，同样是面临国际化经营的大环境，有的企业主张"先难后易"，直接在国外开办自己的工厂，有的企业主张"先易后难"，先在国外和外国企业合资，熟悉了情况后再自己经营。

2. 过去决策

一般来说，组织的决策大都是追踪决策。组织过去的决策（初始决策）是目前决策过程的起点：过去所选择方案的实施，不仅伴随着人力、物力、财力等资源的消耗，而且伴随着内部状况的改变，带来了对外部环境的影响。所以，目前决策不能不受到过去决策的影响。过去的决策对目前决策的制约程度要受到它们与现任决策者的关系影响。如果过去的决策是由现在的决策者制定的，而决策者通常要对自己的选择及其后果负管理上的责任，因此可能不愿对组织活动进行重大调整，而倾向于仍把大部分资源投入到过去方案的执行中，以证明自己的一贯正确。相反，如果现在的主要决策者与组织过去的重要决策关联性不大，则做出较大调整与变革的可能性就很大。

3. 决策者个人的知觉和价值系统

知觉是对事物的各种不同属性、各个不同部分及其相互关系的综合反映。心理学研究表明，影响人们知觉的主要因素是经验。这也是为什么经验丰富的管理人员一般都具有良好的直觉，对事物的看法透彻而准确的原因。所以，知觉在确定要决策的问题（敏锐地感知问题的存在及问题的本质）、处理决策的情报资料（能否从纷繁复杂的资料中发现有用的信息）、拟订决策的可行性方案（考虑可行性方案时更周全和细致）等方面起着重要作用，尤其是在进行关键的非程序化决策时，知觉起着重要作用。

决策者的价值系统，包括个人对成就、财富、权力、责任、竞争、冒险、创新等的欲望，以及对正确与错误、好或坏、真与伪、善与恶、美与丑、得与失等对立事物所持的观点，对决策的判断标准产生一定的影响。例如，由于决策是人们确定未来活动的方向、内容和目标的行动，而人们对未来的认识能力有限，目前预测的未来状况与未来的实际状况不可能完全相符，因此在决策指导下进行活动，既有成功的可能，也有失败的危险。任何决策都必须冒一定程度的风险。决策者对待风险的不同态度会影响决策方案的选择。喜欢冒风险的决策者，可能会选择高风险同时也是高收益的方案，而风险规避者往往会考虑到各种风险对自己的影响，偏好选择低风险的方案，这样组织虽然经营状况稳定，但可能会丧失高收益。

4. 组织文化

组织文化制约组织成员的行为及行为方式。组织文化对决策的影响体现在整个决策的全过程，具体表现在以下三个方面。一是影响决策方式的选择。组织在决策过程中是采用民主的作风还是集权的做法，不同的组织决策因组织文化的不同而有所差异。二是影响备选方案评价标准的确定。是仅仅考虑经济效益还是经济效益和社会效益同时兼顾，不同价值观的组织对备选方案评价标准不同。三是影响决策过程的组织。最主要的是，组织文化通过影响组织成员对变化、变革的态度而对决策起影响和制约作用。

5. 时间

美国学者威·R. 金和大卫·L. 克里兰把决策类型划分为时间敏感型决策和知识敏感型决策。时间敏感型决策是指那些必须迅速而尽量准的决策。这种决策对速度的要求远甚于质量。例如，当一辆汽车朝你冲过来了，你往左边跑还是右边跑并不重要，重要的是你能躲开汽车。相反，知识敏感型决策对时间的要求不是非常严格，这类决策的执行效果取决于其质量，而非速度。制定这类决策时，要求人们充分利用知识和经验，做出尽可能正确的选择。组织关于活动方向与内容的决策，即战略决策，基本属于知识敏感型决策，更重视决策的效果而不是效率。

4.3.2 决策的原则

在决策方案的拟订和评价中要坚持以下原则。

1. 满意原则

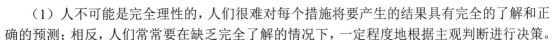

什么是有效的决策？什么是正确的抉择？其判断标准是什么？当然可以根据决策实施的效果来判断，但往往可能是"事后诸葛亮"而且是"木已成舟"，更改较难。那么在方案选择阶段还有没有更直接的判断标准？西蒙提出了重要的决策原则，要坚持满意原则，而不是最优原则。

（1）人不可能是完全理性的，人们很难对每个措施将要产生的结果具有完全的了解和正确的预测；相反，人们常常要在缺乏完全了解的情况下，一定程度地根据主观判断进行决策。

（2）决策过程中不可能将每一个方案都列出来：一是人们的计算能力、想象力和设计能力都是有限的，决策者既不可能掌握和处理全部信息，也无法认识决策的详尽规律；二是决策过程受成本限制，在考虑决策质量的同时还要考虑到决策的成本，追求可行性方案的质量和数量必然会有更多的成本支出，就必然会牺牲效益。所以，需要在质量和效益之间达到平衡。管理决策不是寻找一切方案中最好的，而是寻找已知方案中可满足要求的。也就是说，在决策过程中，决策者定下一个最基本的要求，然后考察现有的备选方案，如果有一个备选方案能较好地满足定下的基本要求，决策者就实现了"满意"标准。

2. 信息原则

信息是科学决策的基础，能否及时准确地获得足够的信息，对决策正确与否有着直接的关系。决策过程实际上是一个信息的收集、传递、整理和分析的过程。为了提高信息对决策的针对性和适用性，还要对收集到的信息进行筛选和核实，去伪存真，去粗取细，然后再对信息进行解读和分析，使之成为决策的依据。

3. 预见原则

预见原则要求决策要依靠科学预测。因为只有在决策前充分考虑和预测到相关事物发展的未来趋势的诸多可能，才能使决策具有适应性和应变性。所以，在选择决策方案时，要针对实施决策方案中可能出现的各种情况准备好应变措施或多种备选方案，避免决策失误。

4. 可行性原则

决策具有可行性是指决策目标符合组织的自身条件和外部环境状况的客观实际，实事求是，决策方案易于实施，具有可操作性，能解决实际问题。一个方案再好，如果不具备实施的条件或实施的能力，也是"空中楼阁"。

5. 及时性原则

决策及时才能有效。组织中有许多问题一旦发生就要求马上得到解决；否则，拖延下去就会使问题更复杂，甚至使组织丧失发展机会。管理人员若不及时反应，果断决策，便会坐失良机。信息作为决策的依据，其适用性是有时间限制的，随着时间的推移，原来搜集的信息价值就会逐渐丧失。管理人员面对出现的问题优柔寡断，可能会贻误时机，影响组织的发展大局。

6. 经济性原则

经济性原则是指决策者在不违反社会利益的基础上应以经济效益为中心，把经济效益和社会效益结合起来，以较小的劳动消耗和物质消耗取得最大的成果。如果一项决策所花的成本大于所得，那么这项决策就不科学。

4.4 决策的方法

由于任何方案都需在未来实施，而人们对未来的认识程度不尽相同，因此方案在未来实施的经济效果的确定程度和人们评价这些经济效果的方法也不相同。根据这个标准，可以把决策方法分为确定型、风险型、非确定型三类。

4.4.1 确定型决策方法

在人们对未来的认识比较充分，了解未来市场可能呈现某种状况，能够比较准确地估计未来的市场需求情况，从而可以比较有把握地计算各方案在未来的经济发展时，可以采取确定型决策方法。确定型决策问题一般需具备以下几个条件：① 存在决策者希望达到的一个明确目标（收益最大或损失最小）；② 只存在一个确定的自然状态；③ 有两个或两个以上的行动方案可供决策者作出选择；④ 不同的行动方案在确定状态下的损益值可以计算出来。

确定型决策的方法很多，比如量本利分析法、内部投资回收率法、价值分析法等。下面主要介绍量本利分析的基本原理。

量本利分析，也叫保本分析或盈亏平衡分析，是通过分析生产成本、利润和产品数量这三者的关系，掌握盈亏变化的规律，指导企业选择能够以最小的成本生产出最多产品，使企业获得最大利润的方案。

利润是销售收入扣除生产成本以后的剩余。其中销售收入是产品销售数量及其销售价格的函数，生产成本（包括工厂成本和销售费用）可分成固定成本和变动成本。变动成本是随着产量的增加或减少而变化的费用，而固定成本则在一定时期、一定范围内不随产量的变化而变化。

企业获得利润的前提是生产过程中的各种消耗均能够得到补偿，即销售收入至少等于生产成本。为此，必须确定企业的保本产量和保本收入：在短期内，当价格、固定费用和变动费用已定的条件下，企业至少应生产多少数量的产品才能使总收入和总成本平衡，这个数量就是保本数量；或当产量、价格、费用已定的情况下，企业至少应取得多少销售收入，才足以补偿生产过程中的费用，这个销售收入就是保本收入。

盈亏平衡分析如图 4–5 所示，它描述了特定时期利润、销售收入以及生产成本之间的关系。

如图 4–5 可知，产（销）量 Q 与销售收入 S 的关系，图中 a 点的销售收入 S 与总成本 C 相等，称为保本点即盈亏平衡点。

企业通过盈亏平衡分析图可做以下三方面的分析。

第一，判定企业现在产品的产（销）量在盈利区还是在亏损区。

第二，分析企业的经营安全率。经营安全率的计算公式为

$$经营安全率＝（Q-Q_0）/Q$$

式中：Q 为产（销）量。

经营安全率越高，企业亏损的可能性越小，经营越安全。

第三，降低保本点产（销）量 Q_0。如果保本点产量过高，就增加了销售人员的压力，而且增加企业的经营风险，所以，企业的经营管理工作应设法降低 Q_0。这样，在相同的销售条件下，不仅可以提高企业的经营安全率，更重要的是提高企业的经济效益，增加盈利。可以采取以下措施：提高销售价格，降低单位成本。

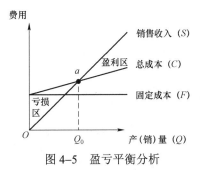

图 4–5　盈亏平衡分析

盈亏平衡点的确定方法如下。

1. 产量法

确定盈亏平衡点应满足以下条件：

销售收入（S）＝总成本（C）

其中：销售收入（S）＝销售价格（P）×产（销）量（Q_0）

总成本（C）＝固定成本（F）+单位变动成本（C_r）×产（销）量（Q_0）

$$PQ_0 = F + C_rQ_0$$

故

$$Q_0 = \frac{F}{P - C_r}$$

式中：C_r 为单位变动成本；P 为产品价格；Q_0 为盈亏平衡点产（销）量；F 为固定成本。

2. 销售收入法

销售收入法是以某一销售收入的固定成本和变动成本，确定保本收入，与实际的销售收入进行比较。

在 $Q_0 = \dfrac{F}{P - C_r}$ 两边同时乘以价格 P，等式变为

$PQ_0 = \dfrac{F}{P - C_r}P$，即有

$$S = \frac{F}{1 - \dfrac{C_r}{P}}$$

设盈亏平衡点销售收入为 S_0，当盈亏平衡时有

$$S_0 = \frac{F}{1 - \dfrac{C_r}{P}}$$

【例 4–1】 已知 A 产品资料如表 4–1 所示。（1）要使企业在 A 产品上不亏损，最低产（销）量是多少件？（2）企业在 A 产品上至少要达到多少数额的销售收入，才能开始盈利？

表 4–1　A 产品资料

项目	金额/元
单位售价	10
单位变动成本	5
固定总成本	2 000 000

解答方法：

（1）产量法：盈亏平衡点产（销）量为：

$$Q_0 = \frac{F}{P - C_r} = \frac{2\,000\,000}{10 - 5} = 400\,000 \ （件）$$

（2）销售收入法：盈亏平衡点销售额为

$$S_0 = \frac{F}{1 - \dfrac{C_r}{P}} = \frac{2\,000\,000}{1 - \dfrac{5}{10}} = 4\,000\,000 \ （元）$$

4.4.2　风险型决策方法

风险型决策方法是在有明确目标的情况下，依据通过预测得到的不同自然状态下的损益值及其出现的概率作出决策，主要用于人们对未来有一定程度的认识但又不能肯定的情况。这时，实施方案的未来可能会遇到好几种不同的情况（自然状态）。每种自然状态均有出现的可能，人们目前无法确知，但是可以根据以前的资料来推断各种自然状态出现的概率。在

这些条件下，人们计算的各方案在未来的经济效果只能是考虑到各自然状态出现的期望收益，与未来的实际收益不会完全相等。因此，据此制定的经营决策具有一定风险。

1. 决策树法

决策树法是指一种用树形图来描述各方案在未来收益的计算、比较以及选择的方法。决策树指明了未来的决策点和可能存在的状态，并用记号标明了各种可能存在状态的发生概率，把可行性方案、所冒风险及可能的结果直观地表达出来。

应用决策树决策方法必须具备以下条件：

① 具有决策者期望达到的明确目标；② 存在决策者可以选择的两个以上的可行备选方案；③ 存在决策者无法控制的两种以上的自然状态（如气候变化、市场行情、经济发展动向等）；④ 不同行动方案在不同自然状态下的收益值或损失值是可计算的；⑤ 决策者能估计出不同的自然状态发生的概率。

决策树通常用于决策分析和操作研究，或是帮助识别一个最可能达到目标的策略。它主要采用一个树形的图来表示这些可能的结果，具体包括以下内容。

（1）决策树的构成。构成有四个要素：决策点、方案支、状态点、概率支。决策点，一般用符号"□"表示，从决策点引出的分支叫方案支，表示决策时可采取的不同方案；状态点，一般用符号"○"表示，从状态点引出的分支叫状态支，表示方案在未来执行时可能遇到的几种不同的自然状态。

（2）决策树法的步骤。主要分为四步。① 根据备选方案的数目和对未来市场状况的了解，绘出决策树。② 计算各方案的期望值，包括：计算各概率分支的期望值，用方案在各自然状态下的收益值去分别乘各自然状态的出现概率；将各概率支的期望收益值相加，并将数字记在相应的状态点上。③ 考虑到各方案所需的投资，比较不同方案的期望收益值。④ 选择期望收益值较大的方案作为被实施的方案。如果是多阶段或多级决策，则需②、③、④各步工作重复进行。

决策树法具有条理清晰，程序严谨，定量、定性分析相结合，易于掌握等优点。当今市场竞争日趋激烈，现代企业的经营方向面临许多可供选择的方案，如何用最少的资源，赢得最大的利润及最大限度地降低企业的经营风险，是企业决策者经常面对的决策问题。决策树法能简单明了地帮助企业决策层分析企业的经营风险和经营方向，同时与算法相结合，在企业与工程招标、气温预测、数据挖掘等传统行业与新兴产业中都具有实际使用价值。

【例 4-2】某公司有一个工程项目，管理者需要对两种不同的投资方案做出选择，假设方案 A 成功的概率是 80%，失败的可能是 20%，成功能节约预算 200 万元，失败则会损失 500 万元；方案 B 成功与失败的概率各 50%，成功能节约预算 400 万元，失败则会损失 300 万元，如图 4-6 所示，请决策采取哪个方案？

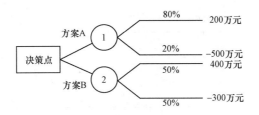

图 4-6　两种方案的决策树

解答方法：

状态点 1 的期望收益值：

$$200×0.8+（-500）×0.2=60（万元）$$

状态点 2 的期望收益值：

$$400×0.5+（-300）×0.5=50（万元）$$

显然，方案 A 的期望收益更大，所以方案 A 是比较满意的。

如果遇到两个方案的期望收益值相等，则需要进一步计算方差，选取方差小的方案。

2. 矩阵汇总法

决策有时并不只是考虑期望利润这一个因素，而是希望能把所必须考虑的各种因素集中起来，通过给各种因素一个重要性权数，通盘考虑。矩阵汇总法就是基于这种思路提出的。

【例 4-3】某公司有四种产品可以发展，明年的预计利润与市场占有率各不相同，具体情况如表 4-2 所示。公司因为资金有限，只能全力发展其中一种产品。公司既不希望只考虑近期利润而忽视长期利益——市场占有率，也不希望过分重视市场占有率而置眼前利润于不顾，因此打算综合权衡利润与市场占有率。公司觉得财务报表必须让股东满意，利润的重要性大于市场占有率，因此给利润的重要性权数为 0.6，而市场占有率的重要性权数为 0.4。

表 4-2 四种产品的资料

	预计利润/万元	市场占有率
A	200	9%
B	250	7%
C	100	5%
D	180	15%

把利润最高的 B 产品 250 万元利润算作利润指数 100，按比例计算出其他各产品的利润指数，再计算出利润指数加权值。把市场占有率最高的 D 产品的市场占有率 15%作为 100，按比例计算出其他各产品的市场占有率指数，再计算出市场占有率指数的加权值。将利润指数加权值与市场占有率指数加权值加起来得到总分，如表 4-3 所示，D 产品总分 83 为最高，因此最佳的决策是发展 D 产品。

表 4-3 四种产品的矩阵汇总表

	利润指数	利润指数加权值（利润指数×0.6）	市场占有率指数	市场占有率指数加权值（市场占有率×0.4）	总分
A	80	48	60	24	72
B	100	60	47	19	79
C	40	24	33	13	37
D	72	43	100	40	83

4.4.3　不确定型决策方法

对于不确定型决策，人们对问题掌握的信息和知识比较少，在比较不同方案的效果时，就只能更多地根据主观标准来选择一些原则来进行。下面提供五种评价方法。

1. 乐观原则

如果决策者比较乐观，认为未来会出现最好的自然状态，所以不论采用何种方案均可能取得该方案的最好效果，那么决策时就可以首先找出各方案在最好自然状态下的收益值，然后进行比较，找出最好自然状态下能够带来最大收益的方案作为决策实施方案。这种决策原则也叫"最大收益值规则"。

2. 悲观原则

与乐观原则相反，决策者对未来比较悲观，认为未来会出现最差的自然状态，因此企业不论采取何种方案，均只能取得该方案的最小收益值。所以在决策时首先找出各方案的最差自然状态相应的收益值，然后进行比较，选择在最差自然状态下仍能带来"最大收益"（或最小损失）的方案作为实施方案。这种方法也叫"小中取大规则"。

3. 折中原则

这种方法认为应在两种极端中取平衡。决策时，既不能把未来的状况估计得如何光明，也不能想象得如何暗淡，最好和最差的自然状态均有出现的可能。因此，可以根据决策者的判断，给最好自然状态以一个乐观系数，给最差自然状态以一个悲观系数，两者之和为1，然后用各方案在最好自然状态下的收益值与乐观系数相乘所得的积，加上各方案在最差自然状态下的收益值与悲观系数的乘积，得出各方案的期望收益值，然后据此比较各方案的经济效果，做出选择。

4. 等可能原则

这种方法的中心思想是认为未来的所有状况都具有相同的概率，以相同的概率来计算期望收益值，比较大小即可。

5. 最小后悔值原则

决策者在选定方案并组织实施后，如果遇到的自然状态表明采用另外的方案会取得更好的收益，企业在无形中就遭受了机会损失，那么决策者将为此而感到后悔。最小后悔值原则就是一种力求使后悔值尽量小的原则。根据这个原则，决策时应先算出各方案在各自然状态下的后悔值（用方案在某自然状态下的收益值与该自然状态下的最大收益值相比较的差），然后找出每一种方案的最大后悔值，并据此对不同方案进行比较，选择最大后悔值为最小的方案作为实施方案。

【例4-4】某企业要投产一种新产品，有三个可供选择的方案 A、B、C。估计产品投放市场后有销路好、销路一般和销路差三种情况，不同方案的收益值如表4-4所示。试用各种准则（乐观系数为0.7）进行决策。

表4-4　不同方案的收益值

万元

方案	收益值		
	销路好	销路一般	销路差
A	100	50	−20

续表

方案	收益值		
	销路好	销路一般	销路差
B	85	60	10
C	40	30	20

解答方法：

（1）乐观原则决策，如表 4-5 所示。

表 4-5 乐观原则决策表

万元

方案	收益值			乐观原则评价
	销路好	销路一般	销路差	大中取大
A	100	50	−20	100
B	85	60	10	85
C	40	30	20	40

最优决策是方案 A。

（2）悲观原则决策，如表 4-6 所示。

表 4-6 悲观原则决策表

万元

方案	收益值			悲观原则评价
	销路好	销路一般	销路差	小中取大
A	100	50	−20	−20
B	85	60	10	10
C	40	30	20	20

最优决策是方案 C。

（3）折中原则决策，如表 4-7 所示。

表 4-7 折中原则决策表

万元

方案	收益值			折中原则评价
	销路好	销路一般	销路差	期望收益值
A	100	50	−20	$100 \times 0.7 + (−20) \times 0.3 = 64$
B	85	60	10	$85 \times 0.7 + 10 \times 0.3 = 62.5$
C	40	30	20	$40 \times 0.7 + 20 \times 0.3 = 34$

最优决策是方案 A。

（4）等可能原则决策，如表 4-8 所示。

表 4-8　等可能原则决策表　　　　　　　　　　　万元

方案	收益值			等可能原则评价
	销路好	销路一般	销路差	期望收益值
A	100	50	−20	（100+50+（−20））/3=43.3
B	85	60	10	（85+10+60）/3=51.7
C	40	30	20	（40+30+20）/3=30

最优决策是方案 B。

（5）最小后悔值原则决策，如表 4-9 所示。

表 4-9　最小后悔值原则决策表　　　　　　　　　　　万元

方案	收益值			最小后悔值原则评价		
	销路好	销路一般	销路差	后悔值计算		最大后悔值
A	100	50	−20	0	10	40	40
B	85	60	10	15	0	10	15
C	40	30	20	60	30	0	60

因为 15＜40＜60，所以方案 B 最优。

4.4.4　群体决策与个体决策

1. 群体决策方法

为了发挥群体决策的积极作用，管理学家和心理学家提出了各种有效的方法来充分发挥群体决策的优点而避免其缺点。

1）集体磋商法

这是指具有不同想法和建议的人通过面对面交流，根据沟通各方对问题的理解和定义，找到能共同接受的意见。这种方法是最常用的群体决策方法，如果各方可以互相让步，就能合理地、合作地消除分歧，从而提高决策水平。采用这种民主的方法也有利于决策的贯彻执行。使用该方法必须使讨论针对要解决的问题，主持人要及时扭转不切要点的辩论，避免追求并非组织目标的个人目标。这是一种传统的决策方法。

2）头脑风暴法

这种方法需要 6～12 人围坐在桌子周围，由主持人提出要解决的方案，鼓励群体成员进行创造性思维，尽可能多地提出解决问题的各种新颖方案。而在此过程中，任何人都不得对发言者的言论加以评论或质疑。所有的观点都记录在案，直到最后才允许群体成员来分析评价这些观点和意见，综合集体智慧形成最终的决策意见。

采用头脑风暴法时，由于群体的每一个成员都受到了其他成员提出意见的刺激和启发，能激起他人的发散性思维，因而在同样的时间里能够产生多于其独立思考时的意见数量。另外，由于受到大家相互交流气氛的影响，个人对原本不太关注的问题会产生兴趣，迫使自己去思考，从而起到创造性思维的作用。但在采用此法时，有一个弊端，那就是个人常因注意别人发表意见，而使自己的思维受到干扰或中断，影响新思想的产生。

3）德尔菲法

德尔菲法又被称为专家意见法。它是一种通过反复通信的方式来解决问题的一种方法。具体做法是：通过信函，将要解决的问题寄给有关领域的专家、学者（他们彼此之间不知道对方是否参与意见讨论），征询他们的意见或建议，待专家回信后，对各位专家的意见归纳整理成若干供选择的方案，然后将方案再反馈给各位专家，征询方案的意见，通过几轮的反复，使方案趋于完善或意见趋于统一。

德尔菲法的优点是各位专家在整个过程中都未曾谋面，因而能够独立地思考有关问题，克服了头脑风暴法的一些缺点。但德尔菲法的最大缺点是周期太长，虽然能够最终形成比较完善的决策，但可能已经错过了最好解决问题的时机了。

4）名义群体法

名义群体是指每一个成员不允许进行任何口头语言交流的群体，该群体的交流方法是纸和笔。名义群体法的基本程序如下：在群体成员讨论之前，每个群体成员对问题的解决方案都有自己独特的见解，在安静的环境中，群体成员之间传递书面反馈意见，在一张简单的图表上，用简洁的语言记下每一种想法，对每一种想法进行书面讨论，最后群体成员对各种想法进行投票，用等级排列和次序得出决策。真实群体中由于言语交流抑制了个体的创造力；而名义群体成员思路的流畅性和独创性更高一筹，可以产生更多的想法和建议。该方法耗时较少、成本较低，但对决策的执行不一定有利。

 理论链接

委员会制

委员会制，亦称为合议制，是群体决策的方法之一。在委员会制的运作下，企业组织的决策权及管理权，并不是由单一的管理者所拥有，而是由一定数目的委员所组成的委员会共同行使。委员会的决策，通常会按集体协商、最终达成一致的原则来进行。

委员会制的优点是集思广益，对问题有比较全面的考虑。更加重要的是，权力在委员会内受到制约而至平衡，能够防止决策者个人独断专行等现象，适用于因多方利益代表的存在，需要实行集体决策的问题。具体的优势体现在以下几点：① 能够集思广益，实现民主决策，减少决策失误；② 委员会是独立决策机构，能够将决策权和执行权相分离，决策的实施工作交由其他机构完成；③ 委员会成员一般包括各方面的代表，因此决策的制定必然会兼顾各个方面成员的诉求；④ 委员会成员也大多是来自各个领域的专业人才，各方专业人员的参与提高了决策的专业化水平。

委员会制的缺点是缺少明确的负责人，容易导致决策时的权责不清，甚至会出现委员间的责任推诿，降低决策的效率。具体的不足体现在以下几点：① 为了达成一致意见，往往要耗费更多的时间和成本；② 委员会是集体负责，但在实践中没有一个人能够对集体的决定负责，也就导致大家都不负责；③ 在委员会中，少数有影响力的人占支配地位，最后的决策容易成为各方利益妥协的结果，不能反映集体的真实诉求。

5）电子会议法

这是一种比较新的群体决策的方法，它是名义群体法与计算机网络技术的结合，因此称它为电子会议法。它的具体操作方法是：与会人员坐在联网的计算机前，通过计算机屏幕参看有关问题，然后将自己的意见通过计算机进行传输，每个人的意见都会在其他人的计算机屏幕上显示。

电子会议法的最大优点是：匿名、可靠、快速。参加者可以通过匿名的方式，将自己的真实态度和真实想法坦诚地表达出来，而不会受到惩罚。与传统会议相比，它少了闲聊，讨论不会离开主题，因而效率极高。

各种群体决策方法的效果比较如表 4–10 所示。

表 4–10　各种群体决策方法的效果比较[①]

效果标准	集体磋商法	头脑风暴法	名义群体法	德尔菲法	电子会议法
观点的数量	低	中等	高	高	高
观点的质量	低	中等	高	高	高
社会压力	高	低	中等	低	低
财务成本	低	低	低	低	高
决策速度	中等	中等	中等	低	高
任务导向	低	高	高	高	高
潜在的人际冲突	高	低	中等	低	低
成就感	从高到低	高	高	中等	高
对决策结果的承诺	高	不适用	中等	低	中等
群体凝聚力	高	高	中等	低	低

2. 群体决策与个体决策的比较

在组织决策中，一个人包打天下已经越来越不适应竞争要求了，越来越多的重要问题采用群体决策的方式，个人决策占的比重正在不断减少。因为面对复杂多变的环境，个人的能力是有限的，从管理学的角度来看，群体决策能够比个人提供更完整的信息，带来多样化的备选方案，从而给决策群体以更大的选择空间，提高决策的可行性，有利于决策方案的快速实施。基于这种考虑，为了减少决策失误的风险，许多组织都采用了群体决策的方法，广泛引入董事会、专家顾问团、决策委员会等群体机构，参与组织决策探讨，广开言路，集思广益，以期弥补个人决策的缺陷。

但是在许多时间紧迫的关键时刻，群体决策无法取代个人决策。一些不值得花费很大代价的次要问题也常常采用个人决策方式。群体决策与个人决策在决策的正确性与决策速度、决策的创造性和决策的风险性等方面各有优势和不足，在不同场合发挥各自无法替代的作用。下面从六个方面对群体决策与个人决策进行比较[②]。

1）时效性

在时效性上，群体决策不如个体决策。因为群体决策，往往需要有足够的时间来进行沟

---

① 资料来源：王玉莲. 组织行为学. 北京：机械工业出版社，2003.

② 芮明杰. 管理学：现代的观点. 2 版. 上海：上海人民出版社，2005.

通、协调与讨论，因此，对需要迅速作出决策的问题不适合采用群体决策。美国克莱斯勒公司的原总经理艾柯卡曾讽刺群体决策说："等委员会讨论后决策射击，野鸡已经飞走了。"所以，当决策的紧迫程度非常高时，必须采用个人决策，由一个决策者果断拍板。

2）责任明确性

群体决策中，由于决策的结果是群体中每个成员共同讨论的结果，由于"法不责众"的心理，常会造成责任分散，无人对决策结果负全责的情况。而在个人决策的情况下，决策者的责任明确，无从推诿。

3）决策成本

群体决策耗费的时间与经费都很多，个人决策相对要低得多。因此，在考虑采用群体决策时，必须比较成本与收益，一般只有重要决策才采用群体决策。

4）决策质量

群体决策可以汇集更多的信息情报和广泛的知识、经验与创造性，可以得到更精确的诊断和更丰富的备选方案，进行抉择时考虑更全面，产生漏洞的可能性就会比较小，因此决策质量相对较高。而个人决策由于一个人的信息、知识、经验、创造性一般比不上群体，有时容易片面，除非决策者有极其丰富的经验和敏锐的直觉，一般情况下个人决策的质量比不上群体决策。所以，许多组织采用领导班子群体决策。

5）一贯性

个人目标取向是动态的，处在不断的改变中，个人决策常是一种下意识的自然的思维活动，不一定依照科学的决策程序。因此，个人决策可能反复无常，前后矛盾。群体中虽然各人的目标取向也是动态的，但多元目标综合起来就会稳定得多，加上群体决策一般采用合理的科学决策程序，比较理性，所以群体决策的一贯性较佳。

6）可实施性

群体决策的过程中，参与者能更好地了解决策的制定，获得更多的信息、尊重和信任，增强了参与者对决策实施的认同感、责任感，因此，会更加拥护群体的决策，积极推动决策的执行。而个人决策更容易不被组织成员理解，需要对决策进行解释，实施决策的过程也会因为成员间利益关系等原因而遭遇阻力。

从以上的分析可以看出，个人决策和群体决策各有优劣。一般来说，在需要对问题迅速做出反应时，个人决策是有效的；而在有关企业发展重大问题的决策上（往往不太急迫），群体决策更优越。但是整体来说，由于现代管理强调集思广益和群体领导，所以，群体决策的时候较多。

3. 群体决策的改进

通过对群体决策和个体决策的比较，以及群体决策中存在的心理和行为倾向的分析，可以看出群体决策中存在一些缺点。必须采取切实措施，尽可能克服群体决策中的缺陷。

1）知识结构上的互补[①]

在一个决策群体中，应该尽可能包括具有不同知识背景的人员。知识背景不同的人对客观世界的理解不同，看问题的角度不同，能力结构不同，思维方式也不同，他们的互补不仅能够使得对客体的认识盲区大大减少，而且使决策群体中的成员能够相互启发，激发出具有

---

① 张德. 组织行为学. 4版. 北京：高等教育出版社，2011.

创造性的新思想。

2）性格、气质和决策风格上的互补

由于不同性格、气质的人各有优缺点，在情绪、意志等方面的表现各有千秋，因此组成决策群体时还应注意成员在性格、气质方面的互补。

在决策风格上，有人把人分为六类：审美型——决策中更注重和谐和个性；经济型——决策中更注重经济效益；理论型——决策中更注重事实的确认和根源的分析；社会型——决策中更注重人际关系；政治型——决策中更注重权力、影响和声望；理想型——决策中更注重理想和献身精神。

审美型的决策风格，注重决策方案的尽善尽美，而没有考虑成本的问题；经济型的决策风格，主张以更少的钱办更多的事。决策时，不仅要考虑决策的执行效果和目标的实现，而且要考虑成本—效益。具有审美型、经济型的决策风格的个人的意见能够同时被考虑，就会形成一个较好的决策。所以，金无足赤，人无完人，每个人都有其独具的特色，群体决策就是要使大家相互补充，形成一个整体更优的集体，以取得更明智的决策结果。

3）年龄、性别、所处阶层的合理分布

决策群体的组成还应注意年龄、性别、所处阶层的合理分布。这种合理分布有利于决策群体加强与不同年龄、不同性别、不同社会阶层、不同社会集团的广泛联系，随时采集各方面的意见和建议，发挥各类成员的优势，取长补短，以不断提高决策质量。比如，老年人经验较充足，但容易被经验所束缚；年轻人经验不够多，但有股子"初生牛犊不怕虎"的气魄，敢冒风险，善于学习，容易产生新思维。另外，在决策群体中包含组织内部不同层次的成员，可以考虑到不同年龄、性别和阶层的不同需要，也有利于调动组织成员的积极性，提高士气。例如，城市的水价听证会在选择听证的普通市民时，就要从年龄、性别和阶层上选取样本，注意决策群体的合理分布。

4）控制决策群体的人数

通常情况下，决策人数越多，协调工作越多，决策效率越低。研究表明，5～11人组成的中等规模的群体决策最有效，能得出更为正确的决策意见；4～5人的群体较容易使成员感到满足；2～5人的较小的群体较易得到一致的意见。比较大的群体可能得到较多的意见，但意见的增多与群体人数的增加并不存在正比关系。

5）坚持民主集中制

在决策中必须坚持民主，给每一个参会者平等的发言机会，每个人都要坚持客观冷静和公平的心态，不能有偏见，不能进行人身攻击。比如，禁止用这样的语言："你说的是屁话，那能行吗？""你说的这些方案毫无价值，你怎么能想出这样的馊主意来！""不用讨论，不可能实现！"或者用一种漠视、不以为然、漫不经心的神态和肢体语言听人发言，这都会导致发言者言之未尽。

让员工参与企业的重大决策的制定过程，确实有利于调动员工的积极性和决策执行的良好效果，但决策者不能完全听信员工的决策，因为他们往往只是从自己的角度出发来思考问题，虽然可以利用群体决策发挥员工的聪明才智多出主意，但决策是否有效的标准是能否提高工作绩效或解决某个问题，而不是所有群体成员达成一致，大家都满意。所以，有效的决策应该是在能提高工作绩效的基础上的群体成员的认可。所以，主次关系不能搞反。也就是说，群体决策有利于形成更多的决策方案，但未必大家最终共同认可的方案就是正确的。

群体极化效应

在现实生活中，群体成员一起进行决策时，会使群体决策更具有倾向性，即作出的决策会比个人作出的决定更加极端。这种群体的思维方式叫作群体极化。如果个体在群体讨论之前，对某个决定已经具有了赞同的倾向，那么在讨论后，这种赞同倾向会更加明显；相反，如果在讨论前，个体对某个决定已经具有了反对的倾向，那么在讨论后这种反对倾向也会得到加强。

有三个原因导致了群体极化的产生。① 责任分散。个人在群体中的行为，有时会比他们单独时有更小的个人责任感。因为决定是整个群体作出的，所以每个人的责任感都被削弱或感到没有责任。② 信息的影响。在群体讨论中，每个成员的意见综合在一起，占优势的观点就会获得更多的支持，群体就更倾向于支持在群体讨论之前略占优势的那些观点。③ 文化价值观。在群体讨论的情况下，某种特定的文化价值会进一步得到强化。比如，在鼓励冒险的文化中，当人们在一起讨论时，那些大胆冒险的想法会更多地受到肯定，得到赞赏，这样一来，那些想法保守的人发现自己并不受欢迎，因此也会朝着更冒险的方向改变自己的态度，结果导致群体决策更具有冒险性。

4.4.5 决策的误区及预防

在实际的管理决策中，由于种种原因，总会陷入某些误区。事实上，有许多决策误区是可以避免的，之所以在前人经验教训的基础上仍然不断出现决策失误，主要因为决策中存在思维和方法上的误区，如果不克服这些错误的想法和行为，失误还会不断出现。

1. "决策近视症"和"决策的浪漫主义者"

患有"决策近视症"的决策者只看到眼前的利益，而看不到和不重视长远利益，使得决策目标短视和盲目。"决策的浪漫主义者"决策时较少考虑组织的最终目标，决策时情绪化的成分较多，较为重视形式的完美而不重视决策的效益。这些情况的出现与决策者个人个性因素有关，也跟决策者所在组织的制度（特别是激励制度）设计有关。

要克服这些误区，需要决策者有远大的理想和精明的头脑，丢掉不切实际的幻想，在一时的成功面前保持头脑冷静，尤其是在进行战略决策时；设计组织制度要从长远出发，从制度上杜绝决策者从自身的利益出发产生决策的短视。

2. 决策的盲目性

决策者作决策时没有认真地进行调研和信息搜集，过分依赖直觉，偏信个人经验与能力。这一类人在作决定时，往往以"我认为……""我觉得……应该是……"为表现形式，而不是"根据相关信息来看，应该是……"。

为了避免决策的盲目性，在作出决定前多做基础性工作，重视通过不同渠道搜集对组织有用的信息，对未来可能的情况变化进行充分预测。

3. 决策者独断专行

决策者个人独裁，不重视发动群众集思广益，缺少权力的制衡也是导致决策失误的一个重要原因。原巨人集团的老总史玉柱曾经总结过巨人集团的破产原因，指出决策机制的不健全是决策失误的重要因素。他在公开发表的"我的四大失误"[1]中指出："巨人"的决策机制难以适应企业的发展。巨人集团也设立董事会，但那是空的。我个人的股份占90%以上，具体数字自己也说不清，财务部门也算不清。其他几位老总都没有股份。因此在决策时，他们很少坚持自己的意见。由于他们没有股份，也无法干预我的决策。总裁办公会议可以影响我的决策，但拍板的事基本由我来定。现在想起来，制约我决策的机制是不存在的。这种高度集中的决策机制，在创业初期充分体现了决策的高效率；但当企业规模越来越大、个人的综合素质还不全面时，缺乏一种集体决策的机制，特别是干预一个人的错误决策乏力，那么企业的运行就相当危险。

4. 备选方案不足

有的决策者由于思维受限，创造力不足，或者眼界和经验所限，导致备选方案的不足。避免的方法有：① 不要机械地接受问题，要从不同的角度看问题；② 在决策过程中，要不断地怀疑问题，改变一下问法也许会使决策趋于完善；③ 当别人向你提出建设性意见时，想一想他看问题的角度与动机是否有参考价值。

上述决策误区是管理决策中常见的失误，管理者要提高决策的质量，必须在决策中采用科学的方法，更新观念、更新知识，吸取前人失败的教训。

知识测试

1. 在两个或者更多的备选方案中进行选择，这被称为（　　　）。
　　A. 问题　　　　　　　B. 目标　　　　　　　C. 决策　　　　　　　D. 挑战

2. 决策是企业管理的核心内容，企业中的各层管理者都要承担决策的职责，关于决策的解释，下列正确的是（　　　）。
　　A. 越是企业的高层管理者，所作出的决策越倾向于战略决策、非程序化决策
　　B. 越是企业的高层管理者，所作出的决策越倾向于常规的、个体决策
　　C. 越是企业的高层管理者，所作出的决策越倾向于管理决策、非程序化决策
　　D. 越是企业的高层管理者，所作出的决策越倾向于非程序化决策、经验决策

3. 一家餐厅的服务员不小心将酒水洒到顾客身上，餐厅负责人根据规定提供给顾客100元作为清洗衣物的补偿，餐厅负责人所做的决策属于（　　　）。
　　A. 程序化决策　　　B. 非程序化决策　　C. 不确定型决策　　D. 风险型决策

4. 量本利分析法是用于哪一类决策的方案选择法？（　　　）
　　A. 程序化决策　　　　　　　　　　B. 风险型决策
　　C. 不确定型决策　　　　　　　　　D. 确定型决策

5. 决策制定过程始于（　　　）。
　　A. 确定决策标准　　　　　　　　　B. 分析备选方案
　　C. 识别决策问题　　　　　　　　　D. 为决策标准分配权重

6. 在决策制定过程中为了实施备选方案，必须进行的一个关键步骤是（　　　）。

---

① 吴晓波. 大败局. 杭州：浙江人民出版社，2007.

    A. 对环境进行重新评估，以应对新的变化

    B. 为各项标准分配权重

    C. 对各个可能的备选方案的风险进行识别

    D. 使管理者的个人利益最大化

7. 一个完整的全过程的决策往往包括许多阶段，下列决策过程的先后顺序正确的是（   ）。

    A. 诊断问题—明确目标—拟订方案—筛选方案—执行方案—评估效果

    B. 诊断问题—拟订方案—明确目标—筛选方案—执行方案—评估效果

    C. 诊断问题—明确目标—筛选方案—拟订方案—执行方案—评估效果

    D. 诊断问题—筛选方案—明确目标—拟订方案—执行方案—评估效果

8. 在选择和评价决策方案时，常常使用决策树法。关于这种方法的适用范围，你认为以下提法中正确的是（   ）。

    A. 决策树法主要用于程序化决策

    B. 决策树法普遍适用于确定型决策、不确定型决策和风险型决策

    C. 决策树法适用于确定型决策和风险型决策

    D. 决策树法仅适用于风险型决策

9. 在决策中，有限理性是（   ）。

    A. 将方案传达给那些受影响的人，并获得他们的认同

    B. 为了达成一致，小组成员相互隐瞒自己的观点

    C. 在抓住了问题本质特征的简化模型变量下作出的理性行为

    D. 明确地告诉管理者，哪些应该做，哪些不应该做

10. 美国克莱斯勒汽车公司的总经理艾柯卡曾经讽刺地说："等委员会讨论后决策射击，野鸡已经飞走了。"关于这句话，你认为正确的理解是（   ）。

    A. 群体决策往往不讲究时效性，只考虑做出合理的决策

    B. 群体决策往往难以把握市场动向

    C. 委员会决策的准确性往往很差

    D. 委员会决策往往目标不明确

 技能训练

[实训项目]：走访决策者

[实训目标]

1. 熟悉决策理论的实际运用。

2. 学习决策者的成功经验

[实训内容]

1. 通过访问某个组织，特别是通过与该组织管理者的面谈，使学生了解该组织的运营特点及其管理模式，启发学生对组织管理问题进行思考。

2. 要求学生了解该组织的决策模式，向决策者了解他（她）的职位、工作职能、曾经进行的管理决策以及所采用的管理决策方法。

［实训要求］

1. 要求学生分组进行，每组 3～5 人，采访前要列出访问提纲。

2. 要求学生撰写实训报告，其内容包括实训项目、实训目的、实训内容、本人承担任务及完成情况、实训小结等。

3. 教师评阅后写出实训评语，实训小组进行交流。

 **思维拓展**

是机遇还是陷阱？

北冰洋是北京本土橘子汽水的老字号，曾被列为国宴饮料。北冰洋汽水对于北京人，就像大白兔奶糖对于上海人、五芳斋粽子对于嘉兴人，这是一个能被特有的甘甜清凉的橘子味儿勾起乡愁的品牌。可以说，每个上点年纪的北京人，都有一段关于北冰洋的故事。

北冰洋诞生于 1950 年，在北京饮料市场盛极一时。1985 年，北京市食品厂重新改制，成立了北京市北冰洋食品公司。短短三年内，公司产值超过一亿元，利润达到 1 300 多万元。最火的时候，从早到晚工厂里的机器不停一下还是供不应求，每天在公司门口等待取货的汽车能排出好几百米。自此，北冰洋成为北京市场具有统治性地位的龙头饮料企业。

但是 20 世纪 90 年代以后，它逐渐消失了。改革开放以后，大量的外资企业进入我国，掀起合资潮。1994 年北冰洋决定与百事可乐合资，希望以此借助百事强大的资本销售运作体系扩大自己的销量，从而面向全国甚至全世界销售。另外，百事可乐的管理者致力于公司雄心勃勃的长期发展——拓展亚洲市场，力争打败竞争对手可口可乐，快速占领中国市场份额。作为亚洲最大的销售市场，此时的中国有着改革开放造就的宽领域的、对外开放格局和积极的合作政策环境，加之北冰洋作为第一国饮的市场地位，为百事做出这个战略决策提供了良机。为了帮助百事可乐在我国扩大市场，北冰洋慷慨地实行了捆绑销售，一瓶北冰洋搭配一瓶百事可乐出售。这种销售方式使人们逐渐接受并喜爱上带有点中药味道的"洋汽水"。百事可乐依托北冰洋"胡同"式的销售特点，快速深入了大街小巷的店面，迅速建立起点广面宽的销售渠道，正式打开了市场。但同时，北冰洋自身的销量开始出现严重下滑。面对北冰洋经营不善的状况，百事可乐提出了追加投资以缓解亏损。面对激烈的市场竞争，丢了根据地的北冰洋别无他法，只能选择接受投资。经谈判，百事可乐持有北冰洋品牌 15 年的经营权。自此，橘子味的清爽记忆被淡忘。

拥有相同命运的还有其他 6 家著名饮料厂：沈阳八王寺、天津山海关、青岛崂山、武汉大桥、重庆天府可乐、广州亚洲汽水也分别与可口可乐或百事可乐联姻。本想借助外资扩大经营，却不料都逐渐淹没在一股又一股洋汽水的浪潮中，拱手让出了中国汽水市场，后来称之为"水淹七军"事件。

2011 年，百事可乐持有的北冰洋品牌 15 年经营权到期，这意味着北冰洋解禁，可以重回市场。老字号拯救者义利面包董事长李奇就在这样的局面下奉命接手北冰洋，填补 15 年的空白。

北冰洋复出，第一件事就是恢复原来橘子汽水的口味。饮料的核心在于配方，北冰洋的核心在于橘油。橘油由橘子皮冷榨、分离而来，一吨橘子仅出产 6 千克油，是天然香料和色素剂。然而 15 年里原料与环境发生巨大变化，再造北冰洋不能照葫芦画瓢了。高品质的橘油如何获得，如何克服橘油难溶于水的难题……为了在大自然的挑战下仍然能始终如一地交付童年记忆里的北冰洋汽水，需要他们作出大约 10^{18} 个决策。经过无数次的考察与探索，李奇带领技术人员创建了北冰洋档案。这份档案没有模型与秘密公式，而是一个完备的数据库。它包含了制作橘油的压榨工艺与溶解于水的配方以及顾客情感、偏好的详细信息。"大红袍"红橘生长状况、空气质量、天气规律等外部因素数据也被实时记录；同时，结合一定的算法，将这些数据与每一批次汽水的文件相关联。算法决定了如何混合每一批次的橘油与其他原料，以保证配制出"不变味"的汽水。这个档案确保了北冰洋在 15 个月内拥有足够的原料供应，并且在面对不可抗力的影响时，作出更加正确的决策。

产品已经有了，李奇面临最后一个抉择——销售渠道。一个沉寂 15 年的饮料怎么才能最快地被消费者重新认可，得当的销售渠道决定着北冰洋品牌再推广第一仗的成败。李奇决定就从那些遍布胡同的夫妻店入手，模仿旧时人们购买北冰洋的场景，用怀旧情怀作第一手宣传。这些夫妻店往往只有几平方米，它们是深入北京的毛细血管，却不被大经销商看中。众人记忆深处的北冰洋汽水，恰恰就陈列在这些小店门前的大冰块上。如今这种小卖部依旧是平常百姓时常光顾的门店。果然，在未经太多宣传推广的情况下，北冰洋在投产两个月后实现盈利，创造了"北冰洋速度"。

2017 年起，北冰洋拓展外地市场，从"京城汽水"升级为"国民汽水"。如今，北冰洋在全国 23 个省份设立 180 个城市经销商，并于 2018 年 6 月建成第一个外埠基地，同时在美国、澳大利亚、法国等 12 个国家实现销售。2018 年，北冰洋全年销量达 1 200 万箱。2019 年 1—5 月，北冰洋所属北京一轻食品集团营收同比增长 20%，利润总额同比增长 25%。

就像 15 年前，在北京闹市的街头，口渴的路人打开一瓶北冰洋，"咕咚咕咚"就是几口，一阵橘子香在喉咙里久久不散，旋即大赞一声："还是那个味儿！"

思考题：

1. 该案例中的哪些决策可以被认为是非程序化决策或程序化决策？

2. 北冰洋重回市场后的首要目标是什么？北冰洋的大数据与其目标之间有什么关系？

3. 业界"水淹七军"事件是中国经济融入世界经济初期的企业生存的缩影，老字号北冰洋从独占鳌头、没落沉寂到再次崛起的发展历程更让人们感慨不已。结合决策的内容，简要分析有哪些因素影响了北冰洋的发展决策。

推荐阅读

[1] 邱昭良. 如何系统思考. 北京：机械工业出版社，2018.

[2] 吉仁泽. 风险认知：如何精准决策. 王晋，译. 北京：中信出版社，2019.

[3] 杜克. 对赌：信息不足时如何做出高明决策. 李光辉，译. 北京：中信出版社，2018.

[4] 巴达拉克. 灰度决策：如何处理复杂、棘手、高风险的难题. 唐伟，张鑫，译. 北京：机械工业出版社，2018.

[5] 松下幸之助. 善断：松下幸之助的决策艺术. 吴常春，译. 北京：人民邮电出版社，2017.

第 5 章

组　　织

■■■■■■➡ **学习目标**

学完本章后，你应该能够：
◎ 描述一家企业的组织结构；
◎ 判断一家具体企业的组织结构的基本类型并分析其优劣性；
◎ 熟悉组织设计的内容及原则；
◎ 分析影响组织设计的因素；
◎ 识别组织变革的动力与阻力。

■■■■■■➡ **本章概念**

组织　组织设计　组织结构　部门化　管理幅度　管理层次　直线职能制　事业部制
矩阵制　组织变革

■■■■■■➡ **开章案例**

遗失的重要环节

王师傅是一名高级工程师，从原单位辞职后，和他的团队创立了一家企业，为其他制造型企业设计并生产控制元件，公司的技术水平在业界较为先进。创始初期，公司主要成员都是工程师，大家专心在新产品研发，随着业务步入正轨，这些技术人员发现研发做得好，管理企业却玩不转，暴露最明显的问题就是成本控制和团队管理。王师傅根据自己工作经验，为公司配备了专职的人力资源专员，并聘请了资深财务经理。

产品受到客户的认可，公司开始着手批量生产，针对主营业务，公司主要设立了研发部、工程部和生产部，虽然每个部门员工数量并不多，但整个公司麻雀虽小五脏俱全。研发部对新产品进行基本设计，工程部设计制成了模型，生产部着手准备生产时却发现工程部只提供了模型却没有原材料。两个部门都认为采购材料不该是自己的工作。公司这才发现有必要设立采购部，从而保证原材料保质保量地供应。对组织结构进行优化后，王师傅的公司终于走上了快速发展的康庄大道，曾经只懂技术的工程师摇身一变成了掌控整个企业的企业家。

公司的存活和发展，需要完备的组织结构，各个部门各司其职，相辅相成又不互相重叠。无论对于国际大型企业，还是区域性中小企业，都是如此。

5.1　组织及组织管理

人类社会是有组织的社会，每个人都离不开组织。在组织职能中，我们既需要了解作为名词形态的组织，更为重要的是，要学会进行组织管理。

5.1.1　组织的含义与构成要素

1. 组织的含义

从组织的出现过程来看，组织是随着人类社会的出现而出现的。它是人们为了满足自己的生存、发展，以及各种社会愿望而形成的各种各样的集体或集团。古典组织理论学家韦伯在其代表作《社会组织与经济组织》中提出：组织是为达成一定目标经由分工与合作，形成不同层次的权力和责任制度，从而构成的人的集合。巴纳德从社会系统学角度提出，组织是一个有意识地对人的活动或力量进行协调，是两个以上的人自觉协作的活动或力量所组成的体系，并认为组织的三个基本要素共同的目标、协作的意愿和信息的沟通。相类似的，系统管理学派把组织看作是由相互联系、相互作用的子系统构成的有机整体。而孔茨和韦里克更加强调组织角色的性质、内容及对职位结构的设计，从而把组织定义为："组织意味着一个正式的有意形成的职务结构或职位结构"。

组织是动态的组织活动过程和相对静态的社会实体的统一，既可以是有形的（如学校、企业等看得见、摸得着的组织实体），也可以是无形的（如一种协作系统和关系网络）；既可以是静态的（如拥有一定规模、设备、人员等的组织机构），也可以是动态的（如管理职能中的组织是指一种安排、一种职能、一种活动等）。

表 5-1 列出了组织的重要性。

表 5-1　组织的重要性

1. 集结资源以达到期望的目标和结果
2. 有效地生产产品和服务
3. 促进创新
4. 使用现代制造技术及以计算机为基础的技术
5. 适应并影响变化的环境
6. 为所有者、顾客和员工创造价值
7. 适应多样化、伦理和员工激励与协调等不断发展中的挑战

组织活动绝不是简单地把单个个体力量集合在一起。个体力量的简单集合可能会成为一个"抱团"的群体，也可能仅是形成一盘散沙而已。事实上，有效利用群体的力量可以完成单独个体力量的简单总和所不能完成的任务，这才是组织的功用所在。

2. 组织的构成要素

组织的构成要素分有形要素和无形要素两种。对于任何一个正式组织来说，有形要素和无形要素都是组织存在的必要条件。

1）有形要素

组织设立不同的岗位、部门，使其特定的岗位部门从事特定的工作。要构成组织，需要的有形要素包括如下几个。

（1）人员。人员是组织构成的核心要素，只有人才能使组织运转起来，并充满生机和活力。

（2）职务。组织中的人员必须从事一定的工作，承担一定的义务；人员从事的工作和承担的义务必须是实现组织目标所必需的。

（3）职位。同一种工作或业务一个人不能完成的，这就需要设置多个从事相同工作或业务的岗位。

（4）关系。担任不同职务、处于不同职位，承担不同责任的人员之间必然存在某种联系。组织成员之间的关系主要是责任关系、权力关系和利益关系。

（5）生存条件。一个组织要生存和发展离不开必要的物质条件，这些条件包括组织运行所必需的资金、工作场所、交通工具等。

2）无形要素

（1）共同的目标。任何组织都是为了实现特定的目标而存在的，组织目标是组织一切动力的来源。

（2）协作的意愿。指组织成员对组织共同目标做出贡献的意愿。若组织内无协作意愿，组织目标将无法达成，组织也必将趋于散乱。组织内部个人协作意愿的差异性很大，随着时间和外界条件的变化而变化。对于组织成员来说，其协作意愿的强弱主要取决于组织成员对于自己在组织中所做的贡献与所取得的报酬之间的比较。如果所得大于贡献，则会刺激继续做贡献的热情；反之趋于消极，甚至使协作意愿消失，导致组织关系失衡。

（3）信息的沟通。通过信息沟通将两者联系和统一起来才具有意义和效果。有组织目标而缺少沟通，将无法统一和协调组织成员为实现组织目标所采取的合理行动。信息沟通是组织内一切活动的基础。

5.1.2 正式与非正式组织

正式组织是组织设计的结果，这种组织有明确的目标、任务、结构、职能以及由此决定的成员间的权责关系，对个人有某种程度的强制性。比如，学校的学院和系，医院和各个科室都是正式组织。[①]

非正式组织是伴随着正式组织的运转而产生的，是人们在彼此交往和联系中而自发形成的组织形式。这种组织形式的形成往往是因为人们之间因为爱好兴趣相同、有相同的教育背景和经历、地理位置接近、利益的一致等而在感情上比较接近，沟通和交往更加频繁而结成的关系网络。比如，大学中的老乡会、单位的校友会。

---

① 除特殊说明外，本章所讲的组织是正式组织。

1. 正式组织的特征

（1）目的性。正式组织是为实现组织目标而有意识建立的。为了更好地实现组织的目标，正式组织往往需要随着环境条件的变化而做相应调整。

（2）正规性。正式组织中成员的职权和相互关系通常由书面文件加以明文的、正式的、强制性的规定，以确保行为的合法性、纪律性和可靠性。结构一般具有层级式的等级特点，沟通渠道是固定的。

（3）稳定性。正式组织一经建立，通常都会维持一段较长的时间，以充分发挥组织的效能。由于组织运行的惯性和人为阻力，对于正式组织来说，过于频繁的变动会降低组织工作的效率。

2. 非正式组织的特征

（1）自发产生的。非正式组织最初并不是有目的地建立的，而是由于人们日常接触较多、情趣相投或价值取向相近而自然而然地形成的人际关系，以感情为纽带，自愿结合起来的。

（2）权力的非强制性。非正式组织没有严格的规章制度来约束其成员的行为，成员之间较少职位职权的强制性的遵从，更多的影响力是通过对群体规范的遵守压力实现的。对于那些自觉遵守维护规范的成员，非正式组织会予以赞许、欢迎和鼓励，对那些不愿就范或犯规的成员，非正式组织则会通过嘲笑、讥讽、孤立等手段予以惩罚。该群体规范常常是不成文的非正式规范，是从组织成员的共同利益、兴趣爱好、情感需求出发形成的，可能和他们所处的正式组织的规范一致，也可能不一致，但对成员的影响有时超过了正式规范的影响力。

（3）具有自然形成的领导人。虽然在非正式组织中没有层级的等级观念和责权利分配，但为了保证组织的凝聚力，总会在组织中产生一名领袖人物，该领袖人物不是由正式组织任命的，而是内部推选出来的。由具有权势、智慧、亲和力、年龄、人格魅力、卓越的技能等使得众人都愿意拥戴的人来担当，其对非正式组织的影响非常大。

（4）非正式组织的成员比正式组织具有更高的行为一致性和凝聚力。

（5）结构的不稳定性。由于非正式组织是自发产生、自由结合而成的，因此会随着人员的变动或新的人际关系的出现而发生改变，从而呈现出不稳定性。

3. 非正式组织的积极作用和消极作用

非正式组织的积极作用表现如下。① 可以满足员工的心理需要。非正式组织是自愿形成的，其成员之所以愿意成为非正式组织的成员，是因为这类组织可以给他们带来某些需要的满足。② 易于形成团结合作的精神。员工在非正式组织的频繁接触中相互之间的关系更加和谐、融洽，从而易于产生和加强合作的精神。这种非正式的协作关系如能带到正式组织中来，无疑有利于促进正式组织的活动协调进行。③ 帮助正式组织起到一定的培训作用。非正式组织中成员对组织形象和组织凝聚力的要求更高，所以对其成员在正式组织中的工作情况往往也非常重视。④ 规范成员的行为。非正式组织也是在某种社会环境中存在的，就像对环境的评价会影响个人的行为一样，社会的认可或拒绝也会左右非正式组织的行为。⑤ 正式信息通道的补充。非正式组织有十分畅通的信息渠道，隐蔽而且无话不传，许多信息往往是通过非正式组织传播的。

非正式组织可能造成的消极作用表现如下。① 非正式组织目标如果与正式组织目标冲突，可能对正式组织的工作产生极为不利的影响，并扩大抵触情绪。② 非正式组织要求成员一致性的压力，会束缚成员的个人发展，干预正式的组织活动。③ 非正式组织的压力还会影响正式组织的变革。④ 非正式组织成员间交往非常频繁，信息传递快捷，容易导致小团体主义，对组织内的信息传递、人际交往、功能运作等会产生阻碍甚至扭曲的反作用，往往会造成谣言和小报告的流传。

5.1.3　组织管理

1. 组织管理的含义

组织管理作为动态的活动过程，是为了实现组织的共同目标而把分散的组织要素按照一定的目的要求，以一定的秩序和相互关系联结起来，设计一种组织结构并使之运转的过程。

具体来说，就是要围绕计划目标，建立所需要的组织系统，努力使系统中的各组成部分之间具有最为有效的关系结构，明确各部分在组织中的位置以及相互间的配合关系和隶属关系，明确各部门及职位的职能，并配置相应的资源，使组织系统成为完成组织目标的有效工具的动态活动过程。

2. 组织管理的职能及过程

组织管理的职能包括组织设计、组织运行、人员任用和组织变革。其中，组织设计是有效实施组织管理职能的前提条件；组织运行就是通过开展各种管理活动使得组织能够发挥功效，贯彻执行组织所规定的各种功能，最终实现组织的目的；"人"是组织的主要要素之一，组织结构设计得再合理、科学，若没有合适的人员，组织也无法正常运行，所以人员任用是组织管理的重要内容；现代组织是动态的、开放的组织，因此组织必须应时应事，不断进行自我发展和完善。

组织职能同其他管理职能的关系，用图 5-1 表示。

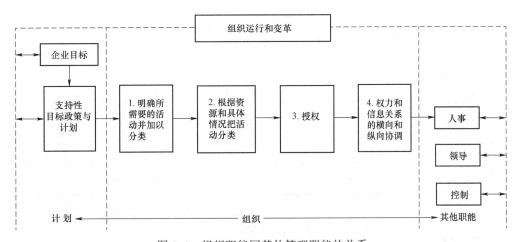

图 5-1　组织职能同其他管理职能的关系

管理过程的一系列逻辑步骤中，组织目标及目标体系的确定，属于计划工作的内容，也是组织管理工作的基本依据。组织管理工作是在明确组织的整体目标及目标体系的基础上，对为实现组织目标所必需的各项业务活动加以分类和组合；根据组织的实际资源，对所必需的各类活动进行职能划分；明确各部门的职责与权力；通过职权关系和信息沟通，把组织内各层次、各部门连接成一个有机的整体。通过上述一系列过程，最终形成一个构造优良、运转高效的组织结构。在组织运行的过程中不断调整，实行组织变革。

5.2 组织设计

5.2.1 组织设计的含义及任务

组织设计就是以组织结构安排为核心的组织系统的整体设计工作，是对组织开展工作、实现目标所必需的各种资源进行安排，以便在适当的时间、适当的地点把工作所需的各方面力量有效地组合到一起的管理活动过程。

组织设计的核心是组织结构设计，就是在组织内部进行横向的管理部门的设置和纵向的管理层次的划分。组织设计的具体任务体现为两方面内容：其一，任何组织的结构设计都必须提供某种程度的稳定性，以保证生产经营活动处于有秩序、可预见的受控状态之中，促进工作关系的改善和工作效率的提高；其二，稳定性并不等同于僵硬化，僵硬化的组织设计无法确保组织在动态变化的环境中求得长久的生存和发展。面对外部环境可能出现的变化，组织设计必须具有足够的弹性，以提高灵活应变能力，促进组织生产经营的创新和长远目标的实现。

组织设计直接成果是组织结构图、职位说明书和组织手册。组织结构图示例如图 5-2 所示。

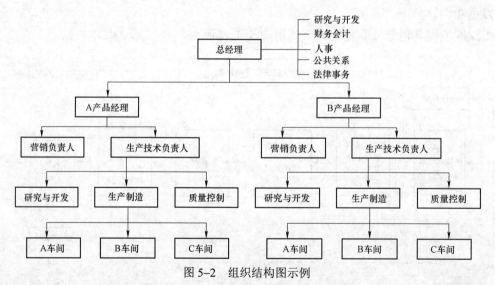

图 5-2　组织结构图示例

图 5-2 中的方框表示各种管理职务或相应的部门；箭头表示权力的指向；通过箭线将各方框连接，标明了各种管理职务或部门在组织结构中的地位以及它们之间的相互关系。

职位说明书要求能简单而明确地指出：该管理职务的工作内容、职责与权力、与组织中其他部门和职务的关系，要求担任该项职务者所必须拥有的基本素质、技术知识、工作经验、处理问题的能力等条件。

组织手册通常是组织结构图和职位说明书的综合。

5.2.2　组织设计的内容

组织结构设计的实质是通过对劳动的分工，将不同的管理人员安排在不同的岗位和部门中，通过他们在特定环境、特定相互关系中的作业来使整个系统有机地运转起来。而劳动的分工，包括横向和纵向两个方面。横向分工，是根据不同的标准，将劳动分解成不同岗位和部门的任务，横向分工的结果是部门的设置或"组织的部门化"；纵向分工，是根据管理幅度的限制，确定管理系统的层次，并根据管理层次在管理系统中的位置规定管理人员的职责和权限，纵向分工的结果，是责任分配基础上的管理决策权限的相对集中或分散。

1. 横向组织设计

在劳动横向分工的基础上进行的组织部门化的横向设计，其任务是将整个系统分解，并再分解成若干个相互依存的基本管理单位。一般来讲，分工的标准不同，所形成的部门以及各部门之间的相互关系也不同。

1）部门概念

所谓部门，是指组织中各类主管人员按照专业化分工的要求，为完成某一类特定的任务而有权管辖的一个特定的领域，它既是一个特定的工作领域，又是一个特定的权力领域。如部、处、科、室、组等，这些通称作部门。

部门划分的目的，在于确定组织中各项业务的分配与责任的归属，以求分工合理、职责明确，有效地达到组织的目标。

2）部门划分的原则

（1）目标原则。即指部门划分应首先要确保组织经营目标的实现。合理地划分部门只是一种手段，其目的是切实地保证实现组织目标。从这个总的要求出发，部门的划分和设置应以组织的总目标为导向，对于一切妨碍组织目标达成的部门和单位应予以撤并；而对于必不可少的部门又必须重点建设，不可空缺。

（2）精简原则。即部门设计要力戒贪多求全，力求维持最少部门。组织结构是由管理层次、部门结合而成的。组织机构要求精简，部门必须力求量少。但精简原则不可绝对化，应以有效地实现组织目标为前提。

（3）弹性原则。即应能保持组织机构的一定弹性。划分部门应随业务的需要而增减。部门没有"永久牌"，其增、简、撤、并都应随着业务发展、环境变化的要求而定，部门设计要保持一定的弹性，不能搞终身制。

（4）协调原则。即部门之间要有良好的配合与协调。组织是一个整体，每个部门都只是整体的一部分，靠单个部门的力量无法实现组织的整体目标，因此部门与部门之间要讲求协调配合；同时，在划分部门时要注意保持部门之间的均衡性，尤其在同一层次上，职权应大致相当，这样均衡、明确的分工，有利于部门间的协调、平衡。

（5）执行与监督职能分离原则。在划分部门时，执行与监督职能应分离开来，不应设在同一部门。也就是说，监督检查人员和执行人员应分属不同的部门，避免二者部门上的一体化；否则，会影响监督实效。

3）部门结构确定的方法

在确立合理的部门结构时，可以借鉴以下分析方法。

（1）贡献法。即按照各种业务活动对实现企业目标的不同贡献，将其分别归到不同部门并最终确定部门结构。按照贡献进行部门设置时，应注意，同类业务应集中在一个部门统一管理；不同类业务置于不同部门；部门设置要突出不同业务活动的贡献大小、地位先后。

 **管理者指南**

德鲁克对企业业务活动分类

按其贡献的性质，德鲁克把企业的所有业务活动分为四类。

○提供成果的业务。这类业务直接或间接为企业带来收益，包括创新、销售、财务、物资供应、信息活动等。

○支援业务。这类业务自身不产生效益，但经由其他部门接受和使用后，能增加其他部门的收益，包括教育培训、标准的制定等。

○例外业务。这类业务主要是指组织高层领导的业务活动，它具有非常规、非程序化特征。

○后勤服务业务。这类业务以改善员工福利、承担公共责任为主，包括医疗、保健、环卫等。

对于企业组织的各业务活动进行贡献分析，有利于正确规定各项业务在组织中的地位，从而促进部门的合理设置，促进企业目标任务的实现。

（2）关系法。即通过分析各类业务活动的相互关系并按照关系紧密程度组合各活动的方法。

利用关系法分析应注意两个明确。一是明确某项业务与其他业务的关系。通过这种分析，要知道为保证本身业务的顺利进行，要求其他业务管理人员提供何种服务与配合，以及该项业务为哪些业务活动提供何种服务与配合。二是明确某项业务的关系范围，划定紧密关系。通过这种分析，要使该业务部门与其他业务活动关系数目尽可能少，达到简化部门间关系的目的。另外，处于同部门的各种业务活动间的关系更紧密且重要。

在贡献分析的基础上做好关系分析，把相同贡献的同类业务活动根据协作关系的紧密和重要程度加以更为细致的分类，可以使组织部门的设置更为具体化。

（3）有控制的竞争与矛盾法。部门之间的竞争与矛盾不是任意的，而是在一定的控制限度内的。

该方法包括两个层面。一是部门结构设计在分工基础上实现协作目标的同时，并不完全排斥部门间的摩擦和竞争，因为适度的竞争有利于激励各部门之间的进取与努力。为此，有时需要把贡献相同的业务划分到不同的部门，以实现适度竞争，提高效能。二是当部门间的矛盾呈现消极性、破坏性时，随其发展会造成巨大的组织内耗时，应采取一定的方法。一般是把这些部门加以合并，抑制其竞争，使矛盾得到协调。

4）部门划分的形式

（1）部门划分的归纳。组织活动的特征会随着目标的不同而显著不同，但对于组织部门的划分来说，其划分标志却具有普遍性，可适用于很多不同情况。组织部门的划分方法见表5-2。

表 5-2 组织部门的划分方法

划分标志	适用举例	划分标志	适用举例
按职能划分	绝大多数的中小型组织	按工艺划分	适用于制造业或连续生产型企业
按产品划分	如大学里的系、研究所等	按设备划分	如医院的放射科、心电图室、脑电图室等
按顾客划分	如银行的大客户部、零售部等；大学的研究生部、本科生部、函授部等	按时间划分	工业企业如炼钢厂等早、中、晚三班制的划分；医院的轮班制
按地域划分	组织活动存在于不同区域的企业，如某公司的北方部、南方部、东方部等	按人数划分	军队中一个连有三个排，一个排有三个班，一个班有十个人

（2）常见的部门划分形式。以上介绍的是常见的划分部门的主要方法。在各种划分方法中，占主流形式的是按职能划分，它的好处在于具有专业化分工的优势，有利于发挥规模经济效益。按产品划分，相对容易些，是一种分权式的方式，大组织的一些事业部通常是按产品来进行划分的。

第一，职能部门化。职能部门化就是按照生产专业化原则，以工作或业务的性质为基础来划分部门。它是现代组织最广泛采用的方法。由于每种组织都有多种功能，如学校承担着教学、科研、人事、财务等基本职能；医院具备门诊、手术、住院等基本职能，所以以职能划分部门是最自然、最方便、最符合逻辑的标准。职能部门化举例如图 5-3 所示。

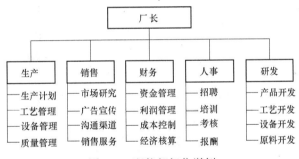

图 5-3 职能部门化举例

职能部门化的优点是：能适应现代管理分工较细的特点，可以发挥专业化管理的长处；各部门能发挥其专业职能，有利于节约人力、提高工作效率、简化训练工作；各部门的活动都是整体活动的一部分，有利于维护最高权威，维护组织的统一性。职能部门化的缺点是：各职能部门片面强调本部门工作，缺乏沟通与协作，容易导致各自为政；部门主管人员过度专业化，缺乏总体观念，限制了全面人才发展；随着组织规模的扩大、经营内容的复杂、服务领域的拓展，职能部门化对环境适应性会越来越差。

第二，产品部门化。产品部门化是按组织向社会提供的产品来划分部门的方法。随着组织规模不断扩大，多元化经营不断发展，不同产品在生产、技术、市场销售等方面都很不相同，于是就产生了按产品划分部门的需要。该方法适用于产品种类较多的大型企业。产品部门化举例如图 5-4 所示。

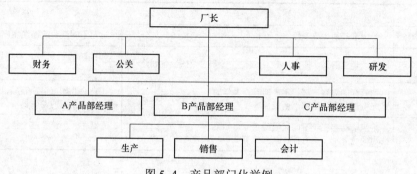

图5-4 产品部门化举例

产品部门化有两个突出优点。一是具有较强的适应能力。各产品部门可以根据市场变化的需要，随时调整产品的品种与生产规模。二是有利于调动内部积极性。由于每个产品部门都是一个相对独立的经济利益体，自负盈亏，因而可以调动其积极性。其缺点是各个产品部门的独立性太强，整体性差，协调和控制困难，对管理人员的能力要求也相应较高。

第三，顾客部门化。顾客部门化是指按不同类型的服务对象划分部门，进行专门化服务的方法。不同类型的消费者、学生、产业部门，在产品品种、质量、服务要求、价格策略上都会有不同的要求。按照顾客的不同，实现不同的部门划分，可有效地满足各类顾客的喜好和特殊要求。顾客部门化举例如图5-5所示。

图5-5 顾客部门化举例

顾客部门化的优点在于：能更有针对性地根据顾客要求来组织生产经销活动，更好地满足各类顾客的需要。其缺点在于：由于各部门的生产和销售差异较大，所以各部门的协调依然较困难。

总而言之，设计组织的横向结构，即划分各层次的业务部门，是为保证组织目标的实现而对业务工作进行安排的一种手段。所以，在实际运用中，每个组织都应根据自己的特定条件，选择能取得最佳效果的划分方法。值得注意的是，就某一个特定的组织来讲，很难做到纯粹按某一种方法进行划分。一般某一个特定的组织，通常会按几种方法来划分，表现为一种综合性的结构形式。例如某一方面是按职能来划分的，而另一方面又可能是按产品来划分。

2. 纵向组织设计

纵向组织设计是将管理权力在不同管理层次之间进行分配。组织的不同部门拥有的权力范围不同，会导致部门之间、部门与最高指挥者之间以及部门与下属单位之间的关系不同，导致组织的结构不同。比如，同是按产品划分设立的管理单位，既可以是单纯的生产车间，也可以是一个与其他部门的性质相同、拥有相同自主权的分权化经营单位（事业部甚至公司）。这便是纵向组织设计要解决的任务，主要涉及管理层次的确定和组织的职权分布两个问题。

1）管理层次与管理幅度

（1）管理层次。管理层次是指一个组织设立的行政等级的数目。一个组织集中着众多的员工，作为组织主管，不可能面对每一个员工直接进行指挥和管理，这就需要设置管理层次，逐级地进行指挥和管理。

一个组织中，其管理层次的多少，一般是根据组织的工作量的大小和组织规模的大小来确定的。工作量较大且组织规模较大的组织，其管理层次可多些；反之，管理层次就比较少。一般来说，管理层次可分为上层、中层和下层三个层次，也称战略规划层、战术计划层和运行管理层。美国斯隆管理学院研究组织管理的层次结构问题时，提出了"安东尼结构"，并对组织中三个层次的主要功能做了分析。管理层次及其职能如表 5-3 所示。对于上层来讲，其主要职能是从整体利益出发，对组织实行统一指挥和综合管理，制定组织目标、大政方针和实施组织目标的计划，故又称战略规划层、决策层或最高经营管理层；中层的主要职能是为达到组织总的目标，制定并实施各部门具体的管理目标，拟订和选择计划的实施方案、步骤和程序，按部门分配资源，协调各部门之间的关系，评价生产经营成果和制定纠正偏离目标的措施等，故又称战术规划层或经营管理层；下层又称执行管理层或运行管理层，其主要职能是按照规定的计划和程序，协调基层组织的各项工作和实施生产作业。

表 5-3 管理层次及其职能

管理层次 问题如何考虑	战略规划层	战术计划层	执行管理层或运行管理层
主要关心问题	是否上马；什么时候上马	怎样上马	怎样干好
时间幅度	3～5 年	0.5～2 年	周、月
视野	宽广	中等	狭窄
信息来源	外部为主内部为辅	内部为主外部为辅	内部
信息特征	高度综合	中等汇总	详尽
不确定和冒险程度	高	中	低

（2）管理幅度。所谓管理幅度是指一个主管能够直接有效地指挥下属成员的数目。一名组织的管理者，由于受知识、经验、时间、精力、条件等各方面的限制；能够有效地、直接地领导下级的人数总是有限的；超过了一定的限度，管理的效率就会降低。因此，管理幅度所要研究的问题就是一名管理者到底直接领导多少人才能保证管理是有效的，即管理幅度问题。

管理幅度适度是组织设计中的一个重要问题，它的过大或过小都是不恰当的。关于管理幅度的形式或大小，众多研究给出了各自的不同结论：管理幅度研究的首创者法约尔指出，不管领导处于哪个级别，他从来只能直接指挥极少的部下，一般上级指挥的人数少于 6 人。英国著名顾问林德尔·厄威克发现："对所有的上层管理人员来说，理想的下属人数是 4 人；在组织的最低层次，下属人员的数目可以是 8～12 人。"美国管理协会对 100 家大公司所做的调查表明，向总裁汇报工作的下属人员人数为 1～24 人，其中只有 26 位总裁有 6 个或不足 6 个下属，一般的是 9 个。在被调查的 41 家小公司中，25 位总裁有 7 个以上的下属，最常见的是 8 个。而后续的研究者又各自提出不同的人数。一般来讲，研究者发现，高层管理人员的管理幅度通常是 4～8 人，较低层次的管理人员其管理幅度则为 8～15 人。

 **管理实践**

管理幅度没有绝对的最佳值

既然管理幅度是设计组织结构的一个基本参数，那么管理幅度最佳应该是多少？早期管理学在这方面曾经有很多理论，集中地讨论管理幅度究竟多大为好，但是后来人们慢慢地认识到，这是一个权变的东西，它取决于具体的环境，而不是一个绝对的指标。也就是说，没有绝对的最佳管理幅度的存在，一切取决于组织所面临的具体的环境特征，不同的环境或者情景条件要求具有不同的管理幅度。

第二次世界大战的时候，盟军总司令艾森豪威尔和当时的罗马教皇，两个人都可以认为是高层管理者，他们的管理幅度谁宽谁窄呢？当然是艾森豪威尔要窄一些，因为他所面临的是战争的环境，战场上瞬息万变，所以他不可能指挥过多的下级。

那么，两者之间管理幅度差别会有多大呢？答案是惊人的。据记载，艾森豪威尔当时直接指挥的下级实际上只有三个人，也就是说他的管理幅度是 3，而罗马教皇的直接下级有 700 多人。3:700，可见在不同的环境下，管理幅度会有多大的差别。

类似地，韩信"多多益善"的典故也证实了管理幅度在不同情况下有着很大差异。

（3）管理幅度与管理层次对组织的影响。管理层次的多少与管理幅度密切相关，同时与组织规模存在相互制约的关系：

$$管理幅度×管理层次=组织规模$$

也就是说，当组织规模一定时，管理幅度与管理层次成反比关系。管理幅度越宽，层次越少；相反，管理幅度越窄，管理层次就越多。管理幅度一般决定了组织的横向结构，而管理层次决定了组织的纵向结构。

 **管理实践**

高耸型与扁平型组织结构

根据组织结构纵向层次设置的多少，组织可区分为高耸型和扁平型两种基本形态，如图 5-6 所示。纵向组织结构中的层级为组织最高管理者提供了通过职权等级链的逐层直接监督来控制和协调组织活动的有力手段。

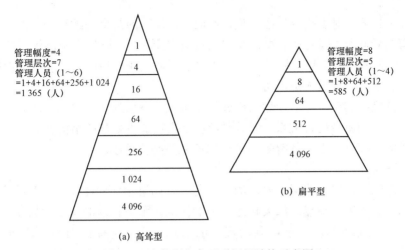

图5-6 高耸型与扁平型组织结构示意图

高耸型组织结构与扁平型组织结构的形成，与管理幅度与管理层次之间的内在联系密切相关。因为当组织规模一定时，管理幅度的大小与管理层次数目的多寡是成反比例关系。

（4）管理幅度的影响因素。在相关权变因素一定的情况下，管理层次的确定由管理幅度的大小决定。所以讨论管理幅度的确定，对管理层次同样重要。

从理论上论证或实践中归纳管理幅度的适当数量界限，是极为困难的。较好的办法是研究影响管理幅度的因素，然后根据实际情况灵活地加以确定。因此，在确定适当的管理幅度时，首先要考虑影响管理幅度的因素。管理幅度的影响因素主要有如下几种。

第一，上下级的能力及特点。

一是工作能力强度。主管人员的综合能力、理解能力、表达能力强，则可迅速地把握问题的关键，对下属的工作提出恰当的指导建议，并使下属明确地理解，从而可缩短与下属接触的时间；同样，如果下属的工作能力很强，知识经验丰富，技能水平高，则可以在很多问题上根据自己的主见去解决，从而减少向上级的请示。这样，主管人员的管理幅度便可适当宽些。

二是主管人员的领导风格。不同的领导风格，对管理幅度的影响很大。有的人希望直接管理的人越少越好，只希望管理很少的几个人；有的人甚至只有一个人的管理幅度，但对全局的驾驭能力并不差，能够牢牢控制整个局面，这种领导者比较超脱，是实行"无为而治"的管理之道；有的希望直接管理的人越多越好，对下属不放心，总希望亲自管理，这样的领导风格下管理幅度自然要大得多。

三是授权程度。如果领导者善于把管理权限充分地授予下属，让下级有充分的自主权，则领导者本人需要亲自处理的问题就可相对减少，管理幅度就可扩大；如果不能授权，或不愿授权，则管理幅度应相应缩小。

第二，工作内容和性质。

一是工作的标准化程度。如果作业方法及作业程序标准化程度越高，管理幅度可越大；如果标准化程度很低，事事要重新研究，则管理幅度要小一些。

二是工作的类似性程度。如果管理者管理的工作都是相同或相类似，其管理幅度就可以大一些；如果下属的工作各不相同，其管理幅度就应小一些。

三是工作的性质。对于高层领导来说，他们往往面对的是事关组织全局的复杂问题，或者是前所未有的新问题，因此他们直接管理的人数宜少而精，以便集中最优秀的人才处理最复杂、最重要的问题。对于基层领导来说，他们主要是处理一些重复性或相似性的例行性日常工作，因此，直接管理的人数就可多些。

四是计划的完善程度。如果计划工作做得很细致，下属都知道自己的职责、目标、任务安排以及互相之间的协调配合关系，则需要管理者直接加以处理的事情就会相对减少，因此也会加大管理的宽度；反之，其有效的管理幅度就势必要缩小。

第三，工作条件。

一是助手的配备情况。即得到协助的有力程度。如果领导者能够获得助手的有力协助，那么管理的幅度就可以大一点；如果缺乏有力的协助，那么管理的幅度就只能窄一点。

二是信息手段配置情况。能够利用现今的信息技术、选择恰当的信息传递方式和渠道，传递效率高，上下左右沟通快捷，关系能够很好地协调，则可扩大管理幅度；如果信息传递渠道不畅，传递方式不当，传递技术落后，上下左右沟通困难，则应适当缩小管理幅度。

三是组织机构的空间分布情况。领导者所管理的组织机构如果在空间上比较接近，那么管理的幅度就相对可以宽一点；如果在地理上很分散，那么管理幅度就必须窄一点。

第四，工作所处的环境。

组织面临的环境是否稳定，会在很大程度上影响组织活动内容和政策的调整频率与幅度。当面临的环境相对稳定时，管理宽度可以宽一些；当面临一个瞬息万变的环境时，管理宽度要窄一些。

 理论链接

管理幅度的确定方法

法国早期的管理学家格拉丘纳斯在 1933 年根据其研究，指出管理幅度以算术级数增加时，管理者和下属间可能存在的相互交往的人际关系数以几何级数增加。这便是著名的格拉丘纳斯函数。他把上下级之间的关系划分为三种类型：① 直接的单一关系，即上级直接、个别地与下级发生联系；② 直接的组合关系，即上级与下属人员的各种可能组合之间发生联系；③ 交叉关系，即下属之间彼此发生联系。

那么，在一定的管理幅度下可能存在的关系总数，或称人际关系数，可用如下的公式来表示：

$$C=n \cdot (2^{n-1}+n-1)$$

式中，C 表示可能存在的人际关系数，n 表示管理幅度。

例如，$n=2$ 时，则 $C=6$；$n=3$ 时，则 $C=18$。

依据上面的公式，可以得到下属人员与关系总数对应表，见表5-4。

表5-4　下属人员与关系总数对应表

n	1	2	3	4	5	6	7	8	9	10	…
C	1	6	18	44	100	222	490	1 080	2 376	5 210	…

随着下属人员的增多，相互联系的总量急剧增加，组织内部的关系迅速变得错综复杂，因而使管理工作也变得更加复杂。

2）组织中的职权及其分布

（1）职权与职责。所谓"职权"，是指组织设计中赋予某一管理职位的作出决策、发布命令和希望命令得到执行而进行奖惩的权力。每一个管理职位都具有某种特定的、内在的权力，任职者可以从该职位获取这种权力。因此，职权与组织内的一定职位相关，而与担任该职位管理者的个人特性无关，它与任职者没有任何直接的关系，所以它通常又被称作制度权或法定权力。

职权与职责具有对等的重要性。应区别两种不同形式的职责：最终职责与执行职责。其中，最终职责是指管理者应对他授予执行职责的下属人员的行动最终负责，所以最终的责任永远不能下授。而执行职责是指管理者应当下授与所授受职权相等的执行责任。

（2）职权关系——直线与参谋。直线与参谋概念可以泛指部门的设置，也可以专指职权关系。从部门的设置来看，直线部门通常被认为是对组织目标的实现直接做出贡献的单位，如制造业企业中的生产部门、销售部门都被列为直线部门；而把采购部门、财务部门、人力资源管理部门、设备维修部门和质量管理部门列为参谋部门。由于这些参谋部门都是发挥了某些方面的专业管理职能，习惯上又称之为职能部门。

从职权关系来看，管理层次之间上下级关系都是直线关系。无论是在生产系统、销售系统内部，还是在辅助性的参谋部门内部，只要存在上下级关系，就必定有直线职权的发生。也就是说，直线职权关系不仅仅存在于直线系统内，参谋部门对其内部人员的管理，本质上与直线部门对内部的管理一样，也是直线职权。生产系统中，车间主任对下一级的班组长的指挥，人事主管对人事部门中的一般员工的命令，都是发挥直线职权。

参谋关系是伴随着直线关系而产生的。管理人员在管理过程中，为了弥补知识的不足，所设置的具有专业知识的助手称为参谋人员，其主要任务是作为直线主管的助手，服务和协助直线人员，以提供某些对策建议，其建议只有当直线主管采纳后并向下级发布指示才有效。一言以蔽之：参谋建议，直线指挥。这样既保证了命令统一，又补充了直线人员的不足。

直线与参谋的主要区别如下。

首先，职权关系不同。直线关系是一种指挥和命令的关系，授予直线人员的是决策和行动的权力；而参谋关系则是一种服务和协助的关系，充分发挥参谋人员的是思考、筹划和建议的权力。

其次，在组织目标实现中的作用不同。直线机构对组织目标的实现负有直接责任，而参谋机构只是协助直线人员进行有效工作，而对组织目标的实现不负直接责任。

直线和参谋的关系如图5-7所示。其中，实线表示直线关系，虚线表示参谋关系。

在实践中，直线人员和参谋人员之间可能存在各种矛盾和冲突，影响组织的效率，必须正确处理直线人员和参谋人员之间的矛盾和冲突。

为此，应注意以下几个方面。

第一，分清双方的职权范围，认识到双方的存在价值，形成互相尊重和相互配合的关系。一方面，参谋人员经常提醒自己"不要越权"，尽自己所长扮演好"军师"的角色，独立地

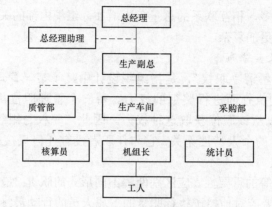

图 5-7　直线和参谋的关系

提出科学的建议和对策，不要受直线人员所左右；另一方面直线人员，也要尊敬参谋人员所拥有的专业知识，充分吸收参谋建议中合理的成分，自觉支持他们的工作，取长补短，但是否采纳要自己做决定，不为参谋人员所左右。

第二，授予参谋机构必要的职能权力，提高参谋人员的积极性。参谋机构的权力主要有以下四种。① 建议权。参谋人员享有发言权，可以对问题进行评论。比如，财务部门有权针对逐步升高的产品成本，提醒生产部门要注意加强成本控制。② 强制协商权。要求直线管理部门在采取行动前，必须征求参谋机构的意见。③ 共同决定权，直线管理部门在采取行动前，必须先征得参谋部门的同意，常在企业必须确保某项决策得到专家判定的情况下采用。④ 职能权限。职能权限是指参谋部门或人员被上级管理者授予的特定权力，可允许在其职能范围内对其他部门或下属享有直接指挥命令权。

第三，直线人员应为参谋人员提供必要的信息条件，以便从参谋人员那里获得有价值的支持。直线部门（人员）和参谋部门（人员）之间的矛盾很大程度上是双方的信息不对称造成的。作为直线人员应该把本部门的活动情况及时向参谋部门通告，希望他们提出什么方面的建议。这样就可以避免参谋部门提出的建议不切实际。

（3）职权分布——分权与集权。职权在整个组织中的分布可以是分散化的，也可以是集中化的。所谓"分权"，即职权的分散化，也就是决策权在很大程度上分散到处于较低管理层次的职位上；所谓"集权"，即职权的集中化，也就是指决策权在很大程度上向处于较高管理层次的职位上。

在现实中，分权与集权是相对的，绝对的分权或集权都是不可能的。因为绝对的集权意味着职权全部集中到一个人手中，这样的人不需要配备下属，管理组织的设计也就成为多余；而绝对的分权也不可能，因为如果最高主管把他所拥有的职权全部委派给下属，那他作为管理者的身份就不复存在，管理组织也就不复存在。因此，分权与集权是两个彼此对立但又互相依存的概念，它们只能存在于一个连续统一体中。

分权的特点主要体现在：① 中下层有较多的决策权；② 上级对下级的控制较少，往往以完成规定的计划目标为限；③ 在统一规划下自主经营；④ 实行独立核算，有一定的财务支配权。分权的优点有：能因地制宜地发展个性和特长，对外部环境变化能做出快速反应，下级能独立自主的工作且容易调动积极性，拥有小型企业灵活机动的优点，有利于培养出一批中坚力量。分权也有可能带来一些弊端，包括：过度分散的权力导致政令不统一，下级为了局部利益而不顾公司的全局利益，下级各行其是，产生离心力，协同效果被抵消，应付困难局面的能力差。

集权的特点主要体现在：① 经营决策权大多数集中于上层管理者，中下层管理者只有日常的业务决策；② 对下级的控制较多，下级的决策最终要经过上级的审核和批示；③ 统一经营；④ 统一核算。组织产生集权的原因可能有历史传承、领导的个性、政策一惯性和行政效率等。但若过分集权，则可能降低决策的质量，降低组织的适应能力，不利于调动下属积极性，阻碍信息交流。

要把握好分权和集权之间的平衡，必须从影响分权和集权的因素出发，根据组织的具体情况，把握好分权和集权的"度"。综合起来，选择分权还是集权，主要应考虑如下因素。

① 工作的重要性。凡涉及庞大的费用支出和关于组织长远发展规划等重要事项，有关的决定权应集中在上层，不宜分权。因为基层管理人员的能力及获得的信息量有限，难以作出重大决策；反之，重要性较低的事项时，可进行分权。

② 方针的统一性。组织的方针政策有必要统一时，应实行集权。如果组织的各种业务的性质不同，方针政策不需要统一时，可实行分权。

③ 组织规模和空间分布广度。组织规模越大，跨越地域范围越大，管理越复杂和困难，此时应将单位划小，实行分权管理。如果组织的规模较小，凭领导者个人能力完全能够管好，集权管理的效率会更高。

④ 组织的工作性质。组织所面临的工作流动性和变化性较大时，宜采用分权管理。因为这种情况下，不允许通过较长时间的层层的等级渠道传递。当工作性质变化较小并有规则性时，宜采用集权管理。

⑤ 组织历史。如果现有组织是由原来若干小单位合并而成，宜实行分权管理；反之，对于由原来单一小单位成长而成的组织，宜实行集权管理。

⑥ 管理者的数量和质量。管理者数量充足时，可实行分权管理；反之，管理者数量缺乏时，则实行集权管理。管理者管理水平较高时，可实行分权管理；反之，则实行集权管理。

⑦ 高层管理者的管理水平和控制能力。高层管理者的管理水平较高，控制能力较强时，宜采用集权管理；高层管理者管理水平较低，控制能力较弱时，宜采用分权管理。

⑧ 组织外部环境。外部环境变化较大且复杂时，宜采用分权管理。外部环境变化较小且简单时，宜采用集权管理。

（4）组织分权的实现途径——制度分权与授权。分权可以通过以下两种途径来实现。

① 制度分权。改变组织设计中对管理权限的制度分配，这是对组织中职权关系的一种再设计，是在组织变革过程中实现的。

② 授权。促成主管人员在工作中充分授权。这是在组织运行中，通过各层领导者的权力委任行为，系统地将决策权授予中下层管理者，使他们切切实实地得到组织制度所规定的权力。

制度分权与授权的区别主要体现在如下几方面。

① 制度分权是在详细分析、认真论证的基础上进行的，因此具有一定的必然性；而工作中的授权往往与管理者个人的能力和精力、拥有的下属的特长、业务发展情况相联系，因

此具有很大的随机性。

② 制度分权是将权力分配给某个职位，因此权力的性质、应用范围和程度的确定，需要根据整个组织结构的要求；而授权是将权力委任给某个下属，委任何种权力、委任后应如何控制，不仅要考虑工作的要求，而且要依据下属的工作能力。

③ 制度分权是相对稳定的，除非整个组织结构重新调整，否则制度分权不会收回。

④ 制度分权主要是一条组织工作的原则，以及在此原则指导下的组织设计中的纵向分工；而授权则主要是领导者在管理工作中的领导艺术，一种调动下属积极性、充分发挥下属作用的。

⑤ 制度分权时，权利和责任一起转移和下放。授权时，授权人虽然对被授权人给予处理和解决问题的权力，但必须对最终的结果负责，这个责任不能转移。即：授权并不意味着授责。

同时，作为分权的两种途径，制度分权与授权是互相补充的。组织设计中难以详细规定每项职权的运用，难以预料每个管理岗位上工作人员的能力，同时也难以预测每个管理部门可能出现的新问题，因此，需要各层次领导者在工作中的授权来补充。

授权的基本过程应该包括四个方面。

第一，任务的分派。任何一个组织，其成员按照岗位的要求都应承担一定的职责，这是实现组织目标的客观需要。有时，由于某种原因，部门主管需要把一些有待解决的问题（任务）交给下属去完成，这时，主管需要根据下属的能力、任务的性质及其他一些条件，把该任务分解，交给下属去完成，这个过程是任务的分派。

第二，权力的委任。委任是授权人将权力委任给被授权人，由其代替授权人采取行动。权力的委任使被授权人拥有了一定的权力，但被授权人是由授权人所委任的，授权人始终保留着对已委任的权力的完全控制。委任权力的前提是为了满足履行职责义务的客观需要。

第三，责任的确立。下级接受了职责并获得了相应的权力，就有责任去完成所承担的工作任务，其责任主要表现在两个方面：一是下级应尽其职责完成自己所接受的工作任务；二是下级必须为完成工作任务而向授权人承担责任。

第四，监控权的确认。授权不等于弃权，授权人授予被授权人的只是代理权，而不是所有权。授权人应该明白自己对授予下属完成的任务执行情况负有最终责任，应对被授权人拥有监控权，即有权对被授权人的工作情况和权力使用情况进行监督检查，并根据检查情况，调整所授权力或收回权力。

5.2.3　组织设计的原则

在进行组织设计中，有一些共同的原则可以遵守。具体来说有以下五条原则。

1. 战略目标原则

组织结构是实现组织目标的手段，是落实组织机能或职能的工具。组织在一定时期内所要实现、开展的战略目标和关键职能，往往对组织结构的形成与构成起着决定性作用。对组织特定目标和职能的关注应该贯穿于组织设计和变革工作的全过程中。

2. 命令统一原则

命令统一即在组织结构设置上，按照管理层次建立统一指挥的系统。组织中的每个下属应当而且只能向一个上级主管直接汇报工作，以避免多头领导。组织中各职务之间的等级关系如图 5-8 所示。可以说，组织内部的分工越是细致深入，统一指挥原则对于保证组织目标实现的作用就越重要。政出多门、命令不统一，一方面会使真正想做事的下属产生无所适从的感觉；另一方面，也会给那些不想做事的下属利用矛盾来逃避责任的机会。但是，这条原则在组织实践中常常遇到多方面的破坏。最常见的有两种情况。如图 5-8 所示，一是跨"领域"领导的情况。这种现象打破了 D、E 只接受 B 的领导、F、G 只服从 C 的命令的正常情况，出现了 B 也向 F 下达指令，而 F 因 B 具有与自己的直系上司 C 相同层次的职务而服从这个命令。二是跨"层级"领导的情况。这种现象破坏了 A→B→D 的层级命令链，出现了 A 不通过 B 或 C，而直接向 D、E 或 F、G 下达命令，而这些下属的下属对自己上司的上司的命令，在通常情况下是会积极执行的。

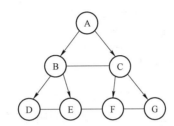

图 5-8　组织中各职位之间的等级关系

3. 权责对等原则

在进行组织设计时，既要明确每一部门或职务的职责范围，又要赋予其完成职责所必需的权力，使职权和职责两者保持一致。这是组织有效运行的前提，也是组织设计中必须遵循的基本原则。在管理实践中，如果只有责任，没有职权或权限太小，会使员工的积极性和主动性受到严重束缚；反之，只有职权而无责任，或者责任程度小于职权，则会出现组织中权力滥用和无人负责的现象。

4. 因事设职与因人设职相结合的原则

组织中的各个部门、各个职务都必须由一定的人员来完成规定的工作任务。要实现"事事有人做"，而不是"人人有事做"的目的，在组织结构设计中就必须确保实现组织目标活动的每项内容都能落实到具体的职位和部门。为此，组织设计中就要坚持从工作特点和需要出发，因事设职，因职用人。但这并不意味着组织设计可以忽略"人"的因素，无视"人"的特点和能力。组织设计必须在保证有能力的人有机会去做他们真正胜任的工作的同时，使工作人员的能力在组织中获得不断提高和发展。

5. 稳定性与适应性相结合的原则

组织需要一定的稳定性，这是保证组织的各项工作正常进行及秩序连贯性的基础条件。所以，组织结构不应频繁调整，要保持一定程度上的稳定。但组织同时又是一个开放的有机系统，所确定的发展战略、目标、任务等都会随着环境条件的变化而调整。因此，组织结构的稳定只是相对的，它是为组织战略和目标服务的，应有一定的适应性，使之能够随组织环境及战略目标的变化而做相应的调整。

5.2.4 组织结构设计的影响因素

组织要生存和发展，就必须适应内外部各种变化和冲击，根据所处的条件和环境来设计和调整组织结构。一般来讲，影响组织结构设计的因素如图 5-9 所示，包括战略因素、规模因素、技术因素、环境因素和权力因素。

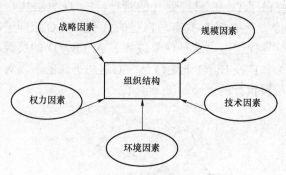

图 5-9　影响组织结构设计的因素

1. 战略因素

最早系统研究战略与结构关系的钱德勒认为，组织战略的变化先行于并且导致了组织结构的变化。简单的战略只要求一种简单、松散的结构形式来执行这一战略。这时，决策可以集中在一个高层管理人员手中，组织的复杂性和正规化程度都很低。当组织发展壮大以后，随之而来的是战略的变化，组织活动将在既定的产业内不断扩大，向纵向一体化发展。这种发展要求更复杂的协调手段，从而要求重新设计组织结构。随着组织的进一步发展，战略发展向多样化经营转变，组织结构也必须再次调整。

1978 年，美国管理学家迈尔斯和斯诺在其著作《组织战略、结构和方法》中，将战略影响组织结构的观点总结为表 5-5。

表 5-5　战略影响组织结构的观点

战略	目标	环境	组织结构特征
防守型战略	追求稳定和效益	相对稳定	严格控制，专业化分工程度高，规范化程度高，规章制度多，集权程度高
进攻型战略	追求快速、灵活	动荡而复杂	松散型结构，劳动分工程度低，规范程度低，规章制度少，分权化
分析型战略	追求稳定效益和灵活相结合	变化的	适度集权控制，对现有的活动实行严格控制，但对部分部门采取让其分权或相对自主独立的方式

2. 规模因素

组织的规模对其结构具有明显的影响作用。例如，对于一个产品单一，只有少数人的小企业来说，直线制是最好的选择。而随着组织规模的扩大，对于拥有成千上万员工的大型组织，则要求建立复杂严密的组织结构、健全的规章制度及分权化以应对繁复的管理工作。也就是说，规模越大，工作就越专业化，条例制度就越多，组织的复杂性和正规化程度也就越高。但是，这种关系并不是线性的，而是规模对结构的影响强度在逐渐减弱，即随着组织的扩大，规模的影响力相对显得越来越不重要。

3. 技术因素

技术之所以对组织结构设计有显著的影响，是因为不同类型的技术能产生不同种类的内部相互依赖。技术性互赖是指在信息和原材料转化为产品和服务的过程中，要求个体和部门之间相互协作的过程。技术性互赖有三种类型：结合性互赖、序列性互赖和互惠性互赖，如图 5-10 所示。

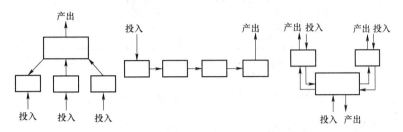

图 5-10　结合性互赖、序列性互赖和互惠性互赖

组织的技术类型及水平与组织具有一定的相关性。任何组织都需要采取某种技术和生产方式，将投入转化为产出。而无论采用什么样的技术和生产方式，都会对组织结构产生一定的影响。组织结构必须与之相适应才能使组织更有效率。

早在 20 世纪 60 年代初期，著名的英国管理学家、不列颠大学伍德沃德通过调查研究得出，组织的机构因技术而变化。她的主要结论是：技术类型和组织结构之间存在明显的相关性；组织的绩效与技术和结构之间的"适应度"密切相关。依据上述结论，她认为，成功的企业是那些能够根据技术的要求采取合适的结构安排的企业；制造业的企业组织结构并不存在一种最佳的生产方式，单件生产和连续生产企业采用有机式结构最为有效，大批量生产企业则与机械式结构最相匹配。

继伍德沃德之后，美国著名组织学家佩罗继续延伸了其研究，将重点从生产技术转到知识技术上。佩罗提议从两个因素——任务多变性和问题可分析性将技术分为四类，构成一个技术-结构双因素矩阵，如图 5-11 所示，其对技术-结构关系的结论指出，组织技术在常规化程度上有所不同，常规化的技术宜采用机械式结构，非常规化的技术宜采用有机式结构。

任务可变性

		少量例外	很多例外
问题可分析性	确定性	常规技术 Ⅰ	工程技术 Ⅱ
	不确定性	手艺技术 Ⅲ	非常规技术 Ⅳ

图 5-11　技术-结构双因素矩阵

4. 环境因素

环境因素是影响组织结构的一个重要外部力量。从本质上说，机械式结构在稳定的环境中运作最为有效；有机式结构则与动态的、不确定的环境最匹配。如全球竞争，由所有竞争者推动的日益加速的产品创新，以及顾客对高品质和快速交货越来越高的要求，这些都是环境因素动态性的表现。环境不确定性与组织结构的关系如图 5-12 所示。

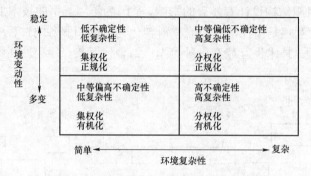

图 5-12　环境不确定性与组织结构的关系

机械式结构不适用于快速变化的环境，因此，现在越来越多的管理人员将他们的组织向精干、快速和灵活改组，以便使组织变得更具有机性。

5. 权力因素

以罗宾斯为代表的学者们认为，组织的规模、战略、环境和技术等因素组合起来，对组织结构会产生较大的影响。但即使组合起来，也只能对组织结构产生 50% 的影响作用，而对组织结构产生决定性的影响作用的是权力的控制。

权力控制对组织机构的影响表现在以下四个方面：① 组织的权力控制者在选择组织规模、组织战略、组织技术和如何对环境做出反应方面有最终的决策权，因而对组织结构模式的选择也有最后的决策权；② 任何组织都是由各种利益的代表团体所组成，权力控制集团中各成员都在不同程度上代表某一利益的集团。一个组织的组织结构必然反映出最强利益集团的利益，或是多个较强利益集团之间利益的妥协；③ 权力控制者总是不愿意轻易放弃自己的权力，他们总是追求权力控制，即使分权，也以不失去控制为最低限度；④ 权力控制者会采用合理的方式，即在组织利益的范围内，寻找组织利益与个人或自己代表的利益集团的利益的结合点，既公私兼顾，又合理合法。

5.3　组织结构的类型

组织设计就是要设计或选择某种合适的组织结构形式。合适的组织结构形式可以节约管理费用，增强组织机构的灵活性和应变能力，为提高管理效率创造条件。在实际工作中，可供选择的具体组织结构形式是多种多样的。

5.3.1　传统组织结构类型

组织结构是随着组织内外部因素的变化而变化的，企业发展的不同时期、不同特点的企业其组织结构是不相同的。下面对常见的传统的组织结构形式作以分析。

1. 直线制组织结构

直线制组织结构是最早使用也是最为简单的一种结构形式，它也是一种集权式的组织结构形式。其特点是：指挥和管理的职能由企业的行政负责人自己执行，下属只接受一个上级的指挥；从形式上看，组织中各种职位是按垂直直线排列的，各级行政领导人执行统一指挥和管理职能，不设专门的职能机构。直线制组织结构如图 5-13 所示。

图 5-13　直线制组织结构

这种组织结构类型的优点是：机构设置简单，管理人员少，职责权力明确，信息沟通方便，便于统一指挥、集中管理。缺点是：缺乏横向的协调关系，没有职能机构当领导的助手，容易忙乱。所以，一旦企业规模扩大，管理工作日益复杂，领导者势必因经验、精力不足而顾此失彼，难以进行有效的管理。

因此，直线制组织结构的适用范围比较窄，一般只适用于那些企业规模不大、职工人数不多、生产和管理工作都比较简单，没有必要按职能实行专业化管理的小型企业，或现场作业管理。例如一个小饭馆，一个老板，三个伙计，这种结构就是一种直线制组织。假如小饭店再继续扩大，又为厨师雇了两个帮工。这种情况下，老板依然是三个直接下属，厨师下边有两个人被指挥，依然是直线制组织的形式。

2. 直线职能制组织结构

直线制组织结构之后，也曾出现过职能制组织结构，但是随后被取而代之，形成一种将直线制和职能制的优势相结合的直线职能制。

直线职能制是在直线制的基础上发展起来的，最早是由法国管理学家法约尔提出并采用的。这种组织结构的特点是：以直线为基础，在各级生产行政领导者之下设置相应的管理职能部门，分别从事专业职能管理工作。职能部门拟订的计划、方案，以及有关指令，统一由直线领导批准下达，职能部门对下级领导者和下级机构无权直接下达命令和进行指挥，只起业务指导作用。除非上级直线管理人员授予他们某种职能职权。直线职能制组织结构如图 5-14 所示。

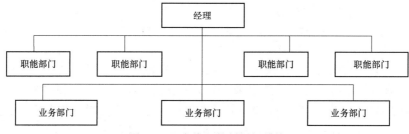

图 5-14　直线职能制组织结构

直线职能制结构指挥权集中、决策迅速，容易贯彻到底；分工细密，职责分明；由于各职能部门仅对自己应做的工作负有责任，既可减轻直线管理人员的负担，又可充分发挥专业管理人员的特长；容易维持组织纪律，确保组织秩序，在外部环境变化不大的情况下，易于发挥组织的整体效率。

直线职能制在管理实践中也有不足之处：① 权力集中于最高管理层，下级缺乏必要的自主权；② 职能部门之间的横向联系较差，目标不易统一，容易产生脱节与矛盾，增加高层管理人员的协调工作量；③ 职能管理人员只重视与其有关的专业职能领域，因而不利于从组织内部培养熟悉全面情况的管理人才；④ 信息传递线路较长，反馈较慢，不易迅速适应新情况，实际上是典型的"集权式"管理组织结构。

我国目前大多数企业，甚至机关、学校、医院等都采用直线职能制组织形式。

3. 事业部制组织结构

事业部制组织结构是美国通用汽车公司总裁斯隆于 1924 年提出的，目前已成为特大型企业、跨国公司普遍采用的组织结构。它的特征是：把企业的生产经营活动，按产品或地区不同，建立不同的经营事业部；同时，对内每个经营事业部均是一个独立的利润中心，在总公司领导下，实行统一政策，分散经营，独立核算，自负盈亏地经营。

这种结构把政策制定与经营管理相分离，实施"政策制定集权化，业务经营分权化"。企业的最高管理层是企业的最高决策机构，它的主要职责是研究和制定公司的总目标、总方针、总计划及各项政策。各事业部在不违背总目标、总方针和公司政策的前提下，可自行处理其经营活动。

 **管理实践**

通用汽车公司的"分家"

在 20 世纪 20 年代，通用汽车公司由于组织规模的扩大，组织层次不断增加。随着层次的不断增多，组织的效率变得越来越低，组织中的各种问题变得越来越多，从而导致通用汽车公司几乎濒临破产的地步。在当时，人们就考虑怎么来解决这个问题。

通用汽车公司把下属的各个单位分成相对独立的一些子部门。战略上，在对外关系上、在财务上等由公司来统一管理，但是在具体的运营上则赋予下级单位相当大的自主权。这非常类似于大家族的分家。

通用汽车公司的"分家"导致管理上出现了一种新的组织结构的形式，这种结构叫作事业部制结构。事业部制结构，是按照产品或按照地区为依据来进行划分的。一定意义上，它是一种分权制的结构，解决了当组织规模扩大到一定程度以后，职能制所不能解决的一些问题。

事业部制组织结构的优点表现在：① 改善了企业的决策结构，缩小了核算单位，可使最高管理层从繁重的日常事务中解放出来，得以从事重大问题的研究和决策，有利于总公司进行目标管理；② 既保持了公司管理的灵活性和适应性，又发挥了各事业部的主动性和积极性，提高了总公司的经营效率；③ 各事业部相当于公司内部独立的组织，不论在公司内外，彼此都可以展开竞争，比较成绩好坏，从而克服组织的僵化和官僚主义；④ 有利于大公司开展多元化经营，增强企业生产经营活动的适应能力；⑤ 由于各事业部的独立运作，使得各个主管有机会从整体观念出发，得到训练，因此有助于高层管理人员的培养。

但事业部制组织结构也有一些缺点，主要体现在：① 从整个公司的角度来看，管理部门和人员重叠设置，增加了管理费用负担；② 各事业部往往只重视眼前利益和自我利益，本位主义严重，调度和反应都不够灵活，影响各事业部之间的协作；③ 由于各事业部相当于一个独立的企业，如果总部控制不力，会导致独立的事业部向"小公司"发展；④ 而且各事业部要求相对自我经营、自我管理，因此对高层管理人员的水平要求较高。

正因为事业部制组织结构有这些优缺点，因此在采用这种组织结构形式时，必须注意以下几个问题。

1）事业部的划分标准选择

一般来说，事业部可按产品、地区和市场标志划分。

第一，按产品划分事业部，主要是以企业所生产的产品为基础，与生产某一产品有关的活动完全置于同一产品事业部内，主要适用于产品品种较多、各种产品都能形成独自市场的情况。图 5-15 是产品事业部组织结构图。

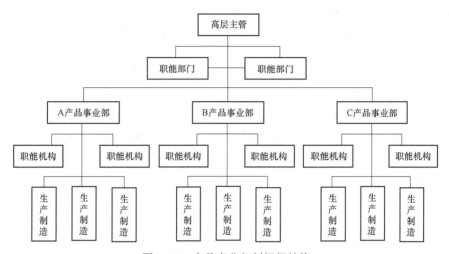

图 5-15　产品事业部制组织结构

第二，按地区划分的事业部，主要是以企业所在地区的活动为基础，在同一地区发生的活动归入同一地区事业部，主要适用于销售地区广泛、工厂分散的情况。这一形式大多流行于跨国型企业，设计上通常设有中央服务部门，如采购、人事、财物、广告等，向各地区提供专业性的服务。图 5-16 是地区事业部组织结构图。

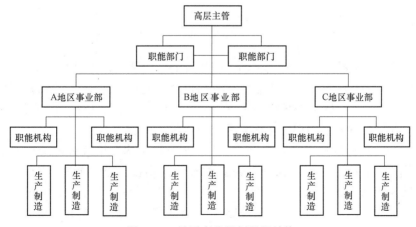

图 5-16　地区事业部制组织结构

第三，按市场划分的事业部，是在不同顾客类型和市场下采用的一种组织形式。

2）事业部的内部组织构成

事业部的内部组织构成因企业的行业、规模、工厂分布、生产技术和历史情况不同而有所不同，主要形式有三种。① 事业部兼管生产和销售，分别设置生产组织和销售组织，以及相应的职能部门，构成与独立企业相似的组织，履行对企业的利润责任。② 事业部只管生产不管销售，销售业务由销售部执行。③ 建立超事业部，即在公司最高首脑与各事业部之间增设一个管理层次，对事业部实行统一规划和分工，执行事业部带有共同性的研究开发或服务性的管理职能，以协调各事业部的活动，避免执行同样职能所造成的不经济和低效率现象。这种结构便是超事业部制（也称事业部群制）。

这种组织结构形式适用于企业规模较大，产品种类较多，各种产品之间的工艺差别也较大，市场条件变化较快，要求适应性比较强的大型联合企业或跨国公司。

4. 矩阵制组织结构

矩阵制组织结构是因其形态横纵排列如数学里的"矩阵"而得名。其特点是：既有按管理职能设置的纵向组织系统，又有按产品、项目、任务等划分的横向组织系统；横向系统的项目组所需人员从各职能部门抽调，接受本职能部门和项目组的双重领导；项目组一般针对某项目暂时成立，项目结束后项目组即自行撤销，人员回原部门工作；为了保证完成特定的组织目标，每个项目小组都设有负责人，在企业最高领导人的直接领导下进行工作。图 5-17 是矩阵制组织结构图。

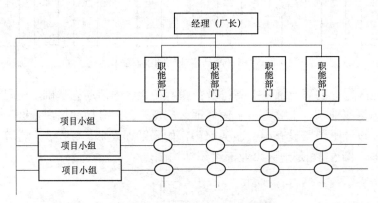

图 5-17　矩阵制组织结构图

矩阵制组织结构的优点是：机动灵活，有较强的应变能力，可以适应变化较大的环境；组织中的横纵结合的联结方式有利于各职能部门以及职能部门与任务之间的协调；组织到一起的都是专长人员，具有较高的积极性和创造性，并易于接受新观念、新方法，有效促进工作进展；设立项目负责人，为训练全面管理人员提供了机会。

但这种组织结构形式也有明显的缺点：矩阵制组织结构严格来说是一种非长期性的组织结构，任务完成后成员仍要回到原来的工作部门，因此稳定性较差，成员易产生临时观念；小组成员要接受来自横纵两方面的双重领导，一旦条块发生矛盾，成员会面临两难的困境；小组成员的实际隶属关系不变，因此项目经理管理工作过多地要依靠协调，对其要求比较高；从职能部门看，人员经常调进调出，也会给正常工作造成某些困难。

这种组织结构形式常常出现在以完成工程项目为主的企业中，尤其是设计、研制等创新性质的工作。

5. 多维立体组织结构

多维立体组织结构是系统理论在组织管理上的具体应用。常见的是三维立体组织结构，它由三方面的管理系统组成：① 按产品划分的事业部，是产品的利润中心；② 按职能划分的专业参谋机构，是专业成本中心；③ 按地区划分的管理机构，是地区利润中心。图 5-18 是多维立体组织结构。

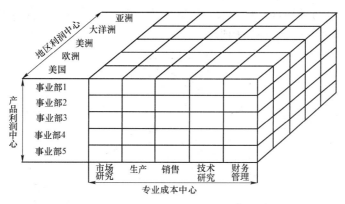

图 5-18　多维立体组织结构

在这种组织结构中，事业部经理不能单独对产品的开发和产销工作作出决策；任何重大决策都要由产品事业委员会决定。产品事业委员会由产品事业部、专业参谋机构和地区部门代表机构共同组成，负责对各类产品的产销活动进行疏导。这种组织结构便于把产品事业部经理、地区部门经理与参谋机构三者的管理协调起来，有利于使产品事业部和地区部门以利润为中心的管理与参谋机构以成本为中心的管理较好地结合起来，协调产品事业部之间、地区部门之间的矛盾，有助于及时互通信息，集思广益，共同决策。

多维立体组织机构适用于多种产品开发、跨地区经营的跨国公司或跨地区公司，可以为这些企业在不同产品、不同地区增强市场竞争力提供组织保证。

四维立体组织结构

美国道科宁公司采取了四维立体组织形式，在产品经理与职能经理的矩阵上又增加了营业经理与市场经理。该四维立体组织的关键是营业委员会的设立，营业经理负责一个地区的业务经营，对这个地区的业务负责，直接归公司的最高主管领导。营业委员会通常由研究、生产、销售、技术服务以及发展部门的代表形成，此外，还包括有关成本与经济物价方面的专家。

5.3.2 新型的组织结构形式

1. 虚拟制组织结构

虚拟制组织结构是基于现代信息技术手段而建立和发展起来的一种新型的组织结构形式，如图 5-19 所示。它的特点是只保留很精干的中心机构，以契约关系的建立和维持为基础，将大部分的诸如制造、销售或其他重要业务的经营活动通过外包、外协的方式，依靠外部机构进行。一些社会办学机构实际上就是一种虚拟的结构。例如一个自考辅导学校，虽然也有许可证，但大部分行政人员、教师都是外聘的，所需要的场所也是通过租用实现的。虚拟制结构在出版、贸易等领域，都有很广泛的应用。在市场经济不断发展的形势下，虚拟制组织结构是值得关注的一种组织结构形式。

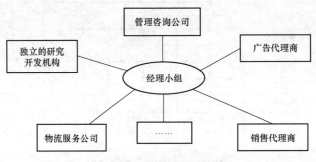

图 5-19　虚拟制组织结构

2. 控股型组织结构

控股型组织结构，又称为 H 型组织结构。H 型组织结构是在非相关领域开展多种经营的企业所常用的一种组织结构形式。由于经营业务的非相关或弱相关，大公司不对这些业务经营单位进行直接的管理和控制，而代之以持股控制。这样，大公司便成了一个持股公司，受其持股的单位不但对具体业务有自主经营权，而且保留独立的法人地位。H 型组织结构如图 5-20 所示。

通过这种方式，相对于公司自己投资经营，母公司可以充分利用其他企业的有利资源，扩大自己的经营业务范围。

图 5-20　H 型组织结构

3. 流程型组织结构

流程型组织结构又称为横向型组织结构，是为了提高对顾客需求的反应速度与效率，降低对顾客的产品或者服务供应成本，建立的以业务流程为中心的组织结构。与传统的职能型组织结构相比，流程型组织结构更加强调组织各要素之间的横向关系。在组织内部，所有提供一种产品或者服务的所需要的职能人员安排在同一个部门，这个部门由"流程主管"来管理。流程型组织结构如图 5-21 所示。

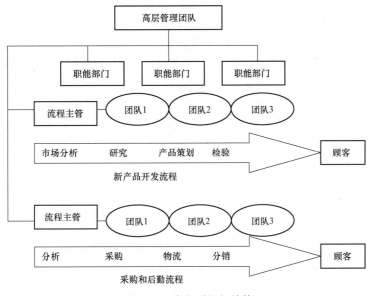

图 5-21　流程型组织结构

不论何种组织结构形态，都各有其优劣长短，要根据不同的使用时间和地点、组织的内部要求，以及外部环境等综合考虑，不可生搬硬套；在进行组织结构设计时，一定要从实际情况出发，权衡利弊，慎重选择，取长补短，有所创新。

5.4　组织变革

随着时代的发展，组织面临所在的环境持续变化，组织也需要持续不断的升级改进，组织变革就是对组织的调整、改革与再设计，是对组织工作的反馈与修正。

5.4.1　组织变革的类型

1. 主动式变革与被动式变革

1）主动式变革

主动式变革是指有计划的变革，是管理者洞察环境中可能给组织带来的机遇和挑战，根据发展趋势与变化，主动制订组织变革的计划并分阶段逐步实施。

2）被动式变革

被动式变革是指管理者未能展现长远的战略观念，当环境发生变动时束手无策，被迫做出组织变革的决策。

2. 以人、组织、技术为中心的变革

1）以人为中心的变革

以人为中心的变革是指通过改变组织中有关人员的价值观念、工作态度及行为方式等，进而实现组织变革的方式。其特点是变革时间周期长，对管理者素质的要求高，变革效果缓慢但影响相对持久，变革难度较大。

2）以组织为中心的变革

以组织为中心的变革指通过调整和改变组织结构、管理制度、工作环境乃至工作流程和信息沟通渠道等来实现变革的方式。其特点是组织中人员的态度和行为随着组织变革持续改变，良性发展的情况下变革效果较为明显，操作相对容易，因此也最为常用。

3）以技术为中心的变革

以技术为中心的变革是指通过改变经营中所使用的技术实现变革的方式，包括引进新设备、新材料、新技术、新工艺。其特点是组织的变革对组织中的工作流程和人员有较大影响，可能需要工作流程改进、岗位重新调整、工作技能提升等。科技型和生产型企业经常采用此种方式。

5.4.2 组织变革的动力与阻力

1. 组织变革的动力

1）外部环境变化

（1）市场变化。主要包括需求和竞争两大方面。如顾客的收入、价值观念、消费偏好、竞争者的替代品、市场中的互补品、广告与宣传、产品与服务改进。市场中各要素的变化可能导致本企业的产品与服务吸引力、竞争力下降，推动组织进行变革。

（2）资源变化。包括人力资源、能源、资金、原材料供应质量数量及价格。例如，新入职劳动者素质的提高使得基础培训的时间缩短，劳动者参与决策的能力大幅提升，劳动者对于指挥式的领导风格越发不适应，组织必须实行与劳动者能力和素质相适应的管理方式，如放权、授权、员工参与部分决策、轮岗制等。

（3）技术变化，主要包括新技术、新工艺、新材料、新设备的导入。技术的升级对当前行业必定造成影响，技术的革新更可能打破行业格局，催生新的行业，在新的行业环境中也需要组织的管理方式与时俱进。例如，电动汽车的出现让传统汽车企业成立了新的电动车研发和生产部门，信息技术的发展让企业步入了信息化管理时代。

（4）政治经济环境变化，主要包括政治形势、政策导向、经济周期与发展趋势等。

2）内部环境变化

（1）组织中人的变化。这是组织内部环境引起组织变革的重要因素。人的变化包括人员的年龄、性别、受教育程度、能力素质、价值观等，这些因素对于组织结构的调整乃至组织目标的实现都有重要影响。组织中员工的受教育程度越高、能力越强，越适合分权与授权，领导者越具有创新精神，组织越容易发生变革。

（2）组织运行的矛盾。这主要包括：组织结构过于臃肿或庞大，运行机制僵化，信息传递路径过长，决策缓慢，等等。随着组织运行中暴露出的各种问题，组织结构也需要进行相应变革。

2. 组织变革的阻力

1）个体阻力

（1）利益因素。体现在员工对报酬、福利、工作环境、工作稳定性等一系列条件的诉求，当组织变革时，势必造成利益的调整乃至重新分配。在变革中个体利益绝对或相对减少的人，对变革抱有抵触情绪，不支持变革的实施。

（2）心理因素。员工在工作中除了追求直接经济利益，还有心理诉求。例如，追求安全稳定的心理、满足自我价值实现的心理等，有些追求稳定的员工还有较强的保守心理，也有人对未知事物持谨慎态度甚至有一定的恐惧心理，这些人不喜欢新事物，对变革也有抵触心理。

2）组织阻力或群体阻力

（1）群体中的结构性阻力。任何组织在长期的运作过程中都形成了自己特有的运行机制，这种机制也保证了组织运行的稳定。但当组织面临变革时，原有运行机制越稳定，惯性越大，变革推行的难度也就越大。

（2）群体中的非结构性阻力。除了规章制度中体现的运行机制，组织在长时间运行过程中还会形成自己特有的价值观和文化，这些不成文的规定若与组织将要面临或推行的变革相悖，对于变革也将形成阻力。

5.4.3　组织变革的实施

1. 组织变革的过程

1）解冻阶段

组织变革，是对组织的改进。打破现有平衡，需要克服个体阻力和群体阻力，因此组织的变革需要适度的解冻过程。在组织内部宣传变革的意义和必要性，让组织中的个体和非正式组织接受乃至拥护变革。

2）变革阶段

消除组织内部阻力，得到全体组织成员支持后，便可以开始具体实施，实施的过程被称为变革阶段。变革过程既可以是组织结构的变革也可以是组织行为的变革，它是组织变革中最关键的阶段。为了变革的顺利和彻底，实施阶段应最大限度地调动所有员工的积极性，也正因此，组织变革才需要适当的解冻阶段的"暖场"。

3）固结阶段

固结阶段，是对变革结果的再冻结。在变革发生后，员工由于习惯了过去的工作方式，可能仍有行动上的惯性，因此需要通过一系列的强化措施对变革成果进行巩固加强。其目的是保证变革成果的长效性。

2. 组织变革的步骤

1）问题的发现与诊断

组织随时都面临来自内部和外部各方面的压力，因此可能导致决策迟缓、信息传递不畅等问题。发现问题是组织变革的起点，为了察觉和识别问题，管理者应及时、准确地掌握组织内外部的各种信息。识别出问题之所在，还要进一步分析问题出现的根源，从而找到变更的依据与指导思想，确定变革的目标。

2）选择变革方式

组织变革方式的选择既可以是以人为中心，也可以选择以组织为中心或以技术为中心。不同的变革方式各有相对优缺点，变革方式的选择应本着权变与适用的原则，因地制宜，根据组织所处的环境选择最合适的方式。

3）分析变革限制

在准确发现组织问题、作出正确诊断、选择合适变革方式之后，不能准确地分析限制条件，变革也难以取得成功。限制变革的主要因素有三个：领导作风、组织结构、成员特点。其中，领导作风包括领导者的管理风格、个性、知觉和价值观，成员特点包括员工的性格、学习能力、工作态度和期望。领导和成员任何一方若对组织的变革持抵触情绪，变革都难以成功推行。

4）选择变革策略

变革既然受到诸多限制，组织在推进变革时应该选择一定的变革策略来克服或化解这些限制。通常来说，根据下级参与变革的程度有命令式策略、参与式策略、分权式策略；按照变革解决问题的程度有系统性策略、改良性策略；按照变革的速度有突破式策略、渐进式策略。策略的选择应充分考虑所面临问题的性质、变革所影响到的成员的类型，因而选择相对合适的策略。

5）变革计划实施

实施变革计划要充分考虑以下三方面的问题。

（1）时机问题。变革应避开业务最为繁忙的时期，且一定要在各项变革的准备工作就绪后再开始实施。

（2）切入点问题。即从何处进行变革。一些研究者认为变革应自上而下推行，来自上层的变革更有利于推行；也有一些研究者认为上层的许可是变革的前提条件，但实际执行时应根据变革的性质酌情考虑，可以选择从中层甚至基层着手。

（3）范围问题。变革只是涉及组织中某个部门还是整个组织，变革涉及多少员工、哪些员工等。

6）评估变革效果

组织的变革与其他管理工作一样，执行后要对其效果进行评估，变革是一个复杂的过程，因此预期目标可能不能全部实现。因此，评估阶段也应收集信息，对变革情况进行客观的反馈，对成果和不足进行总结，以便为未来工作的开展打好基础。

知识测试

1. 把工作进行分组的过程称为（　　　）。

　　A. 形式化　　　　　　B. 部门化　　　　　　C. 集权　　　　　　D. 授权

2. 管理幅度的设置应考虑不同的因素，以下关于影响管理幅度因素的说法不正确的是（　　　）。

　　A. 管理者个人能力越强，管理幅度越大

　　B. 所管理的员工自我管理能力强，管理幅度越大

　　C. 所管理员工的问题类似，管理幅度越大

D. 管理者所处层级越高，管理幅度越大

3.（　　）部门化是基于产品的特点进行的部门设置。

A. 产品　　　　　B. 职能　　　　　C. 区域　　　　　D. 顾客

4. 商场设童装部、女装部、男装部。这种部门化的方法是（　　）。

A. 产品部门化　　　　　　　　　B. 地区部门化

C. 过程部门化　　　　　　　　　D. 顾客部门化

5. 以下因素中，（　　）要求一个更集中的组织结构。

A. 工作内容变动性大　　　　　　B. 当公司分散在不同的地区

C. 当组织正面临危机　　　　　　D. 当环境复杂时

6. 组织设计是一个过程，管理者管辖下属的数量称为（　　）。

A. 幅度　　　　　B. 深度　　　　　C. 规模　　　　　D. 强度

7. 组织层级越来越少，每个层级的管理幅度越来越大，这一过程叫作（　　）。

A. 中心化　　　　　B. 空心化　　　　　C. 扁平化　　　　　D. 集权化

8. 公司中很多员工喜欢打羽毛球，从而形成了经常活动的小群体，这种小群体叫作组织中的（　　）。

A. 互助群体　　　B. 非法集会　　　C. 正式组织　　　D. 非正式组织

9. 由于公司业务拓展，在不同区域采取不同的策略，因此公司总经理决定让各区域经理有权自行进行销售策略的制定，这种行为叫作（　　）。

A. 授权　　　　　B. 分权　　　　　C. 集权　　　　　D. 收权

10. 在组织变革中，某员工由于觉得自己的社会地位没有达到自己对变革的预期，而对抵制变革的推进，这种阻力属于（　　）。

A. 社会阻力　　　B. 组织阻力　　　C. 群体阻力　　　D. 个体阻力

 技能训练

实地走访一家企业，重点调查企业的组织结构设置的信息，包括以下内容：

（1）调查企业的部门设置，绘制出企业的组织结构图，并判断组织结构的类型。

（2）这家企业部门化是按照什么原则进行的？这样做的优点和缺点各是什么？

（3）这家企业的管理幅度如何？不同管理幅度的影响因素有哪些？

（4）分析这家企业的职权设置情况。

要求：

学生 3～5 人为一组，深入企业进行调查，并对以上四个部分进行重点分析，形成分析报告。

 **思维拓展**

华为的组织结构变革

作为一家科技公司，华为如今已成长为世界通信巨头，这是一个漫长的过程。以公司战略为导向，配合业务的拓展与壮大，组织结构也在不断地优化。组织结构的演进和优化，一方面受到公司战略的影响和引导，另一方面也支持着战略的调整甚至反作用于战略规划。华为为了最大限度地支撑公司战略目标的实现，推行了一系列的组织结构变革，经典地诠释了战略导向与组织变革的相互作用。

1. 初创与生存

1987 年，任正非与五位合伙人一道，出资 2 万元成立了华为。作为初创企业和市场的新进入者，华为在产品开发战略上主要采取跟随战略，从代理产品开始，逐步演变为自主开发产品的集中化战略。由于资金有限、人员有限、能力有限、精力有限，华为在市场竞争战略上选择了集中针对特定的单一产品进行持续的研发与生产。由于品牌知名度低、品牌价值尚未形成，受农村包围城市思路的启发，华为避开了主要大城市，制定了农村包围城市的销售策略。以上两种方式，让华为极好地做到了成本控制，利用成本领先的优势迅速抢占了市场，扩大了市场占有率，也扩大了公司的规模。

5 年后，1992 年，华为的销售额突破 1 亿元。但在这个时期，房地产等产业丰厚的利润吸引了无数的投资者，但华为坚守信念，坚持自己的集中化战略，抵制住了外部的高利润诱惑，专注于通信设备的研发和制造，一如既往地贯彻自己的战略规划。随着，市场占有率的进一步提高，华为突破了国外通信设备制造企业对中国的行业垄断地位。到 1994 年，华为成长成营业额 8 亿元、拥有 600 多名员工的国际企业。

从初创开始，为了生存而打拼的过程，华为的组织结构实现了从无到有的质变，尽管组织结构相对较为简单。初创时期，公司只有 6 人，群策群力，没有无所谓的组织结构。20 世纪 90 年代初，公司也才二三十人，但是，中小企业普遍采用的直线制的组织结构已经颇具雏形，所有员工都是直接向任正非汇报。1992 年是具有里程碑的一年，随着销售规模突破 1 亿元，员工人数也达到了 200 人规模。组织结构也开始从直线制的组织结构转变为直线职能制的组织结构，既有业务流程部门也有职能部门，业务部门包括中研总部、市场总部、制造总部，也有了职能部门如财务部、行政管理部等。华为第一阶段的组织结构如图 5-22 所示。

图 5-22　华为第一阶段的组织结构

2. 爆发与突破

1995 年，华为迎来了新的突破，销售规模达到 15 亿元，员工数量达到 800 人，作为一家民营企业，毅然成为全中国电子行业百强中的佼佼者。到了 2000 年，销售额更是突破了 200 亿元，每年几乎都是以 100%的速度增长。华为也是在这段时期，伴随着财力和研发能力的积累，从集中化战略逐渐向横向一体化战略转移，逐渐进入到移动通信、传输等多类相关产品领域，战略也开始朝着多元化方面发展，目标是成为一个"能提供全面通信解决方案的公司"。1996 年开始着眼进军国际市场。

公司的组织结构也在随着战略的变化而进行调整。在这一时期，华为在传统领域的利润被吞蚀，竞争压力加剧。随着供应商的增加，市场需求也呈现出多样化的特点，华为更加坚定了转向横向一体化战略；与此同时，华为也发现，在自己聚焦国内市场时，国际市场的需求也是巨大的，而且市场也在不断变化，如何应对？华为在市场拓展方面，沿用了驾轻就熟的"从农村包围城市"的指导思想，从发展中国家开始做起，以成本领先战略快速渗透，逐步将产品打入发达国家。因此，华为在组织结构上，开始了向国外投资建立合资公司的尝试。以在独联体建立的合资公司为例，随着合资公司对本地市场的开拓，以及数年的坚持和努力，在 2001 年，独联体的全国销售额突破 1 亿美元，取得了初步的成绩。初战告捷，其他国家的拓展也相继传来喜讯。

华为品尝着进入国际市场的艰辛。1999 年，华为的海外业务收入占总营业额的比例不到 5%，不到 10 年时间，这一比例就攀升到 75%，从而成为一家名副其实的国际化公司。

在这一时期，华为原有的集权式的直线职能制组织结构的执行效率高的优势已经变成制约其发展的弊端。管理者负担重、部门间协调难，而且 90 年代末华为已有近 8 000 名员工，销售规模近 90 亿元，老经验肯定行不通。华为在不断进行的管理变革工作中，开始尝试划分经营单位（或称为战略业务单元，SBU）。华为第二阶段的组织结构如图 5-23 所示。

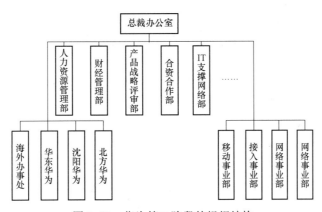

图 5-23　华为第二阶段的组织结构

3. 全球化

随着全球化程度的加深，华为在产品的研发上开始采取了纵向一体化、多元化和国际化并举的战略规划；随着产品的多元化和自身实力的强化，在竞争方面华为也更多地采取与"合作伙伴"共赢的战略。公司也由"解决方案和电信设备的提供商"向"提供端到端通信解决方案和客户或市场驱动型的电信设备服务商"转型。华为这个时期的组织结构，从原来的产品与区域事业部相结合的组织结构，逐渐地转变成以产品线为主导的组织结构。

华为在 1998 年聘请了外部咨询顾问对公司进行流程改造（内容涵盖集成产品开发、集成供应链、客户关系管理），到 2003 年，这一改造项目获得了很大成功，其组织结构也跟随这些变化进行了相应的调整。2004 年后，华为再次进行组织结构的优化和调整，主体结构依然是以市场和客户需求为导向的产品线制的组织结构模式。以利润中心的模式，加快决策速度，适应市场变化。这次组织机构的变革，使得流程更加成熟。华为第三阶段的组织结构如图 5-24 所示。

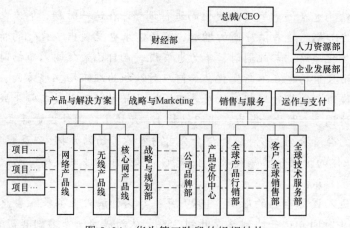

图 5-24　华为第三阶段的组织结构

这次组织变革与调整，为其权力的优化分配以及组织运营效率的提高提供了保障，华为完成了一个与国际接轨的组织运作体系变革。同时，产品线形式，有助于更高效地和顾客就产品展开广泛的交流，实现技术推动与需求拉动相结合的产品开发过程。

思考题：

1. 各个阶段，华为的组织结构各具有什么样的优点和缺点？

2. 以第二阶段为例，华为的组织结构中集权分权是如何设计的？你觉得各个事业部应该具有多大的权限最有利于公司发展？

3. 华为的经验对于其他企业是否适用？哪些情况下适用，哪些情况下不适用？请阐述理由。

 推荐阅读

［1］奥斯特罗夫. 水平组织：一种简约有效、最具竞争力的组织模式. 陶宇辰，译. 海口：海南出版社，2006.

［2］德鲁克. 卓有成效的组织管理. 杨剑，译. 北京：机械工业出版社，2014.

［3］陈春花. 激活组织：从个体价值到集合智慧. 北京：机械工业出版社，2017.

［4］稻盛和夫. 阿米巴经营. 曹岫云，译. 北京：中国大百科全书出版社，2016.

第6章

领　导

◆▶ **学习目标**

◎ 理解领导的含义与职能；
◎ 掌握领导与管理的差别；
◎ 掌握领导者权力的不同来源；
◎ 了解领导理论的主要发展过程；
◎ 理解领导理论提出的不同假设；
◎ 掌握培养和提高领导力的主要方法；
◎ 形成分析领导现象与实践的整体框架。

◆▶ **基本概念**

领导　领导权力　领导特质理论　领导权变理论　管理方格理论　菲德勒模型　领导
生命周期理论　路径–目标理论

◆▶ **开章案例**

没有成功的企业，只有时代的企业

创立于 1984 年的海尔集团如今已是一家全球知名的美好生活解决方案服务商。在互联
网和物联网时代，海尔从传统制造企业转型为共创共赢的物联网社群生态，率先在全球创立
物联网生态品牌。在张瑞敏时代企业管理思想和经营哲学指引下，海尔集团顺应时代发展潮
流，历经名牌战略、多元化战略、国际化战略、全球化品牌战略、网络化战略五个战略发展
阶段，从资不抵债、濒临倒闭的集体小厂发展成为物联网时代引领的生态型企业。

在"2019 年 BrandZ™全球最具价值品牌 100 强"榜单中，海尔成为该世界权威品牌榜
单史上第一个、唯一一个"物联网生态品牌"；海尔集团旗下子公司之一，海尔智家股份有
限公司凭借智慧家庭生态品牌的全球落地因而蝉联《财富》世界 500 强。与此同时，在持续
创业创新过程中，海尔坚持"人的价值第一"的发展主线，首创物联网时代的人单合一模式，

颠覆了西方传统经典管理模式，并以其时代性、普适性和社会性实现跨行业、跨文化的输出和复制。物联网时代，海尔生态品牌和海尔模式正在实现全球引领。

在海尔的发展历程中，作为创始人和 CEO 的张瑞敏，也每每会在海尔发展的关键节点上有着令人印象深刻的作为。从最早在生产车间里规章制度里明文规定"不准在车间随地大小便"，到农村大队借钱给员工发工资、挥起大锤砸掉 76 台存在质量瑕疵的冰箱，到多次作为中国企业转型案例登上哈佛大学讲堂，再到收购日本三洋、美国通用电气，逐渐成为国际知名企业并输出海尔的管理模式与管理文化。特别是，自 2012 年海尔开始践行网络化发展战略以来，张瑞敏几乎彻底颠覆了一家全球化制造企业的管理结构，取消了 1 万多个中层管理岗位。此外，他还引导组织转型为一个风险创业网络，这一网络由员工自主管理，员工薪酬则取决于他们的产品在市场上的成功程度。

大多数企业领导者往往会将员工看作被动的执行者，只要听从上级命令就行了。而张瑞敏认为，每个人都有领导能力，或者说，"每个人都能成为自己的 CEO。"一家公司的员工不能成为领导者，原因就在于他们没有获得成长的土壤或者平台。只要能加入这样的平台，具备了创业能力，每个人都能成功。现在，很多企业的管理模式是授权，但海尔希望更进一步，要把所有权力都还给员工。正如张瑞敏在 2019 年的新年致辞中所说，"人单合一的前提条件是三权让渡，决策权、用人权、薪酬权，这是传统意义上 CEO 的三个权力，在海尔，这'三权'都归还给了小微和创客。我不是小微和创客的领导，用户才是！正是人单合一让创客的解题成为精准之矢，在第一时间射中用户的难题之靶；而用户付薪又让创业小微的解题可自行运转。"

在被问到许多人都关心的接班人问题时，张瑞敏坦言自己的任务并不是培养一位接班人，而是培养许多愿意挑战自己、挑战现状的人。这也是海尔为什么要实行人单合一的原因。海尔建立了众多小微和创业团队，目的就是分散 CEO 的权力。这些团队要遵循市场和用户的需求，而不是 CEO 的指令。这有助于降低每个小微的失败率和海尔作为一个整体的失败率。海尔的目标是要打造一家这样的组织——不断改变自我、改变世界。

从海尔集团的发展历程和张瑞敏所倡导的一系列举措可以看出，一个组织的成功一定程度上得益于有一个好的领导者和领导集体，实施好的领导行为。在整个管理过程中，在计划工作、组织工作、人员配备及控制工作之外，都离不开对组织中人和人、人和事的协调工作，以及保证人始终以热情积极的状态投入工作，朝着正确的目标前进，这也是实现组织目标的关键。这就是领导职能。

6.1　领导概述

6.1.1　领导的含义

如前所述，领导的基本功能是如何协调好人和人之间的关系、人和事之间的关系，保证下属始终以热情积极的状态投入工作，朝着正确的目标前进。所以，领导的本质就是影响力，就是带领下属实现组织目标。更准确地说，领导就是在社会共同活动中，具有影响力的个人或集体，在特定的结构中通过某些方法和手段，动员和带领下属实现群体目标的过程。这一界定包含如下含义。

第一，领导活动是存在于群体之中的，群体生活成为领导得以诞生的前提。

第二，领导活动的主体包括两个要素：一是领导者（leader），二是追随者（follower）。领导活动必须依赖于追随者积极地执行决策和实现目标，追随者的积极性和意愿是领导者争取的目标。

第三，领导活动的手段和途径是领导者如何调动和激励下属的方式。

第四，领导职能实施的最终目的是完成组织任务和达成组织目标。

6.1.2　领导和管理的区别

在理解领导含义中，很多学者提出"一定要注意区分领导与管理的关系"。之所以提出"领导与管理的区别"，是因为在实践工作中，很多管理者过于着重于维持管理秩序，而对组织战略方向的规划、对员工的主动引导方面做得不够，导致领导效果不佳。

著名企业家韦尔奇曾经说过，多一些领导，少一些管理。他提出这句话的原因如下。很久以来，美国企业界存在一种传统认识，那就是管理者只要能通过监视、监管、监控方式监督部下工作就行了。由基层和高层经理们组成的整个公司管理层只是互相交谈，互相发出便函，到处举办高层会议，确信工厂里和其他地方运行正常，那就是经理们应该做的一切。不是激励，不是给基层经理们提供自己做决策的机会，不是直接接触那些真正生产出产品的人们。韦尔奇认为正是这些官僚管理者造成了管理的拖沓、推诿和战略失误。所以，他认为这些管理者所做的工作只是管理，而不是领导。

领导和管理的区别见表 6–1。

表 6–1　领导和管理的区别

领导	管理
关注未来	关注现在
引起变化	维持现状和稳定
通过勾画愿景、创建共同的价值观来吸引下属	实施政策和程序，增强控制性和预见性
建立与下属的情感纽带	对下属冷静、客观和公正
注重运用个人权力	注重使用职位权力

领导者和管理者的区别见表 6–2。

表 6–2　领导者和管理者的区别

领导者	管理者
涉及做出正确的决策与判断	涉及正确顺利地完成任务和工作
注重对未来发展的洞察力、目标和前景	重视生产率和效率
现状的挑战者，鼓励创造性	现状的维系者
通过与下属的情感纽带保持良好关系	通过对下属冷静、客观和公正的评价赢得好感
注重运用个人魅力	注重使用职位权力
激发他人自己找到解决问题的方法	解决问题以便他人完成工作

本尼斯和纳努斯曾经在《领导者》这本书里写到"管理者是去正确地做事情，而领导者则是去做正确的事情"。但是，这个问题存在逻辑关系上的"纠结"：一方面，领导是管理学的重要职能之一，是和计划、组织和控制并列的职能；另一方面，领导又是区别于管理的。

实际上，提出领导和管理区别的出发点是因为一些管理者没有正确地做好领导职能，"管得多"，"领和导得少"，导致管理效果不佳。至于说"领导主要是促进变革，管理是一种程序化的控制工作"，这种表述在逻辑上是不严谨的，因为从事领导及其他管理活动的管理者在所有这些活动中既要注意变革（领导），又要注意秩序的建立和维持（管理）。也就是说，管理者既要进行管理创新，激励员工，还需要进行秩序的控制。创新的重要性自不必说，"维持"可能是管理最原始的目的，因为要保证组织活动有效进行，首先是要有序；在这种秩序需要打乱重建时，就是领导者的创新了。所以，一个组织中既需要"领导"，也需要"管理"。只是在组织的不同发展阶段和领导者所处的层次不同，领导和管理的内容所占比例不同而已。比如，对于中层管理人员，对下要更多承担领导的作用，对上要更多承担管理的角色；高层管理者要更多承担领导的作用。

所以，针对这个问题，我们认为，领导和管理是同时并存的，领导者和管理者应该是统一的。从现实来看，应该是使更多的管理者成为领导者。

6.1.3 领导者的权力

领导的本质是影响力，也就是激励和带领下属朝着某方向前进的能力。那么，这种影响力来源于哪儿呢？领导者如何建立自己对别人的影响力，使得下属心甘情愿地追随自己呢？"影响"意味着使他人的态度和行为发生改变。一个领导者要成功地扮演其领导角色，实现领导功能，就必须具备领导者的权力。

关于领导者的权力，目前公认比较权威的是美国管理学者弗兰奇和雷文提出的概念。他们认为，领导者的权力基础可分为五种，而领导者可以借此获得影响他人的潜力。

（1）强制权力。指领导者通过惩罚他人的不合规则和制度的行为来影响他人行为的能力。领导者可借助职权，通过棘手的工作指派、更严厉的监管、更严格的规章制约及解雇等手段威胁或惩罚下属，以令下属屈从他的命令。

（2）奖赏权力。指领导者通过奖赏他人的行为来影响他人行为的能力，或者说是指领导者可以决定是否给予下属所期望的精神或物质上的奖酬的权利。如领导者可借助提高薪资、发放奖金、推荐晋升、指派优越的工作等手段换取下属的服从和顺从。

（3）合法权力。指领导者通过其在组织层次系统中的法定地位来影响下属行为的能力。合法权力是由组织等级体系中的职位来体现的，如经理、采购处长等，他们要履行所在职位的职责，就必须被授予一定的权力，这种权力是他们推行决策、指挥部属行动的根据。

（4）专家权力。指领导者依靠自身高深的技术、丰富的经验与杰出的判断力来影响下属行为的能力。这种权力所产生影响的大小同领导的专长被下级所看重的程度有很大关系。如果下属佩服领导者的专长，那么就会对下属有权威和影响力；如果下属不认可或者认为领导者的专长没有什么用处，那么就不会对下属形成佩服并令其听从的效果。

（5）参照权力。指领导者借他人对自身的个人魅力、背景权和感情权等的喜爱或崇拜来影响他人行为的能力。下属因敬重、爱戴或崇拜某位德高望重的领导者，把这位领导者作为自己参照的楷模，而要仿效该领导者的风格，以取得该领导者的认同时，这位领导者就获得了参照权力，可以影响下属按其旨意办事。

在大多数组织之中，组织成员之所以听从领导者的指挥，是基于上述五种权力的综合运用。其中，强制权力、奖赏权力和合法权力主要源于领导者已经取得的合法地位，属于职位权力；而专家权力和参照权力则更多地属于个人权力，虽然表面上没有那种正式明显的约束力，但实际上却能发挥出合法权力所不能发挥的约束作用。这是因为在一个组织中，人们服从于具有合法地位的领导人时，并不是对这个人服从而是服从于其组织地位，一旦领导者脱离组织地位就可能丧失影响力。因此，加强专家权力和参照权力的影响力，有助于使下级不仅服从于领导人的合法地位；同时，也服从于他本人，这种综合领导影响力要大得多。

 **故事中的管理**

《西游记》中唐僧为什么可以领导孙悟空

读西游记总有一个疑问——那个唐僧那么无能，为什么孙悟空还要听他的领导？如果孙悟空自己去取经，不就麻烦少多了吗？究竟是什么因素让唐僧是一个领导而孙悟空只是一个被领导者呢？

1. 出身好

唐僧的前生就是释迦牟尼佛的弟子了，还是唐王李世民的拜把兄弟，人神两界的高层关系他都有了。而且西天取经是唐王钦定的，具有很好的合法权。

2. 共同的坚定信念

唐僧一直坚持自己"到西天取得真经"的崇高信念，面临各种诱惑甚至丢掉性命都痴心不改，并且时时用这种理念教育徒弟们不要忘了目标。这种信念是师徒四人历尽八十一难能够坚持下来的思想基础。没有信念的人，就不能给别人以信心和动力，就不能给别人以鼓励。

3. 仁德之心

唐僧的仁德之心对妖怪都会怜悯性命，自然不会恶意算计自己的下属，唐僧虽然利用三个徒弟保护自己，但是绝没有恶意剥削他们的意思，而是带领他们一同努力，共同成长，一起成功。最后，唐僧的三个徒弟也都有了自己的成就。正是这种个人魅力，使得他的三个徒弟能够团结。

4. "无能"也是一种领导者的财富

唐僧那么无能，但是他会欣赏有本事的人，能够包容能人们的其他缺点，还能找到三个有本事的徒弟来保护自己。正是因为唐僧无能，所以孙悟空就有了用武之地，就使得他可以充分实现自己的价值。

5. 能念紧箍咒惩罚捣蛋鬼

领导总是会遇到"捣乱"的员工，怎么办？唐僧有法宝，就是如来佛所赐的"紧箍咒"。一旦孙悟空这样的能人"胡作非为"，他就念起紧箍咒来约束和提醒孙悟空，让他纠正自己的行为。唐僧拥有惩罚权。

唐僧因为比孙悟空多了这些东西，所以唐僧可以做领导。

6.1.4　领导的作用

1. 指挥作用

集体活动中，需要有头脑清醒、胸怀全局、能高瞻远瞩、运筹帷幄的领导者，帮助成员认清所处的环境和形势，指明组织活动的目标和达到目标的途径。

2. 协调作用

在组织系统中，即使有了明确的目标，但由于组织成员中个人的才能、理解能力、工作态度、进取精神、性格、地位等不同，人们在思想认识上发生各种分歧，行动上就会出现偏离目标的现象。同时，在一个组织内经常有不同的工作小组或任务执行单位，存在"本位观念"和"团体意识"，因而不免会与其他单位发生竞争，产生冲突在所难免。因此，就要求领导者来协调人与人之间、部门和部门之间的关系和活动，把大家团结起来，朝着共同的目标前进。

3. 激励作用

激励员工是领导的重要功能。在组织管理实际中，并不是所有人都具有积极工作的愿望和热情，并且即便有了这种愿望也不能自然地变成现实的行动，这种热情也未必能够自动地长久保持下去。在复杂环境中，企业的每个员工都有各自不同的经历和遭遇，怎样才能使每一个员工都保持旺盛的工作热情、最大限度地调动他们的工作积极性呢？这就需要有通情达理、关心群众的领导者来为员工排忧解难、激发和鼓舞他们的斗志，发掘和加强他们积极进取的动力。

4. 培养作用

作为领导者，还承担对下属的培养职责。因为只有指导和培养出优秀的下属，才能保证下属的工作高效，独当一面，出类拔萃，领导者才可以从烦琐的事务中解脱出来，集中精力做战略筹划工作。

6.2　领导理论

在领导理论的研究过程中，主要经历了三个发展阶段：领导特质理论、领导行为理论和领导权变理论阶段。随着管理环境变化，不断产生了新的理论，丰富了领导学。

6.2.1　领导特质理论

1. 领导特质理论的内容

对于工作成效卓著的领导者，人们的第一反应是：有效的领导者都具备哪些条件或素质？管理学中把关于这类问题的研究成果称为"领导特质理论"。古今中外，许多学者都对此进行过大量研究。他们认为，只要归纳出成功领导人应具备的特征，再考察某个组织中领导者是否具备这些特征，就能断定他是不是一个优秀的领导人，从而可以在领导者选拔和培养中提供重要依据。这种归纳分析法是研究领导特质理论的基本方法。

领导特质理论的基本观点是个人品质或特征是决定领导效果的关键因素。根据这些品质和特征的来源所作的不同解释，可分为传统特质理论和现代特质理论。传统特质理论认为领导者所具有的特质是天生的，是遗传因素决定的，但这种观点早已经被心理学家所否定，现在很少有人赞同。现代特质理论认为领导者的特性和品质是在实践中形成的，是可以通过教育和训练培养的。

一个好的领导者究竟应具备哪些品质或特征呢？研究者对此有不同的结论。

斯托格迪尔从与领导才能有关的身体特征（如精力、外貌与身高等）、智力特征（如知识、智商、判断力等）、个性特征（如适应性、进取心、热心与自信等）、与工作有关的特征（如追求成就的干劲、毅力和首创性等）及社会特征（如愿意与人合作、人际关系的艺术及管理能力等）等方面，提出了领导者和非领导者的区别。

美国普林斯顿大学包莫尔从满足实际工作需要和胜任领导工作的要求方面研究了领导者应具有的能力，他提出了作为一个企业家应具备的 10 个条件：合作精神、决策能力、组织能力、精于授权、善于应变、敢于求新、勇于负责、敢担风险、尊重他人和品德高尚。

吉赛利在对美国 90 个企业的 300 多名管理人员调查研究的基础上，提出了有效的领导者应具备 8 种个性特征和 5 种激励特征。其中个性特征有才智、首创精神、督察能力、自信心、适应性、判断能力、性别（男性化或女性化）、成熟程度；激励特征有对工作稳定性的需要、对物质金钱的需要、对地位权力的需要、对自我实现的需要、对事业成就的需要。

罗宾斯和库尔特通过研究将与有效领导相关的特质归纳为 8 项：驱动力、领导欲、诚实与正直、自信、智慧、与工作相关的知识、外向性和自我内疚倾向。

2. 对领导特质理论的评价

随着时间的推移，传统特质理论越来越多地受到来自各个方面的非议。反对者认为，这些学者提出的领导特质过于广泛，少则几项，多则十几项甚至上百项，而且这些特质之间相互矛盾，有些过分理想化。比如，"貌端健谈"被一些研究者认为是领导者的主要特征，但实际上不符合这个条件的领导者比比皆是。

另外，领导者与非领导者之间、成功的领导者与不成功的领导者之间，其个人特征上有时只存在量的差异而没有质的差别。比如，可能一个管理者富有远见卓识，及时转变了企业的经营方向，并且有很彻底的执行力，他成功了，就成为成功的领导者；而另一个管理者同样也想到了对企业的经营方向的新转变，但是执行时不够彻底，他失败了，就不能被归为成功的领导者。

不同的背景条件和不同的国情特点决定了对合格领导者的要求和标准也不尽一致。日本企业界要求领导者具有使命感、责任感、信赖感、积极性、忠诚老实、进取、忍耐、公平、热情和勇气等 10 种品德，以及思维决策、规划、判断、创造、洞察、劝说、理解人、解决问题、培养下级、调动积极性等 10 项能力。美国企业界则认为，一个合格的企业家应该具备合作精神、决策能力、组织能力、精于授权、善于应变、勇于负责、敢于求新、敢担风险、尊重他人、品德高尚等 10 项条件。

虽然对合格领导者特质的研究取得了大量成果，但从总体上说，领导特质理论的研究还没有取得统一的结论，甚至还相互矛盾，而且明显地带有理想化的痕迹。

管理实践

在媒体报道中，不难发现苹果公司的乔布斯的几项个人特质，包含"专注""完美主义""精英主义""专制"等。老实说，乔布斯或许不是经理人的最佳典范，他狂妄、自恋并认为大部分人都是笨蛋。乔布斯有个令人走避的恶名：地狱来的老板。从某种程度上说，乔布斯就是一个独裁者。在乔布斯闪耀的成就背后，是他与无数人的"战斗"，就算身边的朋友和员工，也不能阻碍他的计划——要么完全五体投地、死心塌地，要么扫地走人。乔布斯不惜一切代价实现自己的目标，以至于他在管理公司时，总是显得强权、刻薄、蛮横和震撼。他对团队的要求很高，也无法忍受不够聪明的员工，总是辱骂员工是"蠢蛋"。你一定会纳闷，为什么还是有无数精英愿意跟在地狱来的老板身边做事？因为他创造了一个环境，在这里你可以完成其他地方无法完成的事，如苹果的产品是独一无二的。很多企业喜欢声称他们是顾客导向，产品营销人员使用问卷或焦点团体访谈来接触使用者，直接问他们到底需要什么。乔布斯却不信这套，他认为，艺术家不可能依赖焦点团体访谈来决定创作方向，消费者也无法告诉企业如何进行科技创新。他常常引用亨利·福特的话：如果当年他在发明汽车之前问消费者想要什么，他们一定会说要一匹跑得更快的马，而不是一部奔驰汽车。正是这种专注和"狂妄的"创新意识才使得苹果公司成为世界上独一无二的。

6.2.2 领导行为理论

领导行为理论着重研究领导行为及其对组织成员的影响。20世纪40年代，许多管理学家和心理学家在研究工作中发现领导者的领导行为与领导效率有密切关系。为了寻求最佳的领导行为，在大量研究的基础上形成了多种行为理论。

1. 俄亥俄州立大学的领导行为四分图理论

美国俄亥俄州立大学的领导行为研究者们收集了大量有关下属人员对领导行为描述方面的资料，把领导行为概括归纳为两个维度：即"定规"（initiating structure）和"关怀"（consideration）。

所谓"定规"，是指领导者创立为完成任务所需要的行为，具体包括设计组织机构，明确职责职权、相互关系和沟通办法，确定工作目标，制定工作程序、方法与制度。所谓"关怀"，是指建立领导者与被领导者之间的友谊、尊重、信任关系方面的行为，具体包括尊重下属的意见，给下属以较多的工作主动权，体贴下属的思想感情，注意满足下属的需要，平等待人，关心群众，作风民主。

俄亥俄州立大学的研究者认为，领导者的行为可以是"定规"与"关怀"这两个方面的任意组合。领导行为四分图如图6-1所示，用两维坐标表示了存在的四种领导行为方式。

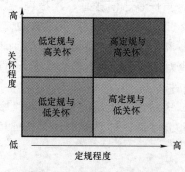

图6-1　领导行为四分图

究竟哪种领导行为方式最好呢？研究结论是不确定的，要视具体情况而定。例如有人认为在生产部门中效率与"定规"之间的关系成正比，而与"关怀"的关系成反比，而在非生产部门中情况恰恰相反。一般来说，高定规与低关怀带来更多的旷工、事故和抱怨。许多其他的研究证实了上述的一般结论，但也有研究提供了相反的证据。出现这种情况的原因是他们只考虑了"定规"和"关怀"两个方面，而没有考虑领导所处的环境。

几乎与俄亥俄州立大学的研究同时进行的，还有密歇根大学研究者所做的领导研究，他们也期望识别出与高工作绩效相关的领导行为特点。类似地，密歇根大学研究者也识别出两类不同的领导行为，分别为员工导向和生产导向。和其他研究不同的是，密歇根大学的学者们总结认为员工导向的领导者能够获得更高的团队生产率和更高的团队成员满意度。

2. 管理方格理论

1964 年，美国管理学家布莱克和莫顿在领导行为四分图的基础上，根据"定规"和"关怀"程度的不同，巧妙地设计出管理方格图。他们用横坐标表示领导者对工作的关心程度，纵坐标表示领导者对人的关心程度。横坐标和纵坐标都划分为 9 个尺度，这样就形成了一个有 81 种领导方式的管理方格图，如图 6-2 所示。

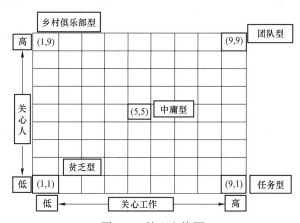

图 6-2　管理方格图

布莱克和莫顿列举了五种典型的领导方式。

（1，1）型方式，对工作和人都极不关心。这种方式的领导者只做一些维持自己职务的最低限度的行为，满足只要工作不出差错就行。这种方式一般被称为"贫乏型的管理"，在实际中很少见到这样的领导者。

（1，9）型方式，对人的需要极为关心，重视搞好人际的关系，而忽视工作的效果。持这种方式的领导者认为只要员工精神愉快，工作自然会好。这种方式常被形象地称为"乡村俱乐部型的管理"。但事实并非如此：愉快的工作氛围并不保证员工就能够有高效率，可能员工把更多的时间用于处理和维持人际关系而不是工作；除了和谐的工作环境，员工还需要工作的指导、目标的确定和调整等这些方面的辅助才能达到高绩效。

（5，5）型方式，既对工作关心，也对人关心，二者兼顾，程度适中。这种方式的领导者既对工作的质量和数量有一定要求，又强调通过引导和激励下属去完成任务。但是这种领导往往缺乏进取精神，满足于现状，因而被称为"中庸型的管理"。

（9，1）型方式，只重视工作中生产任务的完成，而不重视人的因素。这种领导者是一种专制式的领导，强调有效地控制下属完成各项工作，下属只能奉命行事，下属感觉难以施展所有的才能，从而对工作失去热情。这种方式被称为"任务型的管理"。

（9，9）型方式，对工作和对人都极为关心。这种方式的领导能使组织的目标与个人的需要最有效地结合起来，既高度重视组织的各项工作，又能通过沟通和激励，使群体合作，从而获得高的工作效率。这种方式被称为"团队型的管理"。

根据上述典型领导方式的分析，可以得出下述结论：作为一个领导者，既要发扬民主，又要善于集中；既要关心工作的完成，又要关心员工的正当利益。只有这样，才能使领导工作卓有成效。

3. 领导作风理论

一般来说，不同的人在领导行为表现上会有很大的不同。所谓领导作风、领导风格或领导方式，就是对不同类型领导行为形态的概括。领导作风理论重点研究领导者工作作风的类型以及不同工作作风对成员的影响，以期寻求最佳的领导作风或领导风格。

1）勒温的三种领导方式

领导作风理论的创始人是美国社会心理学家勒温。他依据领导者对权力所持的态度和使用权力的方式，将领导者在领导过程中所表现出来的领导风格分为三类，即：专制型、民主型和放任型。其中，权力定位于领导者手中的是专制型，权力定位于组织群体的是民主型，权力定位于各个成员的是放任型。勒温认为，在实际工作中三种极端的作风并不常见，领导人采纳的工作作风往往是处于极端类型之间的混合型。

以上三种领导方式下的领导行为各有优缺点。为了分析不同领导作风对群体成员所产生的影响，勒温于 1939 年进行了一次实验，结果表明三种领导作风对群体成员的影响存在显著差别。其中，放任型的领导效率最低，在这种领导作风影响下的组织没能实现工作目标，且产品数量和质量都很差；专制型的领导虽然实施了严格管理，使群体达到了工作目标，但成员的消极态度和对抗情绪不断增长；民主型的领导效率最高，不但达到了工作目标，而且达到了社会目标，成员表现很主动、很成熟且积极性较高。

2）利克特的四种领导方式

利克特在勒温的研究基础上，对三种领导作风的极端类型的中间部分进行细分，提出了领导的四种基本行为模式。

（1）专制——权威式。采用这种领导方式的领导者非常专制，决策权仅限于最高层，对下属很少信任，激励也主要是采取惩罚的方法，沟通采取自上而下的方式。

（2）开明——权威式。采用这种方式的领导者对下属有一定的信任，采取奖赏和惩罚并用的激励方法，有一定程度的自下而上的沟通，也向下属授予一定的决策权，但自己仍牢牢掌握着控制权。

（3）协商式。这种方式的领导者对下属抱有相当大但并不完全的信任，主要采用奖赏的方式来进行激励，沟通方式是上下双向的。在制定总体决策和主要政策的同时，允许下属对具体问题作出决策，并在某些情况下进行协商。

（4）群体参与式。采用这种方式的领导者对下属在一切事务上都抱有充分的信心，积极采纳下属的意见，更多地从事上下级之间以及同级之间的沟通，鼓励各级组织作出决策。

利克特的调查结果表明，工作效率高的组织多数实行第三、第四种领导方式。

 管理实践

广州恒大淘宝足球队（以下简称恒大队）2010 年由广州恒大集团全资收购，后于 2014

年由阿里巴巴集团增资扩股。2011—2017 年，恒大队实现中国足球超级联赛七连冠，追平了世界足坛主流联赛历史上连续夺冠次数的记录，成为中国足球顶级职业联赛史上当之无愧的最佳之一。截至 2018 年，球队还两次获得亚冠的冠军，总计获得 15 个冠军，成为目前亚洲最为成功、最具影响力的职业足球俱乐部之一。

球队的成功，自然离不开集团的大力投入和对于高水平运动员的积极招揽。然而，更加令人称道的是俱乐部内职业化的管理模式。正如某位球员所说的那样，"在恒大踢球，除了关心训练和比赛之外，其他事情不用操心分神"。

没有规矩，不成方圆。一个好的制度可以保证组织有效运转，是达成组织目标的可靠保证。俱乐部一直非常重视球队的管理工作，适时推出符合球队实际情况的管理制度，做到了赏罚分明，最大限度地激发和释放了每一名球员在球场上的战斗力。恒大队在球队管理方面出台了一系列严格的管理措施："五必须""五不准""五开除"，成了恒大队球员日常行为准则，确保了球队的战斗力。同时，广州恒大集团提出 "513" 的奖金分配方式，在联赛中每胜一场比赛获得人民币 500 万元的奖励，每打平一场获得 100 万元的奖励，输一场则要扣罚 300 万元。2012 年，首次征战亚冠的恒大队，又提出了 6306 的亚冠奖金方案，即赢球奖 600 万元，打平奖 300 万元，输球没奖金，也不扣钱，晋级一轮增加 600 万元，每净胜一球额外奖励 200 万元。同时，对于违反纪律的球员，恒大处罚绝不手软，一视同仁。八年来，受到处罚的球员既有郑智、郜林这些老臣，也有孔卡、巴里奥斯这样的顶级外援。

每当球队遇到挫折或者成绩不佳时，许家印往往也会亲自第一时间召开球队管理会议，从制度和关怀两个层面来帮助球队渡过难关。2018 年 7 月，在上半赛季连续八场不胜的背景下，球队召开管理会议。会议上发布了《关于全面理顺球队管理的通知》，一是调整球队编制，强化良性竞争机制；二是进一步从严管理，实施一线队球员 "末位零奖金制"；三是重申赛风赛纪，严格执行 "六必须、六不准、六开除" 的 "三六" 队规，并出台严厉处罚措施。许家印也在会议中指出，定编就是为了形成非常激烈的竞争机制，只有竞争才能产生巨大的动力和压力，才能从根本上提升球队的整体战斗力。实施一线队球员 "末位零奖金制"，对球员是一个非常大的鞭策，目的就是要每个球员在每场比赛都拼尽全力，做到狼性十足、血拼对手。除了强调制度化管理之外，许家印在球队的重大比赛之前，还会通过现场观战、赛前鼓励、赛后奖励等不同方式为球队加油打气，最大限度地调动球员和教练员的热情。

在领导作风理论研究中，尽管有许多学者通过调查和现场实验证明了利克特的观点，但也有不少学者提出了不同看法。有人认为，不同的领导作风或领导方式对群体的影响并无多大差别，它们均可能导致群体的高效率，也可能导致群体的低效率。

6.2.3　权变领导理论

所谓权变，是指行为主体根据情境因素的变化而做出适当的调整。权变领导理论就是指领导者应该根据情境因素选择有效的领导方式。

人们越来越认识到，找到一种普遍适用的 "最好的" 领导理论和方法是不正确的，领导行为效果的好坏，除了领导者本人的素质和能力外，还取决于诸多客观因素，如被领导者的特点、领导的环境等，它们是诸多因素相互作用、相互影响的过程。这个观点可用公式表示如下：

$$领导 = f(领导者，被领导者，环境)$$

因此,没有一种"最好的"领导行为,一切要以时间、地点、条件为转移,这便是领导的权变理论的实质。

最具代表性的权变理论有以下几种。

1. 菲德勒模型

美国伊利诺伊大学的菲德勒从 1951 年开始,首先从组织绩效和领导态度之间的关系着手进行研究,经过长达 15 年的调查试验,提出了"有效领导的权变模式",简称菲德勒模型。他认为任何领导形态均有可能有效,其有效性完全取决于是否与所处的环境相适应。

菲德勒以一种"你最不喜欢的同事"(least preferred co-worker, LPC)的量表来反映和测定领导者的领导风格。他把领导方式假设为两大类:以人为主和以工作为主。一个领导者如果对其最不喜欢的同事都能给予好的评价,可以被认为对人宽容、体谅,注重人际关系和个人的声望,是以人为主的领导者;如果领导者对其不喜欢的同事批评得体无完肤,则被认为惯于命令和控制,是只关心工作的领导者。

与此同时,他把影响领导有效性的环境因素归结为以下三个方面。

(1)领导者与下属之间的相互关系。指领导者得到被领导者拥护和支持的程度,即领导者是否受下属的喜爱、尊敬和信任,是否能吸引并使下属愿意追随他。领导者与下属之间相互信任、相互喜欢的程度越高,领导者的权力和影响力就越大;反之,其影响力就越小。

(2)任务结构。指下属所从事的工作或任务的明确性。如果所领导的群体要完成的任务是清楚的,组织纪律明确,成员有章可循,则工作质量比较容易控制,领导也可更加有的放矢;反之,工作规定不明确,成员不知道如何去做,领导者就会处于被动地位。

(3)职位权力。指组织赋予领导者正式地位所拥有的权力。职权是否明确、充分,在上级和整个组织中所得到的支持是否有力,直接影响到领导的有效性。一个领导者对其下属的雇用、工作分配、报酬、提升等的直接决定权越大,其对下属的影响力也越大。

菲德勒将这三个环境变数任意组合成八种群体工作情境,对 454 个工作单位 1 200 个团体进行了观察。调查对象包括了企业、军队、非政府组织、体育俱乐部等,调查的层级上至董事会,下到车间工段,收集了领导风格与工作环境关联起来的数据,得出了在各种不同情况下使领导有效的领导方式,菲德勒模型如图 6-3 所示。

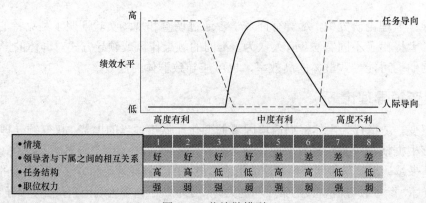

图 6-3　菲德勒模型

菲德勒的研究结果表明:根据群体工作情境,采取适当的领导方式可以把群体绩效提高到最大限度。当情境非常有利或非常不利时，采取工作导向型领导方式是合适的；但在各方面因素交织在一起且情境有利程度适中时，以人为主的领导方式更为有效。

同时菲德勒还提出，领导行为是和该领导者的个性相联系的，所以领导者的风格或领导方式基本是固定不变的。当一个领导者的风格或领导方式与情境不相适应时，如果领导者不离开这个岗位，那么就要改变情境，使之与领导者的风格相适应。例如，如果领导者是任务导向型的，在情景特征为中间型的状态下，可以通过一些方式，改变情景状态为有利型：增强领导人的职位权力，可以赋予他独断的决定权；改变工作任务结构，可以下达明确具体的作业计划；改变领导者与下属的关系，可以安排价值观念相近、经历类似、有较多共同语言的同事和下属。

但是，管理学者罗宾斯认为，管理情境是外部的客观存在，是不容易改变的，或者改变起来代价太大，所以管理者要发挥自己的主观能动性，改变或调整自己的领导风格。

比如，如果群体所处的情境被评估为十分不利，又由一个关系导向型的管理者进行领导，那么要么替换一个任务导向型的管理者，要么从关系导向型的领导者转变为任务导向型的领导者，要么改变环境为有利的状态。这种领导方式和领导情景匹配的调整，取决于哪种方法更容易实施。

 管理小知识

菲德勒的 LPC 问卷

回想一下你自己最难共事的一个同事（同学），他（她）可以是现在和你共事的，也可以是过去与你共事的。他（她）不一定是你最不喜欢的人，只不过是你在工作中相处最为困难的人。用下面 16 组形容词来描述他（她），在你认为最准确描述他（她）的 1～8 的等级上画圈。不要空下任何一组形容词。

快乐 ——	8	7	6	5	4	3	2	1	——不快乐
友善 ——	8	7	6	5	4	3	2	1	——不友善
拒绝 ——	1	2	3	4	5	6	7	8	——接纳
有益 ——	8	7	6	5	4	3	2	1	——无益
不热情——	1	2	3	4	5	6	7	8	——热情
紧张 ——	1	2	3	4	5	6	7	8	——轻松
疏远 ——	1	2	3	4	5	6	7	8	——亲密
冷漠 ——	1	2	3	4	5	6	7	8	——热心
合作 ——	8	7	6	5	4	3	2	1	——不合作
助人 ——	8	7	6	5	4	3	2	1	——敌意
无聊 ——	1	2	3	4	5	6	7	8	——有趣
好争 ——	1	2	3	4	5	6	7	8	——融洽
自信 ——	8	7	6	5	4	3	2	1	——犹豫
高效 ——	8	7	6	5	4	3	2	1	——低效
郁闷 ——	1	2	3	4	5	6	7	8	——开朗
开放 ——	8	7	6	5	4	3	2	1	——防备

按照 LPC 问卷的调查，16 个问题的得分相加取平均值，如果得分在 1.2～2.2 之间，领导人为任务导向型；如果得分在 4.1～5.7 之间，领导人为关系导向型；如果得分在 2.3～4.0 之间，领导人处于中间状态（因为所评价对象是最不喜欢的同事，所以在实际操作中没有出现 5.7 以上的高分）。算算你得了多少分？测测自己是什么类型的领导者。

2. 领导生命周期理论

领导生命周期理论把注意力放在对下属的研究上，认为成功的领导者要根据下属的成熟程度选择合适的领导方式。赫塞和布兰查德发展了这一理论，并被称为情境领导理论（situational leadership theory）。

领导生命周期理论是建立在四分图理论和不成熟—成熟理论基础之上的。研究者也画出一个方格图，横坐标为工作行为，纵坐标为关系行为，在下方再加上一个成熟度坐标，从而把原来由布莱克和莫顿提出的由以人为主和以工作为主构成的两维领导理论，发展成由关系行为、工作行为和成熟度组成的三维领导理论。

所谓成熟度，是指人们对自己的行为承担责任的能力和愿望的大小。它取决于两个方面：任务成熟度和心理成熟度。任务成熟度是相对于一个人的知识和技能而言的，若一个人具有无须别人的指点就能完成其工作的知识、能力和经验，那么其工作成熟度就是高的，反之则低。心理成熟度与做事的愿望或动机有关，如果一个人能自觉地去做，无须外部的激励，就认为他有较高的心理成熟度，反之则低。研究者把成熟度分成四个等级，即不成熟、初步成熟、比较成熟、成熟，分别用 M1、M2、M3、M4 来表示。

M1：下属缺乏接受和承担任务的能力与愿望，他们既不能胜任又缺乏自觉。

M2：下属愿意承担任务但缺乏足够的能力，他们有积极性但没有完成任务所需的技能；

M3：下属具有完成领导者所交给任务的能力，但没有足够的积极性。

M4：下属能够而且愿意去做领导要他们做的事。

工作行为是指领导者和下属为完成工作任务而形成的交往形式，关系行为是指领导者给下属以帮助和支持的程度。由此提出了四种领导方式：命令式、说服式、参与式、授权式。

（1）命令式（高工作—低关系）：领导者对下属进行分工并具体指示下属应当干什么、如何干、何时干等，它强调直接指挥，又被称作告知式。

（2）说服式（高工作—高关系）：领导者既给下属以一定的指导，又注意保护和鼓励下属的积极性，这种方式又称指导式或者推销式。

（3）参与式（低工作—高关系）：领导者与下属共同参与决策，信息双向沟通，领导者着重给下属以支持及其内部的协调沟通。

（4）授权式（低工作—低关系）：领导者几乎不加以指点，由下属自己独立地开展工作、完成任务。

领导生命周期认为：随着下属从不成熟走向成熟，领导者不仅要减少对活动的控制，还要减少对下属的帮助。当下属成熟度为 M1 时，领导者要给予明确而细致的指导和严格的控制，采用命令式领导方式；当下属成熟度为 M2 时，领导者既要保护下属的积极性，交给其一定的任务，又要及时加以具体的指点以帮助其较好地完成任务；当下属处于 M3 时，领导者主要是要解决其动机问题，可通过及时的肯定和表扬以及一定的帮助与鼓励以让下属树立信心，因此以采用低工作—高关系的参与式为佳；当下属成熟度为 M4 时，由于下属既有能力又有积极性，因此领导者可采用授权式，只给下属明确目标和工作要求，由下属自我控制。

领导生命周期模型如图 6-4 所示。

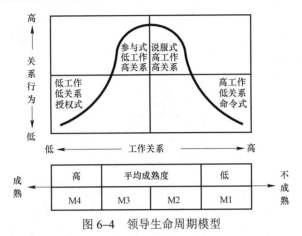

图 6-4　领导生命周期模型

领导生命周期理论告诉我们，领导的有效性在于把组织内的关系行为、工作行为和下属的成熟度结合起来考虑，随着被领导者从不成熟走向成熟，领导行为也要随之调整才能有效。

3. 路径-目标理论

1971 年，加拿大多伦多大学豪斯教授将期望理论和二元理论相结合提出了路径-目标理论。期望理论认为，个人的态度取决于其期望值的大小（目标效价）以及通过自己努力得到这一期望值的概率高低（期望概率）。该理论认为，领导者的工作是帮助下属达到他们的目标，并提供必要的指导和支持以确保各自的目标与群体或组织的总体目标相一致。

该理论把领导行为分为四种。

（1）指示型。给下属明确任务目标，明确职责，严密监督，通过奖惩控制下属的行为。当工作任务模糊不清、变化大或下属对工作不熟悉，没有把握，感到无所适从时，这种方式是合适的。

（2）支持型。对下属友好，平等对待，关心下属的生活福利。这种领导方式特别适用于工作高度程序化，让人感到枯燥乏味的情境。既然工作本身缺乏吸引力，下属就希望上司能成为满意的源泉，领导人可通过工作会餐或郊游等满足下属的社交需求。

（3）参与型。鼓励下属参与任务目标决策和解决具体问题。当任务相当复杂，需要组织成员间高度的相互协作时，或当下属拥有完成任务的足够能力并希望得到尊重和自我控制时，采用这种方式是合适的。

（4）成就导向型。这是参与型领导方式的一种特殊类型，它主要强调目标设置的重要性，领导者通过为下属设置富有挑战性的目标和鼓励下属完成这些任务来管理下属。只要下属能完成目标，他们就有权自主决定怎么做。

路径-目标理论如图 6-5 所示。

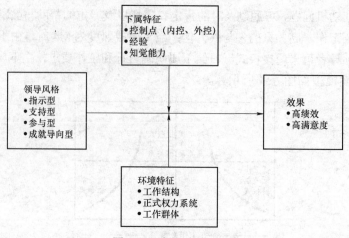

图 6-5　路径-目标理论

"路径-目标"理论告诉我们：对于一个领导者来说，没有什么固定不变的领导方式，要根据不同的环境选用适当的领导方式。领导者不仅可以而且应该根据不同的环境特点来调整自己的领导行为。当领导者面对一个新建部门或一项新工作任务时，他可以采用指示型领导行为，指导下属建立明确的任务结构和各自的工作任务。接下来他可以采用支持型领导行为，以利于同下属形成一种协调和谐、积极向上的工作气氛。当领导者对组织的情况进一步熟悉，组织正常运行后，则可以采用参与型领导方式，积极主动地与下属沟通信息、商量工作，让下属参与决策和管理。在此基础上领导者就可以采用成就导向型领导方式，领导者与下属共同指定具有挑战性的工作目标，并且运用各种有效的方法激励下属为实现目标而努力工作。

6.3　领导理论的新发展

1. 交易型领导与变革型领导

伯恩斯把领导者分为交易型（transactional）和变革型（transformational）两类。交易型领导认为，领导者与成员之间是基于经济的、政治的及心理的价值互换的关系，领导者的任务是设定员工达成组织目标时所能获得的奖酬，明确界定员工的角色，提供资源并帮助员工找到达成目标及获得奖酬的途径。而变革型领导则是领导者通过改变下属的价值与信念，提升其需求层次，使下属能意识到工作目标的价值，或是为组织规划出愿景、使命以激励下属，进而使下属愿意超越自己原来的努力程度，并且帮助下属学习新技能、开发新潜能，增进组织的整体效能。

巴斯等学者通过一系列研究，提出变革型领导主要由领袖魅力、愿景感召、智力激发和个性化关怀组成，而交易型领导则由权变奖励、例外管理（包含主动的和被动的）构成。李超平和时堪在中国情境下的研究则指出，变革型领导包括愿景激励、领导魅力、个性化关怀和德行垂范这四个维度。大量在中西方组织中进行的实证研究表明，在组织每一层次上，变革型领导所产生的效果都比交易型领导要更好。然而，变革型领导与交易型领导也并非截然相反的两种路径，在某些情况下交易型领导也可能带来较为有效的产出。

2. 魅力型领导和工具型领导理论

从 20 世纪 80 年代起，随着经济全球化的发展，市场竞争日趋激烈，各类组织尤其是企业组织迫切需要具有改革和创新精神的领导者，以应对环境的挑战。理论界在讨论企业变革时，根据领导在变革中的角色对魅力型领导和工具型领导进行了描述。

魅力型领导理论是指领导者利用其自身的魅力鼓励追随者并做出重大组织变革的一种领导理论。多数研究者采用面谈、传记、观察等描述性方法对魅力型领导者进行了定性研究。Robert House 用了四个短语来定义魅力型领导：支配性的；强烈感染的；充满自信的；具有强烈的个人道德观感。Conger 和 Kanungo 描述了魅力型领导的五个行为属性：远见卓识；环境敏感；对成员需求敏感；敢于冒险；反传统（是激进变革的代言人而不是传统现状的卫道士）。国内学者针对领导者人格魅力的研究则揭示出其包含了领袖才干、公德示范和仁爱情怀三个方面的内容。

工具型领导与魅力型领导的概念相对应。工具型领导存在下列三个特征：第一是结构化，领导投入时间建立团队，这种团队要与企业的战略相协同，同时创建一种结构，在这种结构中能清晰地表达出组织需要什么类型的行为，在这个过程中涉及设立目标、建立标准、定义角色和责任；第二个是控制，这涉及创造测量、监督、行为和结果的评估以及管理行为的系统和程序；第三个特征是一致的回报，包括对员工行为与变革所要求的行为一致性问题所做的奖励和惩罚。

企业在变革过程中，魅力型领导似乎更有效，但魅力型领导有其自身的缺陷：魅力型领导者也可能有消极方面。如果魅力型领导者过分强调自己个人意志和魅力的吸引力，而忽略了个人能力的局限性，要求下级绝对服从，或利用其高超的说服能力误导或操纵下级，反而对管理决策产生不利的影响。当魅力型领导者对于自身过分自信甚至自大时，便有可能因此无法接受其他人的意见，而做出错误的决策。

所以，企业在变革过程中，仅仅运用魅力型领导是不够的。在变革初期，魅力型领导更有效，因为他们能设定远景，鼓舞士气，但企业变革的后期阶段就需要工具型领导来建立适当的队伍、辨识所需的行为、建立测量工具、进行奖励和惩罚以使员工以一致的行为来完成他们的目标。

3. 愿景领导

在《领导者》一书中，本尼斯和纳努斯指出，杰出的领导者拥有以下四种共同的能力：通过愿景唤起关注，通过沟通赋予意义，通过定位获得信任，以及通过自重实现自我调整。这其中，领导者需要通过强有力的愿景把人们吸引过来，让人们专注在想要创造的结果上，这个愿景将带人们去他们没有去过的地方。愿景是领导的核心。

管理学者罗宾斯指出：组织愿景是清晰的、令人向往的；它承认并超越了传统，并提供了一种新的规则，使人们认识到通过行动去变革，从而使组织变得卓越。组织愿景能够澄清变革的整体方向，激励人们采取措施向正确方向前进以及团结个人、快速高效帮助协调众人的行动。

愿景领导暗示了领导行为的着力点是：组织愿景，包括愿景的构建、宣传、交流和实现。这是对经典行为理论从行为出发点方面的重要补充和发展，特别强调愿景型领导者能创造并清晰地描绘一个可行、可信、吸引人、能够改善组织当前状况的未来愿景。在一些优秀的企业中，越是高层的领导者，越是倾向于重视和强调愿景的力量，旨在回答"我们当前的组织未来将成为什么模样"。但与其他领导理论相比，愿景领导理论还有待于进一步实证研究的支持。当前的一些研究更多关注愿景的主要属性、愿景中包含的内容、愿景沟通的方式等，对于愿景如何在领导过程中发挥作用的研究还有待拓展。

4. 共享领导

共享领导是一种新的管理思想，该思想主张由领导者和其下属成员组成的管理团队来共同承担领导责任，领导者必须摆脱传统独自负责和控制一切的观念，使下属成员更愿意担任责任并更具主动性。共享领导被定义为"一个动态的互动影响的过程，一个群体中的个体互相带领实现一个群体性或组织性的目标"。当团队的所有成员充分参与到团队的领导，为最大限度地发挥团队的潜力而毫不犹豫地进行指导和影响团队其他成员时，则实现了共享领导。在共享领导过程中，领导者承担下列职责：慎重确定共享领导团队的合适人选；发展团队的领导技能；暂时性填补团队所缺的领导技能；管理好团队与其他机构的事务；授予团队设置目标、解决问题等权力。

所以，建立共享领导机制，并没有排斥领导者存在的必要性。只是领导者的责任不再是决定前进的方向、控制工作的进行，而是建立一支强而有力的团队，使团队成员拥有共同的远景目标，大家平等参与、相互影响，共担责任并彼此合作。事实上，研究发现以下六种领导者的行为恰恰可以促进和支持共享领导的发展：重视杰出性，提出清晰的目标，给予及时的反馈，将挑战和技能相匹配，减少干扰，创造自由度。

尽管共享领导具有很多传统领导不可比拟的优势，但它只有在特定类型工作中应用才能使其优势充分发挥：成员分担的工作之间高度相关，共享领导在高度依赖的工作环境下会产生优于单独领导者的领导效果；团队任务需要高创新，共享领导比传统领导提供的选择方案更多，也就更容易产出创造性成果；工作任务高度复杂，当工作复杂性增加时，整合成员资源实施共享领导可以弥补个体领导知识能力的不足。可以说，共享领导力挑战了传统层级组织架构中对领导者的理解，而更多地将领导力看作一个社会系统为了共同目标实现互相影响的过程。

5. 家长式领导

Silin 于 1976 年在我国台湾一家私营独资企业进行了为期一年的个案研究，发现该企业的老板和经理人运用类似于管理家庭成员的方式来管理员工，而自己则充当家长的角色。Silin 将其总结为教诲式领导、德行领导、中央集权、上下保持距离、领导意图及控制。Redding 则在 20 世纪 80 年代末对菲律宾、东南亚地区的华人家族企业进行了长达 20 年的研究，他明确提出了家长式领导的概念，并指出父权家族主义是华人企业的一个重要特征。家长式领导具备以下特征：在心态上，下属必须依赖领导者；偏私性的忠诚使得下属愿意服从；领导者会明察下属的观点，据以修正自己的专断；当权威被大家认定时，不能视而不见或置之不理；层级分明，社会权力距离大；没有清晰的权威或严格的制度，领导者的意图并不明确表达出来；领导者是楷模与良师。

樊景立与郑伯埙在回顾了自 Silin 以来的所有研究结论，认为家长式领导包含三个重要维度：威权、仁慈和德行。威权是指领导者对下属具有绝对的权威，下属必须完全服从；仁慈是指领导者对下属表现出个性化，关心下属个人或其家庭成员；德行则大致可以描述为领导者表现出高度个人美德、自律和无私，公私分明，以身作则。家长式领导模型如图 6-6 所示。

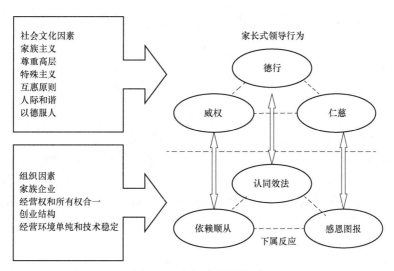

图 6-6　家长式领导模型

　　家长式领导者表现出威权、仁慈和德行的领导行为；相应地，下属则会表现出依赖顺从、感恩图报及认同效法行为。这种对应关系体现了一个基本假设，即家长式领导的效能必须建立在领导者和下属对各自角色的认同，以及下属对领导者的追随之上，否则将导致管理效能降低、人际和谐关系破裂，甚至发生公开的冲突。也就是说，除非下属具有愿意依从威权的心态，否则威权领导难以发挥作用；除非下属对领导的仁慈能够感恩戴德，否则仁慈领导的效果将大打折扣。

　　后来有学者发现，家长式领导不只存在于华人社会，有证据表明在一些具有高集体主义和高权力距离的文化特征的非西方国家和地区也存在家长式领导。Martinez 在墨西哥企业中也发现了存在家长式领导的证据，他认为家长作风非常符合墨西哥人遵守等级制度、重视家庭关系的文化习俗。在土耳其，员工在被解雇时会得到企业根据其工作年资所发放的一笔赔偿金，女性员工如果因为结婚或者生育而辞职也同样会得到这样一笔赔偿金，员工与雇主之间是一种温馨的类似于家庭成员关系的人际关系。日本企业在这方面表现得更为突出，企业父权家族主义是日本民族文化体系的一个重要组成部分，只有对家长式领导方式深信不疑，才能成为日本企业的合格员工。

　　除了来自亚太、中东和拉丁美洲等国家和地区的证据表明家长式领导普遍存在之外，对家长式领导还持有保留态度的处于西方文化背景下的美国，也开始出现家长式领导的迹象。一项对 10 个国家企业员工的调查显示，美国员工对家长作风的认同程度远高于加拿大、德国和以色列，之所以如此，是因为问题的关键不在于领导方式是否与地理区域相匹配，而在于领导者的风格是否与下属需求相吻合。美国企业有一大批对权威具有尊重和服从需求的员工，他们更加认同家长作风，并且在家长式领导方式下能够发挥更大的主观能动性。

6.4　领导力培养和开发

6.4.1　领导力的评价要素

领导力并不是天生的，后天可以培养，在理论和实践中已经达成共识。但是领导力如何评价，对领导者来说从哪些方面提高领导力，却没有达成共识。

从现有的研究来看，大多数学者认为科学决策的能力、激励他人的能力和团队合作精神是企业领导力的核心要素。领导力的构成要素一般被概括为能力、品格、行为三个方面。

能力方面，学者们提到的企业领导力构成要素可以归纳为五类：一是基本能力，主要有记忆、应变、表达、预见、学习、自信、自控、想象、判断等；二是战略管理能力，主要有知识、远见、评估、计划、决策、市场洞察、资源配置能力等；三是沟通协调能力，主要有感染、号召、合作、吸引、谈判、激励、人际交往能力等；四是创新能力，主要有创造、直觉、理想、冒险、变革、心态开放、突破性思维能力等；五是执行能力，主要有魄力、从容、引导、绩效考核、目标任务分解、业务能力等。

品格方面，学者们提到的企业领导力构成要素可以归纳为两类：一是基本道德品质，主要包括诚信、正直、负责、真诚、谦虚、宽容、信任、尊重、使命感等；二是专业精神，主要包括敬业精神、职业道德、牺牲精神、奉献精神、率先垂范、团队精神等。

行为方面，学者们提到的企业领导力构成要素可以归纳为两类：一是培养和造就人才，主要包括带领团队、尊重人才、充分授权、激励下属、开发人才、了解员工行为、为员工搭建舞台等；二是营造良好的企业文化，主要包括促进团队活力、调动组织能动性、保证制度的持续性、信奉变革、善于接受意见、建立合理的竞争与合作机制、明确发展方向、保持学习的热情与动力等。

　管理实践

GE 和宝洁的领导力模型

韦尔奇认为：领导人应该具备的关键素质可以用"4E+P"来概括，即"GE 领导力模型"的主要内容。

energy——活力

活力是指巨大的个人能量，对于行动有强烈的偏爱，干劲十足。意味着不屈服于逆境，不惧怕变化，不断学习，积极挑战新事物的充满活力的人才。

energize——激励力

激励力是指激励和激发他人的能力，能够活跃周围的人，善于表达和沟通自己的构想与主意。韦尔奇认为，这也是一种积极向上的活力，它可以让其他人加速行动起来。懂得激励别人的人能鼓舞自己的团队，承担看似不可能完成的任务——并且享受战胜困难的喜悦。他特别强调，激励别人并不是只会做慷慨激昂的演讲，而是需要对业务有精深的了解，并且掌

握出色的说服技巧，创造能够唤醒他人的氛围。

edge——决断力

决断力即竞争精神、自发的驱动力、坚定的信念和勇敢的主张，即对问题做出决定的勇气。

execute——执行力

执行力即提交结果，能够将构想与结果联系起来。将构想变成切实可行的行动计划并能够直接参与和领导计划的实施。执行力是一种专门的、独特的技能，它意味着一个人知道怎样把决定付诸行动，并继续向前推进，最终完成目标，其中还要经历阻力、混乱，或者意外的干扰。

passion——激情

所谓激情，是指对工作有一种衷心的、强烈的、真实的兴奋感。充满激情的人特别在乎别人（如同事、员工和朋友们）发自内心地在乎：是否取得了成功。

宝洁公司认为领导力的要件可以概括为五个 E，它们是 envision（高瞻远瞩）、engage（全情投入）、energize（鼓舞士气）、enable（授人以渔）、execute（卓越执行）。

高瞻远瞩：更多是指一个领导者构筑愿景的能力，给整个组织指明方向，从而激发团队内心的激情。

全情投入：则是从人和资源两个角度，能够很好地将利益相关者——员工、同事、客户甚至老板纳入自己的愿景，达成支持梯队。

鼓舞士气：则是鼓舞团队的热情和士气，使团队始终保持高昂的工作状态。

授人以渔：是构建团队整体的能力，培训与教授，重在授人以渔。

卓越执行：则是要率先垂范，亲身投入完美执行的推动，结果导向。

6.4.2　领导力的培养和开发

一个组织确定各种领导力发展项目的具体内容和目标时，会受到多种因素的影响。在通常情况下，领导效果取决于三个因素：一是追随者，领导者之所以可以成为领导者的必要条件是有大批自愿的追随者，实际上是指企业内部的追随者；二是环境的复杂性，领导者必须适应组织内部和外部复杂环境的变化；三是领导者素质。有效的领导者必须在组织内外环境、追随者之间寻求配合。所以，对一个特定的组织来说，什么样的领导者胜任工作并没有一个通用的标准，每个企业都应当根据自身所面临的市场背景及实际需求做出选择。应当首先分析企业自身文化、企业所面临的市场背景及企业自身的创新要求，与此同时还应考虑追随者的情况：他们想要什么样的领导者？他们的工作动机是什么？总之，领导者、追随者和企业内外环境三者之间如何协调和平衡是非常重要的。对于领导者个人来说，从以下方面培养和开发自己的领导力是必不可少的。

1. 提升自我素养

领导者的魅力一部分来源于领导者的素质（特质），这些素质有些是天生的，有些则是后天长期努力所获得的素养。天生素质难以改变（如聪明），后天素养却可通过个人努力而获得（如沟通协调能力），领导力的提升要从自我素养的提升开始。西方领导理论中的领导特质理论或许可以为我们提供些许参考。这些特质或许不是领导力的决定性因素，但却有助于领导力的实现。如果领导者具备这样的一些特质将有助于领导魅力的提升、领导目标的实现。所以，领导者应想方设法地不断提升自己的某些特质，通过自身素质的改善来提升领导力。在中国的传统管理思想中，我们特别强调优秀的领导者应当做到"德才兼备"，其中"德"在中国社会中扮演尤为重要的角色。不过，根据有关领导者人格魅力的研究成果，除了德、才之外，有魅力的领导者还应该做到对员工和他人有大爱的关怀，即需要调动情绪、情感的力量来影响下属。因此，好的领导者应该努力做到"德、才、情"兼备。

自我素质的提升主要通过书本学习、自我反思、实践锻炼等方式进行。西方领导学研究中提出了"自我驾驭""自我领导"的概念，这些概念为领导力的自我提升指明了方向。

2. 明确角色定位

台湾管理学者林正大认为，领导力不仅仅是个人的能力，它与组织的系统能力是密不可分的。而且对不同层级的领导者，需要不同的领导力。对于个体的领导，着重点在于对下属的意愿、能力、个性了解的基础上的指导和激励。对于团队层级的领导，应该着重于塑造目标、理顺人际关系和工作关系及掌握工作方法。对于企业层级的领导，也有三个关键点：方向、结构和制度，方向是指企业愿景、企业战略、企业文化，结构包括产权关系、公司治理、组织架构，制度主要是指核心流程、人力资源管理等。林正大提出来的这个观点对于领导者认清自己的角色定位、提高领导力具有很强的针对性。

3. 培养追随者

没有追随者就没有领导者。领导者在培养追随者的过程中体现领导力，同时也提升领导力。换言之，培养追随者的过程，是实现用人艺术的过程，也是领导者提升领导力的过程。伴随着组织内外部环境条件的变化，追随者的角色和地位变得愈加重要，从而使得研究追随者更具现实意义。

领导者获得追随者的认同，包括三个方面：理念得到追随者感情上的认同，即情感认同；行为得到追随者的充分理解，即认知认同；愿景符合追随者的期望值，即价值认识。三者必居其一。为获得情感认同，领导者必须以人为本，给予追随者以充分的尊重与关怀。为获得认知认同，领导者不仅要给予追随者相适应的认知，而且要具备高出追随者的认识，不断提升追随者的认知，成为他们认知提升的引导者，成为他们的"精神领袖"。为获得价值认同，领导者要特别注重对追随者进行价值引领与愿景构建。领导者要掌握宣传、演讲、交流等追随者培养方式，利用一切机会与场合展现自己的魅力、才智，展现组织目标、勾画组织愿景，同时给予追随者有效的价值引领。

领导者要想更好地培养追随者，首先应该充分认识到追随者的多样性。Zaleznik 根据支配—顺从和主动—被动两个维度将下属划分为四类：冲动型（主动支配）、强迫型（被动支配）、受虐型（主动顺从）和放弃型（被动顺从）。Kelley 认为理想的追随者是那些能够和领导者一起参与实现共同目标的人。根据依赖性和独立性、消极性和积极性这两个维度，Kelley 共提出了五类追随者类型：疏远型、榜样型、被动型、顺从型，以及在各维度上折中的务实型。其中，独立性和积极性都比较高的榜样型追随者是最为有效的追随者，他们积极行动并且展现出独立判断和挑战领导者的勇气。在识别不同类型追随者的基础上，领导力发展的第二个必要环节就是持续地吸引追随者，即促使追随者能够保持追随的状态，而不会流失或者与领导者背道而驰。一方面，领导者可以通过展现个人的能力和魅力来吸引追随者；另一方面，领导者吸引追随者的重要方式是借助于梦想的力量，即通过愿景的力量来吸引和凝聚追随者。从追随者中心的角度来看，领导力发展的第三个重要环节是要成就追随者。组织中员工选择追随领导者，听从领导者的指令，在很大程度上是希望能够在领导者的引领之下，完成一些自身无法达成的目标。在追随的过程中，追随者也拥有自己的目标和抱负，尤其是对于成就的渴求。因此，追随的结果除了有利于企业发展和领导者影响力提升之外，也应当惠及追随者自身的福祉。卓越的领导者往往能够认识到企业发展和员工个人成长的契合之处，努力促成企业目标和员工个人目标的相互融合，通过企业大舞台为员工的个人价值实现和事业腾飞提供可能。

4. 提高决策力

美国麻省理工学院一位著名的管理学专家认为，作为企业家，在其综合素质上有三方面是属于核心能力的，即决策、用人、专业。而这三方面侧重点又各不相同：对于企业家来说，最重要的是决策，占 47%；其次是用人，占 35%；专业只占 18%。市场就如同一个没有硝烟的战场，同行业之间的竞争已经发展到了白热化的程度。谁在经营管理决策上善于筹谋、具有前瞻性，谁就有可能在市场上领先一步，抢占到制高点，并保持永不落后市场的结局。

决策力的技能建立在以下基础之上：知识基础；经验积累；对环境变化时刻保持关注和思考；快速的辨别力。所以，领导者可以通过以下途径提高决策力。

（1）掌握科学决策的理论知识，提高决策思维能力，掌握正确的决策原则，制定并遵循科学决策的程序，避免盲目决策。

（2）提高心理素质。领导者的决策思维所要解决的问题，往往带有预测的性质，特别是对一些重大问题的决策，还需要承担一定的风险。因此，领导者要承受比常人更为沉重的心理压力，更加需要加强心理素质的锻炼培养。应具备敏锐的观察力，坚强的性格、强烈的责任感、果断性、顽强性和自制力。

（3）提高领导者的创新意识。领导者的决策，尤其是高层管理者的决策，往往是在信息不充分、情况复杂、环境多变的条件下进行的，既没有现成的经验可以套用，也没有固定的模式可以照搬，就要寻求新思路，设计新方案。要创新，不仅要有敢试敢闯的精神，还要有缜密的科学态度。只有把敢作敢为同求真务实的精神结合起来，具备前瞻性和预见性，才能稳步发展。

城市建设，兵贵神速？

某市对东、西两个区同时下达了任务，要求在经济快速发展、人民生活水平不断提升的形势下，积极融资招商，营造旅游宾馆，挖掘本地区丰富的旅游资源，发展旅游事业。

东区地处商业中心，建立旅游宾馆的优势大于西区。城建办有关领导考虑到宾馆一旦建成，既能改善本区的面貌，又有较高的经济效益，于是立即拍板，满腔热情地和合作商签订了合同，并且强调指出：时间就是金钱，效率就是生命，工程要迅速上马。就这样，工程在未经系统论证下就匆匆上马了。

西区城建办的领导考虑到本区是刚由郊县划入市区这个实际，为工程上马做了系统的准备，进行了大量的调查研究。他们一方面考虑工程地理位置的选择，另一方面还考虑基础设施是否适应高层旅游宾馆的营造，因此查阅了大量的有关资料，并聘请专家进行可行性论证。

同时，在施工前同有关部门进行了沟通，并洽商会签了水、电、煤气、下水道等配套设施的合同。这样，虽然花费了时间，但为顺利进行全面施工打下了良好的基础。

半年后，东区的 20 层旅游宾馆由于周围设施，如地下水道、自来水管线、煤气管线等容量过小，迫使外部施工停止，如果要改造这些设施，必须与有关部门洽商签订改造基础设施合同，重新开挖地面，调整管道、管线，没有一年半载完不成，真是欲速则不达。而西区的 13 层宾馆，各种设施配套成龙，顺利竣工，及时投入了使用，成为西区乃至该市经济发展的一个闪光点。

5. 扩展全球视野

地球村的提法很形象地指出了全球化的趋势，任何一个组织都面临着全球化的影响和挑战。即使一个企业不是跨国公司，其产品或服务仍然会受国际局势的影响。所以，企业领导人不能把自己的视野只是局限在国内，还要有激情去积极面对新的挑战，力争成为全球化的领导者。在经验中积累，在积累中获得经验，不断地开拓企业的国际视野，学习国际上最新的领导方法，逐步提高中国企业领导人的领导能力。

领导者能力的培养，不仅仅取决于领导者个人的修炼，而且离不开相应的环境制度的配合。真正的领导者不是被人为地造就出来的，而是他们自己成长起来的。因此，如果企业需要培养领导者，就必须首先着眼于未来，将领导人培养纳入企业发展战略中，创造培养领导者的环境，让他们有发展的空间。

 管理实践

中粮集团的领导力培养

中粮集团是国际领先的全球大粮商之一，是中国独一无二的全球布局、全产业链、拥有最大市场和发展潜力的农业及粮油食品企业。作为一家老牌国企，中粮集团最为深刻的一次变革是从 2005 年至今，在时任董事长宁高宁的带领下，不仅在实业化的基础上向产业化发展，更重要的是从企业文化、人才培养到内部管理的一系列变革，将内生动力逐渐转化为可持续性的外在效益。在华润 18 年的历练，宁高宁的企业变革逻辑非常清晰，即以愿景触发战略，以战略逻辑梳理企业，以组织能力支撑战略，以领导力提升组织能力。最终的落点则是经理人队伍的培养，以经理人领导力重塑企业格局，再造企业气质。宁高宁空降以来再造了中粮集团，而整个再造过程以领导力为驱动引擎，则是最大的亮点。

宁高宁坚信领导力是可训的，文化是可塑的。2005 年以来，以经理人领导力为核心的中粮集团战略能力打造和企业文化建设全面展开。宁高宁认为，一个企业的 CEO 40%的精力都应放在领导力建设上，经理人要有培训能力，每个经理人都是自己所在组织的首席培训师，他就是中粮集团的首席培训师。

于是，中粮集团开始和智睿咨询（DDI）合作打造中粮经理人的领导力模型。基于全产业链战略对经理人能力要求进行分解，最后挖掘出全产业链战略要求的六大核心能力——战略制定、创建以客户为导向的文化、研发创新能力、组织团队能力、品牌管理能力与协同作战能力。在和 DDI 合作的过程中，中粮采用战略锚定法，将六种核心能力中粮化，细分为

高境界、强合力、重市场三个维度和九个具体要素。

在领导力模型的基础上，结合宁高宁提出的五步组合论（选经理人、组建团队、做战略、市场竞争、价值创造与价值评估）开发中粮书院的领导力课程体系。领导力课程体系共分为七级，集团四级，中心两级，工厂一级。最高层级的是高管领导力培训（ELDP），针对高层正职经理人；随后是战略领导力（SLDP，主要针对晨光班），解决的是从副职到正职转型的难题，打造领军人物；第三级是运营领导力（ALDP），打造卓越运营能力；第四级是基础领导力（LDP），刚提拔为经理人的培训。其中，LDP3 和 LDP2 培训对象是运营中心层面的经理人，LDP1 是针对工厂层面的经理人。另设 BDP 专业领导力培训，含人力资源、品牌、供应链等，以专业能力打造为出发点，最终形成了中粮集团"7+1"阶梯式领导力培训体系。

知识测试

1. 以下关于领导的说法正确的是（　　　）。
   A. 领导只产生在大型组织中
   B. 领导只产生在小型组织中
   C. 领导只存在于刚开始运营的组织中
   D. 领导无处不在

2. 关于领导者与管理者的区分与联系，以下说法正确的是（　　　）。
   A. 领导者与管理者是完全一样的人
   B. 领导者与管理者截然不同，不可能统一
   C. 领导者偏重于挑战现状、明确愿景，管理者着重于维持稳定、实现发展
   D. 组织中只需要领导者或者管理者一种即可

3. 领导者获取影响力的权力来源中，哪一项与个人有关？（　　　）
   A. 奖赏权力　　　　　　　　　　　　B. 惩罚权力
   C. 专家权力　　　　　　　　　　　　D. 法定权力

4. （　　　）理论关注将领导者与非领导者区分开来的个性特质。
   A. 行为　　　　　B. 特质　　　　　C. 权变　　　　　D. 情境

5. 领导特质理论忽视了（　　　）。
   A. 领导者的智力特质　　　　　　　　B. 领导者的道德品质
   C. 领导者的分析技能　　　　　　　　D. 领导者与追随者之间的互动关系

6. 以下哪一种风格的领导者，更可能在决策中听取下属们的看法？（　　　）
   A. 独裁型　　　　　B. 放任型　　　　　C. 民主型　　　　　D. 控制型

7. 哪一个理论的研究指出，（9，9）型的领导者工作效果最佳？（　　　）
   A. 领导行为四分图　　　　　　　　　B. 管理方格理论
   C. 情境领导模型　　　　　　　　　　D. 菲德勒模型

8. 最难共事者问卷是哪一个理论研究中所采用的一项分析工具？（　　　）
   A. 路径-目标模型　　　　　　　　　B. 管理方格理论
   C. 情境领导模型　　　　　　　　　　D. 菲德勒模型

9. 根据俄亥俄州立大学的研究，领导行为可以分为哪两个维度？（　　　）

A. 任务、结构　　　　　　　　　　B. 定规、关怀

C. 关心人、关心工作　　　　　　　D. 定规、授权

10. 在菲德勒模型中，决定情境条件是否有利的因素不包括下面哪一方面？（　　　）

　　A. 任务结构高低　　　　　　　　B. 职位权力大小

　　C. 组织与团队规模　　　　　　　D. 领导者—下属关系好坏

11. 根据领导生命同期理论，当下属有能力却没有意愿去努力工作时，领导者应该采取哪一种领导方式？（　　　）

　　A. 命令式　　　　B. 说服式　　　　C. 参与式　　　　D. 授权式

12. 领导者可能存在五种不同的权力来源，如果员工的行为违背了员工守则，人事部门的经理有权力按照规定对员工进行一定的惩罚措施，这属于（　　　）。

　　A. 法定权力　　　　　　　　　　B. 强制权力

　　C. 奖赏权力　　　　　　　　　　D. 专家权力

13. 对于三类经典的领导理论，以下认识正确的是（　　　）。

　　A. 特质理论已经被历史所淘汰

　　B. 行为理论有更强的指导意义

　　C. 权变理论是最为正确的领导理论

　　D. 三种理论各有可借鉴之处，但也各有自身的局限性

14. 什么样的领导者充满热情且自信，依靠自身的人格魅力来影响下属，对他们产生强烈的、弥漫式的影响？（　　　）

　　A. 变革型　　　　B. 交易型　　　　C. 魅力型　　　　D. 愿景型

15. 以下哪一项不属于变革型领导的内容？（　　　）

　　A. 领袖魅力　　　　　　　　　　B. 个性化关怀

　　C. 智力激发　　　　　　　　　　D. 例外管理

 技能训练

1. 开发你的领导特质理论

组建包含 5～8 位同学的讨论小组。每位小组成员首先独立地选择一位你心目中认为最为优秀的领导者（可以是政治领导者、商业领导者，也可以是自己认识的家族领导者等等），在专属的小卡片上总结出这位领导者不多于 5 条重要的促进领导力成功的特质。所有同学完成后，进行 10 分钟的小组讨论，从不同领导者的多种特质中归纳出：在你们小组看来，一位优秀的领导者需要具备哪些共同特质？请为你们小组所开发的领导特质理论取一个准确且有趣的名字。

2. 情境描述

根据情境领导理论，不同的情境下往往需要不同类型的领导风格才更加有效。请每 4 位同学组成一个小组，每人选择一种领导风格（例如命令式、指导式、参与式、授权式），以领导者的身份角色描述一个具体的场景，在该场景中采用你所选择的领导风格效果会更好。4 位同学各自完成后，互相交流分享你们描述的场景，分析这些场景的不同点。

思维拓展

华为与任正非的领导力启示

华为公司多年持续成长，在国际舞台上大放异彩，取得了骄人成绩，人们不禁要问：华为商业成功背后的哲学和驱动力是什么？到底这家公司有怎样的魔力让这一切发生？为什么华为短短三十年的时间里就能超越欧美百年通信业巨头？为什么华为轮值 CEO 制度就能创造经营与管理的双丰收，而其他的企业一学就死？这一切的一切，或许都源于任正非的领导思想。

1. 以目标为导向，志存高远

毫无疑问，任正非领导力的核心在于他非常清楚华为的目标——成就客户梦想，任正非也确实身体力行，满怀激情地追寻这一梦想，因此华为也就成为任正非天生的使命。他总是想方设法为客户创造价值，通过一个个故事，不断向员工传递一个理念：华为员工应致力于实现公司使命，即通过提供通信技术实现连接。

要成就客户梦想，就需要提供最好的服务，这也是公司取得成功的关键。在华为成立之初，华为产品不如竞争对手的产品，这一点任正非心知肚明。因此，为吸引客户，他另辟蹊径。他认为，只有提供优质服务，才能吸引客户。例如，由于早期华为的设备经常出问题，华为的技术人员就经常利用晚上客户设备不使用的时间段，去客户的机房里维修设备；对于客户提出的问题，华为是 24 小时随时响应。这种做法跟与西方公司有很大的不同。西方公司有好的技术和好的设备，但却忽略了服务。华为的优质服务为公司赢得了真正关心客户需求这一美誉，并同时让华为赢得了竞争优势。再如早期中国沙漠和农村地区老鼠很多，经常会钻进机柜将电线咬断，客户的网络连接因此中断。当时，在华的跨国企业都对此不屑，认为这不是他们的问题，而是客户的问题，他们认为只需为客户提供技术。而华为却不这么认为，在设备外增加了防鼠网，帮助客户解决了这一问题，华为也认为自己有责任去这么做。得益于这一目标驱动战略，华为在开发耐用设备和材料方面获得了丰富经验，后来也因此在中东地区赢得多个大客户。

2. 灵活应变，愿景驱动

任正非充满激情，努力将公司目标转化成公司愿景，将华为发展成为国际领先企业。在实现公司愿景的过程中，他不断证明了自己的战略规划能力，根据公司面临的挑战适当调整愿景。他的管理有一点至关重要：虽然他推崇灵活应变的理念，但是从来不会偏离公司的目标和价值观。这种领导能力源自他积极主动的态度。他总是关注未来，很少停留在过去。谈及华为创始人的优点，人们总会说，任正非总是展望十年后华为会变成什么样子。例如，华为通常以十年为周期制订发展计划，而爱立信和摩托罗拉等竞争对手通常按财季或财年制订发展计划。

任正非能用批判的眼光审视过去的成功，同时识别未来十年将面临的挑战，这也是为什么任正非在很多国人眼中是一位颇具影响力的商业领袖。的确，任正非制定了最为有效的战略，带领华为通过三个阶段（每个阶段约为十年）的发展，让华为成长为一家全球领先的企业，这证明了他的巨大影响力和远见卓识。有意思的是，华为在每个发展阶段都会有特定的关注点和战略。

任正非称在第一个发展阶段（1987—1997年），华为处于创业初期，公司一片混沌，力图生存下来。要想提供高质量服务，只能靠艰苦奋斗。在第二个发展阶段（1997—2007年），华为与IBM合作，建立了自己的管理架构。用任正非的话说："混乱得以消除，秩序得以确立。"通过与IBM合作，华为学习西方公司的最佳实践，引入了更加全球化的视角。任正非对此有着清晰的认识，因此他要求华为全体员工在工作中采用IBM引入的美式实践。他不断向员工口头传达这一要求，称有时需要"削足适履"。他认为，在第二阶段，要穿美国鞋，如果不合脚，就要"削足适履"。可以看出，任正非的全球抱负依然是生存与发展。在第三阶段，即2007年以后，华为的战略是简化管理，吸引优秀人才，通过有效创新成就客户梦想。任正非担心第二阶段的模式会导致决策不够高效。与第一个混乱的阶段相比，在第二阶段决策周期更长；有人担心，华为会失去创新的魄力和勇气。因此，第三阶段聚焦简化管理，在结构化的管理框架下允许一些混乱，从而激发创新。

3. 激发员工斗志

要打造一支甘于艰苦奋斗的员工队伍，就需要激发员工斗志。任正非能够激发他人斗志，这也是他一直被称道的人格特质。任正非特别爱讲故事，他经常通过一个个故事，慷慨激昂地向员工传递他的理念。在华为早期（第一阶段），任正非经常给员工讲故事。他相信，二十年后，世界通信市场三分天下，华为必有其一。当时，华为仅有200名员工，很多人都觉得他是痴人说梦。尽管如此，多年来，任正非一直秉承这一信念并在各种场合向员工传递。这个故事常常被人津津乐道，华为成立第五年的时候，任正非在厨房当厨师给员工做饭，中间他突然冲出厨房，大声宣布：二十年后，世界通信市场三分天下，华为有其一！

醉翁之意不在酒，他的故事之道在于：让员工充满斗志地投入到项目中去。特别是在公司创业初期，他运用这一战略，成为员工的领袖和思想导师。作为一位领袖，他不断传递公司愿景；作为一位思想导师，他引领员工朝目标迈进。例如，在创业初期，华为产品开发不尽人意，任正非便亲自访问了很多海外研发机构。1997年，他访问了美国贝尔实验室。据说，任正非当时对贝尔实验室的工作成果惊叹不已，竟然感动得哭了。回到深圳后，任正非告诉所有员工：他已经深深地爱上了贝尔实验室！这一激昂陈词旨在鼓舞员工，让华为研发人员坚信：他们终有一天会超越贝尔实验室的研究人员！

4. 保持谦卑，艰苦奋斗

任正非在引领华为追求梦想时，他非常清楚自己的不足，他从不认为自己无所不知。在谈到他所具备的才能和特质时，他总是强调：他的知识并不是最丰富的。很显然，他拥有远大抱负和很强的执行力，但同时保有谦卑的心态。尽管他的这种领导风格激励了很多人，引领公司渡过了转型期，但他还是经常讲："自己能力有限，在团结员工这方面可能不如很多人认为的那样好。"他总是避免被扣上"传奇领袖"的帽子，而是强调没有艰苦奋斗，就没有华为的成功。

同样，任正非不是一位技术专家，这早在华为成立之初就是尽人皆知的事实。但他从不认为这是劣势；相反，他认为这恰恰是他的优势。因为他坚信，他的组织才能加上其他高管和员工的IT背景，定能创造奇迹。任正非曾说过："我不懂技术，不过我可以让大家朝着共同的目标努力。"他取长补短，求贤若渴，逐步提高华为产品和服务质量，由此赢得广泛赞誉。

责任共担、利益共享是华为的一项基本理念。任正非个人仅持有华为 1%左右的股份，其余的股份由华为员工共同持有。这是华为与员工分享利益的最好例证。这种激励机制能够激发每位员工艰苦奋斗，共同帮助公司取得成功。更重要的是，它确保了华为是一家真正由员工持有的公司。

5. 指令式管理风格

在中国，领导体制往往具有自上而下、等级分明的特点，华为大致上也沿袭了这种风格。但与这种十分强调"控制"的管理风格相比，任正非的领导风格呈现出不同特点。一方面，任正非大小决策必须亲力亲为，这也许与他曾经在军队服役有关。他有着强大的意志力，时刻把握决策权，在华为发展之初，他的意志力体现在坚持把奋斗和生存当作公司首要战略。当时华为的口号是："胜则举杯相庆，败则拼死相救。"

但在决策执行上，任正非给了员工很大的自由空间。在华为发展的早期，在公司的发展战略、文化建设等重大决策方面，任正非坚持"大权独揽，小权分散"，但在研发、干部任用、薪酬分配等方面却充分放权，这既最大程度上激发了各层管理者的主动性与创造性，也带来了很大的随意和混乱；向西方全面学习了近 20 年的华为，今天在决策体系上越来越规范化和制度化，集体决策确保了华为更少地犯错误，更广泛地吸收集体智慧，但僵化的一面也凸显了出来。因此，任正非在华为高层决策过程中，有时更像"鲶鱼"，总是搅起不平衡，以激发组织的活力。华为今天的决策体制形成了一种"有限民主+适度集权"的风格，既避免了个人独裁带来的"一人兴邦，一人丧邦"的积弊，也防止了过度民主带来的效率低下、集体不作为现象。

6. 合作共赢

与竞争对手合作是华为文化的一大特点。一般来说，公司要么选择进攻，要么选择妥协；换句话说，要么竞争，要么合作。在华为发展的前 20 年，华为为了生存，为了成为更好的服务提供商，主要采取主动出击的策略。很显然，任正非当时认为竞争可以推动公司向前发展。不过，他认为竞争的核心是尊重竞争对手。

任正非对历史事件有着浓厚的兴趣。在华为发展早期，华为会定期邀请东西方学者，一起探讨各国历史。

华为在英国也同样采取了竞合策略。例如，华为在英国班伯里成立网络安全认证中心，确保设备质量，并与英国信号情报机构英国政府通信总部（GCHQ）进行合作，保证网络设备和软件安全可靠。华为的这些举措旨在让英国政府和广大客户相信华为和华为的流程。实际上，华为之所以能在欧洲发展壮大，除了其坚持以服务为中心的理念外，在一定程度上也要归功于其竞合战略。起初，欧盟官员确实想针对华为产品发起反倾销调查。但爱立信和诺基亚相信华为不存在倾销行为，鼎力支持华为。

7. 强大的学习能力

作为一个领袖，任正非坚持自我批判、慎思笃行。他有一句话常被引用：思考能力是最重要的。他所说的思考能力不单单是指人的一项重要能力，还是华为文化的精髓。他认为员工智慧是华为最珍贵的资产。通过思考，我们可以连点成线，制定灵活的愿景和战略。任正非坚信，只有具备大视野，才能作出明智的战略决策。

有趣的是，这种战略需要将思考能力与全员学习结合起来。华为大力投资营造良好的学习氛围，鼓励员工进行思想碰撞。以史为鉴，可以引导我们采取行动，树立信念，创造未来；

同时还要确保公司内部能实现知识共享。华为鼓励高管除了阅读专业书籍外，还要阅读专业领域以外的书籍。此外，华为还设有面向全球华为员工内部论坛——心声社区。任正非和其他高管的想法经常会放在心声社区，让15万员工去评头论足。例如2014年，公司有个关于奖金的决定，遭遇到了7万多人次的批评。任正非和其他高管经常会在心声社区遭受员工激烈的批评。

思考题：

1. 结合上述材料，试分析任正非作为领导者，身上体现出哪些特质使他成为优秀的领导者。

2. 任正非在领导华为不断发展的过程中，主要表现出哪些领导行为？

3. 基于上述七条领导力发展的启示，你对本章所学习的领导力理论有什么新的认识？对于如何培养一位优秀的领导者，你有什么思考？

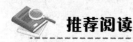

推荐阅读

[1] 罗宾斯，库尔特. 管理学. 刘刚，程熙鎔，梁晗，等译. 13版. 北京：中国人民大学出版社，2017.

[2] 库泽斯，波斯纳. 领导力：如何在组织中成就卓越. 徐中，沈小滨，译. 6版. 北京：电子工业出版社，2018.

[3] 刘澜. 领导力沉思录. 北京：中信出版社，2009.

[4] 刘澜. 领导力沉思录：2. 北京：中信出版社，2011.

[5] 哈格斯，吉纳特，柯菲. 领导学：在实践中提升领导力. 朱舟，译. 8版. 北京：机械工业出版社，2016.

[6] 本尼斯，纳努斯. 领导者. 赵岑，徐琨，译. 纪念版. 杭州：浙江人民出版社，2016.

[7] 科特. 权力与影响力. 李亚，王璐，赵伟，等译. 北京：机械工业出版社，2013.

[8] 马奇，韦尔. 论领导力. 张晓军，郑娴婧，席酉民，译. 北京：机械工业出版社，2018.

第7章

激　励

学习目标

学完本章后，你应该能够：
◎ 明确激励的本质；
◎ 掌握激励的主要理论；
◎ 能够运用激励的原则、方法解决实际问题。

基本概念

　激励　需要层次理论　激励因素　保健因素　成就需要　效价　期望值　绝对报酬
相对报酬　正强化　负强化

开章案例

海底捞的员工激励

　　每次去海底捞，顾客总是会被其无微不至的服务所折服。海底捞的管理哲学很简单，那就是想清楚怎样才能让顾客满意呢？要想让顾客满意，首先就是要让你的员工满意。除了薪酬激励外，海底捞还有一些其他的员工激励方式。

海底捞员工感觉自己"有面子"

　　海底捞董事长张勇认为，要想让好人不变坏，首先就要满足他的最基本的生存需求。在这个层面激励人，就是要让他比别人过得更好一些。其他企业员工都住地下室，海底捞给员工租的是居民小区，四人一间，有热水，有计算机，有网络，有阿姨打扫卫生。

　　20分钟，是海底捞规定的员工住宿地点到上班店的步行最长时间；50万元，是海底捞一家店每年在员工住宿方面的成本；100万元，是海底捞每年用于治疗员工和直系亲属的重大疾病的专项经费；800万元，是海底捞为核心高层离开海底捞去创业时提供的补贴资金。

　　每个月发给员工的奖金，直接寄给他们老家的父母。父母通过钱多钱少就知道自己的孩子在海底捞干得怎么样了，如果有的员工从海底捞辞职了，这笔奖金也就没了。

海底捞还在员工老家开办了员工子弟学校，这样员工在老家的孩子都有地方上学……有了这样一些好的待遇，即使在海底捞再辛苦，员工也不愿意离开了。

海底捞员工感觉自己"有发展"

在海底捞，所有的高管包括店长必须从最基层的员工开始做起，一步一步升级上来。这种晋升制度，让所有的员工都感到了公平。

在海底捞有明确的三条发展线：一条是管理线，一条是技术线，还有一条是后勤线。走管理线，会从二级员工、一级员工、主管、小区经理、大区经理这样一层层发展上去；如果不走管理线，哪怕只是做一名服务员，也会有一级服务员、二级服务员、标兵服务员、模范服务员、功勋服务员，这样一层层走上去，工资和待遇都会发生变化。

海底捞员工感觉自己"有权力"

海底捞对一线员工、店长、区域总管等授予了一定的权力。如：一线员工可以享有打折、换菜甚至免单权（有员工签字的名片即可兑现），只要事后口头说明即可。在每个月召开一次的总经理办公会中，副总的审批权为200万元，大区总管为100万元，店长为30万元。

海底捞还特别鼓励员工创新，有专门的部门对创新进行管理。同时规定，每个员工每个月必须有5个以上的建议，好的建议真的会被采纳。创新有分级标准，对应一定的创新奖金，同时也与晋升挂钩。

海底捞员工感觉自己"有支持"

第一，海底捞有非常高效的三级例会制度——领班经营例会、店经理经营例会和运营管理层经营例会。通过这些例会，每天处理前一天发生的问题，将基层的信息迅速传递到高层并予以解决。

第二，海底捞有高管亲临现场指导的这样一个惯例，所有高管都要有一定的时间安排下一线，与员工同吃同住，现场调查员工的意见，现场宣讲政策，现场手把手地指导员工。

第三，海底捞其实非常重视流程制度的建设，固化管理经验，提高同一问题的处理速度，努力做到政策流程出台快、执行快、修订快。

第四，海底捞有一个非常棒的案例支持体系，通过案例的积累提高同类问题的处理速度。

在海底捞有七个"不放过"：找不到问题的根源不放过，找不到问题的责任人不放过，找不到问题的解决办法不放过，改进方法落实不到位不放过，问题、责任人和员工没有受到教育不放过，没有长期改进措施不放过，没有建立档案不放过。

从海底捞的案例中可以看到，激励是管理的核心内容。正如美国通用食品公司前总裁弗朗西斯说过的：你可以买到一个人的时间，你可以雇一个人到固定的工作岗位，你可以买来按时或按日计算的技术操作，但你买不到热情，买不到创造性，买不到全身心的投入，你不得不设法争取这些。员工对任何制度的不满都会影响到他们的工作积极性，管理者必须时刻关注员工的变化并做好应对准备。

管理的根本目的就是充分利用所拥有的资源，使组织得以高速运转，提高组织的绩效，从而实现组织既定的目标。然而，企业的成功是以每个员工的工作绩效为基础的，因此，激发员工个人的积极性，充分发挥其潜能成为企业管理工作的重要方面，而激发个人的积极性就要靠激励。著名管理学者罗宾斯提出了著名的绩效函数：

$P=f(M, A, C)$，也就是：

个人工作绩效=f（工作积极性，个体工作能力，个体所能把握的机会）

在所有影响员工绩效的因素中，提高员工积极性是最能动、最容易短期实现的因素，所以，做好员工激励是管理者的重要工作。要想成为成功的管理者，让员工付出最大的努力，就必须了解员工如何受到激励以及为什么会被激励，变"要我做"为"我愿做"。

7.1 激励原理

1. 激励的概念

要实现激励，首先就要知道员工为什么愿意这么做而不愿意那么做，要对员工的行为动机形成机理有所了解。人的行为模式见图 7–1。

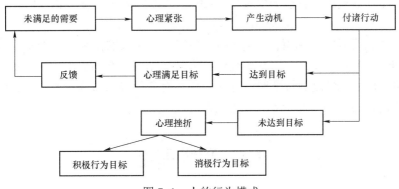

图 7–1 人的行为模式

从人的行为模式来看，人们的某种行为是由需要驱动的。某种需要的满足欲望驱动人们产生某种动机，进而产生某种行为。当某种行为达到自己的目标时，就会获得满足。这种满足感会促使人们反馈，积累经验，进行学习，这时新的需要产生了，并周而复始地产生相应的行为。当某种行为没有达成目标，就会遭受心理挫折，心理的挫败感对以后的行为产生两种结果：积极的行为（愈挫愈勇，坚忍不拔），消极行为（破罐子破摔）。

所以，在懂得人的行为产生规律基础上，激励就是通过对员工需求的引导和强化、动机的引导和强化、行为的干预和强化（强化积极行为，改变消极行为），引导员工产生某种有利于实现组织目标同时也实现个人目标的行为。

综上所述，激励就是为了特定目的而去影响人们的内在需要或动机，从而强化某种行为、引导产生某种行为或改变某种行为的反复过程。

这个定义包括以下几个方面的内容：① 激励的目的是实现组织目标；② 激励是通过采取一定的措施，干扰人们的需要或动机来强化、引导或改变人们的行为，提高工作积极性。工作积极性表现在：富有责任心，主动性，创造性，工作忘我。③ 激励是一个持续反复的过程，一旦停止，员工的积极性就会消失。

2. 激励的作用

随着人本管理思想的发展和在实践中的应用，人们越来越重视作为组织生命力和创造力源泉的"人"的作用，因此激励成为企业管理者一个必不可少的重要手段，其重要作用表现在以下四个方面。

（1）激励是实现企业目标的需要。企业的目标取决于员工的绩效，员工的工作动机并不是天生就有的，需要管理者对其进行激励来调动。激励就是要让员工产生内在动力，在满足自身需要的同时，也为企业做出贡献。

（2）激励是充分发挥企业各种生产要素效用的需要。人、劳动对象、劳动工具都是企业的生产要素，在这些要素中，人是最活跃、最根本的因素，其他因素只有跟"人"这个生产要素相结合，才会成为现实的生产力。因此没有人的积极性，或者人的积极性不高，再好的装备和技术、再好的原料都难以发挥应有的作用。因此，激励员工是企业各项工作正常进行的有力保证。

（3）激励可以提高员工的工作效率和业绩。如何调动人的积极性，一直以来都是古今中外政治家、军事家、思想家、管理学家们十分重视的问题。据美国哈佛大学威廉·詹姆斯研究，实行计件工资的员工，其能力仅发挥了 20%～30%；若受到充分激励时，其能力可能发挥到 80%～90%，工作效率将大大提高。

（4）有效激励可以吸引和留住优秀人才。知识经济时代的到来意味着企业间对人才的争夺越来越激烈，一个企业要想吸引和留住优秀人才，尤其是知识型人才，就要具备丰厚的薪酬、丰富的福利待遇、快捷的晋升通道等一套科学有效的员工激励机制，只有这样才能吸引并留住优秀人才，使他们全心全意为企业贡献才智。

7.2　激励理论

关于激励理论的研究，西方的心理学家、行为学家与管理学家都做过这方面探讨。不同的学者从各自不同的研究视角，围绕着人的需求的实现、需求特点的识别、如何根据需求类型和特点的差异采取不同的激励措施及激励对个体行为的影响等各方面做了研究。这些研究成果为我们实施有效激励提供了坚实的理论基础。

7.2.1　需要层次理论

1. 需要层次理论的内容

需要层次理论是由美国的心理学家马斯洛提出来的，又称"马斯洛需要层次理论"。马斯洛是一位人本主义心理学家，他于 1943 年在《人类动机理论》中初步提出这一理论，随后在 1954 年出版的《动机与人格》一书中做了进一步阐述，并经过不断补充和修正，使该理论成了西方最有名的激励理论。这个理论最初只是在心理学界影响较大，之后由著名的管理学家麦格雷戈把该理论全面引入管理学中，并引起广泛关注和影响。

需要层次理论重点研究了人的需要，马斯洛把人的需要分为生理需要、安全需要、归属需要、尊重需要和自我实现需要五个层次。

1）生理需要

对人类来说，生理需要就是吃饱穿暖等身体需要，这些需要如果得不到满足，就会威胁生命，所以生理需要是最强烈而且是必须得到满足的需要。

2）安全需要

安全需要是保护自己免受身体和情感伤害，同时保证生理需要得到持续满足的需要。安全需要可以分为两大类：一类是现在的安全需要，要求自己在目前社会生活的各方面均有所保障，如人身安全、职业安全、劳动安全、生活稳定等；另一类是对未来的安全需要，希望未来的生活得到保障，避免诸如失业、意外事故等。

3）归属需要（社交需要）

马斯洛认为人是一种社会动物，人们希望在一种被接受或有归属感的环境下工作，获得关心、爱护、支持、友谊等，而不希望处于孤独无助的境况之中。

4）尊重需要

尊重需要分为内部尊重和外部尊重。内部尊重因素包括自尊、自主和成就感等；外部尊重包括地位、认可和关注等，即受人尊重。自尊指在自己取得成功时获得的一种自豪感，受人尊重指当自己取得成功、做出成绩时希望受到别人的认可和赞赏。

5）自我实现需要

这是最高层次的需求，指的是实现个人的理想、抱负，最大限度发挥自己的能力，完成与自己能力相称的一切工作的需要，这是一种成为自己要成为的人的内驱力。表现在两个方面：一是胜任感方面，即主动控制事务或环境；二是成就感方面，即真正的乐趣在于成功，成功带来的满足远远超过其他报酬。对此，马斯洛有过这样的描述：除非自己正从事着合适的工作，如音乐家必须演奏音乐，画家必须绘画，诗人必须写诗，否则他们不能感受到最大的快乐。

需要层次理论主要内容是：① 人的需要按照重要程度的不同，是逐级上升的，形成金字塔式的结构。马斯洛指出，每个需要层次只有得到满足之后，才会激活下一个需要层次。② 只有尚未满足的需要才具有激励作用，一旦某个层次的需要得到实质的满足，它就不再具有激励作用了。③ 人的行为由主导需要决定，同一时期，一个人可能有几种需要，而这几种需要对人的激励强度也不相同，人的行为由这一时期的主导需要决定。④ 满足高层次需要比满足低层次需要的途径更多，方式也更灵活。需要层次理论如图 7-2 所示。

图 7-2 需要层次理论

2. 对需要层次理论的评价

1）需要层次理论的贡献

（1）研究需要是认识人们心理和行为规律的出发点。

（2）马斯洛提出人的需要有一个从低级向高级发展的过程，这在某种程度上是符合人类需要发展的一般规律的。一个人从出生到成年，其需要的发展过程，基本上是按照马斯洛提出的需要层次进行的。

（3）马斯洛需要层次理论的提出具有启发意义：对于管理者，应该了解每一个下属的需求层次，以个人需求为基础进行激励，采取不同的激励方式。

2）需要层次理论的局限性

（1）需要层次理论带有一定的机械主义色彩。一方面，马斯洛提出了人类需要发展的一般趋势，但是把这种需要层次看成是固定的程序，看成是一种机械的上升运动，忽视了人的主观能动性，忽视了通过思想教育可以改变需要层次的主次关系，所以存在机械论的嫌疑。

（2）需要层次理论，只注意了一个人各种需要之间存在的纵向联系，忽视了一个人在同一时间内往往存在多种需要，而这些需要又会互相矛盾，进而导致动机的斗争。

3. 需要层次理论的应用

在实际管理工作中，马斯洛需要层次理论具有一定的指导意义，他告诉管理者在对员工进行激励之前，首先要搞清楚员工需要什么，需要属于哪个层次，以便"对症下药"。此外，还要知道员工的需要不是一成不变的，而是动态的，管理者要经常性地用各种方式进行调查，及时掌握员工的状况。需要层次理论的应用如表 7-1 所示。

表 7-1　需要层次理论的应用

需要层次	激励因素	组织措施
生理需要	食物，空气，住房，家庭幸福	空气调节，基本工资，工作条件
安全需要	安全，保障，稳定	安全工作条件，相应的保险
归属需要（社交需要）	友谊，关爱，和谐，谅解	同事、上下级间良好的人际关系
尊重需要	承认，认可，地位，自尊	工作职称，赞扬，奖励，责任感
自我实现需要	提升，成就，成长	有挑战性的工作，创造性，工作的成就

7.2.2　双因素理论

1. 双因素理论的内容

双因素理论又称为保健-激励理论，是由美国心理学家赫茨伯格在 20 世纪 50 年代后期提出的。这一理论主要研究的是个人与工作的关系，认为个人对工作的态度在很大程度上决定着任务的成功与失败。在 50 年代后期，为了研究两者之间的关系，赫茨伯格在匹兹堡地区，对 11 个工商机构的 2 000 名工程师和会计师进行了一项调查。在调查中，他设计了诸多有关工作和个人关系的问题，要求被调查者在具体情况下描述他们在工作中特别满意或特别不满意的方面。通过调查分析，赫茨伯格发现引起人们工作不满意的因素往往和员工的工作条件和环境有关，而满意因素往往和工作本身有关。由此，赫茨伯格提出，导致工作满意的因素和导致工作不满意的因素有着本质的区别，进而提出影响人们行为的因素主要有两类：保健因素和激励因素。

保健因素又称为维持因素，是同工作条件有关的因素，如公司政策、领导作风、物质报酬、人际关系、工作关系、管理和监督等，这些都和员工的不满意情绪有关，它只能起到保持人的积极性，维持现状的作用。保健因素没有得到满足，会引发员工对工作的不满情绪；得到满足，就可以预防和消除这种不满。但这种因素并不能对员工起到激励的作用，只能起到维持和保持工作现状的作用。

激励因素主要指个人成就、工作本身、晋升、成长等，这些都和员工的满意情绪有关。与激励因素有关的需要能够得到满足，员工就能够产生满意情绪，工作有动力有干劲；没有得到满足，其不利效果顶多是没有满意情绪，但不会导致员工不满。

赫茨伯格的双因素理论如表 7-2 所示。

表 7-2　赫茨伯格的双因素理论

激励因素	保健因素
● 成就 ● 认可 ● 工作本身 ● 责任 ● 进步 ● 成长	● 监督 ● 公司政策 ● 与主管的关系 ● 工作条件 ● 报酬 ● 同时关系 ● 个人生活 ● 与下属的关系 ● 地位 ● 稳定与保障
极满意	中性　　　　　　　　　　　　　极不满意

赫茨伯格还指出，与传统的看法不同，满意的对立面不是不满意。在这里，赫茨伯格对满意与不满意分别进行了分析，提出二位连续体，即满意的对立面是没有满意，不满意的对立面是没有不满意。而传统的观点认为满意的对立面是不满意。满意-不满意观的对比如图 7-3 所示。

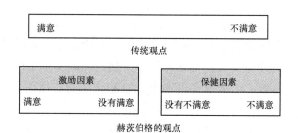

图 7-3　满意-不满意观的对比

2. 对双因素理论的评价

赫茨伯格的双因素理论和马斯洛需要层次理论有相同之处，其比较如表 7-3 所示。

表 7-3 赫茨伯格的双因素理论和马斯洛的需要层次理论的比较

马斯洛的需要层次理论	赫茨伯格的双因素理论	
自我实现需要	工作的挑战性，成就感，成长，责任	激励因素
尊重需要	晋升，褒奖，地位	
归属需要（社交需要）	人际关系，公司的政策，管理制度	保健因素
安全需要	工作安全性，工作保障等	
生理需要	薪金，个人生活	

双因素理论提出的保健因素和激励因素的区别为员工激励提供了依据。

但是，自双因素理论提出后就遭到一些质疑。① 在研究方法的可靠性方面存在不妥之处。赫茨伯格的样本只有 203 人，数量明显不够，而且对象是工程师、会计师，他们在工资、安全、工作条件等方面都比较好，所以这些因素对他们自然不会起到激励作用，但很难代表一般职工的情况。② 用员工满意度代替员工绩效本身是存在缺陷的，实际中也存在这样的情况，一个人可能对其工作的某个方面不满意，但迫于生存压力或被解雇的压力，工作效率仍然是高的，即员工满意度和员工绩效之间还存在环境变量的影响。③ 该理论缺乏普遍适应性，对不同的员工来说，保健因素和激励因素的内容是不一样的。例如，对一些基本生活需要还未得到满足的人，作为金钱收入的保健因素本身就是激励因素。

3. 双因素理论的应用

双因素理论促使企业管理人员注意工作内容方面因素的重要性，特别是它们同工作丰富化和工作满足的关系，因此是有积极意义的。赫茨伯格告诉我们，满足各种需要所引起的激励深度和效果是不一样的。物质需求的满足是必要的，没有它会导致不满，但是即使获得满足，它的作用往往是很有限的、不能持久的。要调动人的积极性，不仅要注意物质利益和工作条件等外部因素，更重要的是要注意工作的安排，量才录用，各得其所，注意对人进行精神鼓励，给予表扬和认可，注意给人以成长、发展、晋升的机会。随着温饱问题的解决，这种内在激励的重要性越来越明显。

工资和奖金并不仅仅是保健因素，工资和奖金的多少关系到个人的切身利益和自身价值的实现，如果运用得当，也会表现出明显的激励作用。因此，企业应该建立灵活的工资、奖金制度，防止僵化和一成不变，在工资、奖金分配制度改革中既注重公平又体现差别。如果处理不当，激励因素可能会变成保健因素。在企业管理实践中，欲使奖金成为激励因素，必须使奖金与职工的工作绩效相联系。如果采取不讲部门和职工绩效的平均主义"大锅饭"做法，奖金就会变成保健因素，奖金发得再多也难以起到激励的作用。

 **管理实践**

双因素理论的应用

双因素理论虽然存在一些研究方面的不足，但它却告诉管理者可以从员工的工作本身入手来激励员工。汤姆斯公司（天然牙膏制造商）鼓励员工拿出 5%的带薪时间去做志愿服务和感兴趣的工作设计。结果公司的业绩不但没有因为工作时间的减少而衰退，反而不断地有创新成果的出现。苹果公司在其创业初期，员工每周的工作时间不止 80 小时或 90 小时，这种狂热的工作情绪不是出于公司的某项强制性规定，反而来源于工作本身的乐趣与挑战性，员工为改变人们对个人电脑的看法这一理想而不断奋斗。员工的这种动力来源于哪里呢？员工品尝着"痛并快乐着"的幸福是因为工作本身在很大程度上激发了员工的内在潜能。德鲁克认为："知识员工不能由别人激励，只能由自己来激励；不能由别人来指挥，只能由自己来指挥；尤其是不能由别人来监督，而只能自己来保证自己的标准、成绩、目标。"对工作有兴趣，就会有乐趣，才能够不为名利所驱动地工作——这就是个人无须组织激励而能够自觉、自愿工作的秘密。

7.2.3　ERG 理论

1. ERG 理论的内容

美国耶鲁大学奥尔德弗在马斯洛需要层次理论的基础上，进行了更接近实际经验的研究，提出了一种新的人本主义需要理论。奥尔德弗认为，人们共存在三种核心的需要，即生存（existence）的需要、关系（relatedness）的需要和成长发展（growth）的需要，因而这一理论被称为 ERG 理论（ERG theory）。

ERG 理论和马斯洛需要层次理论之间的关系如表 7–4 所示。

表 7–4　ERG 理论和马斯洛需要层次理论之间的关系

ERG 理论	马斯洛需要层次理论
生存需要	生理需要
	安全需要
关系需要	归属需要（社交需要）
	尊重需要（外在部分）
成长需要	尊重需要（内在部分）
	自我实现需要

与马斯洛需要层次理论不同的是，除了用三种需要替代了五种需要以外，奥尔德弗的 ERG 理论还提出。

（1）人在同一时间可能有不止一种需要起作用。马斯洛认为只有低层次的需要满足后才能产生高层次的需要，而奥尔德弗认为人的各层次需要是同时并存的，只是在某一时期某种需要占主导地位而已。比如说，即使一个人的生存需要和关系需要尚未得到完全满足，他仍然可以为成长发展的需要工作，而且这三种需要可以同时起作用。

（2）如果较高层次需要的满足受到抑制的话，那么人们对较低层次需要的渴望会变得更加强烈，这叫作"受挫–回归"的思想。马斯洛认为当一个人的某一层次需要尚未得到满足时，他可能会停留在这一需要层次上，直到获得满足为止。相反地，ERG 理论则认为，当一个人在某一更高等级的需要层次受挫时，那么作为替代，某一较低层次的需要可能会有所增加。例如，如果一个人社交需要得不到满足时，可能会增强他对得到更多金钱或更好工作条件的愿望。

2. 对 ERG 理论的评价

与马斯洛需要层次理论相同的是，ERG 理论认为较低层次的需要满足之后，会引发出对更高层次需要的愿望。不同于马斯洛需要层次理论的是，ERG 理论认为多种需要可以同时作为"激励因素"而起作用，并且当满足较高层次需要受挫时，会导致人们向较低层次需要的回归。

奥尔德弗的 ERG 理论在需要的分类上并不比马斯洛需要层次理论更完善，对需要的解释也并未超出马斯洛需要层次理论的范围，但是该理论注意到了在需要层次上的个体差异及其特殊性。如果认为马斯洛需要层次理论是带有普遍意义的一般规律，那么，ERG 理论则偏重于带有特殊性的个体差异，这表现在 ERG 理论对不同需要之间联系的限制较少，而且所指出的规律是符合社会现实的。

3. ERG 理论的应用

ERG 理论指出了管理措施应该随着人的需要结构的变化而做出相应的改变，并根据每个人不同的需要制定出相应的管理策略。作为一名管理者，不仅要了解和掌握下属员工的需要层次水平，还要善于将满足员工需要所设置的目标与企业的目标密切结合起来，同时应特别注重下属较高层次需要的满足，以防止"受挫－回归"现象的发生。比如，要关注较高需要层次受挫的员工的情绪变化，通过强化其较低层次的需要，安抚并打消其不满情绪。

7.2.4　成就需要理论

1. 成就需要理论的内容

成就需要理论又称三种需要理论，是由美国哈佛大学教授麦克利兰通过对人的需要和动机进行研究，于 20 世纪 50 年代提出的。麦克利兰认为在生存需要基本得到满足的前提下，有三种后天的需要在推动人们工作，即成就需要、权力需要、亲和需要。这三种需要在人们需要结构中有主次之分，人们的主需求在满足了以后，往往会需要更多更大的满足，也就是说拥有成就者更追求成就，拥有权力者更追求权力，拥有亲情者更追求亲情；同时，麦克利兰强调成就需要的高低对人的成长和发展起到特别重要的作用，所以很多人又称其理论为成就需要理论。

1）成就需要

成就需要是指争取成功、追求优越感，希望做得最好的需要。成就需要高的人一般都具有关心事业成败、愿意承担责任、有明确奋斗目标、喜欢创造性工作、不怕疲劳等特点。高成就需要的人追求的是个人成就所带来的心理满足，而不是去追求由于成就本身所带来的报酬，他们谋求把事情做得比以前更好、更有效果。成就需要可以通过行之有效的教育手段来培养。

高成就需要的人具有以下特点。

（1）自己设定挑战性的目标。高成就需要的人在可以自主确定工作目标时，总会挑选难度适中的任务，偏于自己的能力所能达到的上限，而不会避难就易，但也不会不自量力。

（2）喜欢通过自己的努力解决问题，不依赖偶然的机遇坐享成功。高成就需要的人注重自己努力的结果，而不喜欢靠碰运气或者指望天上掉馅饼。比如，在没有绝对成功把握的情况下，有人会幻想神助，有人会轻言放弃，而高成就需要的人会实事求是地计算成功概率，并做出最大努力，尽可能采用理性方式解决问题。

（3）要求立即得到反馈信息，弄清工作结果。高成就需要的人不喜欢那种需要长时间才能看出效果的工作，他们需要努力和效果的直接衔接，缺乏"积跬步以至千里"的耐心。

2）权力需要

权力需要是指影响或控制他人且不受他人控制的需要。

麦克利兰将组织中管理者的权力分为两种。一是个人权力。追求个人权力的人表现出来的特征是围绕个人需求行使权力，在工作中需要及时反馈和倾向于自己亲自操作。二是社会化权力。社会化权力要求管理者与组织共同发展，自觉地接受约束，从体验行使权力的过程中得到一种满足。社会化权力的主要特征是帮助群体确定共同目标，并提供相关支持以达到目标，使全体成员认识到自己的重要性。

高权力需要的人对影响和控制别人表现出很大的兴趣，喜欢对别人"发号施令"，注重争取地位和影响力。他们也会追求出色的成绩，但他们这样做并不像高成就需要的人那样是为了个人的成就感，而是为了获得地位和权力或与自己已具有的地位和权力相称。麦克利兰以大量资料分析论证，强成就需要的人，首先会考虑自己如何做好；强权力需要的人，首先会考虑让谁去干更好。

3）亲和需要

亲和需要是指建立友好亲密的人际关系，寻求被他人喜爱和接纳的需要。

高亲和需要的人更倾向于与他人进行交往，至少是为他人着想，这种交往会给他带来愉快。高亲和需要的人渴望社交，喜欢合作而不是竞争的工作环境，希望彼此之间的沟通与理解，他们对环境中的人际关系更为敏感。有时，亲和需要也表现为对失去某些亲密关系的恐惧和对人际冲突的回避。亲和需要是保持社会交往和人际关系和谐的重要条件。麦克利兰的亲和需要与马斯洛的社交需要、奥尔德弗的关系需要基本相同。

2. 对成就需要理论的评价

成就需要理论指出了各种社会需要往往会共同地对人们的行为起作用，而且会有一种需要对行为起主要作用，这一观点是对马斯洛需要层次理论的一个发展。成就需要得到了足够的重视，权力需要和亲和需要并没有像成就需要一样得到广泛的研究。

3. 成就需要理论的应用

成就需要的提出引发了对于高成就需要人员的培养的研究。从 1960 年开始，以麦克利兰为首的一批心理学家在哈佛大学进行了大量的实验，他们选择企业经理为研究对象，为了提高研究对象的成就需要，设计出一种"全压"训练班的方法。麦克利兰为训练班设定了四个目标：① 教育参加者怎样向具有较高成就感的人那样思考、谈吐及行事；② 鼓励参加者为自己今后两年设置出更高的、计划周密的现实工作目标，然后每六个月核查一次，检验他对自己预定目标的实现程度；③ 使用各种技巧使参加者了解自己，如向集体解释自己的行为，进而共同分析这一行为的动机，从而打破旧有的习惯和思维，重新审视自己的成就目标；④ 通过了解彼此之间的期望与担忧、成功与失败，在远离日常生活的全新环境中，经过共享一段经历，创造群体的团结精神和集体意识。最终，实验是成功的，参加实验的人员，不同程度地提高了其成就动机。

7.2.5 期望理论

1. 期望理论的内容

期望理论由美国心理学家弗鲁姆在 20 世纪 60 年代提出并形成，它是迄今为止，在员工激励方面最全面、最广为接受的解释。期望理论认为：当人们预期某种行为能带给个体某种特定的结果，而且这种结果对个体具有吸引力时，个体就倾向于采用这种行为。弗鲁姆的期望理论如图 7-4 所示。

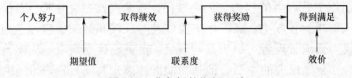

图 7-4　弗鲁姆的期望理论

期望值：努力-绩效关系，即员工认为通过一定努力会带来一定绩效的可能性。如果个体主观地认为通过自己的努力达到预期目标的概率较高，就可能激发很强的工作动力；但如果他认为所定目标太高，即使通过努力也不一定会成功时，就可能失去了内在的动力，工作积极性削弱。

联系度：绩效-奖励关系，即员工相信绩效一定会带来奖励的程度。人总是希望取得成绩后能够得到奖励，合理的奖励就有可能产生工作动力；相反，如果干得好也没有奖励，员工就会失去工作的热情。

效价：奖励-个人需要关系，即企业奖励满足员工目标或需要的程度以及这些潜在奖励对员工的吸引力。人总是希望自己所获得的奖励能满足自己某方面的需要。然而由于个体在年龄、性别、资历、社会地位和经济条件等方面存在差异，所感受到的需要满足程度就不同。因此，对于不同的人而言，奖励的效果因人而异。

因此，弗鲁姆提出：员工在工作中的积极性或努力程度（激励力）是效价与期望值的乘积，用公式表达即：

$$M = V \cdot E_1 \cdot E_2$$

其中：M 表示激励力，V 表示效价，E_1 表示期望值，E_2 表示联系度。

效价和期望值等的不同组合，会产生不同的激发力量，一般存在以下几种情况：

$$M_高 = V_高 \cdot E_{1高} \cdot E_{2高}$$
$$M_中 = V_高 \cdot E_{1中} \cdot E_{2高}$$
$$M_中 = V_高 \cdot E_{1中} \cdot E_{2中}$$
$$M_低 = V_低 \cdot E_{1高} \cdot E_{2高}$$
$$M_低 = V_低 \cdot E_{1中} \cdot E_{2高}$$
$$\vdots$$

这表明，组织管理要收到预期的激励效果，就要以激励手段的效价（能给员工带来的满足）、员工获得这种满足的期望值，以及对联系度的预期都足够高为前提。只要三项中有一项的值较低，都难以激励员工在工作岗位上表现出足够的积极性。

2. 对期望理论的评价

期望理论提供了一个较为具体的激励模式，即人们在做出努力之前，是根据这种模式在内心进行权衡后才进行决策的。该理论启示管理者为了提高激励效果，管理者要搞清楚员工个体的需要，界定清楚绩效标准和奖惩标准，并确保每个员工有能力和条件（时间、资源保障等）达到绩效标准。

3. 期望理论的应用

根据弗鲁姆的期望理论，要提高激励力，重点就是提高效价、期望值和联系度。因此，要有效地达到激励效果，必须做到：① 在聘请员工时选择有能力完成工作的人；② 在员工工作前，向员工提供适当的训练；③ 在员工工作时，向他们提供足够的支持；④ 在提高员工对得到适当回报的预期方面，上司应尽量做到改善绩效评估和薪酬制度，增强工作绩效和所得报酬之间的关联度；⑤ 应尽量了解各员工不同的需要并尽量向各员工提供他们认为重要的回报（可以用福利包的形式来满足员工的不同需要）。

 **管理实践**

期望理论在安利公司激励制度中的运用

谈到安利（中国）的成功，是与其销售人员激励制度分不开的。

有效的嘉奖——提升效价

公司每年都有对优秀员工的境外旅游研讨会，这使得员工既丰富了知识，增加了阅历，又陶冶了情操，放松了身心。而员工在安利团队旅游中享受的那份尊荣，有着独自旅游无法体验的快乐。

良好心态来自过硬的心理素质教育——提高业绩的成功率

安利公司的产品培训是根据中国市场销售代表的薄弱点来制定的。首先，它要求每位销售人员要有展示自我的勇气，并熟悉产品的性能。销售人员在掌握了基本销售技巧后，紧接着要增强自己与潜在用户的沟通能力。销售人员在销售工作中会遇到各种问题，如客户不给你演示产品或服务的机会等，这时需要有良好的心理承受能力。安利为每位产品销售代表通过销售情景模拟，针对在将来的工作中会遇到的问题，做了预见性分析，并提供了客观的借鉴方法，从而提高了销售人员的自信心和销售能力。

合理的奖金制度——基于业绩的奖金制度

安利公司针对销售人员设计的奖金制度曾被美国著名的哈佛商学院收入教材。这一奖金制度避免了员工产生不劳而获的思想。销售业绩上升了，收入自然提高；反之，如果抱着拉人头的一劳永逸思想，收入就会下降，甚至为零。

7.2.6 公平理论

1. 公平理论的内容

公平理论也称为社会比较理论由美国心理学家亚当斯在 1965 年首次提出。公平理论主要讨论的是报酬的公平性对员工工作积极性的影响。公平理论描述了一个在现实中常见的心理：员工当然会很关心他获得的报酬，但是他更在乎的是自己的报酬和别人相比较的结果，也就是说，员工很在乎自己是否受到了公平的待遇，而判断公平的手段就是比较。

员工选择与自己比较的参照物通常有三个："其他人""自我""制度"。"其他人"包括同一个组织中从事相同工作的其他个体及其他组织中与自己能力相当的人，即自己的朋友、同事及同行等；"自我"指自己在工作中付出与所得的比率，反映员工个人的过去经历与社交活动，并受到员工过去的工作标准和家庭负担程度的影响；"制度"指组织中的薪酬政策与程序，以及这些制度的运作和管理等。

通常称员工将自己的所得-付出比与其他人的所得-付出比的比较为横向比较。公平理论横向比较见表 7-5。如果员工感觉自己在工作中的所得-付出比与他人是等同的，则为公平状态；如果自己所得-付出比比其他人要高，员工一般不会要求减少报酬，而有可能会自觉地增加自己的付出，但过一段时间他就会因重新过高估计自己的付出而对高报酬心安理得，于是付出又会回落到以前的水平；如果自己所得-付出比比其他人要低，员工则会要求加薪，或减少付出以达到心理上的平衡。

表 7-5　公平理论横向比较

感知到的比率比较	员工的评价
$\dfrac{A所得}{A付出} < \dfrac{B所得}{B付出}$	不公平（报酬过低）
$\dfrac{A所得}{A付出} = \dfrac{B所得}{B付出}$	公平
$\dfrac{A所得}{A付出} > \dfrac{B所得}{B付出}$	不公平（报酬过高）

说明：A 代表某员工，B 代表相关的参照对象。

通过以上分析可以看出，员工不仅关心从自己的工作努力中获得的绝对报酬，还关心自己与他人之间的相对报酬，当员工发觉了不平衡，就会在心理上产生不愉快的感觉，这种不愉快的感觉就是驱使员工追求公平的基础。当员工感到不公平时，可能采取以下五种行为[1]：① 歪曲自己或者他人的投入和产出；②采取某种方式的行为使他人改变投入或产出；③ 采取某种方式的行为使自己改变投入或产出；④ 选择不同的参照物以平衡心理；⑤ 辞去工作。

2. 对公平理论的评价

公平理论对于企业的管理工作有着重要的启示，它提示管理人员，工作任务和公司的管理制度都有可能对公平产生影响，员工在比较中往往过于主观，这就要求管理人员要随时注意和发现员工的不满情绪，努力在组织中维持一种公平的氛围。此外，当员工感到不公平时，如果提出加薪的要求，说明组织对其至少还有一定的吸引力；但当员工的离职率上升时，说明组织中可能已经存在了强烈的不公平，这不仅仅意味激励措施不当，很可能企业的管理制度也出现了较大问题，管理人员就要引起高度的重视。

公平理论在理解员工激励问题上十分奏效，但在应用中还是存在一定缺陷的。例如，员工如何界定自己的付出和所得？员工又是怎样把付出与所得的各个因素进行累加和分配权重的？员工如何选择参考对象？可以说，员工对公平的判断主观性极强，这为管理者施加了较大的压力。要做到完全的公平是不可能的。因为公平感会因人、因评价标准不同而有差异。

---

① 罗宾斯. 组织行为学精要.6 版. 郑晓明，译. 北京：电子工业出版社，2002：59.

理论链接

公平感的类型

公平感分为四种。

（1）分配公正。指员工对最终分配结果的一种评价，也就是员工依据一定的判定标准对所获得的报酬产生的公正性知觉。分配公正感理论是在亚当斯的公平理论基础上建立起来的。

（2）程序公平。所有规章制度和活动都要公开，让员工知晓并认可；员工有机会影响决策；建立申述机制和沟通渠道，向员工沟通和解释相关决策的原因。这种现象也被称为"发言权效应"，发言权的获得保持了对过程的参与和控制，所以人们倾向于相信结果也是公正可信的。

（3）互动公平。员工在平时与管理者的交往过程中，所感受到的人际待遇质量（包括诚实、礼貌、及时反馈与尊重对方权利）。

（4）信息公平。信息公平是提供有关程序的知识及评估程序结构方面的信息，以体现对员工的关心。例如，经理向员工解释清楚了晋升所需要的条件和标准，并分析员工自身的条件和资质，员工就可能通过信息公平获得公平感。信息公平有时也被认为是程序公平的人际组成部分。

3. 公平理论的应用

公平理论提醒管理者的管理行为一定要考虑员工对公平感的比较，从而在做出某种决策前要对员工的行为有所预期，并采取相应的措施。

员工产生不公平感的原因有很多。其中，员工的主观性是其中一个重要的因素，因为人们总是习惯于过多地估计自己的投入和别人的所得。因此，从组织的角度来说，组织就更应该采取一些有效措施尽量削弱组织中的不公平感。

（1）管理人员应该理解下属对报酬做出公平比较是人的天性，应了解下属对各种报酬的主观感觉，不要刻意地打击或企图一味地消除，作为管理者首先应该去了解员工的不公平感，以便对症下药。

（2）实事求是。激励的程度必须和激励对象的功劳、过失一致，避免出现小功大奖，大过小罚等不公平事件的发生。

（3）为了使员工对报酬的分配有公平的感觉，应民主讨论分配标准和分配程序，要求群众参与。所有的奖罚措施都得到了群众的认可，实行起来才会顺畅；应建立透明性、公开性和科学性的绩效考核制度和标准；对员工的绩效考核和奖励应尽量量化，并及时反馈，要求所有的奖罚必须一目了然，让广大群众进行监督，让员工心服口服，减少猜测。

（4）建立公平、公开的信息沟通制度和人尽其才的企业文化，创造互动公平的氛围。

（5）管理人员应正确对待下属感到不公平可能对企业产生的负面效应。这时管理人员应与下属多沟通，对下属进行必要的思想教育，引导员工全面客观地看待问题，在心理上减轻他们的不公平感。

7.2.7　目标设置理论

1. 目标设置理论的内容

目标设置理论由美国马里兰大学管理学兼心理学教授洛克于 1967 年所提出。该理论认为挑战性的目标是激励的来源，目标能把人的需要转变为动机，使人们的行为朝着一定的方向努力，并将自己的行为结果与既定的目标相对照，及时调整和修正自己的行为，从而能实现目标。外来的刺激（如奖励、工作反馈、监督的压力）都是通过目标来影响动机的，目标能引导活动指向与目标有关的行为，使人们根据实现目标难度的大小来调整努力的程度，并影响行为的持久性。

目标激励的效果受目标本身的性质和周围变量的影响。

1）目标的性质：明确度和难度

从明确度来看，明确的目标可使人们更清楚要怎么做，付出多大的努力才能达到目标。目标设定得明确，便于评价个体的能力。明确的目标本身就具有激励作用，这是因为人们有希望了解自己行为的认知倾向，对行为目的和结果的了解能减少行为的盲目性，提高行为的自我控制水平。

从难度来看，难度依赖于人和目标之间的关系，同样的目标对某人来说可能是容易的，而对另一个人来说可能是难的，这取决于个体的能力和经验。一般来说，目标的绝对难度越高，人们就越难达到它。目前有 400 多项研究发现，绩效与目标难度水平呈线性关系。当然，其前提条件是，完成任务的人有足够的能力、对目标又有高度的承诺。在这样的条件下，任务越难，绩效越好。一般认为，绩效与目标难度水平之间存在线性关系，是因为人们可以根据不同的任务难度来调整自己的努力程度

2）周围变量

在目标设定对绩效的影响过程中，还有其他一些重要的因素。这些因素包括对目标的承诺、反馈、自我效能感、任务策略、满意感等。

（1）承诺。承诺是指个体被目标所吸引，认为目标重要，持之以恒地为达到目标而努力的程度。个体在最强烈地想解决一个问题时，最能产生对目标的承诺，并随后真正解决问题。

（2）反馈。目标与反馈结合在一起更能提高绩效。目标给人们指出应达到什么样的目的或结果，同时它也是个体评价自己绩效的标准。反馈则告诉人们这些标准满足得怎么样，哪些地方做得好，哪些地方尚有待于改进。

（3）自我效能感。目标激励的效果与个体自我效能感的关系也是目标设定理论中被研究得比较多的内容。自我效能感是个体在处理某种问题时能做得多好的一种自我判断，它以对个体全部资源的评估为基础，包括能力、经验、训练、过去的绩效、关于任务的信息等。

（4）任务策略。目标设定理论中有很多对在复杂任务中使用任务策略的研究。相对于简单任务，在复杂任务环境中有着更多可能的策略，而其中有很多是不好的策略。要想完成目标，得到更好的绩效，选择一个良好的策略是至关重要的。

（5）满意感。当个体经过种种努力终于达到目标后，如果他能得到预料中的报酬和奖赏，就会感到满意；如果没有得到预料中的报酬和奖赏，个体就会感到不满意。同时，满意感还受到另一个因素的影响，即个体对他所得报酬是否公平的理解。如果说，通过与同事相比、与朋友相比、与自己的过去相比、与自己的投入相比，他感到所得的报酬是公平的，就会感到满意；反之，则会不满意。

2. 目标设置理论的评价

但是，在目标设置理论中还有很多问题需要进一步的研究。

（1）目标设置与内部动机之间的关系。一般认为，设置掌握目标比绩效目标更能激发内部动机，但这个过程也受到很多其他中介因素的影响，如被试的成就动机的高低等。

（2）目标设置与满意感的关系。如前所述，目标设置与满意感之间呈现一种复杂的关系。困难目标比容易目标能激起更高的绩效，但它却可能导致更低的满意感。

（3）一般认为，反馈可以促进绩效的提高，但不同的反馈方式对绩效的作用也不一样。因此需要研究清楚如何进行反馈是最有效的。

另外，还需要进一步研究的有：目标冲突对绩效效果的影响；当目标困难、任务复杂时，影响策略选择的因素。

3. 目标设置理论的应用

（1）目标设置应个性化。要达到目标设置的个性化，就应注重对各个员工工作努力程度的衡量，而不是用一个尺子去衡量所有的人，这样才能最大限度地激发每个员工的工作积极性。

（2）注意目标设置的具体性。目标的内容要具体明确，能够有定量要求的目标更好，切忌笼统抽象。

（3）注意目标设置的难度。难度要适当，过高了力所不及；过低了不需努力，轻易得到，都不能收到良好的激励效果。设置的目标既要切实可行，又要振奋人心。将目标难度的设置与员工能力的高低和目标承诺结合起来，即员工若有足够的能力和高的目标承诺时，可以设置难度较大的目标，否则对设置的目标难度做出适当调整。

（4）合理运用反馈机制。有效的管理者应当以一种能够诱发积极行动反应的方式来向员工提供明确的绩效反馈。具体应注重以下几点。① 反馈应当是经常性的，使员工在正式的评价过程结束之前就几乎能够知道自己的绩效评价结果。② 鼓励下属积极参与绩效反馈过程，运用"解决问题法"，即管理者和员工在一种相互尊重和相互鼓励的氛围中讨论如何解决员工绩效中所存在的问题。绩效反馈要提供准确的反馈，其中既包括查找不良绩效，同时也包括对有效业绩的认可，赞扬员工的有效业绩有助于强化员工的相应行为。③ 将绩效反馈集中在行为上或结果上而不是人的身上，进行负面反馈时要避免对员工作为一个人而存在的价值提出疑问，必须把绩效反馈的重点放在员工的行为或者结果上。④ 制定具体的绩效改善目标，然后确定检查改善进度的日期。

7.2.8　归因理论

1. 归因理论的内容

归因理论的最早提出者是奥地利社会心理学家海德。他认为，行为的原因或者在于环境（外因），如他人的影响、奖惩、运气、工作难易等，或者在于个人（内因），如人格、动机、情绪、态度、能力、努力等。把行为的原因归于环境或个人，都对自己今后的行为有一定影响，但影响的性质不同。

维纳及其同事在 1972 年发展了海德的归因理论。维纳认为，内因—外因方面只是归因判断的一个方面，还应当增加另一个方面，即暂时—稳定方面。这两个方面都是重要的，而且是彼此独立的。暂时—稳定方面在形成期望、预测未来的成败上至关重要。例如，如果我们认为甲员工工作做得出色是由于其能力强或任务容易等稳定因素造成的，那么就可以期望，如果将来给同样的任务他还会做得出色。如果认为其成功的原因是他心情好或机遇好等暂时因素造成的，那么就不会期望他将来还会做得出色。人们可以把行为归因于许多因素，但这些因素大都可以纳入内因—外因、暂时—稳定这两个方面的四大类中。同时，对员工的成功或失败行为做不同的归因，对员工的情绪和下一步的行为产生不同的影响。归因理论如表 7–6 所示。

表 7–6　归因理论

	内因	外因
稳定	能力，聪明	任务的难度，环境障碍
暂时	努力，心情，疲劳	机遇，幸运

如果员工和管理者将员工的失败归因于稳定因素，如缺乏能力，任务难度大，那么员工就容易自暴自弃，并对未来的行为做失败的预期；如果把失败归因于不稳定因素，如运气不佳，没有好好努力，那么员工就不大可能对以后的行为做失败的期望，并且会积极努力。所以，这两种不同的归因会对员工的行为产生重大的影响。

2. 归因理论的应用

由于不同的归因对员工行为会产生不同性质的影响，所以，在组织活动中，尽可能地把成功与失败的原因归因于不稳定因素，这样有利于防止员工的骄傲自满或自卑自弃行为，有利于调动员工的积极性。

7.2.9　强化理论

1. 强化理论的内容

强化理论是一种行为主义观点，由美国心理学家斯金纳最先提出。该理论从环境因素的角度分析人的行为，认为人的行为是其所受刺激的函数。如果这种刺激对他有利，这种行为就会重复出现；若对他不利，个体可能会改变自己的行为以避免这种结果，直至减弱、消失。强化可分为正强化和负强化两大类型。

正强化指奖励那些符合组织目标的行为，以进一步鼓励这些行为，从而满足组织的需要。正强化的刺激物不仅包含奖金等物质奖励，还包括表扬、晋升、改善工作环境等精神激励。

负强化指惩罚或威胁那些不符合组织目标的行为，以使这些行为削弱直至消失，从而保证组织目标的实现不受干扰。与正强化恰恰相反，负强化包括扣除报酬、罚款、批评、降级等。此外，不实行正强化也是一种负强化，也就是自然消退，因为对某种行为不给予鼓励，这种行为就会慢慢消失。

2. 对强化理论的评价

强化理论有助于对人们行为的理解和引导。一种行为必然会有其后果，而这些后果在一定程度上会决定这种行为在将来是否重复发生。那么，与其对这种行为和后果的关系采取一种碰运气的态度，不如加以分析和控制，使大家都知道应该有什么后果最好，使员工有机会在各种明确规定的备择方案中进行选择。因而，强化理论被广泛地应用在激励和人的行为的改造上。

但是强化理论只讨论外部因素或环境刺激对行为的影响，忽略人的内在因素和主观能动性对环境的反作用。实践也表明：强化理论对某些简单的操作反应，如在驯化动物、知识学习、儿童行为教育、弱智及在特定条件下的行为矫正中，可以得到相当的效果；当应用到常态的成年人行为干涉中，当人们思维中对成败因素的主观思维判断、预期期望、本能欲望倾向等占了上风时，强化理论往往便无法适用了。例如，当员工不认可某种制度，那么他对不遵守这种制度的惩罚行为就更加反感，甚至反抗，这反而激化上下级关系。

3. 强化理论的应用

在实际应用中，关键在于如何使强化机制协调运转并产生整体效应。为此，应注意以下五个方面。

（1）应以正强化方式为主。对在完成个人目标或阶段目标中做出明显绩效或贡献者，给予及时的物质和精神奖励（强化物），以充分发挥强化作用。

（2）采用负强化（尤其是惩罚）手段要慎重。负强化应用得当会促进错误行为的纠正，应用不当则会带来一些消极影响，可能使人由于不愉快的感受而出现悲观、恐惧、愤怒等心理反应，甚至发生对抗性消极行为。因此，在运用负强化时，应尊重事实，讲究方式方法，处罚依据准确公正，对事不对人，并且秉着"治病救人"的原则，给员工以指导，让其明确什么是正确的行为，这样可尽量消除负强化的副作用。将负强化与正强化结合应用，一般能取得更好的效果。

（3）注意强化的时效性和临界值。采用强化的时间对于强化的效果有较大的影响。强化应及时才能有效果，尤其是负强化更应该及时反馈；同时，强化有一个临界值，只有超过这个临界值才能有效果，即所谓的"小奖不如不奖，小罚不如不罚"。

（4）因人制宜，对不同的人采用不同的强化方式。由于人的个性特征及其需要层次不尽相同，不同的强化机制和强化物所产生的效应会因人而异。因此，在运用强化手段时，应采用有效的强化方式，并随对象和环境的变化而相应调整。

（5）利用信息反馈增强强化的效果。信息反馈是强化人的行为的一种重要手段，定期反馈可使员工了解自己的绩效情况，既可使员工得到鼓励，增强信心，又有利于及时发现问题，分析原因，修正所为。

 **管理实践**

如何进行有效的惩罚

批评和惩罚具有双刃剑的作用，惩罚一方面可以激发人们的羞耻心和自尊心；另一方面，如果运用不当，可能会严重损害员工的自尊心，适得其反。如何进行有效的惩罚呢？

（1）惩罚要公正。要有法可依，有制度可依，做到有错才惩罚，不可以言代法。对员工的惩罚应有明确的处罚标准，不能由领导的主观意志决定，要建立有法可依、依法处罚的原则。

（2）不要全盘否定。对员工惩罚时，应把员工的成绩和错误分开，不要全盘否定员工的长处和员工的一切工作，应看到员工对公司所做的努力，促使员工积极向好的方向转变。

（3）尽量不要伤害被罚者的自尊心。要尊重受罚员工的隐私权，不要使用污辱性语言，应注意惩罚宣布或执行的方式，尽量使受罚员工自尊心的损伤达到最小。

（4）本着惩前毖后、治病救人的原则。要让员工明白错在哪儿，应该怎么改正，而不是为了惩罚而惩罚，应该是为了引以为戒而惩罚。

（5）处罚前的思想教育。对员工进行处罚前都应进行必要的思想教育，尤其是应加强对员工的培训，使员工遵纪守法，只有对那些有教而不改或造成较为严重后果者才实施惩罚。

（6）打击面不宜过大。对涉及较多员工的违纪行为时，应采取"杀一儆百"的办法，尽量缩小打击面，扩大教育面。

7.2.10　综合激励模式

1. 波特和劳勒的综合激励模式

波特和劳勒的综合激励模式是由美国行为科学家波特和劳勒提出的一种激励理论，是对前面这些理论的综合应用。因为需要层次理论、期望理论、公平理论和强化理论，都只是从一个视角、一种因素来解释激励实践，而激励效果取决于很多种因素，如绩效考核制度、薪酬制度、领导作风、培训制度等都会影响激励的效果。该模式不仅说明了影响激励的各个因素，而且对整个员工激励的过程进行了"全貌的呈现"。波特和劳勒的综合激励模式如图7-5所示。

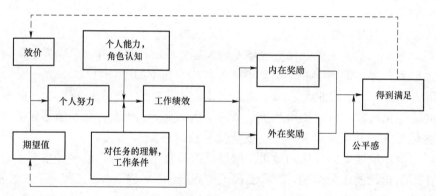

图7-5　波特和劳勒的综合激励模式

波特和劳勒综合激励模式的主要内容如下。

（1）效价和期望值决定一个人是否努力及其努力的程度，这个可以由期望理论解释。

（2）工作的实际绩效取决于能力的大小、努力程度以及对所需完成任务理解的深度。比如一个人对自己扮演的角色认识是否明确，是否将自己的努力指向正确的方向，抓住了自己的主要职责或任务。因此要做好激励，就必须做到：作为管理者必须要慧眼识才，把人才放在最能发挥其长处的岗位上，如果放错了岗位，不仅浪费了人才，还直接导致不良的工作效果。选好人才后，还必须为其发挥才干创造必要的条件，配备必要的资源；为了让员工做出优异的绩效，管理者必须要帮助员工充分了解该角色、该岗位或者该项任务的具体要求，以帮助其更好地完成任务。

（3）奖励要以绩效为前提，不是先有奖励后有绩效，而是必须先完成组织任务才能得到精神的、物质的奖励。当员工看到他们的奖励与成绩关联性很差时，如奖励是根据上下级关系而不是实际业绩时，根据实际业绩进行的奖励将不能成为提高绩效的刺激物。

（4）奖励分为内在报酬和外在报酬。外在报酬包括工资、地位、提升、安全感等，内在报酬包括一个人由于工作成绩良好而给予自己的报酬，如感到对社会做出了贡献，对自我存在意义及能力的肯定等。

（5）奖惩措施是否会产生满意，取决于被激励者认为获得的报偿是否公正。如果被激励者认为符合公平原则，当然会感到满意；否则就会感到不满。满意将导致进一步的努力。

波特–劳勒综合激励模式在 20 世纪 60 至 70 年代是非常有影响的激励理论，在今天看来仍有重要的现实意义。它告诉我们，不要以为设置了激励目标、采取了激励手段，就一定能获得所需的行动和努力，并使员工满意。要形成激励—努力—绩效—奖励—满足并从满足回馈努力这样的良性循环，要综合考虑奖励内容、奖惩制度、组织分工、目标导向行动的设置、管理水平、考核的公正性、领导作风及个人心理期望等多种因素。

2. 罗宾斯综合激励模式

罗宾斯综合激励模式是由美国管理学家罗宾斯提出的激励理论，综合了期望理论、成就需要理论、强化理论、公平理论等激励理论的内容。罗宾斯综合激励模式如图 7–6 所示。

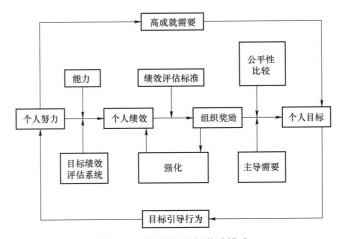

图 7–6　罗宾斯综合激励模式

（1）个人努力首先受机会的影响。机会可能促进也可能阻碍努力的方向和程度。

（2）个人目标的影响。人的动机性行为都是有目的的，它决定了行为的方向。因此，在组织管理中必须重视目标对行为的指导作用。

（3）从个人能力与绩效之间关系来看，个人的努力能否实现目标，能否得到预期的绩效，有赖于个人的能力与绩效评估系统的公正性、客观性。因此，知人善任及公平、公开地评估员工的绩效对组织成员努力的影响是至关重要的。

（4）就绩效与奖励之间的关系而言，若个人感到自己所得的奖励来自自己的绩效，奖励将取得很好的效果。奖赏的内容与程度也会对绩效起到强化作用。奖赏的公平性也会影响其效果，从而影响人们的工作积极性。

（5）从组织奖赏和个人目标之间的关系来看，若奖赏符合个人需要，实现了个人目标，个人的积极性将会大大提高。

（6）对于高成就需要的员工而言，从个人努力到个人目标的飞跃就是最好的奖励。如从事的工作能给他们带来个人责任、反馈和中度的风险，他们就能够在内在激励的推动下努力工作。

罗宾斯综合激励模式的优点：① 认识到激励是一个循环往复的过程，个人目标—个人努力—个人绩效—组织奖励—个人目标，好的激励是一个良性循环过程，如果方法使用不当，也会陷入恶性循环中。② 考虑到了激励中的一些客观条件，如客观公正的绩效评估系统、绩效评估标准等，有利于激励中公平的实现。

罗宾斯综合激励模式的缺点：① 该模型对影响各要素的一些因素认识不够全面，不够深入，如影响个人努力的因素不止机会，还有组织制度等。② 忽略了人的主观能动性，不重视人在激励中思想变化，没有灵活性。③ 好的激励机制需要奖励与惩处并进，只奖励不处罚或者只处罚不奖励都是不适当的。

7.3　激励的原则和方法

学习理论的目的是应用。在掌握激励理论基础上，我们必须学会巧妙地应用这些理论，根据员工的具体情况有针对性地实施激励，做到有效激励。

7.3.1　激励的原则

不同的组织由于实际情况的不同，会制定不同的激励政策和措施，激励政策和措施的制定存在一定的风险，制定得好，组织和员工都满意，有利于企业的发展，但制定得不好，就很可能带来负面的影响。因此，在制定激励的政策和措施的时候，一定要谨慎。成功的激励讲求一定的原则，主要归纳为以下几点。

1. 战略导向原则

激励不是盲目的，好的激励一定是有方向性的，企业的战略就是激励的方向。当企业的战略发生变化时，激励的制度和政策也要发生变化。同时，当企业战略发生变化时，个人的目标也要随之进行调整。当个人目标和企业目标一致性越高时，激励的程度就越高，激励的效果也越明显，因为共同的目标和利益为员工指明了发展的方向，在行动的过程中，二者自始至终保持着一致性。

2. 按需激励原则

根据马斯洛需要层次理论，未满足的需要是激励的起点，因此，了解员工的需要是激励的前提和基础。但是，由于员工在年龄、性别、信仰、经历教育程度等各方面的不同，他们的需要是不一样的。就算是同一个人，在不同时期、不同阶段其需求也是不一样的。因此，只有从各方面、各层面掌握员工的需求，管理者才能有的放矢，制定出有效的激励措施。具体来说，要做到以下两点。① 根据不同的需要，采用不同的激励方法。例如女员工相对而言对报酬更为看重，而男员工则更注重企业和自身的发展；在年龄方面也有差异，一般20～30 岁之间的员工自主意识比较强，对工作条件等各方面要求得比较高，因此"跳槽"现象较为严重，而31～45 岁之间的员工则因为家庭等原因比较安于现状，追求稳定。② 在组织中建立多种多样的方法满足员工不同的需要，即不同层次的需要都有具体的措施对应，同一层次的需要要有不同的选项，使员工有挑选的余地。

3. 公平原则

激励作为奖赏员工良好行为、调动其积极性，惩罚员工不良行为、约束消极情绪，其关键在于公平公正。管理者应该清楚，任何不公正的行为都会使下属产生消极情绪和行为，极大影响激励的效果。因此，公平是激励必须遵循的基本原则。

4. 奖惩结合原则

奖励和惩罚都是激励必不可少的手段，通过强化理论可知奖励是激励的正强化手段，惩罚是激励的负强化手段。研究证明，在实践中把这两种手段结合起来使用，才可以达到良好的效果。许多人片面地认为激励就是奖励，其实光有奖励是远远不够的，试想，对一人总是表扬，时间久了，这种褒奖的效果就会慢慢淡化。其实惩罚也是一种激励的手段，不同的是它是从反面进行激励，通过批评促使人的进步，此外，惩罚虽然可能带来一定的负面影响，如损伤员工的自尊心，产生抵触情绪，但是对于犯错误的员工来说，如果不进行相应的批评和约束，就难以及时改正员工的不良行为，对员工也是不负责任的。因此，在评价员工及其工作中，如果能够做到奖惩结合，有奖有罚，会使每一次激励效果显著。

5. 及时原则与适度原则

及时原则就是对员工的激励应该及时。在激励工作中，管理者如果能够敏锐地察觉员工的进步，巧妙地把握时机进行激励，往往会达到事半功倍的效果；反之，如果管理者对员工的成绩反应迟钝，就会挫败员工的积极性。

适度原则就是要恰当地掌握激励力度，这直接影响到激励作用的发挥。激励过度和激励不足不但起不到激励的真正作用，有时甚至还会起反作用。比如，过分优厚的奖赏，会使人感到得来轻而易举，用不着艰苦的努力；过分严厉的惩罚，可能会引发人的"破罐破摔"心理，使他们失去上进的勇气和信心。所以，应该坚持适度激励，做到恰如其分，激励程度不能过高，也不能过低。

激励及时和适度是互相联系、相辅相成的，只有适度下的及时和及时下的适度，才能最大限度地发挥激励的作用和效应。

7.3.2　激励的方法

激励是一项系统性的工作，组织应建立合理的薪酬体系、绩效考核制度、晋升制度、培训体系、职业生涯发展体系、员工持股计划等，这是激励实施的组织制度环境。除此之外，作为管理人员，要知道如何应用激励理论，在日常工作中，针对特定对象采用合适的方法进行有效的激励。

1. 目标激励法

目标是一种刺激，它本身就具有诱发、导向的功能，如何运用目标动力去激发员工的积极性，是一种管理的艺术。

有目标比没目标要更具激励力，而有一定难度的目标会比容易实现的目标带来更高的激励水平。这里的关键是如何设置目标，只有目标设置合理才能取得良好的激励效果。例如，长虹集团的目标体系包括：最高目标，以民族昌盛为己任，振兴民族工业；产品目标，创世界名牌；发展目标，进入世界 500 强；全员目标，追求卓越。总的来说就是"产业报国"，这已经成为集团凝聚和激励员工的强大的精神支柱。实践告诉我们，一个企业要想做强做大，就必须要确立一个伟大的目标，而且这个目标还要得到组织中成员的一致认可，这样才能让员工围绕这个目标而奋斗。

2. 工作激励法

当员工能够了解到自己的工作是有意义的，他们会在工作中体会到责任感并受到激励。因此，可以通过工作设计的方式对员工进行激励。工作设计越是围绕技能多样性、任务完整性和任务重要性、工作自主性、工作反馈这些因素展开，对员工激励的效果会更佳，员工的绩效会更好，同时其满意度会更高，缺勤率和离职率也会更低。

3. 授权激励法

授权并非将管理者所有的权力都下放，而是让员工手里有一些权力，通过这些权力，员工可以进行自主决策，在其工作范围之内自主行事，重任在肩的员工将更有积极性。有效授权是一项重要的管理技巧。不管多能干的领导，也不可能把工作全部承揽过来，这样做只能使管理效率降低，下属成长过慢。通过授权，管理者可以提升自己及下属的工作能力，更可以极大地激发起下属的积极性和主人翁精神。

4. 参与激励法

一般来讲，参与度越高，员工越有责任心。管理人员应该让执行人员成为"局内人"，参与制订战略计划。由于行动方案由执行人员制订出来，所以它更加切合实际；由执行人参与制订计划，有利于执行文化的培养和树立；战略是由具体执行人员共同商讨制订的，可以避免执行人员由于不理解战略的内涵而导致执行失误；执行人员参与了战略决策的制订，计划更容易落实、实现。

管理者要培养自由、开放的氛围，让全员参与管理。管理者要与员工平等地讨论问题；鼓励员工参与提交建议的过程；允许匿名提供建议；设立建议奖等。管理者必须放弃自信的语气和神态，多用疑问句，少用肯定句，不要让下属觉得你已成竹在胸，说出来只不过是形式而已，主意其实早就定了；其次，挑选一些薄弱环节暴露给下属看，把自己设想过程中所遇到的难点告诉下属。

5. 荣誉激励法

荣誉激励是一种特殊的激励手段，它主要是把工作成绩与选模范、评先进联系起来，以一定的形式或名义标定下来，主要的方法是表扬、奖励、经验介绍等。荣誉可以成为不断鞭策荣誉获得者保持和发扬成绩的力量，还可以对其他人产生感召力，激发其他人比、学、赶、超的动力，从而产生较好的激励效果。如果管理者不能持续为员工提升地位，不妨去给他们一个头衔，让员工顶着这些头衔，满足他们对荣誉的需求。

美国 IBM 公司有一个"百分之百俱乐部"，当公司员工完成其年度任务，他就被批准成为该俱乐部会员，他和他的家人被邀请参加隆重的集会。结果，公司的雇员都将获得"百分之百俱乐部"会员资格作为第一目标，以获取那份光荣。

一些名号、头衔可以换来员工的认可感，从而激发员工的干劲。日本电气公司在一部分管理职务中实行"自由职衔制"，就是说可以自由加职衔，取消"代部长""代理""准"等一般普遍管理职务中的辅助头衔，代之以"项目专任部长""产品经理"等与业务内容相关的、可以自由加予的头衔。

6. 赞美激励法

管理者要学会以欣赏的态度寻找下属的闪光点。人类本性最深的企图之一是期望被人赞美和尊重。渴望赞美，是每个人内心里的一种最基本的愿望。我们都希望自己的成绩与优点得到别人的认同，哪怕这种渴望在别人看来似乎带有点虚荣的成分。强化理论也表明，要想达到最大的诱导效果，你应该尽可能地在行为发生之后，立即加以赞美。

除了用口头表扬之外，也可以用具体文字赞美优秀员工。例如赠送员工感谢卡片，颁发给表现突出的员工证书和奖章，为员工建立业绩档案等。管理者也可以给优秀员工寄表扬信。可以把信封装入标有"成功档案"的档案夹中，并写上下述鼓励："也许你以后会遭遇失败，但你要记住，你曾经成功过，你曾经是一个优秀的人，只要你努力，没有什么可以难得住你。""我们公司永远以你为自豪，你是一个有能力的人，相信你以后会表现得更优秀。"这些文字可以给员工战胜困难的勇气和信息，会帮助员工克服各种各样的工作困难。

7. 情感激励法

让下属在感动中奋力打拼。一个管理者能否成功，不在于有没有人为你打拼，而在于有没有人心甘情愿地为你打拼。让人生死相许的不是金钱和地位，而是一个情字。一个关切的举动、几句动情的话语，比金钱的作用还要大上千百倍。当员工遭遇挫折、情绪低落时，管理者适时的慰藉和援助等，比平常更容易抓住他们的心。以朋友的身份询问员工发生了什么事情，细心倾听他们讲述事情经过（注意保密），并想办法使其安心地投入工作，这就完成了一次成功的情感激励。员工作为公司最有活力和创造力的一部分，应该得到更多的关注和爱护。作为管理者，不是简单、技巧地去管员工，而是应该深入他们的内心，寻找取得心理共通的因素，这样才能取得更好的管理效果。

8. 文化激励法

企业文化的激励功能是引导理想价值，凝聚组织力量，形成深层激励。企业文化的核心在于一种"价值评价体系"，具体而言，就是在企业成长过程中，融合国家的、民族的文化传统，将自身优秀的、积极的东西加以沉淀，并与变化发展的环境整合，总结、梳理、提升、升华，对内形成企业精神力量——一种信任、团结、合作向上的激励氛围。依据企业的共同价值观和文化、精神氛围对员工进行管理，其作用机理是，在研究人心理和行为规律的基础上，采用非强制性方式，对员工施加一种潜在说服力，唤醒员工的自我管理意识，从内心深处焕发工作潜力、主动性和创造精神，实现让员工心情舒畅、主动进取的目的，使之不断开创新的业绩。

 **管理实践**

华为公司基于不同职业生涯阶段研发人员的激励①

1. 华为公司第一阶段（实现期）的激励策略

华为公司在该阶段针对研发人员采用的激励策略为：首选是薪酬策略，次选是个人成长与发展，备选是环境激励、决策参与。

华为公司在研究中发现，处于实现期的研发人员绝大多数是刚毕业的大学生，偏重于用货币性薪酬衡量自身的价值。因此，华为公司提出"高薪聘用优秀毕业生"的激励策略，计算机本科生进入华为公司的每月基本薪金在整个计算机行业中是最高的。除了薪酬的诱人，华为公司还为处在实现期的研发人员提供了有助于个人成长与发展的广泛的培训计划，以便为他们日后潜力的发挥作铺垫。

---

① 陈世平. 软件企业研发人员激励机制研究：以华为技术有限公司为例. 中国人力资源开发，2005（4）：63-68.

2. 华为公司第二阶段（过渡期）的激励策略

华为公司在研发人员过渡期采用的激励策略按重要程度和被采用的频次由高到低排序为：个人成长与发展、薪酬激励、环境激励、决策参与激励、产权激励。

处于过渡期的研发人员一般正在考虑自身未来的发展方向，对于今后到底是从事代码编写、安全测试、结构分析，还是从事系统设计、行政管理和技术服务工作，必须做出明确的选择，并接受相应的专业培训与指导。鉴于此，华为公司首选能够大力推动员工个人快速成长与发展的培训激励策略，而且还建立了完善的华为认证培训体系。

3. 华为公司第三阶段（发展期）的激励策略

华为公司在研发人员发展期采用的激励策略按重要程度和被采用的频次由高到低排序为：环境激励、个人成长与发展、决策参与策略、薪酬激励、产权激励。

处于发展期阶段的研发人员已经接受了完善的职业技术培训，具备了完善的知识结构，掌握了前沿技术，但需要完善与之相配套的科研设备与条件，并且渴望公司能够激励他们开展风险性研发活动，并能容忍他们的失败，他们也希望通过职位晋升以求更大的个人成长与发展空间。鉴于此，华为公司成立了华为"科技基金"，大力鼓励和引导研发人员开展创业活动，而且还成立了技术等级晋升制度，保证处于"发展期"阶段的研发人员不断地获得地位的提升，并增配和优化工作设施与条件，从而不断拓展处于发展期阶段研发人员的成长与发展空间。

4. 华为公司第四阶段（稳定期）的激励策略

华为公司在研发人员稳定期采用的激励策略按重要程度和被采用的频次由高到低排序为：决策参与、环境激励、薪酬激励、个人成长与发展、产权激励。

处于稳定期阶段的绝大多数研发人员已经晋升到了自己理想岗位，基本上都承担着研发管理工作，如担任研发部门经理、项目总监、技术总监等职务。他们希望获得公司的尊重，同时也不想受到过多的约束，喜欢弹性的工作制及工作自主。鉴于此，华为公司首先创造条件积极引导这些研发人员参与公司决策，扩大自主权。

 **知识测试**

1. 有人曾说过："人们从事工作，会有各种各样的动机，而每个人的动机又各不相同。你必须探知你所接触的每个人的不同动机，以便掌握和开启发挥各人潜能的'钥匙'"。这句话表明，管理人员必须进行（　　）。

A. 授权　　　　　B. 激励　　　　　C. 人员配备　　　　D. 沟通

2. 需要层次理论认为人的需要分为五个层次，它们从低到高的顺序是（　　）。

A. 生理需要、安全需要、归属需要（社交需要）、尊重需要和自我实现需要

B. 安全需要、生理需要、归属需要（社交需要）、尊重需要和自我实现需要

C. 自我实现需要、尊重需要、归属需要（社交需要）、安全需要和生理需要

D. 生理需要、尊重需要、安全需要、归属需要（社交需要）和自我实现需要

3. 决定报酬是否公平的是（　　）。

A. 物质报酬　　　B. 绝对报酬　　　C. 相对报酬　　　D. 精神报酬

4. 成功后的喜悦比薪酬重要，这是人们的（　　）。

A. 生理需要　　　　　　　　　　　B. 安全需要

C. 归属需要（社交需要）　　　　　D. 自我实现需要

5. 比较马斯洛的需要层次理论和赫茨伯格的双因素理论，属于激励因素的是（　　　）。

　　A. 自我实现需要与尊重需要　　　　B. 归属需要与安全需要

　　C. 生理需要与安全需要　　　　　　D. 尊重需要与归属需要

6. 某公司的一位年轻人工作非常突出，同时也取得了高于同行业平均水平的薪资，但其仍未感到满意。这种现象可用何种激励理论得以解释？（　　　）

　　A. 期望理论　　　　B. 公平理论　　　　C. 需要层次理论　　D. 强化理论

7. 赫茨伯格双因素理论中，所谓保健因素一般指与工作环境有关的因素，其特点是（　　　）。

　　A. 得不到没有满意，也未必不满意

　　B. 得不到则满意，得到也未必满意

　　C. 得不到则不满意，得到则没有不满意

　　D. 得不到则不满意，得到则满意

8. 某企业规定，员工上班迟到一次，扣发当月 50%的奖金，自此规定出台之后，员工迟到现象基本消除，这是哪一种强化方式？（　　　）

　　A. 正强化　　　　　　B. 负强化　　　　　　C. 惩罚　　　　　　D. 忽视

9. 在下面对马斯洛需要层次理论的描述中，不正确的是（　　　）。

　　A. 人的需要可以分成五个层次

　　B. 人的需要是由低到高逐级向上发展的

　　C. 人在某个低层次的需要得到完全满足时，才会关注更高一级需要

　　D. 人在某个阶段，通常有一个主导需要，可以针对这个主导需求对其进行激励

10. 小张大学计算机系毕业以后，到一家计算机软件公司工作。三年来，他工作积极，取得了一定的成绩。最近他作为项目小组的成员，与组内成员一道奋战了三个月，成功地开发了一个系统，公司领导对此十分满意。这天小张领到领导亲手交给他的红包，丰厚的奖金令小张非常高兴，但当他随后在项目小组奖金表上签字时，目光在表上注视了一会儿后，脸便很快阴沉下来。对于这种情况，下列哪种理论可以较恰当地给予解释？（　　　）

　　A. 双因素理论　　　B. 期望理论　　　　C. 公平理论　　　　D. 强化理论

11. 商鞅在秦国推行改革，他在城南门口立了一根木棍，声称能将木棍从南门移到北门的，奖励十两黄金，但没有人去尝试。根据期望理论，这是由于（　　　）。

　　A. 十两黄金的效价太低　　　　　　B. 居民对完成要求的期望很低

　　C. 居民对得到报酬的期望很低　　　D. 枪打出头鸟，大家都不敢尝试

12. 中国企业引入奖金机制的目的是发挥奖金的激励作用，但到目前，许多企业的奖金已经成为工资的一部分，奖金变成了保健因素，这说明（　　　）。

　　A. 双因素理论在中国不怎么适用

　　B. 保健因素和激励因素的具体内容在不同国家是不一样的

　　C. 防止激励因素向保健因素转化是管理者的重要责任

　　D. 将奖金设计成激励因素本身就是错误

13. 企业中，常常见到员工之间会在贡献和报酬上相互参照攀比。一般来说，你认为员

工最有可能将哪一类人作为自己的攀比对象？（　　）

    A. 企业的高层管理人员　　　　　　B. 员工们的顶头上司

    C. 企业中其他部门的领导　　　　　D. 与自己处于相近层次的人

14. "杀鸡给猴看"是一种（　　）。

    A. 正强化　　　　B. 无为而治　　　　C. 负强化　　　　D. 惩罚

15. 每个人都是社会人，渴望得到同事的关怀与他人的认可，这体现了马斯洛需求层次理论中的（　　）。

    A. 生理需要　　　　B. 安全需要　　　　C. 社交需要　　　　D. 自我实现需要

 技能训练

训练一：选择工性时重要性因素

对你而言，工作中什么东西最重要，或者是令你感到兴奋的？以下是你在选择一份工作时可能纳入考虑范围的 12 种因素。阅读以下因素，根据重要性进行排序。1 代表重要性最高，12 代表重要性最低，把重要性排序写在前面的括号里。

（　　）——高薪酬

（　　）——优越的工作条件

（　　）——友善型和支持型的同事

（　　）——弹性工作时间

（　　）——提供发展和新挑战的机会

（　　）——体贴的上司

（　　）——对你有所影响的决策具有包容性

（　　）——公正平等的待遇

（　　）——工作保障

（　　）——晋升的机会

（　　）——优越的福利待遇

（　　）——自由和独立

完成上述排序后，同班里的其他同学比较重要性排序。你们的偏好相似程度如何？和同学讨论为什么你们的排序不一样？和同学讨论后你会改变你的排序嘛？为什么会改变？为什么不会改变？请说明理由。

请组长统计出本组同学最初排序和最后排序的情况，进行对比分析。

训练二：开发激励员工的技能

假如你正在从事的一项管理工作，按照以下步骤展开，开发你激励员工的技能。

（1）识别个体差异。你需要列出你所管理的每一个员工，每个人的需求是如何的，尽可能通过列表的方式展示出来。需要注意的是，你所理解的员工需求和他们真实的需求可能存在很大差异，你需想办法去获取真实的员工需求。

（2）匹配员工和工作。请你谨慎地进行员工和工作的匹配，如果匹配得好，工作本身就会对员工产生激励作用。

（3）帮助员工制定目标。你应当同员工一起设置工作目标，让员工参与到目标设置的过程中来。要设置具有一定难度并且具体的目标，并保证会提供及时的反馈。

（4）确保员工设置的目标是可以实现的。按照期望理论，能够实现的目标才具有激励的力量，所以一方面，你要帮助员工相信只要付出努力就一定能实现目标；另一方面，需要培训员工提升他们的能力。

（5）个别化奖励。由于员工的需求不同，所以在员工实现目标的过程中和实现之后，你需要根据员工需求的差异性提供个性化的奖励。

（6）将奖励和绩效联系起来。你需要根据绩效表现来确定奖励，只有在员工实现了绩效目标之后才能给予奖励。针对非绩效表现的奖励只会强化这些非绩效因素。

（7）检查系统的公平性。员工认为自己的付出、所得应该和所获得的奖励、报酬是保持一致性的，要让员工感受到其努力、能力和付出是能够匹配薪酬和绩效的。

（8）不要忽视金钱。我们很容易注重目标设置、创造有兴趣的工作和提供参与管理的机会，以至于忘记了金钱是最基本的需求。基于工作绩效的加薪、计件奖金、员工持股计划和其他一些薪酬激励一定要得到充分的重视。

训练三：最佳雇主企业的激励实践

（1）寻找最新的最佳雇主的国际企业榜单或中国榜单。

（2）确定一个你最想去的行业，然后寻找在这个行业里的最佳雇主企业前三名。

（3）搜集这三家最佳雇主企业的资料，列出这些最佳雇主企业的最佳激励实践。

（4）确定自己心目中最理想雇主的激励实践和权重分配。

（5）用决策的方法确定哪家最佳雇主适合自己？

 **思维拓展**

麦当劳的员工激励

麦当劳公司认为，勤奋的员工是公司最宝贵的财富。确实，麦当劳的员工表现出来的主动性和积极性是令人惊讶的。他们当中的大多数人总想在麦当劳多学点东西。许多服务员往往会提前上班，推后下班，连节假日也要特地到餐厅去走一走。而按照公司的规定，除非是加班工作，这种活动都是不付给工薪的。

那么，是什么原因让服务员自动地多做工作的呢？答案很简单。在麦当劳里，人们有一个普遍的信念：只要付出了努力，必有保障获得相应的地位和报酬。

麦当劳的用人方法就是让打工者也相信他们能够得到相应的地位和报酬。

1. 公开化的职位与酬劳

一走进麦当劳餐厅后面的办公室，首先映入人们眼帘的是一张布告板。布告板上方写着"新观念"三个大字。这张布告板经常成为计时工作人员的话题。布告板的左侧是"职位和工资"，写着餐厅所有工作人员的姓名和职位。职位分为餐厅经理、第一副理、第二副理、见习经理、计时组长、训练员、员工。

在工资栏上，通常用的记载方法是以 C 级为基准。B 级组长的工资是 C 级的 1.25 倍，A 级组长是 C 级的 1.5 倍，而且一年可以分得两次红利。这种把地位和工资公开化、透明化的做法能够让每个计时工作人员逐步体会到，上司和他们的同伴之间不可能有私下交易。大家的眼睛都是雪亮的。

只要努力工作，必然可以获得相应的地位和报酬。

2. 不受限制的晋升

麦当劳的环境能够让每个服务员始终牢记公司理念。服务员一走进休息室，首先映入眼帘的是"观念交流园地"公告栏。上面记载着餐厅内所有工作人员的姓名、职级。

在"训练进度表"上还记载每个服务员的进店日期以及他们所学习的教材、学习的进度。此外，服务员的帽子颜色、制服形式、名牌的用途和形状、参加会议的名单、营业时分配的位置、安排工作时间的长短、计时卡摆放的位置等，都代表着服务员在餐厅中的身份和地位，都让服务员时刻记住，在麦当劳这个世界里，只要你努力向上，在技术和服务能力上取得了进步，必定能够获得相当的满足和成就感。

更为重要的是，在麦当劳工作的计时员工也有可能会当上经理。一般企业虽然也用职位提升的方法来刺激计时工作人员的积极性，但到了某个职位便"到此为止"了。

但是，麦当劳餐厅没有这个限制。麦当劳规定计时工作人员"凡有3个月以上工作经验者皆可为经理级的组长，不受年龄和性别的限制"。

公司的简报上也有同样的说法："麦当劳公司机会之多，绝不亚于其他任何企业。"麦当劳公司也提供了培养这个机会的园地。使用你的自主性，发挥你的实力吧！这些话既适用于正式职工，也适用于计时工作人员，从而使他们的能力能够最大限度地发挥出来。

有了这种信念以后，新服务员才会认识到，在取得相应的地位和报酬之前，最重要的事情是善于有计划地学习，提高服务和工作的技术水平。

3. "多头评价"制度

根据业绩提升职位和增加工薪是重要的刺激因素。尽管所有的餐厅都会这样做，但麦当劳的业绩考核制度是独特的。

麦当劳餐厅每个月进行一次考核。考核表上分为质量、服务、清洁、劳务管理、训练、书面作业、自我管理、仪容等八项。每项均有一个评分。在表格的下端是意见栏，分为四项：对下属、对顾客、对管理和对店面的影响力、提案、总评估。

麦当劳建立了独特的业绩评估制度，凡是在加薪或升级的时候，必须经过以下的程序：自我推荐、公开评价、预先设置目标、事后晤谈、定期评价。

虽然业绩评价的实质性人物是餐厅的中心经理，但麦当劳实行的是"多头评价"制度，即作为管理组成员的计时经理和组长等都参加评价。

中心经理一般是在每月的25日填写考核表，公布考核结果以后要进行个别谈话。这种做法使服务人员感到自己受到了关心，因而增强了工作的热情，愿意为获得下一次更佳的评价而努力，这本身就是在激励工作人员向下一个位置挑战。

4. 形式多种的奖励

麦当劳通过春游、职业发展、抽奖、聚会、带薪休假（兼职员工每年工作超过1 440小时会获得一周）、竞赛、轮换等方式对员工进行奖励。因此，即使在很严格的工作标准下，员工依然充满活力。

（1）积分奖励。麦当劳的激励机制运用得很充分。每天，麦当劳都会按照具体情况为每个不同岗位的员工制定目标，一旦达到目标，就可以得到公司内部的积分奖励。举例来说，每一段时间麦当劳都会推出新活动，以利于促销。

　　麦当劳规定促销出新产品，前台服务员下班以后就可以按照管理组制定的目标拿到相应的奖券。假如一共卖了 25 套促销的套餐，就可以得到 5 元奖券，35 套可以得到 10 元，依次递增，全部积攒下来到月底或年底兑换相应价钱的奖品。

　　员工内部的奖品有手表、雨伞、手电、腰包等，这就需要每天都尽力做到最好，得到尽量多的奖券。这种积分奖励方法，在麦当劳内部营造了比较好、比较持久的竞争气氛。

　　（2）最佳员工评选。细心的顾客进入麦当劳餐厅，会发现在墙壁上有一个专栏，上面写着"当月最佳员工"，还有照片和名字。这是麦当劳对优秀员工的一种奖励方式，鼓励大家向优秀者学习。

　　麦当劳的"最佳员工评选标准"：100%顾客满意度；良好的工作适应性；极高的工作标准；良好的团体合作精神。

　　思考题：

　　1. 假如你是麦当劳的员工，上述哪一项激励政策最能打动你？并分析原因。

　　2. 进一步收集海底捞的员工激励政策，并与麦当劳的员工激励政策进行对比、分析。

　　3. 如果你是一个麦当劳的管理实习生，经过你的研究，你将为麦当劳公司提出什么样的员工激励的完善建议？

 推荐阅读

　　[1] 马斯洛. 动机与人格. 许金声，等译. 3 版. 北京：中国人民大学出版社，2012.

　　[2] 詹森. 激励核能：激活团队潜能的正向管理技巧. 王露瑶，译. 北京：中国友谊出版公司，2018.

　　[3] 曾仕强. 最有效的激励艺术. 北京：北京联合出版公司，2014.

　　[4] 周志友. 德胜员工守则. 北京：机械工业出版社，2013.

　　[5] 哈德. 正向激励：突破性的痛点式激励方案. 田金美，周斌，译. 北京：中国友谊出版公司，2018.

第8章

沟　　通

■■■■■➡ **学习目标**

> 学完本章后，你应该能够：
> ◎ 理解沟通在管理中的重要性；
> ◎ 掌握沟通过程模型；
> ◎ 掌握沟通过程中各环节的沟通技巧；
> ◎ 理解自我沟通对人际沟通、组织沟通的重要性；
> ◎ 掌握人际沟通、组织沟通的障碍并掌握克服障碍的方法。

■■■■■➡ **基本概念**

沟通　沟通过程模型　自我沟通　人际沟通　组织沟通　正式沟通　非正式沟通　正式沟通网络　沟通障碍

■■■■■➡ **开章案例**

乔布斯通过讲故事达到说服的目的

苹果公司创始人乔布斯是个擅长讲故事的高手。当年苹果公司还是一个小小互联网公司的时候，乔布斯需要为公司寻找一个新的 CEO，他把目标锁定在当时的百事可乐总裁约翰·斯卡利。但是当时百事可乐已经是一个闻名全球的企业了。约翰·斯卡利会同意加盟小小的苹果公司吗？乔布斯只问了约翰·斯卡利一个问题：你是想卖一辈子糖水，还是想改变整个世界？这简短的一句话，把约翰·斯卡利带到了一个卖糖水赚钱还是改变世界的选择场景中，最终成功说服他出任苹果公司的 CEO。

在苹果公司推出麦金塔计算机的前夕，所有员工都在拼命加班赶进度。一开始测试的时候，计算机的开机速度需要好几分钟，乔布斯连连摇头，觉得还是太慢了，必须再快点。然而工程师肯尼恩和他的团队经过了几个星期的不眠不休，已经努力改进了，筋疲力尽的他摇头表示：现在的已经是极限了。此时乔布斯知道肯尼恩已经听不进道理了，就开始了他最擅长的讲故事。乔布斯说："如果开机速度再快十秒，就能拯救一个人的命，你做不做？"看着肯尼恩迷茫的眼神，他解释道：以后至少有五百万人每天都在使用麦金塔计算机，假设我们努力节省十秒的开机时间，十秒乘以五百万人就等于每天省下五千万秒，一年下来就三亿多分钟，这相当于十个人的一生啊！为了这十条人命，大家再努力减十秒吧！最后成功地将开机时间整整缩短了二十八秒！

乔布斯就是通过讲故事，把冰冷的数字转换成了有温度的人性，进而产生了说服人的力量。

通过这个故事，可以看到沟通力量的强大、沟通技巧的重要。根据明茨伯格的观点，管理者要承担 10 种角色，概括为决策、信息、人际关系三大类。从本质上来看，三大类角色的承担都离不开沟通；从管理的计划、组织、领导、控制的职能发挥方面来说，管理者 80%以上的时间都是在做沟通：听汇报、看报告、批复、请示、开会、表扬或批评员工、谈判等。因此有人说"管理就是沟通"，此说法虽然不够严谨但是充分说明了沟通的重要性。美国著名未来学家奈斯比特曾指出："未来竞争是管理的竞争，竞争的焦点在于每个社会组织内部成员之间及其外部组织的有效沟通上。"管理者与被管理者之间的有效沟通将是任何管理艺术的精髓，沟通决定着管理的质量和水平。

但是，我们同时注意到，每天滋生的许多烦恼和问题皆是因为人与人的沟通过程中某个环节出了这样或那样的问题。也许更让我们费解的是，沟通不就是简单的对话吗？为什么还会产生这么多误会？是什么原因导致的？如何进行有效的沟通？

通过本章内容的学习，我们将明确沟通是如何产生的，涉及哪些影响因素，沟通过程中可能出现哪些障碍，以及如何排除这些障碍来提高沟通的效果。

8.1　沟通原理

8.1.1　沟通的概念及意义

1. 沟通的概念

关于沟通的概念，中外学者虽然表述形式有差异，但基本上没有歧义。《大英百科全书》定义：沟通就是用任何方法，彼此交换信息。著名管理学者斯蒂芬·罗宾斯认为：沟通是信息的传递和理解，完美的沟通，如果存在的话，应是经过传递之后被接收者感知到的信息和发送者发出的信息完全一致。美国学者詹姆斯·斯通纳认为：沟通是人们通过传递信息来分享信息的过程。因此综合起来看，可以这样定义：沟通，就是指两个或两个以上人通过语言、文字、符号或类似的表现形式，进行信息传递和交换的行为及过程。

2. 沟通的意义

（1）信息沟通使组织与外部环境发生联系。管理者通过信息交流了解客户的需要、供应商的供应能力、股东的要求、政府的法规条例及社会团体关心的事项等。任何一个组织只有通过信息沟通才能成为一个与其外部环境发生相互作用的开放系统，与外部环境更好地配合，从而增强应变能力，保证组织的生存和发展。

（2）信息沟通增强组织内部各部分的凝聚力。管理者通过信息沟通使组织成员命令统一、团结一致、共同努力来达到组织目标。只有通过沟通，才能把抽象的组织目标转变成为组织中每一个成员的具体行动，使组织内部分工合作更为协调一致；同时通过沟通，协调矛盾、建立组织文化、凝聚人心，实现高效率的管理。

8.1.2 沟通的过程

沟通是信息传递和交流的过程。沟通过程通常包括五个关键环节，如图 8-1 所示。

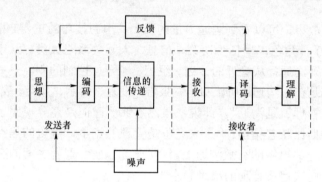

图 8-1 沟通的过程

1. 信息的发送

信息的发送包含两个环节。

（1）发送者要有向接收者传递的信息。没有任何信息的沟通没有意义，需要发送的信息是沟通的起点。这里的信息统称为思想，包括观点、想法、资料、情感、态度等广泛的内容。

（2）发送者将要发送的信息进行编码。尤其是隐蔽的、只可意会不可言传的信息，必须翻译成接收者能够接收到并理解的一系列符号，这个过程叫"编码"。这些符号包括口头语言、书面文字、图表、视频、面部表情和肢体语言等。为了有效地进行沟通，这些符号必须选择合适的媒介来表达。例如，如果是广为传播的信息，用书面报告或口头讲座的形式均可。如果用书面报告的形式，那符号的表达应选择文字、图表或照片；如果是口头讲座，符号的表达就应选择口头语言和板书的形式。一般来说，发送者编码的能力和质量决定了沟通的效果。

编码环节有几个关键点。

① 发送什么样的信息，信息如何编码，取决于信息发送者的沟通目的。如果沟通的目的是想和对方和好，那么信息发送者的语言组织应该是温和的、讨好的、真诚的；如果沟通的目的是和对方决裂，那么什么语言恶毒就用什么。所以，沟通中的第一步是考虑沟通的目的是什么，为什么要沟通。

一般来说，沟通的目的是双赢，解决问题或摆脱困局，所以应采取建设性沟通。建设性沟通，是指在改善和巩固人际关系的前提下，帮助管理者进行的确切、诚实的管理沟通方式。建设性沟通具有三个特征。一是沟通目标是为了解决实际问题，而不仅仅在于讨他人喜爱，或被社会承认；二是要实现信息的准确传递。沟通主体要围绕沟通的目标，在沟通过程中准确、高效地传递信息，避免信息与主题的偏离，也避免给受众传递错误的信息。三是沟通是在更好解决问题的前提下，保持良好关系的持续性。

② 编码的基本原则是客体导向的沟通。也就是从信息接收者的角度来设计沟通策略，才能更好地让接收者乐于接受信息，沟通效果才能提高。客体导向的沟通又叫换位思考。因此，编码的思路是：沟通目的—信息接收者定位（接收者需要什么）—自我定位（发送者能给信息接收者提供什么）—沟通策略（如何找到需要和提供之间的联络点）。

例如：（非客体导向的沟通）：禁止越线，违者罚款！

（客体导向的沟通）：你现在越线了吗？

第二种说法让信息接收者觉得更有人情味一点、感觉受到尊重。

（非客体导向的沟通）：您的货物今天已经发出，请注意查收！

（客体导向的沟通）：您的货物今天已经发出，预计 3 日后可以收到！

第二种说法更符合信息接收者的需要，因为他更想知道货物何时到达。

编码时要坚持如下原则：对事不对人，不要进行人身攻击；坦诚地谈论真实的信息；描述事实而不是轻易给个人贴标签；表达婉转，尊重对方；具体到要沟通的事情上而不是泛泛而谈；语言精练，言简意赅。

 管理实践

在编码前如何理解接收者

发送者要想更好地理解接收者，需要在编码前问自己几个问题。

（1）接收者已经知道了什么？对他们已经知道的信息不需赘述。

（2）接收者需要知道什么？这要依据沟通的目的来定。

（3）接收者信息的接收量有多大？不要超出他们的接受能力，否则会发生信息混乱。

（4）接收者需要通过倾听获得什么？他是想获得激励还是批评？是获得问题解决方案还是思路的提示？是获得信息通知还是需要被说服？等等。

（5）接收者是友善的还是敌意的？这决定了沟通中的语言编辑方式和沟通形式。

比如，酒店的客房主管和服务员就顾客投诉进行沟通。此时，客房主管必须告诉服务员顾客投诉的内容和原因是什么，通过改进措施减少顾客投诉，激励他们以后努力工作。他们不需要告知服务员的职责范围，因为她们都已经烂熟于心。

（摘自：吉耶尔. 真实情境中的管理学. 巢超，孙贞英，等译，北京：中国人民大学出版社，2010：61.）

2. 信息的传递

信息的传递，是指将翻译成的符号传递给接收者。由于选择的符号种类不同，传递的方式也不同。传递的方式（也叫沟通方式）主要有三类：口头沟通、书面沟通、非语言方式。

1）口头沟通

人们最经常采用的信息传递方式是口头沟通，包括开会、面谈、电话、讨论等。当然，现在网络技术的发达，有些口头形式会通过电视电话会议、网络视频等方式来进行，沟通更加便捷。口头沟通的优点是：应用场景广泛，交流迅速，反馈及时。缺点是：事后无据，难以查证，也容易忘记；信息经过多人传递时，由于每个人以自己对信息的理解重新编码再次传递，可能发生信息过滤和歪曲。

2）书面沟通

人们最经常采用的书面方式包括总结、报告、备忘录、书信等形式。它的优点是以书面文字形式沟通信息往往显得比较正规和严肃；信息可长久地被保存，可以进行检查核实，这对于重要信息的沟通是十分必要的；通过文字准备，可斟字酌句，以更准确地表达信息内容；传播范围比较广。但是，书面传递难以确知信息是否送达接收者、接收者是否能正确理解信息。

3）非语言方式

有一些沟通既不是通过口头交谈，也不是通过书面文字形式进行的，它们采取的是非语言方式。非语言方式有手势、面部表情、身体姿势、衣着、声调等。如在课堂上吵闹的学生，教师常通过目光予以制止，对在课堂上"开小差"的学生，教师常常通过敲桌子的方式进行提醒等。

非语言沟通虽然只能是一种辅助的沟通方式，但很多时候，非言语沟通却能起到重要的作用：第一，对信息发送者来说，在特定的场合，对不可言传的信息，通过表情和动作来表达更有效果，如使眼色、噘嘴等；第二，对信息接收者来说，语言和文字可有装饰性和欺骗性，但非语言是深层次潜意识的表达，它更真实，更有利于我们解读对方的真实想法。例如，一个人在我们面前讲话结巴、脸红、流汗，虽然他解释自己紧张、有压力，但是这些表情、状态也向我们传达一个信息：这个人或许在说谎。

所以，对于沟通双方来说，需要了解各种非言语沟通的含义，这样才能让发送者明白自己该怎么表达、接收者明白对方表达的是什么意思。

 **管理实践**

非语言方式的含义

进行直接的目光接触	友好、诚挚、自信、肯定
避开视线接触	焦虑不安、被动、害怕、紧张
摇头	不同意、震惊、不相信
打呵欠	厌倦
拍背	鼓励、祝贺、安慰
挠头	困惑、不相信
微笑	满足、理解、鼓励
咬嘴唇	紧张、害怕、焦虑
用脚点击地面	紧张、不耐烦
交臂抱在胸前	气愤、不同意、自卫、好斗

如前所述，口头沟通、书面沟通和非语言方式各有优缺点，通常情况下要达到最好的沟通效果，就要多种沟通方式结合起来，起到发扬优点弥补缺点的作用。

3. 信息的接收

第一，接收者完整地接收到发送者传递的信息。但是往往由于物理因素的影响，可能接收者未必接收到了发送者的信息。比如，两人正在交谈，突然出现了飞机的轰鸣声，打断了两人的对话；由于邮递员的疏忽，信件丢失，接收者没有接到信件。

第二，接收者对接收到的符号翻译成自己能理解的信息，这叫"译码"。当接收者接收信息后，他将从三个方面展开他的分析过程，即"译码"。第一个是认识过程，通过对信息的记忆存贮、分类检索、归纳合并、联想分析等逻辑思维过程，进行信息处理。第二个是情感过程，通过逻辑思维分析所认识到的事物，在情感上不一定能予以接受，在这个过程中起主要作用的是信念、价值观、态度和偏好等。第三个是生理过程，大脑的活动、血压、体温、心速等生理因素会由于外界的刺激而改变，从而影响感觉和行动。综合三方面的结果，接收者才会对所接收到的外界信息做出相应的理解。

从接收者译码的过程可以看出，接收者对信息的最终理解程度是受制于认识水平、情感因素和生理因素的综合效应，所以个体的差异导致不同接收者对同样信息的理解有差异，译码水平有高低。因此，接收者能够正确地理解发送者发过来的信息是一种理想的状态，更多的时候，由于接收者接收和译码水平的不同，信息的内容和含义经常被曲解。

4. 信息的反馈

接收者要对发送者进行信息反馈，而且要检验信息是否被正确地理解，仅有一次沟通是不够的，还要反复沟通和确认，才能检验自己的理解和信息发送者的理解是否一致。沟通过程中的反馈，构成了信息的双向沟通。显然，双向沟通有利于提高沟通质量。

5. 噪声

信息沟通中经常受到许多"噪声"的干扰，它存在于沟通过程的每个环节，造成信息遗漏或失真，使得沟通的效率大为降低。噪声，根据其来源不同分为内部噪声和外部噪声。外部噪声，主要来自外部物理环境，如谈话被巨大的汽车轰鸣声打断，手机信号不好导致对方没有听清楚或听错话等。内部噪声，因为信息发送者和接收者的语言不通、情绪状态、认知差异等内部心理因素造成的信息失真，如沟通一方因为愤怒的情绪而没有集中注意力很好地倾听，沟通双方因为语言和文化差异导致理解有偏差，由于信息量传输太大导致接收方难以完全接收到全部信息或者难以理解全部信息等。

8.1.3　沟通的要素

从沟通过程模型可以看出，沟通的要素可以用 5W2H 来总结：① 目标（why to communicate）；② 信息发送者（who）；③ 信息接收者（whom）；④ 信息沟通的环境（内部环境和外部环境）（where）；⑤ 信息（what）；⑥ 信息沟通的媒介（how to deliver）；⑦ 信息的反馈（how to be understood）；沟通的要素缺一不可。

管理小知识

有效沟通的 7C 原则

美国著名公共关系专家卡特里普和森特在他们合著的被誉为"公关圣经"的著作《有效的公共关系》中提出有效沟通的 7C 原则。

（1）credibility：可信赖性，即建立对传播者的信赖。

（2）context：一致性，指传播必须与物质的、社会的、心理的、时间的环境等相协调。

（3）content：内容的可接受性，指传播内容必须与受众有关，必须能引起他们的兴趣。

（4）clarity：表达的明确性，指信息的组织形式应该简洁明了，易于受众接受。

（5）channels：渠道的多样性，指应该有针对性地运用传播媒介以达到向目标受众传播信息的作用。尽量选择对方习惯的、熟练使用的信息沟通渠道。

（6）continuity and consistency：持续性与连贯性。沟通是一个没有终点的过程，必须对信息进行重复，但又必须在重复中不断补充新的内容，这一过程应该持续地坚持下去。

（7）capability of audience：受众能力的差异性。这是说沟通必须考虑沟通对象能力的差异，采取不同方法实施传播才能使传播易为受众理解和接受。

8.1.4 沟通的类型

1. 根据沟通的对象不同分类

根据沟通的对象不同分为自我沟通、人际沟通和组织沟通。

自我沟通是指信息的发送者和接收者是同一个人，如通过各种方式进行的自我肯定、自我反省等。

人际沟通是人和人之间的沟通，这些沟通的发送者和接收者可以是上下级关系，可以是同事关系，可以是员工和相关利益者（顾客、供应商、政府工作人员、社区居民等）之间的关系。

组织沟通可分为两类：第一类是组织的内部沟通，是指在组织内部进行的信息交流活动；第二是组织的外部沟通，指的是组织和外部进行的沟通，如新闻发布会、记者招待会、电视访谈、商务谈判等。

2. 根据沟通中信息的传播方向分类

根据沟通中信息的传播方向分为下行沟通、上行沟通、平行沟通及斜向沟通。

下行沟通是指上级对下级的沟通，如上级对下级的命令、答复等。

上行沟通是下级对上级的沟通，如下级对上级汇报、请示等。

平行沟通是指同级部门、同级管理者之间的沟通，如生产经理和营销经理之间关于消费者对产品的意见和建议的交流。平行沟通的主要目的是谋求相互之间的理解和工作中的配合。

斜向沟通又叫交叉沟通，是指组织内既不属于同一序列又不属于同一层级的部门间或个人间的沟通，如上一层级人事经理与生产经理下一层级的车间主任 A 之间关于新招聘员工工作情况的沟通。

3. 根据组织管理系统和沟通体制的规范程度分类

根据组织管理系统和沟通体制的规范程度分为正式沟通和非正式沟通。

正式沟通就是通过固有的组织结构按照规定的方式交流和传达信息。比如，下级给上级汇报工作，部门主管召开本部门员工会议等。

非正式沟通是组织内员工除了正式沟通之外的所有信息交流和传达方式。非正式沟通是非正式组织的副产品，信息通过非正式组织的网络进行传递。比如，销售部张总和公共关系部普通员工小李是羽毛球球友，两人在打球时总会交流工作中的一些信息，这就是非正式沟通。

因为自我沟通、人际沟通和组织沟通三种类型的分类中包含了其他分类类型，所以下面主要按照自我沟通，人际沟通和组织沟通三种类型进行具体介绍。

8.2　自我沟通

8.2.1　自我沟通过程和意义

1. 自我沟通的过程

自我沟通就是所谓的"与自己的心灵对话"，自我认知，自我反省，自我开导，自我激励。例如，当你正在做一个比较复杂、难度比较大的工作时，往往会比较投入，常常自言自语："应该怎么做呢？这样做行不行？……不行，难度更大……"，这就是典型的自我沟通。

自我沟通相对于人际沟通和组织沟通过程来说，最大的不同是沟通中信息的发送者和接收者是同一个人。

自我沟通的过程如图 8-2 所示。

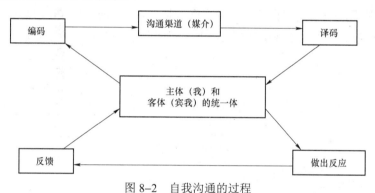

图 8-2　自我沟通的过程

2. 自我沟通的意义

（1）自我沟通是进行人际沟通和组织沟通的前提和基础。要说服他人，首先要说服自己，只有自己从内心深处认同沟通的内容，才能保证自己在和别人沟通时"理直气壮"。

（2）可以以自我沟通解决外在问题，自我沟通是内在和外在统一的联结点。当个人的先验性判断（如领导怎么能因为我迟到这么点小事就扣我一个月奖金）和外部要求（如公司规定员工不应该迟到，因为迟到了影响工作给企业造成损失，就要受罚）不一致、发生矛盾时，冲突就出现了。为了使自己的心态得到恢复，就必须不断说服自己，调整自己的判断标准、价值观或者处理问题的方式。有时候我们不得不承认自己才是问题所在。

（3）自我沟通技能的开发与提升是成功管理的基本素质。一个无法同自己进行沟通的人也不可能做好同别人的沟通。

8.2.2　自我沟通的主要障碍

1. 缺乏自我认知

自我认知是对自己的身心状态的认识、体察和监控，包括："我是谁？""我有哪些优点和缺点？""我适合做什么工作？"等。研究证明，人们对自我认知存在盲区和未知区，每个人的盲区和未知区是不同的。如果对自己没有一个正确的认知，过高或过低估计自己，都会造成自我认知的偏差，从而在沟通定位以及以后的沟通策略的选择和确定中做出错误的决策。比如，一个人本来知识匮乏还自认为才富五车，夸夸其谈，对别人指手画脚，就会招致别人的反感。

2. 人生没有目标

设置目标是自我沟通的一个重要环节。人生目标的树立与追求是认识自我、激励自我的内在驱动力。如果一个人在自己的职业生涯中没有目标，缺乏规划，是很难做好自我监控、自我反省、自我激励的。

3. 疏于理性思考

自我沟通也是一个自我反省的过程，通常需要头脑冷静、独处静思。然而有的人遇事感情用事，不善思考，要么对外界信息全面接受、随波逐流、缺少主见，要么对外界信息全面否定、虚无主义，从而无法做出正确的判断，也无法做好正确的自我沟通。

8.2.3 自我沟通艺术

正如自我发展是一个认识自我、提升自我、超越自我的过程，自我沟通技能的提高也是一个不断认识自我、提升自我和超越自我的三阶段过程。自我沟通艺术如图 8-3 所示。

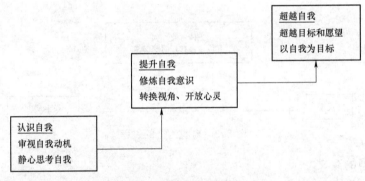

图 8-3 自我沟通艺术

1. 认识自我

认识自我是对自己主观和客观世界，以及自己和周围事物关系的认识。它包含自我认知、自我体验、自我评价等。

自我认知三要素：物质自我认知、社会自我认知、精神自我认知。其中，物质自我认知是主体对自己的身体、仪表、家庭资产等方面的认知；社会自我认知是主体对自己在社会活动中的地位、名誉、财产以及与他人相互关系认知；精神自我认知是主体对自己的智慧能力、道德水准等内在素质的认知。

管理者为提高自己的沟通技能，关键要从社会自我认知和精神自我认知两个方面解剖自己，审视自己在社会中所处的地位，以及自身行为的道德水准和价值观念、需要和动机，对自身给出正确的、实事求是的评价，这能够使人既不在别人的溢美之词中忘乎所以，也不因别人的否认而自暴自弃。管理者如果不能摆正自身在组织和社会中的位置，不能树立社会认可的道德规范，必然会导致沟通的失败。比如，管理者如果处理事情往往从自身的需要出发而不考虑下属的感受，不尊重下属，不遵守社会认可的道德规范，那么沟通的结果只能是越沟通越失败。

要做到自我认知，做好批评和自我批评，善于接纳他人对自己的中肯评价；以他人为镜，时刻反省自己是不是也会犯这样的错误。

2. 提升自我

要提升自我，首要的是思维模式的转变，需要从以下方面修炼自己：从社会认同和社会道德的高度来修炼自我价值；学会换位思考，"己所不欲勿施于人"；打破心智模式，如"三人行，必有我师""海纳百川，有容乃大"，必须意识到与你的信念、态度、想法和价值观相矛盾的信息并不都是对自己的威胁、侮辱或抵触；遇到困难和烦恼，要学会转变视角，全面看待得与失；利用积极的自我暗示进行自我激励和自我调适，而不是选择过分指责自己、对自我吹毛求疵，否则痛苦只会水涨船高。

3. 超越自我

自我超越是学习修炼的高级境界，它是对"自我"的突破。个体只有超越自我，才能心无旁骛地以一个纯粹的、中立的立场来思考和决策，才能不断地追求卓越，不断地学习和创造。

8.3 人际沟通

人际沟通是指两个或两个以上的人之间的信息沟通。管理者在一个组织中充当各种不同的角色，而这些角色都要求管理者掌握人际沟通的技能。例如，作为下级，管理者要向其上司汇报情况、接受指示；作为上级，管理者要指导下属开展工作并听取下属的汇报；作为领导，管理者要了解员工的疾苦，激励员工努力工作；作为同事，管理者要协调好与其他管理人员之间的关系等。为了提高人际沟通技能，就有必要了解和掌握人际沟通的影响因素，以及人际沟通中可能发生的障碍，从而探寻有效沟通的方法。

8.3.1 人际沟通中的主要障碍

根据对沟通过程的分析，人际沟通中的障碍存在于沟通过程中的每一个环节。

1. 发送的信息含糊、混乱、不对称

信息含糊，主要是指信息发送者没有准确地表达所要传递的信息，以至于接收者难以正确理解。这可能与发送者的表达能力有关，也可能是受时间等的限制而未能清楚地表达。在这种情况下，接收者即使正确地接收并理解，也是错误的信息。

信息混乱，则是指对同一事物有多种不同的信息。例如，管理者朝令夕改，一会儿说这样，一会儿又说那样；言行不一，再三强调必须严格执行的制度，实际上却没有执行，或信息发送者自己首先就没有执行。所有这些，都会使信息接收者不知所措，无所适从。

信息不对称是指沟通双方对所沟通信息的掌握程度不同，导致沟通受阻。比如，两位女士在一次朋友的聚会上认识并聊了起来，其中一位女士大聊特聊单位一个女同事离婚后的

"凄惨状况",并带点幸灾乐祸的意味,没有看到对方已经黑了脸,原来对方也是刚刚离婚。

2. 发送渠道不正确

如果信息发送者用错误的渠道发送信息,也会导致人际沟通的失败。比如,张同事结婚请李同事参加,按照中国的传统习惯,张同事应该亲自给李同事发请柬并当面邀请,但是张同事只是给李同事发了一个短信,告知结婚的时间和地点,结果李同事认为轻慢了自己,以没有接到短信为由,没有出席张同事的婚礼。所以,选择恰当的信息发送渠道也是非常重要的。

3. 接收者的理解问题

由于一个人的知觉过程往往受长期累积形成的思维方式的影响,常使得人们对同一事物会有不同的理解。当人们面对某一信息时,是按照自己的价值观、兴趣、爱好、经验、专长来选择、组织和理解这一信息的含义的,一旦理解不一致,信息沟通就会受阻。例如,当上司信任你、欣赏你的能力,分配你去从事一项富有挑战性的新工作时,你却误解为上司故意为难你,你与上司就会产生矛盾。

4. 缺少反馈

信息接收者由于某些原因不愿意或不能进行反馈,导致信息接收者没有检验自己的理解是否和发送者的原意一致,就错误地接收了,结果错误的沟通导致错误的行动。

5. 噪声干扰

噪声是导致人际沟通受阻的重要原因之一。噪声的种类和对沟通的影响在前已述。

8.3.2 造成人际沟通障碍的深层次因素

之所以会发生人际沟通的障碍,除了客观的、不可控的环境因素(如物理噪声)外,更多的因素来自信息发送者和接收者的个人因素。人的思维能力、认知水平、情感、动机、精神状况、态度的不同决定了不同的沟通方式和沟通行为,由于个体差异是必然的,也就决定了人际沟通中的沟通行为和沟通方式是"不合拍的",沟通障碍不可避免,只能尽量降低。

1. 态度

态度是指对人、事、关系等的评价性陈述,包括认知、情感和行为倾向三要素。当一位员工说"我很佩服我的上司"时,他所表达的是他对上司的态度:我的上司很有魄力,很能干;我很佩服他,他是我的楷模和榜样;我要多和他接触,向他学习,努力工作。沟通双方对事物的态度差异会影响人际沟通。比如,如果两个人有共同关心的话题,而且观点较一致,那么这两个人沟通会顺畅些;如果两个人"话不投机"就会显得"半句多",人际沟通就会终止或者产生隔阂。

2. 个性

一个人的个性会影响其沟通的方式和效果,形成不同的沟通风格。例如,控制欲比较强的人在与人沟通的过程中所考虑的重点往往是如何赢得对方,让对方接受自己的意见,而不是看意见是否正确;比较循规蹈矩的人则常常要求按照常规的做法或者已有的经验来做,不允许有任何"出格";比较严谨的人不允许在沟通中出现诸如"大概""可能"之类的词;胆小懦弱、逆来顺受的人,往往害怕沟通就不愿意主动沟通,导致信息没有发出或者信息缺少反馈。

3. 情绪

当人们带着偏执的、冲动的情绪而失去理智时,就对接收到的信息错误地理解,从而影响沟通的效果。比如，两个同事 A、B 曾经因为闹过别扭而关系紧张，其中 A 为了缓和关系，在看到 B 为了处理一个紧急事务而手忙脚乱时，有心上去帮忙，说："我能帮你做点什么？"而 B 认为是 A 在看自己的笑话，没好气地说："不用你管，和你没有关系！"结果双方的关系更加紧张，从而堵塞了沟通渠道。

4. 知觉

知觉是指个体通过对周围环境的认识而组织和表达其对周围环境的整体印象的过程。影响一个人知觉结果的因素既包括其个性、职业、专长、角色、经验等个体因素，也包括被观察目标的特征和认知时所处的环境及感知的方式。所以，由于多种因素的影响，对同样的事物，不同的人有不同的看法，导致了知觉的差异，从而根据知觉所采取的行为也是有差异的。例如，当总经理在公司大会上强调"要千方百计地提高经济效益"时，部分管理人员理解为"要千方百计地多赚钱"，因而就会发生在生产过程中以次充好、偷工减料的行为。显然，这是和总经理的初衷是相违背的。

5. 性别

现实交往中我们发现男女两性的沟通模式是存在差异的。英国社会语言学家坦嫩在著作《男女亲密对话：两性互动必修课》中提出了男女沟通上的差异，如表 8-1 所示。

表 8-1　男女沟通上的差异

女性	男性
私下场合谈话数量较多，强调亲密性	公开场合谈话数量较多，强调树立权威和地位
喜欢咨询和讨论，彼此寻求支持和联系	不喜欢咨询和寻求帮助，维护自己强大的手段
给予说话者赞美及意见，批评比较温和	多命令语句及主动提供资讯
好谈论人际关系的细节	好谈论自己的英雄故事及政治人物
谈话中重叠现象较多，表达比较委婉	谈话中重叠现象较少，表达方式直截了当

因为这种沟通方式的差异，导致男女两性之间的沟通存在障碍和冲突。书籍《男人来自火星，女人来自金星：职场沟通你学得会》就是解析两性之间沟通差异的。

8.3.3　改善人际沟通的方法

人际沟通效果的提高有赖于那些影响人际沟通的障碍的消除或减弱。

1. 要主动沟通

其实，很多沟通障碍的产生是因为不沟通或者不主动沟通。很多人遇到问题采取回避的态度，闷在心里不说；或者没有勇气说出，致使沟通就不能形成或者就不能进行有效的反馈。

故事中的管理

耕柱和墨子的故事

春秋战国时期，耕柱是一代宗师墨子的得意门生，不过他老是挨墨子的责骂。耕柱觉得自己真是非常委屈：因为众多门生之中，自己是被公认的最优秀的人，但又偏偏常遭到墨子指责，让他感觉很没面子。因为是自己最敬重的老师，所以耕柱一直忍着没有把自己遭受的委屈说出来，依然非常努力地学习，但是心里对老师的怨怼越来越深。

一天，墨子又狠狠地批评了耕柱，耕柱忍不住了，愤愤不平地问墨子："老师，难道在这么多学生当中，我竟是如此差劲，以至于要时常遭您老人家的责骂吗？"

墨子听后反问道："假如我现在要上太行山，依你看，我应该要用良马来拉车，还是用老牛来拖车？"

耕柱回答说："再笨的人也知道要用良马来拉车。"

墨子又问："那么，为什么不用老牛呢？"

耕柱回答说："理由非常简单，因为良马足以担负重任，值得驱遣。"

墨子说："你答得一点也没错，我之所以时常责骂你，也正因为你能够担负重任，值得我一再地教导与匡正你啊！"耕柱释然。

2. 沟通双方都要努力提高编码能力

沟通是双向的沟通，所以信息的发送者和接收者的角色是不断变换的，在反馈时信息的接收者就转变成信息的发送者，原来的信息发送者就变成了信息接收者，所以对于沟通双方来说，都要力求准确地表达自己的意思，提高编码水平。沟通作为信息交换或共享的过程，一是提高理解别人的能力，二是增加别人理解自己的可能性。

编码一定要坚持"客体导向原则"，为此，要了解信息接收者的文化水平、经验和接受能力，根据对方的具体情况（如性别、情绪状态、对事物的态度、知觉能力、个性特点、知识水平等）来确定自己表达的方式和用词等；选择准确的词汇、语气、标点符号；注意逻辑性和条理性，言简意赅，详略得当，对重要的地方要加上强调性的说明；借助手势、动作、表情等来辅助和强化沟通，以加深对方的理解。

 故事中的管理

1911 年的一天，在布拉格大学校园里的一片草地上，一群大学生围坐在一位年轻学者的身旁，正进行着激烈的讨论。"请您通俗地解释一下，什么叫相对论？"一位学生微笑着向青年学者发问。年轻学者环视一下周围的男女学生，微笑着答道："如果你在一个漂亮的姑娘旁边坐了两个小时，就会觉得只过了一分钟；而你若是在一个火炉旁边坐着，即使只坐一分钟，也会感觉到已过了两个小时。这就是相对论。"大学生们先是一愣，接着便大笑起来。"好！今天我们就谈到这里。"年轻学者站起身来，向大家告别后，便向图书馆走去。这位年轻学者，就是伟大的科学家，相对论的创始人——爱因斯坦。

爱因斯坦为说明其晦涩难懂的"相对论"，还曾经讲了这样一个故事：在未来的某一时间，有一对 20 岁的孪生兄弟，弟弟乘宇宙飞船以 29 万千米/秒的速度飞行，哥哥留在地球上。50 年以后，当哥哥已经变成白发苍苍的老人时，却发现弟弟还是一个 30 多岁的年轻人！原来，对于乘坐光速飞船的弟弟来讲，才刚刚过了几年！

3. 注重双向沟通

由于信息接收者容易从自己的角度来理解信息而导致误解，因此信息发送者要主动促进双向沟通。

如何做好双向沟通？第一，信息发送者要善于观察信息接收者，鼓励他不清楚就问，要耐心倾听其反馈意见，在人际沟通中创造主动沟通和注重反馈的氛围；第二，信息发送后，要请信息接收者重述所获得的信息，或要求其表达对信息的理解，从而检查信息传递的准确程度和偏差所在；第三，在信息沟通中，指导、鼓励多于批评，可以降低沟通双方出现"报喜不报忧"式的过滤或者隐瞒信息的情况。

4. 沟通双方都要善于倾听

理解信息必须建立在倾听的基础上，只有听明白了才能理解清楚、才能知道接下来要表达什么和怎么表达。所以，在一个组织中，管理者不善于听会导致不能很好地理解信息发送者传递的信息，发送者不能很好地知道接收者是否理解了自己的意图。因此，作为管理者，要掌握倾听的艺术。

 **管理实践**

倾听的技巧

有效的倾听包含了四层内容。

〇听清内容。要注意控制自己的情绪，保持耐心，认真地听。要鼓励对方积极地多说，保持目光接触，展现赞许性的点头和恰当的面部表情，避免分心的举动或手势，避免打断说话者，营造轻松、舒畅的沟通氛围。

〇注意要点。在听清内容的同时，信息接收者要能抓住要点。

〇理解含义。信息接收者不仅要完整地接收到信息，还要能正确地加以理解。"理解"要求对信息进行准确的综合和评价，注意对方的语气和身体语言，理解对方真正的含义或"背后的深意"，听话要听音。这就要求设身处地地考虑对方的看法，客观地加以归纳；对不清楚的，及时向对方提问或复述要点，以保证理解准确。

〇记住要点。在理解了对方的意思后，为了据此采取正确的行为，就要记住对方传递过来的信息。"记住"是指要用脑记住要点；为了防止遗忘，还要学会记笔记，并能很好地加以分类和整理，以便需要时查用。

5. 加强联系促进相互了解

更好的人际沟通，就要加强人际间的联系促进相互了解。增进了解的方法可以用乔哈里视窗（Johari window）来解释说明，如图 8-4 所示。该理论认为两个或更多的人之间的互动效果，取决于他们的信息开放程度和互动发生的背景。

图 8-4　乔哈里视窗

乔哈里视窗将个人信息比作一个窗子，它被分为四个区域：公开区、盲点区、隐秘区、未知区。

（1）公开区（open area）。自己知道、别人也知道的信息。例如，你的名字、头发的颜色及你有一只宠物狗的事实。公开区信息越多、越透明、越真实，越有利于沟通。

（2）盲点区（blind spot）。自己不知道、别人却知道的信息。例如，性格上的弱点或坏的习惯、你的处事方式、别人对你的感受等。很多人都做不到有自知之明，尤其是权力比较大、级别比较高的管理者，如果他没有一个博大、开放的胸怀容纳一些敢于对自己讲真话的朋友或善于直言的下属，其盲点区就有可能越来越大，这更纵容他的狂妄自大，难以沟通。

（3）隐秘区（hidden area）。自己知道、别人不知道的秘密。例如，你的隐私、梦想、心愿。如果一个人的隐秘区最大，那么他是一个内心封闭的人。这样的人我们对他的信任度是很低的，往往会引起我们的防范心理，合作的态度就会少一些。一个真诚的人也需要隐秘区，完全没有隐秘区的人是心智不成熟的。但在有效沟通中，适度地打开隐秘区，是增加沟通成功率的一条捷径。

（4）未知区（unknown area）。自己和别人都不知道的信息。未知区是尚待挖掘的黑洞，它对其他区域有潜在影响。未知区比较大的人，他不问别人对自己的了解，也不主动向别人介绍自己，封闭使他失去很多机会，能够胜任的工作可能就从身边悄悄溜走了。所以每一个人要尽可能缩小自己的未知区，主动地通过别人了解自己，主动地告诉别人自己能够做什么。

真正而有效的沟通，只能在公开区内进行。因为在此区域内，双方交流的信息是可以共享的，沟通的效果是会令双方满意的。为了获得理想的沟通效果，就要不断扩大自己的公开区，缩小其他区域。可以通过多说来提高个人信息曝光率，通过多问主动征求别人对自己的反馈意见等，增强信息的真实度、透明度。

在沟通的策略上，可以在隐秘区内选择一个能够为沟通双方都容易接受的点来进行交流，这个点被叫作"策略资讯开放点"。当双方的交流进行了一段时间，"策略资讯开放点"会慢慢实现公开区被逐渐放大的状况。需要注意的是，选择"策略资讯开放点"时要避免过于私人的问题，如心理健康、严重的过失、家庭状况等，否则会引起对方的反感，也给自己带来不便和烦恼。

 管理实践

阿里裸心会：新的一年，从裸心会开始

怎么让一同共事的员工、管理层、HR 之间心无芥蒂、完全信任对方？阿里在解决这个问题上，在内部创新了一个机制——裸心会。阿里提倡"赤裸相见"，就是大家敞开心扉聊天谈事，讲讲自己是如何成长起来的，只有你了解别人的故事，你才真正认识他。裸心会的理论来源于乔哈里视窗。裸心会的逻辑是，你要把自己的内心放开，把你心里最真实的东西在团队里打开，才能够相互包容和接纳，团队只有充分信任，才能共同做事。

裸心会是以真诚为核心，消除信息不对称。它不是催泪会，更不能是批斗会，是共识共

创的开放坦诚沟通，也是相互检视的真心话大冒险，更是彼此内心最深处的碰撞。开裸心会最大的障碍莫过于胸怀，参会者必须以坦诚开放的心态来面对即将听到的好或者坏的评价。

阿里巴巴 B2B 事业群业务总裁戴珊说，她组织过当时的 CEO 陆兆禧和下属们开过一次特别成功的裸心会。开裸心会之前，她的压力也很大，不知道陆兆禧能不能去应对下属对他的负面情绪，尤其是在她跟大家聊过一圈后发现每个人对他都有情绪，而且还挺多的，这些对管理者的负面情绪处理不好，反而使大家隔阂更大、矛盾更深。她就与陆兆禧说了自己的担忧，陆兆禧表示可以接招。戴珊也挑明了说："无论别人怎么骂你，你必须保持你的君子风度，你能不能做到？"陆兆禧说做得到。

事先所有与会者都不知道要开什么裸心会，以为就是一个和平常一样的聚餐。裸心会上，从其中的管理者开始带氛围，一个一个开始评价陆兆禧，吐槽他，"裸心会"会议最后快结束的部分，陆兆禧就开始讲，自己为什么从支付宝来淘宝，他的难处在哪里。那场会议开到凌晨两三点，会议之后发现，陆兆禧和他的员工之间的融合有了很大的改善。

怎么开裸心会？阿里曾经的大政委欧得张提出：从独特的经历和回忆中寻找力量；从彼此能力模型评定中回应对方；从未来规划构建中互相寻找共性。

6. 注意选择合适的时间和地点进行沟通

由于所处的环境、气氛会影响沟通的效果，所以信息交流要选择合适的时机。对于重要的信息，在办公室等正规的地方进行交谈，有助于双方集中注意力，从而提高沟通效果；而对于思想或感情方面的沟通，则适宜在比较随便、独处的场合下进行（如两人聚餐或喝茶，比较私密和放松），这样便于双方消除隔阂。此外，为避免负面情绪的影响，要选择双方情绪都比较冷静时进行沟通。

7. 采取积极的态度消除成见

由于每一个人都有自己的情感，为了使对方接受信息，并按发送者的意图行动，信息发送者有必要进行积极的劝说，从对方的立场上加以开导，有时还需要通过反复的交谈来协调，甚至采取一些必要的让步或迂回。为此，交谈时间应尽可能地充分，以免过于匆忙而无法完整地表达意思；积极劝说时要控制自己的情绪，不要采取高压的办法，而导致对方的对抗；尽可能开诚布公地进行交谈，耐心地说明事实和背景，以求得对方的理解；耐心地聆听对方的诉说，不拒绝对方任何有益的建议、意见和提问。

管理实践

主动控制不良情绪的方法

1. 自我暗示法

当你想发怒时，不断暗示自己"不要发怒，发怒有害无益"，要"深呼吸""不要紧张""千万要冷静"等，使理智战胜冲动；当你因为某事烦恼时，暗示自己"发愁也不能解决问题，还是想想解决的办法最重要。"

2. 自我激励法

一个人在消极情绪中，要学会用生活中的哲理或成功人士的思想来鼓励自己。面对不可

挽回的损失，要相信困难只是暂时的，只有努力向前才能改变命运。

3. 回避法

在不良情绪产生时，要有意识地离开不良情绪的产生地，转移注意力去做其他的事，刻意帮助较好地忘掉或者冲淡烦恼。魏征是唐太宗时期有名的谏臣，直言不讳，批评唐太宗也毫不客气。每次魏征在朝上讲完话，唐太宗就宣布退朝去散步，随身太监就问他为什么这样做，唐太宗回答："我怕我一不小心就会杀了他！"

4. 转视法

生活中充满着辩证法，任何事情都有两面性，"塞翁失马，焉知非福"就是一个很好的例子。所以，当你面临困难、烦恼、悲痛等而陷入消极情绪时，不妨想想引起你不良情绪的事，从另一个角度看，是不是有其积极意义？如果你找到了另一面的好处，自然就摆脱了消极情绪的困扰。

5. 自嘲法

当你受到挫折时，当你觉得当众出丑时，最好的做法是用自嘲的语言，化解尴尬，也使自己和周围的人变得轻松。

6. 换位思考法

很多冲突导致不良情绪的产生，化解不良情绪的关键还在于化解冲突。很多冲突的发生是因为不能够相互理解。如果站到对方的角度想问题，体会在此情此景下别人的情绪与感受，很多冲突就不会发生，自然不良情绪也就不会产生，也可以消除已产生的不良情绪。

7. 升华法

人的一生是不可能回避困难和挫折的。但是善于调节情绪的人，能把这种不良情绪压制下来，把精力引向对自己、对他人、对社会都有利的方向，达到积极的心理平衡。

8.4 组织沟通

在一个组织内部，既存在人与人之间的沟通，也存在部门与部门之间的沟通。相对于人际沟通，组织中的人们各自有不同的角色并且受到权力系统的制约，因而组织内部的沟通比单纯的人际沟通更为复杂。

广义上来看，组织沟通分为组织内部沟通和组织对外沟通两大类。组织内部沟通是指信息在组织内进行的有效传递；组织对外沟通是指组织与外部关系人之间的沟通，如和供应商、顾客、政府、新闻媒体等的信息沟通。狭义的组织沟通仅指组织内部沟通。下面重点介绍组织内部沟通。

8.4.1 组织正式沟通

组织是一个由充当着不同角色的组织成员所构成的整体。在一个组织中，既有正规的权力系统决定的关系，也有非正式的人际关系。组织沟通分为两大类：正式沟通和非正式沟通。

正式沟通是指通过正规的组织程序，按权力等级链进行的沟通，或完成某项任务所必需的信息交流；非正式沟通是指不按照正规的组织程序、隶属关系、等级系列来进行的沟通，往往伴随着非正式组织的成员之间进行的信息交流，就是非正式沟通。

1. 正式沟通的沟通方式

正式沟通的沟通方式有发布命令、召开正式会议、颁布规章制度、发布通知等等。正式沟通渠道与组织结构息息相关，按照信息的流向可以分为纵向沟通（包括上行沟通、下行沟通）、横向沟通（又称平行沟通）、交叉沟通（又称斜向沟通）。正式沟通如图 8-5 所示。

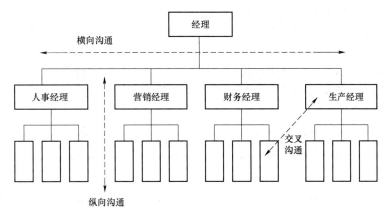

图 8-5 正式沟通

（1）上行沟通。指在组织中信息从较低层级流向较高层级的一种沟通。主要是下属依照规定向上级提交的书面报告、口头汇报等。如果没有上行沟通，管理者就不可能了解下属的需要，不知道下属是否正确理解自己的指示或命令，也不可能知道自己的指示或命令正确与否，因此上行沟通十分重要。

上行沟通中，下级是信息的发送者，鉴于下级相对于上级是权力的弱势地位，因此除了制度规定的必要的请示汇报外，上级管理者更要建立参与式管理和创造一个民主的组织环境，鼓励下级主动进行上行沟通。

（2）下行沟通。指组织中信息从较高层级流向较低层级的一种沟通。下行沟通是传统组织中最主要的信息流向。一般以命令方式传达上级所决定的政策、计划、规划、通知之类的信息，并对下级的汇报进行批复和指示。

（3）横向沟通。横向沟通的存在是为了增强部门之间的合作，减少部门之间的摩擦，并最终实现企业的总体目标，这对企业整体利益有着重要作用。组织是一个有机的整体，每个部门都是整个企业大系统中相互影响、相互依存的子系统，所以各个部门间存在合作的需要，而且这种需要又缔造出分享信息的需要。横向沟通正是为了满足不同部门间的信息共享而产生的。横向沟通包括部门内部员工间的沟通、部门经理间的沟通。

理论上来说，可以不增加横向沟通，单纯采用纵向沟通来实现不同管理层次上的人员之间的沟通，但是这样的沟通效率比较低。比如营销部的 A 员工要与生产部的 B 员工就消费者对新推出的产品功能的反馈进行交流时，如果没有横向沟通，他们的沟通会是这样的：A—营销部经理—总经理—生产部经理—B，而如果 B 还要对此做反馈，则又是会通过原通道返回：B—生产部经理—总经理—营销部经理—A。可见，对一些常规事务性的信息交流，仅凭借纵向沟通的网络来实现不同部门人员的沟通似乎给人"杀鸡用牛刀"的感觉。实际上，科学管理理论时期，法约尔提出的"法约尔桥"就是为解决这个问题提出来的。因此，横向沟通担当起内部同一层级人员沟通的重责是很有必要的。

（4）交叉沟通。交叉沟通是指部门不同、职权等级不同的员工之间的沟通。这些沟通方式主要用来加速信息的流动，促进理解，并为实际组织的目标而协调各方面的努力和行为。一些学者认为，运用交叉沟通是错误的，因为这样会出现越级指挥、破坏统一指挥原则。但是沟通是信息的交换和共享，并不一定就是命令和指挥，所以只要不滥用权力，交叉沟通可以广泛应用于各种组织中，因为它有助于加速信息交流、提高效率。例如，当负有职能权限的或有咨询权限的参谋人员与不同部门的业务主管、员工直接交往时，可以更快地获得信息。

正式沟通的优点是沟通效果好，比较严肃且约束力强，易于保密，可以使信息沟通保持权威性。重要的信息和文件等来传达组织的决策等一般都采取这种形式。正式沟通的缺点在于依靠组织系统层层传递，沟通速度慢，还存在信息过滤、信息失真的可能。

2. 正式沟通的网络形式

具体的沟通是由沟通网络体现出来的。沟通网络是指由若干环节的沟通路径所组成的总体结构。许多信息往往都是经过多个环节的传递，才最终到达接收者。只有明确沟通网络，掌握沟通的秩序和规则，才能进行正确的沟通。

沟通网络的基本形式有五种：链式沟通、环式沟通、轮式沟通、Y式沟通和全通道式沟通，如图8-6所示。

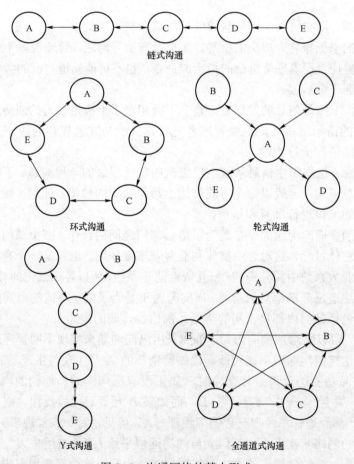

图8-6　沟通网络的基本形式

1. 链式沟通

在一个组织系统中，它相当于一个沿着上下级指挥链的纵向沟通网络逐级传递，信息可以自上而下或自下而上进行传递。比如，销售人员就销售中顾客对产品的意见和建议，先向销售主管反映，再由销售主管上报销售经理，销售经理再反映到总经理，就是一个链式沟通网络。在这个网络中，信息经层层传递、筛选，容易失真，而且是严格的上下级命令和服从的关系，员工平均满意度低。链式沟通是控制型结构，如果某一组织系统过于庞大，需要实行信息的集中管理，链式沟通是一种行之有效的方法。

2. 环式沟通

此形态可以看成是链式沟通基础上再加上横向沟通的一个结构，这种沟通结构产生于一个多层次的组织系统之中。主管人员分别对其两个下级进行纵向沟通，而两个下级再分别和各自的一个下级进行纵向沟通，最后这两个处于纵向沟通末端的下级允许进行横向的沟通，就形成了一个环式沟通。

这种网络结构的优点是：横向沟通一般使团体士气高昂，民主气氛较浓，团队的成员具有一定的满意度。缺点是：组织的集中化程度较高，沟通速度较慢，往往难以形成信息共享。

3. 轮式沟通

轮式沟通属于控制型网络，其中只有一个成员是各种信息的汇集与传递中心。在组织中，大体相当于一个主管人员直接管理几个部门，要求这几个部门负责人直接向主管人员汇报工作，或者一个主管人员直接控制下属员工，要求下属所有的信息都要直接向主管汇报。

此网络集中化的程度高，反馈的速度快，主管人员的预测程度很高。但员工之间沟通渠道少，组织成员的满意程度低，士气低落。

轮式沟通是加强组织控制、争时间、抢速度的一个有效方法。如果组织接受紧急任务，要求进行严密控制，则可以采取这种沟通形式。

4. Y 式沟通

这是一个纵向沟通网络，其中只有一位成员位于沟通网络中心（沟通媒介）。在组织中，这一网络大体相当于高管、秘书班子（或协调中心）再到下级主管或一般成员之间的纵向关系，其中秘书班子（或协调中心）是多个上级和多个下级信息汇总的中心，然后再由他们对信息进行交流。

这种沟通形式集中化程度高，解决问题速度快，组织中领导人员预测程度较高。但是此形式易导致信息曲解或失真，除中心人员外，组织成员的平均满意度较低。

此形式适用于主管人员工作任务十分繁重，需要有人去收集和选择信息，提供决策依据，节省时间，而又要对组织实行有效控制的情况。

5. 全通道式沟通

这是一个开放式的网络系统，其中每个成员之间都是开放性的联系，彼此了解。此网络中组织的集中化程度及主管人员预测程度均很低。由于沟通渠道很多，组织成员的平均满意程度高且差异小，所以士气高昂，合作气氛浓厚。这对解决复杂问题、增强组织合作精神、提高士气均有很大作用。但是，这种网络沟通渠道太多，易造成信息混乱且协调费时，影响工作效率。

上述五种沟通形式各有其优缺点。采用哪种沟通形式，取决于沟通的目标定位。在沟通时应该取长弃短，针对不同的工作特点，采取不同的沟通形式。

8.4.2　组织的非正式沟通

1. 非正式沟通的特点

非正式沟通是组织内员工除了正式沟通之外的所有信息交流和传达方式。非正式沟通往往是通过非正式组织的网络来进行传递的。非正式沟通因为其沟通对象、时间、内容、方式等各方面，都是未经计划的、隐秘的，许多不愿通过正式沟通传递的信息，却可能在非正式沟通中透露，所以管理者往往会通过非正式渠道获取很多真实的信息；非正式沟通传播不受规章制度的限制，传播速度比较迅速。

但是非正式沟通具有明显的缺点：传递的信息不确切，容易失真，而且沟通信息难以控制，很容易传播；"好事不出门，坏事传千里"，影响组织的凝聚力和人心的稳定，尤其与个人关系比较密切的问题，如晋升、待遇等之类，这种"小道消息"的散布，对于组织往往造成较大的困扰。

显然，非正式沟通既有有利的一面又有不利的一面。正如非正式组织不可消除一样，非正式沟通也是不可避免的，要真正消除这些非正式沟通是不可能的，关键在于如何了解、适应和整合，使其有效担负起正式沟通的补充作用。

2. 对非正式沟通中"小道消息"的管理

（1）正确理解非正式沟通中的"小道消息"是不可消除的，同时它的存在有利有弊，所以要以正常的心态来看待它，不要妄想取缔它。

（2）要达到对"小道消息"的控制，就要尽量使正式沟通渠道畅通，驱除小道消息，以最快速度来辟谣，澄清事实。

非正式沟通中"小道消息"的产生和蔓延，主要是由于员工得不到由正式沟通渠道获得所关心的消息。因此，管理者越故作神秘，封锁消息，则背后流传的谣言越加猖獗。正本清源，管理者应尽可能使组织内沟通系统较为开放或公开，则种种不实的谣言将会自然消失。

培养组织成员对管理者的信任和好感，这样组织成员比较愿意听组织提供的正式消息。

对于管理者的培训，应增加对非正式沟通管理的理念和技能的培训，提高其管理非正式沟通的能力。

（3）组织如果能合理地利用和引导非正式沟通，就可以帮助管理者获得许多从正式沟通渠道无法获得的信息，借此解决潜在的问题，从而最大限度地提升企业的凝聚力。

例如，管理者可以设法去发现在非正式沟通网络中，谁处于核心和"转播站"的地位，通过该核心人物可以发现所流传的信息内容是什么，也可以利用非正式沟通网络传播速度快、表达真实、非正式的特点，有意识地通过非正式渠道传播一些组织需要掌握的舆情，通过信息的收集和分析，决定下一步的决策。不过，这些做法如果过度也有其危险或代价：过分利用非正式沟通的结果，会冷落或破坏正式沟通系统；而设法自非正式沟通中探听消息，则会造成组织背后的一套"谍报网"，反而带来管理上的问题。所以，非正式沟通的利用只能是适度，不能大量运用。

华为公司的"吃文化"和非正式沟通

在正式场合和非正式场合，任正非多次提到要继续发扬光大华为"吃文化"："你感觉自己进步了，就自己请自己撮一顿；你要当好领导，那么多请部下吃几盘炒粉吧，在轻松自由的氛围里，很轻易就做到了上下沟通，协同工作，部门的效率也就提高了；你想做大秘书，也要多请客，你的工作经过沟通开放了，大家帮助你，互相又了解，你就能成为'大秘'；搞管理的，更要经常这样在一起聚餐。"在《华为员工守则》里就有这样一条："公司提倡'吃文化'，上下级和同事之间互相请客吃饭，在饭桌上沟通思想、交流工作。日常生活的方方面面，只要有两个以上华为员工，也就形成了沟通的机会。生产协调委员会及其分会为兴趣相投的员工打开了又一扇沟通之门。"华为有条不成文的规定，谁的官大，谁的工资高，谁买单。"喜群居，爱杂食"是华为的传统，即使是在公司，任正非的中午饭基本上也不是一个人吃，一般是请高管一起吃，边吃边谈工作。

8.4.3 组织沟通的障碍

组织沟通的障碍，从来源分析主要来自两个方面。

1. 人际沟通障碍

在组织沟通中，最终还是人与人之间的沟通，所以组织沟通中的障碍一定程度上表现为人际沟通障碍。例如，信息接收者有选择地接收和过滤信息；信息发送者和接收者的沟通技巧不足；上下级之间的猜疑、抵触情绪增加了沟通噪声等。

2. 组织因素障碍

相较于人际沟通，组织沟通中的障碍更多来自结构因素，主要包括角色、地位、信息传递链、组织氛围、团体规模、空间约束等。

组织中的每个人都有其不同的组织角色，如人力资源经理、销售经理的职责不同，从而产生不同的态度、观点和利害关系，对同一件事各自站在不同的立场上，就会产生"隧道效应"，只关心本部门的利益而忽视大局。

地位的不同对沟通的方向和频率有很大影响。例如，人们一般愿意与地位较高的人进行沟通；地位较高的人之间则更愿意进行相互沟通而不是和地位较低的人沟通；地位低的人在地位高的人面前容易自卑、胆怯，不敢言，这种地位的不平等往往使得下情不能上达，产生"位差效应"。可见，地位差异是沟通中的一个重要障碍。

信息流经的等级越多，它到达接收方的时间越长，信息失真率也就越大。

组织结构中岗位职责不明确，权力责任划分不清晰，也会造成沟通的混乱。

组织中的氛围和文化越是封闭的、控制性的，越会出现"万马齐喑"的状态；文化氛围越是开放的、自由的，员工能够畅所欲言、说错话不怕被惩罚，员工越愿意说实话。

组织规模越大、沟通渠道越长、沟通网络越复杂而难以控制，组织沟通就越困难。

空间约束也会影响组织沟通。一般来说，地理距离的远近往往会造成心理距离的远近。例如，如果两个人在一个办公室里，那么很方便随时走到对方的桌子旁讨论问题。

8.4.4 组织内沟通障碍的消除

1. 树立正确沟通的理念

部分管理人员容易忽视沟通的重要作用，认为信息的传递按组织系统的层级关系进行就可以了，不注重双向沟通和信息反馈，对非正式沟通中的"小道消息"常常采取压制的态度。这些都反映出管理者没有树立正确的沟通理念。要加强对管理者和员工进行有效沟通的培训。

2. 掌握人际沟通的技能

对管理者来说，管理主要就是管人，所以管理者掌握人际沟通的技巧是非常重要的。

3. 建立相互信任的氛围

组织内应该创造一个相互信任、有利于沟通的文化环境。人们往往对自己所信任的人说的一切都能够接受，而对于自己所不信任的人说的哪怕是正确的也不愿意接受。尤其是上下级之间，容易形成对立情绪，所以他们之间更应该建立相互信任的关系。这种信任关系既要依赖感情培养，又要用制度来保证利益，公平、真心、坦诚相待才能收获彼此的信任。

4. 改善组织结构和组织沟通网络

信息传递链越长，信息沟通速度越慢，信息失真程度越大，因此应该进行组织结构变革，减少组织层次，使组织结构扁平化，完善组织沟通网络；打破等级制度，由相关的管理人员和员工组成规模较小的工作团队，如质量管理小组、自我管理小组等，定期相互讨论各种问题，加强上下级之间、员工之间甚至不同部门之间的沟通；完善岗位职责，理顺工作关系，改进组织沟通的规则，也有利于提高沟通效率。

5. 建立广泛的常设沟通渠道

为了保证沟通迅速，必须建立常设的沟通渠道。例如，通过设置总经理意见箱、职工代表大会、各种委员会、工作团队及建立投诉和申诉制度等，就各种问题展开广泛的讨论，从而力争达成共识；公司内部刊物设立有关栏目，对员工的疑问予以解答；建立申诉程序，使员工的不满及时得到处理等。

6. 具备沟通所需的物质支持条件

例如，方便沟通的小型会议室和办公设备；工作场所设计要方便沟通，使用共享同一大办公室的工作场所，有利于员工的面对面沟通；设置茶水间和休息室，不仅方便员工休息，更是给不同部门员工提供一个沟通的场所。

 知识测试

1. 沟通过程模型告诉我们，沟通障碍（　　　）。
   　A. 发生在渠道上　　　　　　　　B. 发生在发送者编码时
   　C. 发生在接收者译码时　　　　　D. 发生在沟通的全过程
2. 以下哪一项不是书面沟通的优点？（　　　）
   　A. 长期保存，有据可查　　　　　B. 速度较快，可以即时反馈
   　C. 语言严密、清晰　　　　　　　D. 具有正规性、严肃性
3. 商务洽谈中，以下哪一项表达最佳？（　　　）

A. 如果贵公司向其他供货者询价，将知道同等质量下我方的报价是最低的

B. 在同等质量的产品中，这一价格已属低廉，我方很难让价了，抱歉

C. 这一价格已是最低价格，我方无法再度降低

D. 价格再低我们就没有利润了

4. 对一位缺乏工作经验的新员工采用简单的命令式进行沟通，可能造成员工错误地理解命令或用错误的方式执行命令，致使沟通失效。这是下行沟通的什么障碍？（　　）

A. 作为信息发送者的上级缺乏沟通技巧

B. 作为信息接收者的下级缺乏沟通技能

C. 沟通各方心理活动的制约

D. 作为信息接收者的下级不善倾听

5. 组织中的个体接收到的信息数量远远超过其所能吸收、处理的能力。这说明组织沟通存在什么问题？（　　）

A. 纵向沟通弱化，横向沟通扩张

B. 口头沟通受到极大的限制

C. 发送者发送的信息对于接收者来说呈超负荷状态

D. 给予信息多，交流信息少

6. 王总要求其秘书小李写的报告要按照他的意见进行修改，明天必须定稿，以方便后天的年度总结大会上的发言。那么王总和小李的沟通中，采用如下哪种最佳？（　　）

A. 王总给小李发微信，交代对小李的工作要求

B. 王总给小李打电话，交代对小李的工作要求

C. 王总要求小李面谈，交代对小李的工作要求

D. 王总给小李发邮件，交代对小李的工作要求

7. 组织的纵向沟通中，时常会因信息传递的路程长而出现信息遗失或信息扭曲的现象，哪个不是恰当的解决办法？（　　）

A. 尽量减少噪声　　　　　　　　　B. 减少管理层级

C. 减少管理幅度　　　　　　　　　D. 强化反馈机制

8. 对非正式沟通的认识错误的是（　　）。

A. 组织中的非正式沟通渠道无处不在

B. 应该取缔公司的非正式沟通渠道，阻断小道消息的传播途径

C. 非正式沟通渠道是取缔不了的，应该发挥其积极作用

D. 非正式沟通渠道有利有弊，必须引起管理者足够的重视

9. 关于沟通的具体方式，下列说法正确的是（　　）。

A. 非正式的喝咖啡、共进晚餐时的聊天，是了解他人想法的好时机

B. 公司的规章制度应该挂在公司网上，而不是浪费纸张去打印

C. 当真相不利于公司时，有意识地把信息传达得模糊一点是明智的

D. 信息交流的技术越发达、越便利，则沟通效果越好

10. 以下不属于非语言沟通特点的是（　　）。

A. 语言的重要补充　　　　　　　　B. 可以用表情、手势进行沟通

C. 更真实的信息交流　　　　　　　D. 无信息交流

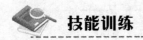

技能训练

1. 描述自己最近的一次失败的沟通，分析沟通失败的原因，并提出改进对策。同时，描述自己曾经成功的一次沟通，总结成功的要素，并与同学们分享。

2. 通过父母、亲戚、朋友的关系，访谈一些企业的管理者，了解他们对组织中沟通的重要性、组织沟通中最容易出现的问题以及沟通中注意事项的见解。要事先拟定访谈提纲，注意收集具体事例，并与同学们分享。

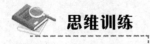

思维训练

智琛公司存在沟通问题吗

智琛公司是一家台资制造企业。李林大学毕业后在该公司工作了半年，担任公司的总经理秘书。总经理秘书，虽然职位不高，但是可以接触一些高层管理的信息，所以李林很重视这个工作，并特别努力，而且秉持"少说多看多做"的原则，所以工作获得戴总的认可，得以有更多机会间接接触管理工作。因为是工商管理专业毕业的缘故，李林很注意企业中的管理问题。经过这半年的工作，结合自己的观察和亲身经历，他敏锐地觉得公司的沟通机制有问题。但是他又拿不准应该怎么加强沟通管理，所以就把自己的观察和体会通过邮件和自己的老师张教授进行探讨。

邮件中李林总结公司的问题如下。

1. 我认为公司高层会议低效

这周二下午，我作为总经理秘书旁听并记录了公司的中高层领导会议。这次会议可以被称为公司的业务检讨会，这次开会的目的是这一季度公司的业绩下滑了20%，戴总召集中层以上领导商讨怎么解决问题。会议室中，每个人都表情凝重。戴总主持会议："我想大家都知道，这一季度的业绩十分不理想。这是需要积极检讨的。现在，从销售部开始，每个部门都说说原因是什么。"

听到戴总的指令，销售部王经理小心翼翼地说："关于业绩滑落的原因，我们部门是应该检讨的。不过，真正造成这种情形的原因，是因为我们的价格过高。结果是不论我们部门如何努力，经销商就是不推销我们的货品。再加上二位资深销售员被别的厂商挖角，不得不派生手上阵。但是，如果生产部能够再把生产成本降低一些，同时给销售新手多些时间适应，我相信情况就会好转！"

听完销售部的意见，生产部李经理不等戴总的点名，就接着说："我们生产部已经十分努力了，我们不断地改进生产流程，在用人方面也十分精简。我们虽然会继续努力，可是实在是很辛苦了。但是，如果材料成本能够进一步压低，生产部会积极配合成本的降低。"枪口现在瞄准采购部了。

听了生产部经理的发言，采购部朱经理马上说："采购部已经十分尽力了！因为我们最近的产品滞销所以生产也减量，采购量不够大很难争取大的折扣；而且付款的期限又过长，我们采购部常常要追着供货商要货，要进一步压低价格是有问题的，除非我们的付款条件能够有所改变。"

一听到要调整付款条件，财务部经理马上就接着说："现在公司的财务循环是根据业务单位的收款状况规划的。如果加快材料款项的支付流程，就会对公司的财务调度造成压力。根据公司最新制度规定，为了能笼络我们的销售商，我们的收款条件比其他厂商要宽松，别家厂商是货到后半个月内收款，我们常常货到一个月后，钱还没有收回来。此外，我们仓库中积压的货品高达公司资本额的 23%，与别的公司相比，明显高出许多。这是财务部的困难与压力，我们又不能自己造钱，请大家务必理解！"

听完大家的发言，戴总面色凝重，心想这么多的问题要解决，实在复杂。于是只好说："现在市场的状况十分严峻，各位的努力我都知道，可是公司要生存就必须赚钱。当然，营运不佳我必须承担最大的责任，可是这也是大家的责任，毕竟公司利益和大家利益是一致的，我希望大家回去以后，开动脑力、群策群力，再仔细研究一下，看看如何改善现有的困境。大家都是资深干部，在实际执行上也比我更有经验，一定可以找出好的办法来解决目前的困境。"

听到戴总的话以后，我能看到大家都松了一口气，表情轻松了很多，我估计大家都在心想：今天的检讨会终于顺利过关了！但是，我想：他们下一次开会就能想出妙招来吗？下一季的营运状况会变得更好吗？我是怀疑的。

2. 90 后员工不好管理

公司中 80 后、90 后居多。提到 90 后，很多人都会觉得他们个性太强，太自我。我自己也是 90 后，但是别人都说我比 90 后成熟稳重，或许和我读工商管理专业以及在学生会工作时间比较久有关系吧。我曾经听说过一件事儿，很能说明公司中的问题。公司有个 90 后员工郭天慧，气质形象好，业务能力较强，工作才四年，已经成为被公司培养的骨干，部门的孔经理也想给她更多的锻炼机会。

前段时间，孔经理想让郭天慧帮助设计一个新入职员工的考评体系和考评办法，只用两天时间郭天慧设计的初稿就放在了孔经理的办公桌上了。孔经理仔细看后认为还是比较切实可行的，但是一些内容还需要进行适当修改，就很直接地让郭天慧按其意见进行修改，没想到郭天慧却毫不客气地给怼了回来："孔经理，这个考评办法是我出差回来熬了两天才写出来的。我不理解您的意思。既然让我写，那我就按照我的想法写。如果按照领导的想法写，那领导直接定了就好了，为什么还让我写呢？对不起，这活我干不了了。明天我还要出差，一会得去准备了。您还是别让我弄这个了。"郭天慧一转身风一样地就走远了，孔经理气得半天说不出话来。更让孔经理生气的是，一会儿，郭天慧的朋友圈里就发了一条："宝宝很委屈，宝宝不开心了"，并且配了一个表情图。孔经理知道郭天慧是因为什么有感而发，显然郭天慧并不觉得自己做错了什么。这样类似的事儿还有很多，中层以上领导有部分是 70 后的，他们对这些 80 后、90 后意见最大。他们之间存在的沟通问题，我觉得大部分都是因为有代沟。不知道老师觉得我归纳的是否正确。

思考题：

1. 请结合沟通理论，对智琛公司中高层参加的业务检讨会的效果进行评价，并就造成这种效果的原因进行分析。

2. 倘若你是智琛公司的总经理，这次业务检讨会应该怎么开效果更好？

3. 请从沟通障碍的角度，对孔经理与郭天慧的沟通加以分析。

4. 假如你是孔经理，在郭天慧"罢工"以后，你会如何与她沟通？请写出沟通计划。

 **推荐阅读**

[1] 格雷. 男人来自金星，女人来自火星：职场沟通你学得会. 曹植，译. 北京：中信出版社，2011.

[2] 韩笑. 说服力：如何讲好一个故事. 武汉：华中科技大学出版社，2017.

[3] 余世维. 有效沟通. 2 版. 北京：北京联合出版公司，2012.

[4] 章程. 一本书读懂沟通心理学：剖解人际沟通的读心秘法. 北京：中国国际广播出版社，2018.

[5] 崔佳颖. 看电影学沟通. 北京：机械工业出版社，2010.

第9章

控　　制

■■■■■➡ **学习目标**

学完本章后，你应该能够：
◎ 理解控制的基本概念和基本原理；
◎ 熟悉常见的控制类型；
◎ 掌握有效控制系统的构成及构建原则；
◎ 掌握控制的过程；
◎ 掌握常见的控制方法及其适用性；
◎ 掌握危机管理的特征和原则。

■■■■■➡ **开章案例**

客户服务质量控制

美国一家信用卡公司，其卡片部门越来越认识到高质量客户服务的重要性。客户服务不仅影响公司信誉，也和公司利润息息相关。比如，历史经营数据显示，一张信用卡每早到客户手中一天，公司可获得 33 美分的额外销售收入，这样一年下来，公司将有140 万美元的净利润。此外，及时地将新办理的和更换的信用卡送到客户手中也是客户服务质量的一个重要方面。

这种将客户服务质量作为控制手段的思想，最初是由卡片部门的一个地区副总裁提出来的。她说："一段时间以来，我们对传统的客户服务评价方法不大满意。向管理部门提交的报告有偏差，因为它们很少包括有问题但没有抱怨的客户，或那些只是勉强满意公司服务的客户。"她相信，真正衡量客户服务的标准必须是基于持卡者的见解。这就意味着要对公司控制程序进行彻底检查。第一项工作就是确定用户对公司的期望。对抱怨信件的分析指出了客户服务的三个重要特点：及时性、准确性和反应灵敏性。持卡者希望准时收到账单、快速处理地址变动、采取行动解决抱怨。了解了客户期望，公司开始建立控制客户服务质量标准，共计建立了180多个标准。除了客户见解，服务质量标准还反映了公司竞争性、能力和一些经济因素。

实施效果很好，如处理信用卡申请的时间由35天降到15天，更换信用卡从15天降到2天，回答用户查询时间从16天降到10天。这些改进给公司带来的潜在利润是巨大的。例如，办理新卡和更换旧卡节省的时间会给公司带来1 750万美元的额外收入。另外，如果用户能及时收到信用卡，他们使用竞争者的卡片意愿就会降低。

卡片部门这次控制取得的成功，成了全公司的标杆。

提升组织的经营管理效率，需要一套合理、有效的控制体系。单纯对表象的素描，并不能从根本上解决问题。

控制是管理活动的重要环节之一，是对计划和实际行动进行衡量评估，以便在必要时采取纠正行动，完成整个管理活动的周期。在组织实现目标的过程中，由于各种各样的影响因素的存在，发生"偏离"几乎是不可避免的，这就意味着作为管理者，必须随时随地地检查计划的执行情况，如果发生偏离，就要及时地进行纠正，即实施控制。

9.1 控制概述

9.1.1 控制的定义

一般意义上的控制是任何系统都必须具备的职能，要理解控制的概念，就需要从控制论中的"一般控制"与管理的"控制职能"的比较开始。

1. 控制论中的"一般控制"

1948年，美国数学家诺伯特·维纳创立了控制论。根据其理论，为了改善受控对象的功能或发展方向，需要获取并使用信息，进而选择并施加于受控对象上的作用，这就叫控制。

控制系统是个自组织系统。控制机制将反馈信息与原定的标准或目标值进行比较，发现偏差后及时发出控制信息，以纠正偏差，调节输出。在此，控制作为一种活动，它要达到的目的就是：依靠信息反馈，维持一个系统的原有状态，并在发生偏差时，设法使它复原。控制系统示意图如图9-1所示。

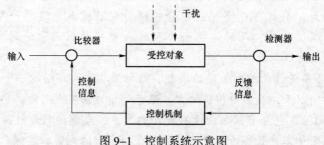

图9-1　控制系统示意图

2. 管理的"控制职能"

在管理工作中，控制职能是指为了确保组织目标的实现，各级管理人员根据事先确定或因适应发展需要而重新拟定的标准，对下级的工作进行衡量和评价，并对出现的偏差进行纠正，以防止偏差继续发展或今后再度发生的过程。简单来讲，就是监督各项活动，以保证它们按计划进行并纠正各种重要偏差的过程。管理的"控制职能"反馈回路图如图 9-2 表示。

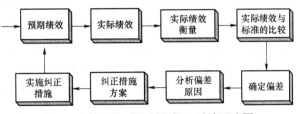

图 9-2　管理的"控制职能"反馈回路图

从控制的概念我们可以清楚看到如下三点：控制有很强的目的性，即控制是为了保证组织中的各项活动按计划进行；控制是通过"监督"和"纠偏"来实现的；控制是一个过程。

3. 控制职能与计划职能的关系

控制职能与计划职能既有区别又相互紧密联系，通过对二者的比较可以进一步加深对控制的理解。以后用"控制"代表管理的"控制职能"。

（1）计划为控制提供衡量的标准，没有计划，控制就成了无本之木；同时控制又是计划得以实现的保证，没有控制，计划就是一纸空谈。

（2）计划和控制的效果分别依赖于对方。计划越明确、全面和完整，控制工作就越好进行，效果也就越好；而控制越准确、全面和深入，就越能保证计划的顺利执行，并能更多地反馈信息以提高计划的质量。

（3）一切有效的控制方法首先就是计划方法，如预算、政策、程序和规则等，选择控制方法和设计控制系统时必须要考虑到计划本身的特点。

（4）计划工作本身也必须要有一定的控制，如对计划的程序、计划的质量等实施控制；控制工作本身必须要有一定的计划，如对控制的程序、控制的内容等，都必须进行一定的计划。

9.1.2　控制的必要性及其特征

1. 控制的必要性

控制职能的基本作用在于保证组织活动的过程和绩效与计划相一致，以保证组织目标的实现，也就是确保管理的各项职能朝着既定的目标前进。控制工作完成得好，就能给管理工作起到协助作用。图 9-3 显示了控制的基本作用。

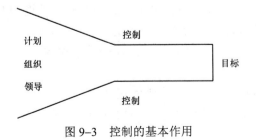

图 9-3　控制的基本作用

控制职能是任何组织、任何活动都是必需的。法约尔曾指出，控制必须施之于一切的人、事和工作活动。控制的必要性主要体现在以下几方面。

1）授权中责任的体现

在管理者授权的过程中，应建立一个有效的控制系统以对员工的工作进展进行控制。如果没有一个有效的控制系统，管理者就无法检查下属的工作进展和结果，就可能失控。

2）组织环境的不确定性

任何组织的目标和计划都是在特定的时间、环境下制定的，管理者需要及时了解环境变化的程度和原因，不断地对组织的战略、战术进行再评估，通过建立控制系统准确地把握计划方案和实际结果之间差异的程度和原因，调整和修正行动。

3）组织活动的复杂性

尤其在大型组织中，组织结构错综复杂，随机因素较多，要保证管理权力相对分散的各个部门的活动紧紧围绕组织目标，保证每项工作顺利进行，组织也必须进行大量的控制工作。

4）管理失误的不可避免性

通过对组织实际活动的反馈，管理者可以及时发现失误，从而采取一定的措施，纠正偏差，防止酿成大错。

2. 控制的特点

1）控制具有整体性

控制需要把整个组织活动作为一个整体来看待，使各方面的控制协调一致，达到整体优化。控制的整体性包括多重含义：一是指控制是组织全体成员的职责，完成计划是组织全体成员的共同责任，参与控制是全体成员共同的任务；二是指控制的对象是组织的各个方面，包括各层次、各部门、各单位的工作，以及组织生产经营的各个不同阶段等。组织各个方面的协调平衡需要对组织的各个方面进行有效的控制。

2）控制具有动态性

控制是动态演化的控制，它不同于机器设备系统中的自动控制，这种控制是高度程序化的，具有固定的特征。控制是在有机的社会组织中进行的，外部环境和内部条件都在不断地变化，从而决定了控制的动态性，以提高控制的适应性和有效性。

3）控制具有目的性和反馈性

控制的意义就在于使组织活动朝着计划目标前进，因此控制具有明确的目的性特征，而目的性得以实现离不开信息反馈。没有信息反馈，就没有赖以判断对错的对象和依据。控制系统中的信息是通过管理信息系统来实现的。

4）控制具有人本性

组织工作由人执行，控制就是对人的控制，人是控制的关键。既要使人遵守控制的准则，又要努力使控制符合人的特性。控制不仅仅是监督，更为重要的是指导和帮助，使人不仅被动接受控制，还能充分利用控制方法，提高工作的效率和效果。

5）控制具有创新性

控制不仅要保证计划完成，并且还要促进管理创新。通过控制活动调动受控者的积极性，是现代控制的特点；通过控制纠正计划执行中出现的偏差，并从中受到启发，激发创新。

9.1.3　控制的对象

美国管理学家斯蒂芬·罗宾斯将控制的内容按照控制的对象，归纳为对人员、财务、作业、信息和组织绩效等五个方面的控制。

1. 对人员的控制

为了实现组织目标，管理者需保证员工按照预定的计划完成工作。对人的控制的一个重要体现在于：通过对员工绩效的评估，使绩效高的员工维持或加强良好的表现，而对绩效差的员工则采取相应的措施，纠正出现的行为偏差。

2. 对财务的控制

对财务的控制主要包括审核各期的财务报表。预算是最常用的财务控制衡量标准，也是一种有效的控制工具。

3. 对作业的控制

作业，指从劳动力、原材料等资源到最终产品和服务的转换过程。典型的作业控制包括生产控制、采购控制、质量控制、设备管理控制等。

4. 对信息的控制

对信息的控制主要通过管理信息系统来实现。它能在正确的时间，以正确的数量，为正确的人提供正确的数据信息。

5. 对组织绩效的控制

一个组织的效果很难用一个单一的指标来衡量，生产率、产量、市场占有率、员工福利、组织的成长性等都可能成为衡量指标。组织绩效控制的关键在于组织的目标取向，要根据组织完成目标的实际情况，结合目标设置的标准来衡量组织绩效。

9.1.4　有效控制系统

1. 有效控制系统的构成

1）控制的目标系统

目标性是控制的基本特征，任何控制活动都是有一定的目标取向的。在一个组织中，控制服从于组织发展的总体目标，而总目标派生出来的分目标也是控制的依据。控制的目标体系与组织的目标体系是相辅相成的。

2）控制的主体

组织中控制的主体是各级管理者及其所属的职能部门。控制主体控制水平的高低是控制系统作用发挥程度的决定性要素。管理者所处的地位不同，控制的任务也不同。一般而言，中下层管理者主要实施例行的、程序性的控制；高层管理者主要实施非例行的、非程序性的控制。

3）控制的客体

组织中的控制对象是整个组织的活动，横向包括各类资源，纵向包括各个管理层次。将组织中的活动当作一个整体实施全面控制，使整体协调一致，以便达到整体优化的结果。

4）控制的机构、方法和手段

实施控制必须要有一定的机构及相应的方法和手段。控制机构从纵向看包括不同管理层次，从横向看包括不同性质的职能专业部门。控制的方法和手段是多种多样的，组织应视具体情况具体采用。

2. 构建有效控制系统的原则

1）反映计划要求原则

控制的目标是实现计划，控制是实现计划的保证。计划越明确、全面、完整，控制系统越能反映计划，则控制越有效。所以，在设计控制系统时，每个管理者都必须紧紧围绕计划进行，根据计划的特点确定控制标准、衡量方法和纠偏措施。

2）控制关键点原则

控制关键点是控制工作的一条重要原理，主管人员要将注意力集中于计划执行中的一些主要影响因素上，控制住了关键点，也就控制住了全局。选择关键点除了要有丰富的经验、敏锐的洞察力和决策能力外，还可以借助现有的方法。例如，在有着众多作业的大型项目中，就可用计划评审技术来确定关键路线和关键作业，这样，通过控制关键作业的进度就可以控制整个工期。例如，美国的北极星导弹研制工程和杜邦化工厂的建造，就是由于运用了计划评审技术使工期大大缩短。

3）控制趋势原则

对控制全局的主管人员来说，重要的不是现状本身，而是现状所预示的趋势。由于趋势往往被现象所掩盖，不易察觉，因此，控制变化的趋势比仅仅改变现状要困难得多。当趋势可以明显地描绘成一条曲线，或可以描述为某种数学模型时，控制就为时已晚了。控制趋势的关键在于从现状中揭示趋势，特别是在趋势显露苗头时就明察秋毫。例如，在美国汽车市场上，日本汽车的市场份额就是在美国几大汽车厂商的眼皮底下慢慢蚕食的，等到他们回过神来，日本汽车已经在市场上占有了一席之地，此时就不容易打败了。

4）例外原则

主管人员不可能控制所有活动，而应把控制的主要精力集中于一些重要的例外偏差，以取得更高的控制效能和效率。需要指出的是，仅仅注意例外情况是不够的，对它们也要区别对待。有些例外情况，如利润的下降、产品废品率的上升、市场投诉的增加等必须引起重视；而像春节期间福利费用超出预算 15% 等情况，则可以不必紧张。实践中，例外原则必须与控制关键点原则相结合，集中精力于关键点的例外情况的控制上。控制关键点原则强调控制点选择，而例外原则强调观察的这些点上所发生的异常偏差。

5）直接控制原则

直接控制是相对间接控制而言的。间接控制着眼于发现工作中的偏差，分析产生的原因，并追究其个人责任使之改进以后的工作。其显而易见的缺点是在出现了偏差，造成损失之后才采取措施，代价较大。而直接控制原则的含义是：主管人员及其下属的工作质量越高，对所负担的职务越能胜任，也就越能事先察觉偏差，及时采取预防措施，于是就越不需要进行间接控制，从而减少偏差的发生及进行间接控制的费用。

9.2　控制的类型

在组织中，由于控制的内容、性质、范围不同，控制工作可以根据不同的标准，划分为不同的类型。了解控制的各种类型及其分类标准，对于我们在管理实践中，根据实际情况选择合适的控制类型，从而达到有效控制是非常有帮助的。控制类型及其分类标准如表 9–1 所示。

表 9–1 控制类型及其分类标准

分类标准	控制类型	分类标准	控制类型
按控制活动的性质划分	预防性控制 更正性控制	按控制范围划分	全面控制 局部控制
按控制点的位置划分	前馈控制 现场控制 反馈控制	按控制主体划分	内部控制 外部控制
按控制来源划分	组织控制 群体控制 自我控制	按有无信息反馈划分	开环控制 闭环控制
按采用的手段划分	直接控制 间接控制	按控制的业务范围划分	作业控制 质量控制 成本控制 资金控制

下面对其中的按两种控制标准划分的控制类型进行介绍，一是根据控制点的位置不同，划分的前馈控制、现场控制和反馈控制；二是根据采用的手段不同，划分的直接控制和间接控制。

9.2.1 前馈控制、现场控制和反馈控制

控制实质上是"信息反馈"的过程，根据反馈信息采取纠正措施，无疑会存在"时间延迟"，这不利于实现控制的目的。为了克服这个问题，人们寻求采用实时信息乃至超前性的预测信息，来实施控制。这样纠正措施可以在组织运行过程的不同阶段来实现，相应地出现了不同的控制类型。三种控制类型的关系如图 9–4 所示。

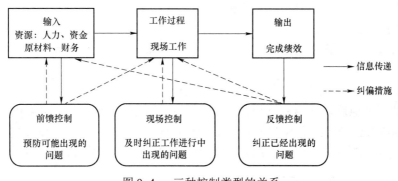

图 9–4 三种控制类型的关系

1. 前馈控制

前馈控制（feedforward control），也称预先控制或事前控制，是指管理人员在工作正式开始前对工作中可能产生的偏差进行预测和估计并采取预防措施的控制。前馈控制的控制作用发生在行动之前，其特点是将注意力放在行动的输入端上，使得一开始就能将问题的隐患排出，"防患于未然"。如当麦当劳在莫斯科开设第一家分店时，为了确保其质量，公司专门派质量控制专家去帮助俄罗斯农民学习种植高质量马铃薯的技术，派面包师去传授烤制高质

量面包的方法。

前馈控制的优点表现在：首先，相对事后纠偏来讲，前馈控制的效果正是管理者追求的目标，能避免预期问题的出现，可以"防患于未然"，以避免事后控制对已铸成的差错无能为力的弊端；其次，前馈控制是在工作开始之前，针对某项计划行动所依赖的条件进行控制，不针对具体人员，因而不易造成面对面的冲突，易于被员工接受并付诸实施。

但是，由于未来的不确定性，要实现切实的前馈控制不是一件容易的事。具体地说，要进行有效可行的前馈控制，必须满足以下几个必要条件：① 必须对计划和控制系统进行透彻、仔细的分析，确定重要的输入变量；② 必须为这个系统建立清晰的前馈控制的系统模型；③ 必须要确保系统模型的动态性，定期检查模型以便了解已确定的输入变量及其相互关系是否仍能反映实际情况；④ 必须经常收集系统输入量的数据并输入控制系统；⑤ 必须定期评估实际输入量和计划输入量之间的差异，并评估这些差异对预期最终结果的影响；⑥ 必须采取行动，不但应指出问题，还应采取措施来解决它们。从现实来看，要做到这些是十分困难的，因此，组织也必须同时依靠其他方式的控制。

2. 现场控制

现场控制（concurrent control），也称同步控制或者同期控制，是指在工作正在进行中所施予的控制。其控制作用发生在行动之中，即与工作过程同时进行。其特点是在行动过程中，一旦发生偏差，马上予以纠正；需要主管人员亲自深入现场。

现场控制的实质是进行实时控制。现场控制通常包括两项职能：一是指导，即对下属的工作方法和程序等进行指导；二是监督，确保下属完成任务。现场控制能够第一时间发现问题并加以修正。但也正是实时控制，造成了现场控制的一些弊端：首先，管理者时间、精力和业务水平的制约；其次，应用范围受到环境限制，适合标准化流程化的工作，难以应对灵活性强的情景。

3. 反馈控制

反馈控制（feedback control），也称事后控制，是一种最常用也是最传统的控制方式，是指在工作结束或行为发生之后进行的控制。这种控制把注意力主要集中于工作或行为的结果上，通过对已形成的结果进行测量、比较和分析，发现偏差情况，依此采取措施，对今后的活动进行纠正。

反馈控制的过程可用图 9-5 表示。控制的过程首先从预期和实际工作成效的比较开始，指出偏差并分析其原因，然后制订出纠正的计划并进行纠正；纠正的结果将可以改进下一次实际工作的成效或者将改变对下次工作成效的预期。可见，在评定工作成效与采取纠正措施之间有着很多重要环节，每个环节的工作质量，都对反馈控制的最终成果有着重大的影响。

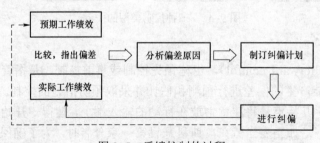

图 9-5　反馈控制的过程

反馈控制优点在于：① 可以直接对不利因素或结果进行消除，如质检不合格产品的销毁，防止其流入市场；② 对于周期性重复工作，可以有效避免相同问题的反复出现；③ 反馈控制中的合理奖惩有助于提高员工积极性，进而提高组织生产效率；④ 反馈控制中的经验总结对于相关工作有借鉴意义，有助于全流程的完善。

但反馈控制也存在弊端，只在事后发挥作用，对已产生的危害和损失只能亡羊补牢甚至无能为力。在反馈控制中，问题的发现、分析、解决过程需要持续一段时间，纠错的效果可能受到制约，而且短期内类似问题可能还会出现。

在现实中，很少有组织只采取唯一的控制类型，而是综合使用三种控制，对各种资源的输入、转换和输出进行全面的控制和全过程的控制，以提高效果。控制的循环过程如图 9-6 所示。

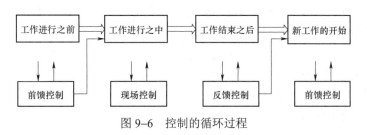

图 9-6　控制的循环过程

9.2.2 直接控制和间接控制

1. 直接控制

直接控制所依据的事实是计划的实施结果，以对结果的评价为控制的依据。因此，直接控制与执行计划的人的能力高低有紧密联系。直接控制对执行计划的人制定一定的控制方法或标准，使其能够完成计划工作。因此，人的素质越高，偏差产生的可能性越小。

直接控制的指导思想认为，合格的主管人员出的差错最少，他能察觉到正在形成的问题，并能及时采取纠正措施。所谓"合格"，是指他们能熟练地应用管理的概念、原理和技术，能以系统的观点进行管理工作。

直接控制有其合理性，其合理性以下面几个比较可靠的假设为依据：① 合格的主管人员所犯的错误最少；② 管理工作的绩效是可以计量的；③ 在计量管理工作绩效时，管理的概念、原理和方法是一些有用的判断标准；④ 管理基本原理的应用情况是可以评价的。

以上的假设条件，在管理工作中，基本是可以满足的。因此，直接控制表现出以下几个优点。

（1）采用直接控制，在对个人委派任务时能有较大的准确性；同时，为使主管人员合格，对他们经常不断地进行评价，实际上也必定会揭露出工作中存在的问题，并为消除这些缺点而进行专门培训提供依据。

（2）直接控制可以促使主管人员主动地采取纠正措施并使其更加有效。它鼓励用自我控制的方法进行控制。由于在评价过程中会揭露出工作中存在的缺点，就会促使主管人员努力去确定他们应当担负的职责并自觉纠正错误。

（3）直接控制还可以获得良好的心理效果。一方面，主管人员从上级对其的信任中能获得满足和激励；另一方面，主管人员的素质提高后，他们的威信随之提高，下属对他们的信任和支持也会增加，从而有利于整个计划目标的顺利实现。

（4）直接控制可以节约开支。由于提高了主管人员的素质，减少了偏差的发生，也就有可能减轻间接控制造成的负担，节约经费开支。

2. 间接控制

间接控制的核心在于，根据计划的执行情况，发现计划执行中的偏差，分析产生偏差的原因，找出责任人，改进下一步的工作。这是一种针对事件偏差而进行的控制。

间接控制是一种比较现实的选择。在工作中，出现问题和产生偏差的原因是很多的，限于人们的预测能力，不得不进行"事后控制"。标准不正确固然会造成偏差，但即使是标准正确，由于管理人员的知识、经验和判断力等的不足，以及其他一些不确定性因素的存在，也同样会导致计划的失败。由于这些不确定性因素造成的管理失误是无法避免的，故出现这种情况时，不得不依赖于间接控制的补正作用。此外，由于主管人员的因素造成的偏差，运用间接控制进行纠正的同时，还可帮助主管人员总结吸取经验教训，增强其知识水平、经验和判断力，提高他们的管理水平。

间接控制存在较大的局限性。除了它是事后进行控制、存在滞后外，间接控制所需的几个假设条件也往往影响到控制效果。因为要实施间接控制，必须满足下列条件：① 工作绩效是可以计量的；② 人们对工作成效具有个人责任感；③ 追查偏差原因所需要的时间是有保证的；④ 出现的偏差可以预料并能及时发现；⑤ 有关部门或人员将会采取纠正措施。

实际管理工作中，上述假设条件有时不能成立：① 管理工作中的许多工作绩效是难以计量的；② 个人责任感是难以衡量的指标，许多工作其绩效不高，但与个人责任感无关或关系不大；③ 实际中存在主管人员不愿花费时间和精力去调查偏差原因的事实，这往往会阻碍对违反标准的原因进行调查；④ 有许多偏离计划的误差并不能预先估计或及时发现，而往往是发现太迟以至难以采取有效的措施；甚至是有时虽能够发现偏差并能找出原因，但却没人愿意采取纠正措施，大家互相推诿责任，导致措施无法落实。

因此，间接控制并不是普遍有效的控制方法，还存在许多不完善的地方。

9.3 控制过程

无论是在什么类型的组织中，无论控制对象是人，还是财和物，管理控制的基本过程都可划分为三个步骤：确立标准；衡量绩效；纠正偏差。管理控制的工作过程如图9-7所示。

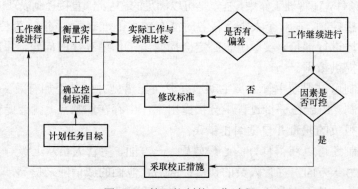

图 9-7 管理控制的工作过程

9.3.1 确立标准

1. 标准的含义

所谓标准，是一种作为模式或规范而建立起来的测量单位或具体的尺度，是从整个计划方案中选出的对工作成效进行评价的关键指标。标准的确立应当具有权威性。标准的控制作用体现在两方面：其一，为执行提供明确的规范和指标，使计划在执行者心中具体明确，以便按标准行动；其二，为监测实际执行情况是否正常提供判别标准，以便及时发现问题。

要确立合理的控制标准，必须满足以下要求。① 简明性。即对标准的量值、单位和可允许的偏差范围要有明确的说明，对标准的表述要通俗易懂，便于理解和把握。② 适用性。建立的标准要有利于组织目标的实现，要对每项工作的衡量都明确规定具体的时间幅度和具体的衡量内容等要求，以便能准确地反映组织活动的状态。③ 一致性。建立的标准应尽可能地体现协调一致、公平合理的原则。管理控制工作覆盖组织活动的各个方面，制定出来的各项控制标准应该彼此协调，不可相互冲突；同时，控制标准应在所规定的范围内保持公平性。④ 可行性。控制标准的建立必须考虑到工作人员的实际情况，即标准不能过高也不能过低，要使绝大多数员工经过努力后可以达到。⑤ 可操作性。即标准要便于对实际工作绩效的衡量、比较、考核和评价；要使控制便于对各部门的工作进行衡量，当出现偏差时，能找到相应的责任单位。⑥ 相对稳定性。即所建立的标准既要在一段时期内保持不变，又要具有一定的弹性，能对环境的变化有一定的适应性，特殊情况能够例外处理。⑦ 前瞻性。即建立的标准既要符合现时的需要，又要与未来的发展相结合。

2. 制定控制标准

1）确定控制对象

组织活动的成果应该优先作为管理控制工作必须考虑的重点。基于此，管理者需要明确分析组织活动想要实现什么样的目标，提出详细规定组织中各层次、各部门人员应取得什么样的工作成果的完整目标体系。

然而，对活动成果的考核评价仅是一种事后控制。为了使组织实现预期的活动成果具有可靠的保障，从现实及经济的角度，通常选择那些对实现组织目标成果有重大影响的因素进行重点控制。这样，为了确保管理控制取得预期的成效，管理者在选择控制对象时就必须对影响组织目标成果实现的各种要素进行科学的分析研究，从中选择重点要素作为控制对象。

2）选择控制关键点

控制对象确定后，还必须具体选择控制关键点，对控制关键点的选择，一般应统筹考虑以下三个方面因素。

（1）影响整个工作运行过程的重要操作与事项，它们当然是管理者应该予以关注的领域。

（2）能在重大损失出现之前显示出差异的事项。这意味并不是所有的重要问题都作为控制关键点。通常情况下，管理者应该选择那些易于检测出偏差的环节进行控制，这样才有可能对问题做出及时、灵敏的反应。

（3）若干能反映组织主要绩效水平的时间与空间分布均衡的关键点，因为控制关键点数量的选择应足以使管理者对组织总体状况形成一个比较全面的把握。

良好的控制来源于控制关键点的准确选择，因而这种选择或决策的能力也就成为判断管理者控制工作水平的一个重要标准。

3）制定控制标准

控制标准制定中最为简单的情况是，可以把计划过程中形成的可考核目标直接作为控制标准，但不够具体，缺乏可操作性，因此需要通过一些科学的方法选择控制标准。

（1）实物标准。这是非货币衡量的标准，在耗用原材料、雇用劳力、提供服务及生产产品等操作层中运用。例如，单位产品工时数、货运吨公里数、轴承的硬度、纤维的强度等，它们可以反映数量，也可以反映品质。

（2）成本标准。这是货币衡量的标准，像实物标准一样，也适用于操作层。这些标准以货币价值形式表示经营费用。例如，每小时的人工成本，每百元销售额的销售费用等。

（3）资本标准。这是以货币形式衡量实物。这些标准与投资于公司的资本有关而与经营成本无关，所以它们主要是同资产负债表有关，而同损益表无关，对于一笔新的投资和总体控制而言，使用最为广泛的标准就是投资报酬率。

（4）收益标准。收益标准就是以货币衡量的销售额。如企业每销售一件产品的收入，在一定市场范围内的人均销售额等。尽管在评估计划的执行绩效时难免会运用一些主观判断，但还是可以运用时间和其他因素作为客观标准的。

（5）计划标准。计划标准就是以管理者编制的计划质量作为衡量标准，如计划的完成时间、可行性程度以及与实际执行情况的吻合程度等。

（6）无形标准。这是指难以确定的既不能以实物又不能以货币来衡量的标准。如广告计划是否满足长期目标、员工潜力的发挥、员工的忠诚度以及一项公关活动计划受欢迎的程度等。对这些问题建立清晰的定量和定性标准存在很大困难，只能反复试验、设想判断，必要时甚至以纯粹的预感为依据。

（7）指标标准。这是以可以考核的数量或质量目标作为标准。在工商企业中，目前的趋势是要在各级管理部门建立一个指标标准的整体网络，以实施有效控制。

3. 控制体系的影响因素

在实际应用中，控制职能的实施需要充分考虑所在环境中各种要素的影响。斯蒂芬·P.罗宾斯将可能影响控制体系的因素概括为五个维度，分别是组织规模、职位与层次、分权程度、组织文化和活动的重要性等几个权变因素，并提出了相应的控制建议。控制体系的影响因素如表 9–2 所示。

表 9–2　控制体系的影响因素

权变变量		控制建议
组织规模	小	非正式的、亲自的、走动式管理
	大	正式的、非亲自的、广泛使用的规则和规定
职位与层次	高	多重标准
	低	少，易衡量的标准
分权程度	高	增加控制数目和控制幅度
	低	减少控制数目和控制幅度
组织文化	开放和支持性	非正式、自我控制
	威胁性	正式、来自外部的强行控制
活动的重要性	高	详尽、全面的控制
	低	松散、非正式的控制

（1）组织规模。根据有效控制系统经济性特点的要求，组织规模大小不同，其控制系统也应有所区别。小企业依靠非正式和更个人化的控制，通过直接监督进行同步式控制（如现场控制）可能是最经济的。当组织规模扩大时，监督控制就应由一个相对更加正式的系统来支持。非常大的组织会采用高度正式且非个人化的前馈控制和反馈控制。

（2）职位与层次。职位与层次的高低影响到控制系统标准的制定。个人在组织层次中职位越高，越需要对其采取多重控制标准。这是因为当个人沿着组织层次往上升迁时，其工作成效衡量的模糊性将提高；相反，低层工作的工作成效定义更为明确，允许对其进行范围更窄的理解。例如，对于一位一线的加工工人，可以用完成计件成品的数量、出勤率等为标准来考核，但是对于一个生产部门经理而言，仅仅以完成产出量的多少为标准来考核，显然是不准确的。

（3）分权程度。分权与控制之间存在因果关系，分权是控制的原因之一，控制是分权的保障。分权程度越高，权力失控的可能性就越大，管理者也就越需要与员工绩效有关的反馈信息。因为授权的管理者需要对被授权人的行动负最终责任，所以管理者有必要采取措施以保证员工工作效果。

（4）组织文化。正如应考虑领导风格、激励技巧、组织结构、冲突管理技巧和组织成员参与决策的程度等因素一样，控制的类型和范围也应与组织文化相一致。以鼓励创新、信任和开放为特征的组织文化通常对应于非正式的自我控制，而厌恶风险、墨守成规的组织文化则需要通过正式的、外部强加的控制系统来确保业绩符合标准。

（5）活动的重要性。活动本身的重要性影响到它是否应受到控制和实施控制的程度。若控制成本高昂，而错误产生的影响又很小，就不必使用详尽的控制系统；若错误严重阻碍组织目标的实现甚至危及组织的生存和发展，就必须实施广泛的控制，即使控制成本很高。

9.3.2　衡量绩效

1. 通过衡量绩效，检验标准的客观性和有效性

衡量工作绩效是以预定的标准为依据来进行的，这就出现了一个问题：偏差到底是执行中出现的问题还是标准本身存在的问题？如果是前者，当然需要纠正；如果是后者，则要修正和更新预定的标准，这样，利用预定标准去检查各部门、各阶段和每个人工作的过程同时也是对标准的客观性和有效性进行检验的过程。

检验标准的客观性和有效性，是要分析对标准执行情况的测量能否取得符合控制需要的信息。在为控制对象确定标准时，人们可能只考虑了一些次要的非本质因素，或只重视了一些表面的因素，因此，利用既定的标准去检查人们的工作，有时候并不能够达到有效控制的目的。衡量过程中的检验就是要辨别并剔除那些不能为有效控制提供信息及容易产生误导作用的不适宜标准，以便根据控制对象的本质特征制定出科学合理的控制标准。

2. 确定适宜的衡量方式

（1）衡量的项目。衡量对象是衡量工作中最为重要的方面。管理者应该针对决定实际工作成效好坏的重要特征项进行衡量。但实际中容易出现一种趋向，即侧重于衡量那些易衡量的项目，而忽视那些不易衡量、较不明显但实际相当重要的项目。衡量应该围绕构成好绩效的重要特征项来进行，而不能偏向那些易衡量的项目。

（2）衡量的方法。管理者可通过亲自观察、利用报表和报告、抽样调查等几种方法来获

得实际工作绩效方面的资料和信息。应当看到，组织中常存在一些无法直接衡量的工作，它们做得好坏有时可通过某些现象做出推断。比如，从员工的合理化建议增多可推断出也许企业的民主化管理有所加强，从员工工作热情下降现象增多可推断出也许管理工作存有不当之处等。在衡量实际工作绩效过程中必须多种方法结合使用，以确保所获取信息的质量。

（3）衡量的频度。即衡量绩效的次数或频率，通俗地说，也就是间隔多长时间衡量一次成效，是每时、每日、每周，还是每月、每季度或者每年；有效的控制要求确定适宜的衡量频度。对控制对象或者要素的衡量频度过高，不仅会增加控制的费用，而且还会引起有关人员的不满，影响他们的工作态度，从而对组织目标的实现产生负面影响。但是衡量和检查的次数过少，则有可能造成许多重大的偏差不能及时被发现，不能及时采取纠正措施，从而影响组织目标和计划的完成。

（4）衡量的主体。衡量实际工作绩效的主体是工作者本人，还是同一层级的其他人员，抑或是上级主管人员或职能部门的人员？衡量绩效的主体不一样，控制工作的类型也就形成差别。例如，目标管理之所以被称为是一种"自我控制"方法，就是因为工作的执行者同时成了工作成果的衡量者和控制者。相比之下，由上级主管或职能人员进行的衡量和控制则是一种加强的、非自主的控制。衡量的主体不同，会对控制效果和控制方式都产生影响。

3. 建立有效的信息反馈系统

对实际工作情况进行衡量的目的是为控制提供有用的信息，为纠正偏差提供依据。然而，并不是所有衡量绩效的工作都直接由负责制定纠偏措施的主管人员或部门进行，这样就有必要建立有效的信息反馈系统，使反映实际工作情况的信息既能迅速地收集上来，又能适时地传递给恰当的主管人员，并且能够将纠偏指令迅速地传达到有关人员，以便对问题做出处置。

9.3.3　纠正偏差

对实际工作绩效加以衡量后，下一步就应该将衡量结果与标准进行对比。"比较"这一步骤决定了实际工作成效与标准之间的差异程度。在所有的活动中，都可以预料到会存在一定的偏差，所以我们虽然已经确定了参照标准值，但在比较时，还需要确定可接受的偏差范围（range of variation）（见图9-8）。凡是在这一范围之内的，便认为偏差是可以接受的；而应该引起管理者关注的是那些超过这一范围的、显著的偏差。

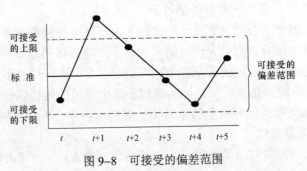

图9-8　可接受的偏差范围

如果出现显著的、较大的偏差（如图9-8中的 $t+1$ 点），就要分析造成偏差的原因并采取矫正措施；如果没有偏差，则应首先分析控制标准是否有足够的先进性。在认定标准水平合适的情况下，将之作为成功经验予以分析总结并用于指导今后的或其他方面的工作。偏差的原因可能比较复杂，必须花大力气找出真正原因。查明原因后，纠偏工作可能涉及一些主要的管理职能，如重新制订计划、修改目标、调整组织机构、改善领导方式等，纠偏的具体操作体现了管理活动是一个完整的统一体。

9.4 主要控制方法

在组织的管理过程中，应该根据情景和目的的不同采取合适的控制方法。因此，作为管理者需要对如何设计控制体系，尤其是控制体系的影响因素有清晰的认识。

9.4.1 预算控制法

预算控制就是根据预算规定的收入与支出标准来检查和监督各个部门的生产经营活动，以保证各种活动或各个部门在充分达成既定目标、实现利润的过程中对经营资源的利用，从而费用的支出受到严格有效的约束。预算作为一种传统控制手段，在管理控制中使用非常广泛。可以说，企业在未来的几乎所有活动都可以利用预算进行控制。

1. 预算的定义与作用

所谓预算，是指一种用数字特别是财务数字形式编制的反映组织在未来某一个时期活动的综合计划。通过预算，企业可以预估在未来时期的经营收入或现金流量等指标，同时也为各个部门或各项活动规定了在资金、劳力、材料、能源等方面支出的限定额度。

预算的作用可以概括为以下几点。

（1）预算是保证计划顺利完成的有效控制手段。预算是"数字化"或"货币化"的计划，它通过财务形式将组织未来一定时期的经营收入、支出、现金流量数字化，并将其分解落实到组织的各层次和各部门，使各级主管人员能清楚地了解到，计划所涉及部门和人员的范围，资金的使用权限及数量，各部门的资金、收入、费用以及用实物计量的投入量和产出量额度等，从而使主管人员以预算标准检查和监督各项活动，发现偏差并及时采取纠正措施，保证计划目标的实现。

（2）预算有助于改进主管人员的工作态度和工作作风。预算使主管人员更好地了解组织内外环境的现状和未来，从而更准确地确立工作重点，改善组织内部的信息沟通，改进对下属的指导与领导方式，并激发下属的工作热情。同时，在执行预算时，能预先发现可能出现的问题并及时采取纠正措施，改进组织的活动。

（3）预算可以帮助组织的各个部门、组织成员了解自己未来的工作任务和职责，明确工作内容和权限，并增进部门和成员间的相互了解，形成意见沟通的网络，更好地协调组织内部的活动。

2. 预算的形式

预算从编制工作角度来看，有分预算和全面预算之分。

分预算是按照部门和项目编制的，主要控制相应部门和项目的收支水平。它们详细说明了相应部门的收入目标或费用支出水平，规定了在生产活动、销售活动、采购活动、研究活动或财务活动中利用劳力、资金等生产要素的标准。

全面预算是对组织整体工作的收支情况进行全面控制。它是在部门分预算或项目分预算的基础之上，通过综合平衡方法编制而成的，它概括了组织相互联系的各个方面在未来时期的总体目标。

分预算与全面预算是相互联系的。各部门和项目的分预算是编制全面预算的基础；而只有编制了总体预算，才能进一步明确组织各部门的任务、目标、制约条件以及各部门在活动中的相互关系，从而为正确评价和控制各部门的工作提供客观的依据，也为进一步修正分预算提供依据。全面预算体系如图9-9所示。

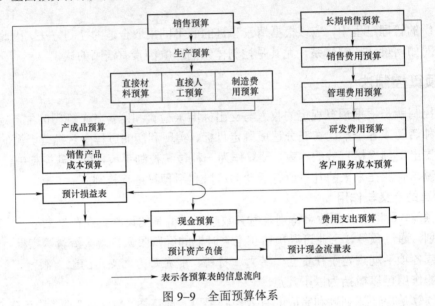

图9-9　全面预算体系

全面预算与分预算的区别主要表现在以下几方面。

（1）从反映的内容看，全面预算概括了组织在未来时期的总体目标，从根本上明确了各部门的具体目标和任务，并通过数字形式体现出各部门在组织活动中的相互关系；而分预算则为正确控制和评价各部门的工作质量、活动进程提供了客观依据。

（2）从衡量单位来看，虽然所有预算都需要用数字形式来体现，但全面预算必须用统一的货币单位来计量；而分预算则不一定用货币单位来计量。因为对一些具体的项目来说，用时间、长度或重量等单位来表达（如原材料预算可能用千克或吨等单位来计量；劳动预算可能用用工数量或人工小时来计量）能提供更多、更准确的信息。比如，用货币金额来表达原材料预算，我们就只知道原材料消耗的总费用标准，而不能知道原材料使用的确切种类和数量，也难以判断价格变动会产生何种影响。当然，不论以何种方式表达的各部门或项目的分预算，在进行综合平衡以编制组织的全面预算时，必须转换成用统一的货币单位来表达。

3. 预算的内容

预算通常由许多项目构成，加之不同类型的组织经营管理活动的特点不同，所以不同组织预算表中的项目会有不同程度的差异。但是一般来说，预算内容总要涉及以下几个基本内容：收入预算、支出预算、现金预算、投资预算、资产负债预算等。

1）收入预算

收入预算是一种建立在收入预测基础之上用以规划未来销售的预算类型，它是从财务角度、利用货币指标反映未来一定时期组织活动成果的计划形式。它与支出预算相结合可以全面地反映组织未来一定时期的经营状况。

销售预算是构成企业组织收入预算的最主要内容，在实际工作中，各个组织往往根据需要按照产品、销售区域、时间段编制分类和分阶段的收入预算。这是因为企业组织通常不止生产一种产品，产品销售也不仅局限于某一个区域市场，因此，为了能为控制将来的活动提供详细的依据，便于检查销售计划的执行情况，往往需要按产品、区域市场或消费者群（市场层次）为各经营单位编制分项销售预算；同时由于在一年中的不同季度和月度，销售量也会上下有所浮动，所以通常还需预计不同季度和月度的销售收入。

2）支出预算

支出预算列出了组织为实现未来一定时期的经营目标而进行的主要活动，并且将费用支出额度具体分配给各项活动，表现在为取得未来一定时期的收入成果所预计支付的项目清单。对企业组织而言，支出预算就是对实现既定销售预算的情况下发生的各种支出额度的计划反映。按照具体支出项目的不同，支出预算可以进一步区分为直接材料预算、直接人工预算和附加费用预算。

（1）直接材料预算。直接材料预算是根据实现销售收入所需产品种类和数量做出的。在这一过程中，企业需要详细分析为了生产这些产品，企业必须利用的原材料的种类数量（通常以实物单位表示）及企业的库存情况等。直接材料预算可为采购部门编制采购预算、进行采购活动打基础。

（2）直接人工预算。直接人工预算是指企业为完成一定数量的产品或服务，对所需要的工人种类、工时数量及直接成本的估计。

（3）附加费用预算。附加费用预算是指对除了直接材料和直接人工成本之外的其余企业经营费用的预算，包括企业的行政管理、营销宣传、人员推销、销售服务、设备维修、固定资产折旧、资金筹措等所耗费的资金。

3）现金预算

现金预算实际上是一种对现金收支的预测，其基本内容是预测组织的现金余缺，通常由财务部门编制。

对企业组织未来生产与销售活动中现金的流入与流出进行预算，对于企业控制来说非常重要。因为企业现金预算只包括那些实际发生现金收支的项目，赊销、赊购等在未收到和未支付现金的情况下不能列入现金预算。通过现金预算可以直观准确地显示计划期内企业可用的多余现金或现金不足的情况，使企业能够及早安排、确定过剩资金的用途，或预先筹措所需资金。

4）投资预算

投资预算是与企业的战略以及长期发展计划紧密联系在一起的预算，它通常涉及经营过程的多个阶段。与上述只涉及某一个经营阶段的短期预算相比，投资预算属于长期预算。

投资预算的项目包括：用于更新改造或扩充包括厂房、设备在内的生产设施的支出；用于增加品种、完善产品性能或改进工艺的研究与开发支出；用于提高职工和管理队伍素质的人事培训与发展支出；用于广告宣传、寻找顾客的市场发展支出等。

5）资产负债预算

资产负债预算是会计年度末的财务状况的预测。它通过将各部门和各项目的分预算汇总在一起，表明在各项活动达到预定的目标和标准的情况下，在财务期末组织的资产、负债会呈现怎样的状况。

资产负债预算可用来预测将来某一特定时期的资产、负债及资本等账户的情况。同时，管理人员通过对资产负债预算表的分析，可以逆推出现有分预算存在的问题，从而有利于采取及时的调整措施。比如，通过分析流动资产与流动债务的比率，可能发现企业未来的财务安全性不高，偿债能力不强，可能要求企业在资金的筹措方式、来源及其使用计划上做相应的调整。

除以上介绍的五种基本预算外，组织根据各自的需要还有多种形式的预算，如实物预算，即以实物单位表示的预算；利润预算，即将收入预算与支出预算合为一体，用以衡量组织绩效。

4. 传统预算控制的局限性及改进

1）传统预算控制的局限性

预算是一种普遍使用的、行之有效的计划和控制方法，但是传统预算方法过于强调全面、详细和控制的严肃性，使得在其编制和执行工作中潜藏着一些使预算控制失效的危险倾向。

（1）制定过于烦琐，控制过细。在部门预算和项目预算中，组织往往不仅为各部门和项目制定具体的利润指标，而且也限定了其具体的开支费用额度，甚至有的制定得非常细。由于对极细微的支出也作了琐细的规定，结果有可能造成各级主管人员对本部门管理自主权的丧失，使得管理者的授权名存实亡。

（2）预算目标可能取代组织目标，发生目标置换。各种预算标准，特别是费用支出限度的规定可能使得主管人员在活动中精打细算，小心翼翼地诺守本部门的费用不得超过支出预算的准则，而忽视了部门活动的本来目的，忘却了自己的首要职责是千方百计地去实现企业的目标。例如，为了不超出预算要求的支出规模，销售部门不得不放弃一些必要的产品宣传和推广工作，使产品销售受阻。

（3）存在道德风险，造成效率低下。预算通常是在以往基础上编制的，且具有按先例递增的趋势，而某项支出是否必要以及增长是否合理常常被忽视。同时，主管人员知道在预算的审批过程中，申请的预算金额被削减的可能性较大，因此预算申报数往往被有意扩大，远远大于实际需要。所以，必须采取更有效的管理手段，防止预算变成掩盖懒散和效率低下的主管人员的保护伞。

（4）缺乏灵活性，适应性差。组织活动的外部环境是在不断变化的，这些变化会改变组织的资源配置方法，从而使预算变得不合时宜，需要相应调整预算方案。因此，缺乏弹性、过于具体，特别是涉及较长时期的预算可能会过度束缚决策者的行动，使企业经营缺乏灵活性和适应性。

2）预算方法的改进

缺乏灵活性是传统预算方法的主要缺陷。为了克服这一不足，使预算在控制中更加有效，有必要采取可变的或灵活的预算方案。

（1）弹性预算。弹性预算是在编制费用支出预算时，考虑到计划期内业务量可能发生的变动，编制一套能适应多种业务量的费用预算，以便分别反映各业务量所对应的费用水平。由于这种预算是随业务量的变化进行的机动调整，本身具有弹性，故称为弹性预算。

编制弹性费用预算时，按照与业务量关系的不同，可以把费用分为固定费用和变动费用。

固定费用在相关范围内不随业务量的变化而变化,在一个月、半年或一年的短期内更是如此。而变动费用是随着业务量的变化而变化的费用。变动费用包括原材料、燃料、动力、人工成本等。编制可变预算首先要选出能反映业务量的计量单位,确定各类费用随业务量变动的规律;然后在给定各部门一定资金作为固定费用外,再在预算执行过程中,定期根据其业务量的变动趋势来计算可变费用的金额。根据弹性预算的编制方法,能够提前半年或一年编制一个基本预算,然后只需要按业务量的变动调整费用总额即可,不需重新编制整个预算。

（2）零基预算。零基预算（zero-base budgeting，ZBB）是由美国得克萨斯仪器公司的彼得·A. 菲尔于 1970 年提出的。最早由美国佐治亚州政府采用,并取得成效。

零基预算是以零为基础编制的预算,即在每个预算年度开始时,将所有的还在进行的组织管理活动都看作重新开始。根据组织目标,重新审查各项活动对实现目标的意义和效果,重新排出优先次序,并据此重新分配资金和其他资源,而不是采用传统的外推法,从而避免了预算控制中只注意前段时间变化的倾向。

这种方法的优点在于:能促使主管人员根据目前组织目标及实际需要重新安排每项分活动计划,这样可以从整体出发,来确定费用额度。零基预算特别适应于公共组织和一些辅助性业务领域而不适应于实际生产性企业。这是因为在辅助生产部门,包括销售、人事、计划、财务和研究与发展等,对各项费用的安排都拥有一定的自主权。

9.4.2　标杆控制法

标杆管理产生于 20 世纪 70 年代末 80 年代初美国企业"学习日本经验"的运动中, 由施乐公司首开标杆管理先河,随后西方企业群起跟风,形成了"标杆管理浪潮"。据统计,全球 500 强企业中有近 90% 的企业应用了标杆管理,如施乐,AT&T、Kodak、Ford、IBM 等行业领袖,那些通过标杆管理取得了系统突破的企业其投资回报在五倍以上。标杆管理的出现在西方管理学界掀起了巨大的波澜,它与企业再造、战略联盟一起并称为 20 世纪 90 年代三大管理方法。如今标杆管理的使用范围已经超出了企业,很多非营利单位也开始积极采用。

1. 标杆控制的内涵

根据大多数学者的观点,标杆控制是以在某一项指标或某一方面竞争力最强的企业或行业中的领先企业或组织内某部门作为基准,将本企业的产品、服务管理措施或相关实践的实际情况与这些基准进行定量化的评价、比较,在此基础上制定、实施改进的策略和方法,并持续不断、反复进行的一种管理方法。标杆控制的心理学基础在于人的成就动机导向,认为任何人与组织都应设定既富有挑战性又具有可行性的目标,只有这样,个人和组织才有发展的动力。

2. 标杆控制的步骤

1）标杆准备

（1）明确标杆管理目标。明确标杆管理的目标需要经过二重决策:是否需要导入标杆管理?是否需要现在就导入标杆管理。并非所有的情况都需要导入标杆管理,只有在产生了持续性的竞争劣势的情况下导入标杆管理才有必要性;导入的时机常常取决于共识的程度,只有企业内部对持续性的竞争劣势有透彻的认识并具备导入标杆管理的坚定决心,标杆管理才能提上日程,否则宜于从缓。

（2）组建标杆小组。由于导入标杆管理是一个持续性的过程，同时也是一个涉及企业变革的过程，所以组建一个强有力的标杆小组以切实负责所有的从准备到实施具体事宜是必须的。为便于开展，应当由企业的主要领导负责。在整个工作期间应当引进团队管理工具以确保小组成员各有明确的角色以及责任，处理作业中产生的问题，提升集体绩效。

（3）形成标杆管理计划。一个通盘的工作计划殆不可少，确认标杆的使用者以及他们的需求、界定标杆的明确主题、确认并争取需要的资源（如时间、资金、人员）等，使未来的工作形成纲领性安排。

2）标杆规划

（1）确定标杆管理的范围。标杆管理的运用范围十分广泛，可以是产品和服务，可以是工作流程，也可以是组织绩效。但企业没有必要在所有的经营领域都运用标杆管理，企业必须识别目前标杆管理的范围。

（2）确定内外部标杆。内外部标杆指的是作为标杆对象能够为公司提供值得借鉴信息的单位。标杆单位可以是企业内部的，即在企业内部两个相似部门之间进行瞄准，也可以是外部的。

一般而言，外部标杆应具备两大特征：首先应具有卓越的绩效，应是行业中具有最佳实践的领先企业；其次应与本企业有相似的特点，要具有可比性并且管理实践是可以模仿的。

（3）确定标杆资信息来源。选定产业及组织最佳作业典范需要确定标杆管理的信息来源。这些来源包括标杆组织的员工、管理顾问、分析人员、政府消息来源、商业及同业文献、产业报告网络化等。

然而，尽管临时性的资讯收集是标杆管理中的常态，但持续性的标杆管理资讯源需要企业建立竞争情报系统。竞争情报系统的信息来源有三个层面：人际层面信息源、资料层面信息源和活动层面信息源。

3）标杆比较

（1）信息的收集整理。标杆小组依据既定的规范搜集资讯、将资讯摘要分析、分析标杆学习资讯，从而为后续的标杆比较创造数据性基础。资讯的收集主要是从内部（了解本公司业务实践）和外部（研究最佳实践公司）两方面进行的。

（2）确定绩效差距。所谓的绩效差距，是指自己目前的做法与最好的做法之间的绩效差异。具体包括综合绩效差距和关键绩效差距。

（3）绩效差距成因分析。明确绩效差距之后，就要判明其产生原因。

4）标杆实施

（1）拟定未来的改进目标。通过标杆比较借鉴最佳操作典范，其最终目的是创建属于自己的最佳实践，以赶上并超过标杆对象。

（2）构建 KPI 体系。要实现未来的最佳实践，就必须构建 KPI 体系。KPI 体系能够找出自身的问题所在，具体 KPI 体系能够制定可行的学习目标，把学什么细化量化。

（3）制订改革计划并实施。仅仅是制作一份报告或发表成果是不够的，必须提出一整套建议和具体落实一些变革行动才是标杆管理的真意所在。制定和实施改革计划要确认接下来是否有必要采取哪些步骤或适当的后续活动，以实施那些最佳实践。

计划应包含以下基本要素：人事、预算、培训、所需资源、评估方法等。计划应能反映小组成员关于哪个实践活动是应最先进行的，哪个活动最适于在本公司开展等的判断。

（4）评估与重新校标。评估与重新校标是对革新所产生的长远结果进行定性和定量的评估，并重新进入下一轮标杆管理循环。重新检查和审视标杆研究的假设、标杆管理的目标和实际效果，分析差距，为下轮改进打下基础。标杆管理不是一个单纯的项目，而是一项持续性的系统工程（将成为企业的一项日常活动），因此标杆管理将在新的管理态势下第二轮进行。

3. 标杆控制的缺陷

与其他控制方法一样，标杆控制也存在不足。一是标杆管理和控制容易导致企业的竞争战略趋同。标杆控制法鼓励企业相互学习模仿，因此在奉行标杆控制的企业中，可能所有的企业都企图通过采取类似行动来改善绩效，在竞争的某个关键方面超过竞争对手。模仿可能使企业之间相对效率差距日益缩小，这会导致各个企业在战略上趋向一致，各个企业的产品、质量、服务甚至供应销售渠道大同小异，在企业运作效率提升的同时，利润可能会下降。二是标杆控制容易使企业陷入"落后—标杆—又落后—再标杆"的"标杆管理陷阱"之中。如果标杆控制活动不能使企业跨越与领先企业之间的"技术鸿沟"，单纯为赶超先进而继续推行标杆控制，反而会使企业陷入"标杆管理陷阱"。

9.4.3 平衡计分卡

在过去的近百年，以财务衡量为主的、面向企业内部的、注重战术性反馈的传统业绩衡量系统发挥了积极的作用，然而面对今天的企业经营环境逐渐显得不合时宜。1992 年，罗伯特·卡普兰（Robert Kaplan）教授和戴维·诺顿（Dave Norton）针对传统的财务评价的缺陷，创制了"平衡计分卡"（balance score card，BSC），这是一种对组织全面绩效进行评价的方法。之所以取名为"平衡计分卡"，是因为它要平衡兼顾战略与战术、长期目标和短期目标、财务和非财务衡量方法、滞后和先行指标，以及外部和内部的业绩等诸多方面。平衡计分卡如图 9–10 所示。

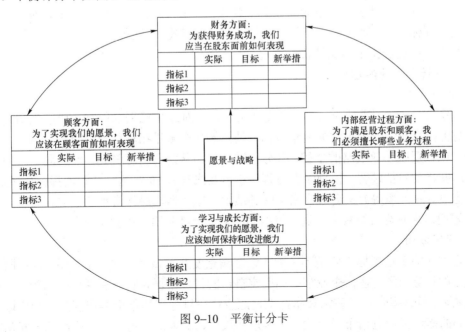

图 9–10 平衡计分卡

1. 平衡计分卡的原理

从图 9-10 可以看出,平衡计分卡的出发点是组织的愿景与战略,学习与成长指标、内部经营过程指标、顾客指标、财务指标实际上是对愿景和战略的分解。为什么要构造这四类考核指标呢?这四类指标之间又有什么内在联系呢?其实,这四大类指标是基于一定的逻辑关系的。四类指标的逻辑关系如图 9-11 所示。

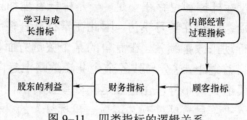

图 9-11 四类指标的逻辑关系

财务方面关注的是股东的利润。利润在一定意义上构成了组织的血液,没有它,组织将很难存在。

但是,要取得财务方面的指标就必须能够为顾客创造价值。假如顾客不买你的产品,不欣赏你的服务,又怎么谈得上财务方面的业绩呢?所以要重视顾客满意方面的考核指标。

如果企业为了取悦顾客而不惜代价,那么最终结果可能会使自己垮掉,所以必须确保要以一种有效果、有效率的方式来满足顾客的要求。这就意味着企业内部要有一个高效的过程,所以对于内部经营过程要加强考核。

实现股东和顾客的价值,不是一蹴而就的事情,要做长久的事业,还需要考核企业在学习与成长方面的能力。只有具备了成长与学习的能力,才能持久地、长期地为股东和顾客提供价值。

正是基于这样一种逻辑,平衡计分卡从财务、顾客、内部过程成长和学习四个方面构造了企业的考评体系。这种方式可以全面地衡量企业的绩效,全面地引导管理者和员工的行为,以保证组织能够朝着预定的长期目标前进。

2. 平衡计分卡的内容

1)财务方面

在平衡计分卡中,通过一系列财务衡量指标可以对过去已采取的行动所产生的结果做出评价。财务指标作为一个单独的衡量方面,是其他几个衡量指标的出发点和落脚点。一套平衡计分卡应该反映企业战略的全貌,其分析过程都是从财务目标开始,然后同一系列活动相联系(这些行动包括顾客、内部经营过程、学习及成长),而对这些活动的指标化(如质量、客户满意度、生产率等)又会成为未来财务绩效的驱动器,最终实现长期经营目标。诸如销售额的增加、营业费用的减少、资产报酬率的增加等都是财务衡量的指标。

2)顾客方面

顾客方面的衡量指标主要是为了测评顾客满意度及忠诚度,并找出差距,以不断巩固和扩大自己的目标市场。任何企业都必须确定自己的目标市场,它既包括现有的顾客,也包括潜在的顾客,管理者设计一些衡量指标来追踪企业在目标市场创造客户满意度和忠诚度的能力。核心的衡量指标包括市场份额、老客户回头率、新客户获得率、客户满意度和从客户处所获得的利润率。

3）内部经营过程方面

内部经营过程方面的衡量目标主要是要找出核心的工作流程，作为持续改进的主要目标，从而达到股东与目标市场顾客的期望。平衡计分卡从提高企业的内部绩效要求出发，在监督与注意营运流程的成本、质量、时间与绩效特性的同时，还必须考虑到创新流程的需要，投入一定资本到研究、设计与开发流程的管理上，以期建立新的产品与目标市场。

4）学习与成长方面

学习与成长方面主要是衡量企业创造长期成长的能力。顾客和内部经营过程虽然定义了对企业当前和未来成功的关键因素，但这些业务可能并不能满足目标客户的长期需求和使用现有技术与能力的内部流程需求。现代竞争要求企业必须具备来自员工、系统及组织配合度等方面的学习与成长能力。学习与成长能力方面的衡量指标包括：培训支出、培训周期、员工满意度、员工换留率、信息覆盖比率、每个员工提出建议的数量、被采纳建议的比例、采纳建议后的成效、工作团队成员彼此的满意度等。

9.5 危机管理

在企业管理的实践中，控制职能发挥作用的一个重要应用场景便是危机管理。企业面临的危机，可以根据成因和结果的不同进行更具体的分类，如公共危机、环境危机、信任危机、金融危机、公关危机等。在一些西方的管理学教材中，也将危机管理称为危机沟通管理，意在强调加强信息披露与公众沟通，争取公众的谅解与支持。但从控制职能来看，危机沟通管理是对已出现危机的应对，属于亡羊补牢、减少损失，并不能从根本上解决危机出现的问题。本节将结合控制理论对危机管理进行简要介绍。

9.5.1 危机管理的概念

从管理活动开展的角度，现代管理学对危机管理的阐述是：企业为应对各种危机情境所进行的规划决策、动态调整、化解处理等活动的过程，其目的在于消除或降低危机所带来的威胁和损失。从危机的产生和应对的角度，危机管理可以被解释为企业通过危机监测、危机预警、危机决策和危机处理，达到避免、减少危机产生的危害，总结危机发生、发展的规律，对危机处理科学化、系统化的一种新型管理体系。按照此理论，同样可将危机管理分为危机出现前的预防、现场的控制和危机爆发后的善后。

随着时代的发展，如今，危机管理已经被列为一门学科，受到企业的高度重视。

9.5.2 危机管理的特征

1. 突发性与不确定性

很多危机的出现往往是突发的、不期而至，往往让企业措手不及，若企业毫无准备，则可能蒙受较大的损失。但"无风不起浪"，有些危机的出现虽然突然，但也可能有些先兆迹象可寻，若管理者明察秋毫、在事前做好准备，即便准备不完善，也可减少企业的损失。但此类事前控制难度极大，危机不仅来得突然，而且何时到来，难以做到精准预测。

2. 破坏性与急迫性

危机的出现伴随着各种形式的损失，对企业来说，无疑是破坏性的。而且这种破坏除了直接损失，还可能造成连带损失，例如快递公司丢失包裹，除了要对丢失包裹进行赔偿，还会承担失去消费者信任的风险，从而影响未来的营业收入。因此，对于企业来说，危机一旦出现，现场控制至关重要，及时止损，防止事态进一步恶化。

3. 扩散性与舆论

企业一旦出现危机，一定会对其所有利益相关者产生影响。在信息时代，信息的扩散速度极快，相较于以往，对企业造成的影响更为明显。因此，企业在危机出现后不仅要挽回直接经济损失，还要迅速展开公关工作，减少不利影响，澄清事实，引导舆论走势，防止流言传播产生的消极影响。

9.5.3 危机管理的原则

企业在危机管理过程中，要遵循的几大原则。

1. 预防原则

防患于未然，建立完善的应急预案，完善危机管理制度。危机的出现尽管难以预测，但是对于影响较大的大概率事件，一定要有完善的预案。做好事前控制，才能让企业临危不乱。

2. 主动原则

在危机出现时，企业不应抱着得过且过的心态拖延，而是要秉承公开公正的态度积极应对，在危机当中树立良好的企业形象，变被动为主动，避免避重就轻引发新的矛盾和危机。对待危机诚信第一，对于既定事实不欲盖弥彰，争取在危机中寻找转机。

3. 信息披露与沟通原则

一方面，企业应积极影响、引导舆论，对危机事件进行阐述，还要善于利用媒体和舆论领袖，做必要的澄清，防止少数偏激舆论的传播造成不必要的误会。另一方面，信息通达原则还体现在企业内部一定要将危机的所有信息上报到高层管理者甚至董事会，当危机出现，公司高层适时出面，直接反映出公司对事件基于高度重视，其效果优于让中层甚至基层管理者出面，达到事半功倍的效益。

知识测试

1. 在工作进行过程中的现场督导员，发现员工未佩戴安全帽，对其行为给予纠正，这属于（   ）。

  A. 质量控制 B. 前馈控制 C. 现场控制 D. 反馈控制

2. 某公司质监部门发现某一时期的产品次品率较高，经过分析后对生产线进行了维护和改进，这属于（   ）。

  A. 财务控制 B. 前馈控制 C. 现场控制 D. 反馈控制

3. 某公司风险控制部门发现公司现金流出现异常，及时向高层汇报，避免了资金链断裂，这属于（   ）。

  A. 供应链控制 B. 前馈控制 C. 现场控制 D. 反馈控制

4. 关于控制，以下哪句陈述正确？（   ）

　　A. 有效控制系统有利于员工的授权

　　B. 特定的组织结构对于控制活动至关重要

　　C. 人力资源管理属于控制职能

　　D. 组织战略是在控制阶段制定的

5. 在控制职能中，对"偏差范围"的描述正确的是（　　　）。

　　A. 偏差范围越小越好

　　B. 偏差范围没关系，可以大一些

　　C. 偏差范围应该视客观实际而定，找到可接受的偏差范围

　　D. 应该确定严格精准的标准，不应存在偏差范围

6. 对于基层员工，应该采取哪种类型的控制方法？（　　　）

　　A. 标准化控制，统一标准，一视同仁，奖惩合理有据

　　B. 多重标准，视个人能力与特点而定

　　C. 不做控制，鼓励员工自由发挥

　　D. 标准化控制，但不做奖惩

7. 对于大规模的企业，应该采取哪种类型的控制方法？（　　　）

　　A. 灵活、非正式的控制标准，授权中层完成基层控制，逐级授权

　　B. 灵活、非正式的控制标准，由高层亲自考核全公司人员

　　C. 正式的控制标准，授权中层完成基层控制，逐级授权

　　D. 正式的控制标准，由高层亲自考核全公司人员

8. 制定控制标准时，要注意将标准设定为可测量的定量指标，体现了控制标准的
（　　　）。

　　A. 可操作性　　　　　B. 可检验性　　　　　C. 应用性　　　　　D. 可行性

9. 以下不属于危机特征的是（　　　）。

　　A. 确定性　　　　　B. 突发性　　　　　C. 急迫性　　　　　D. 扩散性

10. 以下不属于平衡计分卡内容的是（　　　）。

　　A. 财务方面　　　　　B. 顾客方面　　　　　C. 内部经营方面　　　D. 外部经营方面

 技能训练

　　吴同学是一名大学生，与几个同学在学校创办了滑雪社团，并担任社长。由于适逢冬奥会，社团规模得以不断扩大。但是，由于社团在运作和管理方面缺少经验，所以在活动的开展过程中经常出现一些意想不到的问题，极大地影响了社团成员的士气，社团遇到瓶颈。

　　为此，吴同学和几个负责人商量在今年一定要多搞且搞好活动以振士气。适逢文体与创业热潮，社团争取到了"文化+体育创业大赛"的承办权。这是一次宣传社团的绝佳机会，吴同学与社团成员对活动志在必得。

　　经过了一周多的讨论，社团制订了详细的活动计划并得到校方认可。于是，吴同学按照活动计划，组织了社团各部门负责人会议，实践部负责活动现场组织和与各参赛队的沟通联络；外联部负责邀请大赛评委；宣传部负责海报设计宣传；办公室负责经费预算与管理。吴同学要求各位部门负责人调动部门的积极性，全力完成各自的任务，并许诺：圆满完成这次活动后，他请在座的各位一起庆功。各部门负责人也士气高昂。

就在吴同学认为一切都已经安排就绪时，问题却开始不断出现：实践部负责人性子急，在许多具体事项还没有通过集体讨论，就擅自拍板通知给各参赛队；外联部邀请专家也遇到了困难，但一直没有及时反映，导致宣传海报不断推迟；而办公室，对各个部门开支根本没加以控制，预算形同虚设。

当吴同学发现这些问题时，已到活动开始时间。尽管他对具体比赛规则的制定不满，但是由于已发布，也只能自己向老师检讨，最终说服了老师按照现行规则把比赛办下去，并减少评委数量，否则宣传海报将无限延误。

活动在校方的支持下还是如期举办，但是不少参赛队对于比赛规则提出异议，评委数量、知名度和宣传效果也不尽如人意，支出严重超过预算；活动由于组织不力，善后工作非常麻烦。

在总结会上，吴同学认为这次活动组织不理想是由于相关部门擅自确定比赛规则、没有及时汇报情况所致。至于超支问题，主要是办公室主任没有履行监管职责。对此，各部门负责人提出了异议。实践部认为，事先明确由实践部负责比赛的具体组织，并没有说比赛规则需要事先审批，一心想办好活动，却成了"罪魁祸首"；外联部也认为社长没有事先明确什么事情在什么时候汇报，自己一直在与专家联系，对方起初没有明确拒绝，最终对方不能来也不能责怪外联部。办公室也觉得很委屈，认为各个部门既不事先申报，又在开销时认为买的东西是比赛用品，办公室就应予以报销，加上原来的计划中也只是列出了大致费用类型，只说要保证会议的资金使用，自己也只能给予报销。

吴同学想不通：为什么这次活动事先制订了计划，明确了部门间的分工，而且大家也确实比较投入，但最终还是出了这么多问题呢？问题到底出在哪里？

要求：

1. 全班分为若干小组，每个小组3～5人，1人为小组长，其余为组员。
2. 结合本章中的控制理论，请各小组分析活动走向混乱的原因。
3. 结合控制与计划理论，请各小组重新制订一套活动方案。
4. 每个小组依次介绍自己组的方案，其他小组负责评价打分，最后由指导老师进行点评和总结。

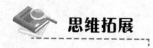 **思维拓展**

麦当劳的控制体系

1955年，麦当劳在美国开设了第一家麦当劳餐厅，虽然菜单上的品种不多，但食品质量好，价格亲民，供应迅速，用餐环境良好。麦当劳的连锁店得以迅速发展。到1983年，美国国内分店已超过6 000家。1967年，麦当劳在加拿大开办了首家国外分店，国外业务发展迅速。到1985年，国外销售额约占总销售的1/5。在全世界40多个国家里，每天都有1 800多万人光顾。

麦当劳允诺：每个餐厅的菜单相同，且"质量超群，服务优良，清洁卫生，货真价实"。它在产品、加工和烹制乃至厨房布置方面，都是标准化严格控制的。为加强管控，它撤销了在法国的第一批特许经营权，因为尽管盈利可观，但快速服务和清洁方面未达到标准。

麦当劳的各分店都由当地人所有和经营管理，即本土管理。在快餐饮食业中，维持产品质量和服务水平是成功的关键，因此，麦当劳在采取特许经营开辟分店、实现地域扩张的同时，更加注意对各连锁店的管理控制。如果管理不当，使顾客吃到不对味的汉堡或感到不友善的服务，其后果就不仅是这家分店失去这批顾客，还会波及影响到其他分店甚至损害整个公司的声誉。为此，麦当劳公司设计一套全面的控制办法。

麦当劳公司在出售特许经营权时非常慎重，通过全面调查后，挑选出具有卓越经营管理才能的人作为店主，而且事后若发现其能力不符合要求则撤回授权。麦当劳公司还通过详细条例规定，在世界各地的所有麦当劳分店的经营者和员工们必须遵循标准化、规范化的作业程序。麦当劳公司对制作食品、现场服务和清洁整理等工作都进行过翔实的动作研究，确定各项工作开展的最优方式，然后再编制成书面的规定，用以指导各分店管理人员和员工的行为。公司在芝加哥建立了专门的培训中心——汉堡包大学，要求特许经营者在开业之前都接受为期一个月的强化培训。结束之后，他们还被要求对所有工作人员进行培训，确保公司的规章条例和标准得到贯彻执行。

为了确保特许经营分店都能切实地按统一要求开展经营活动，麦当劳公司总部的管理层经常走访、巡视各地的经营店，进行直接监督控制。例如，一次巡视中发现某家分店自作主张，在店厅里摆放电视机等物品吸引顾客，与麦当劳的一贯服务风格不一致，立即得到了纠正。麦当劳公司还定期对分店经营业绩进行考评。要求各分店及时提供营业收入和经营成本、利润等服务信息，这样总部管理人员就能把握各分店经营的现状和问题，以便商讨和采取改进的对策。

此外，麦当劳公司在所有经营分店中贯彻公司独特的组织文化，即"质量超群，服务优良，清洁卫生，货真价实"的文化价值观。麦当劳公司的文化价值观建设，不仅覆盖世界各地的分店及各级员工，而且还将公司的主要利益团体——顾客也包括在内。麦当劳的顾客虽然需要自我服务，但公司特别重视满足顾客的全面要求，如为儿童开设游戏场所、提供快乐餐厅和组织生日聚会等，以形成家庭式的用餐氛围，这样既吸引了儿童，也强化了成年消费者对公司的忠诚感。

思考题：

1. 麦当劳公司的管理控制系统由哪些基本要素构成？
2. 该控制系统是如何促进了麦当劳公司全球扩张战略的实现？

推荐阅读

[1] Treadway 委员会发起组织委员会（COSO）. 内部控制：整合框架（2013）. 财政部会计司，译. 北京：中国财政经济出版社，2014.

[2] 伊藤嘉博，矢岛茂，黑泽耀贵. 平衡计分卡实战手册. 渠海霞，译. 北京：机械工业出版社，2009.

[3] 薛澜，张强，钟开斌. 危机管理：转型期中国面临的挑战. 北京：清华大学出版社，2003.

[4] 刘刚. 危机管理. 北京：中国人民大学出版社，2013.

第10章

创　新

▰▰▰▰▶ **学习目标**

学完本章后，你应该能够：
◎ 了解创新内涵及其特征；
◎ 掌握创新要素及创新分类；
◎ 了解创新的过程和创新策略。

▰▰▰▰▶ **基本概念**

创新　技术创新　制度创新　文化创新　管理创新　模式创新　渐进性创新　结构创新

▰▰▰▰▶ **开章案例**

ATM 机的倒下

你大概都不记得自己上一次站在 ATM 机前是什么时候了。

曾经的 ATM 机，一经出现，震惊全球。1967 年 6 月 27 日，英国人约翰·巴伦借鉴巧克力自动贩卖机的原理制作出世界上第一台 ATM 机，随后它被安装在巴克莱银行的外墙上。很快，ATM 机遍布英国的所有银行、商场、社区和写字楼，甚至连伊丽莎白女王的白金汉宫和南极科研站也有 ATM 机的身影。它的出现完全解决了排队的烦恼，轻松满足人们存取现金、转账缴费、查询维护等需求。更重要的是，24 小时不打烊地持续在岗服务，使得全球迈入了"金融不夜城"。

大洋彼岸的新兴事物迅速传到了中国。1987 年，第一台 ATM 在珠海投入使用，此后，我国银行业自助服务渠道迅速发展，自助设备整体规模不断扩大，密度持续增长。2014 年成为世界第一大 ATM 市场；2015 年我国银行金融机构自助设备交易笔数达 459.31 亿笔，同比增长 15.92%，交易总额 56.55 万亿元，同比增长 11.91%，国内 ATM 机三大供应商一时间赚得盆满钵满。

264

然而，2013—2015 年，北欧国家如丹麦、挪威、瑞典率先跨入了以银行卡为主要支付方式的无现金时代，2016 年花旗银行也在其澳洲区 60% 的营业机构中停止了现金服务，人类进入了"无现金时代"。

顺应"无现金时代"的需求，另一种支付技术——移动支付技术在中国诞生了，它将互联网、终端设备、金融机构有效地联合起来，开创了人类新的支付方式，使电子货币开始普及。只需一部手机，中国消费者便可以在任何场景下完成消费支付：大到网约车服务，小到在街边小摊上扫码买煎饼果子，还能利用等待的时间抢抢红包，处理家中水电煤气费的缴纳。国内 ATM 三大供应商之一的维珍创意，仅 2017 年一年营收暴跌 60%，净利润暴跌 91%，曾高调宣布的两年上市计划被迫终止。通过手机就可以实现购买、充值、还款、跨行汇款（还没有手续费）等服务的支付，意味着 ATM 机失去了存在的理由，也实在很难再找出理由让消费者回到 ATM 机前排队。

正如 1967 年 ATM 机诞生时饱受冷落一样，放眼全球，今天的 ATM 机也不再是资金交易的最优选择。即使它曾经是划时代的发明，但也逃不脱在其诞生后五十年，随着"无现金时代"的到来，被新的支付技术逼到墙角的命运。细看 ATM 机的发展历史，更能体会到创新带来的震撼。在这种自然选择机制下，谁能顺应环境的变化，谁能敏锐地捕捉到顾客的需求从而向客户提供创新性的产品和服务，谁就有了存在的理由。技术改变了 ATM 机的命运，技术也终将改变人类的生活。而唯一不变的，则是创新本身。

案例中，ATM 开创了自助服务渠道，因其具有低成本、高效率、便利等优势，成为国内外商业银行交易处理的主渠道和营销服务的渠道。然而，在经营环境变化的背景下，货币去现金化已成为不可逆转的大趋势，商业银行加快金融科技发展已成为必然的选择。正是因为 ATM 制造企业没有针对"无现金时代"的思考和创新，从而错失了最佳时机，被移动支付的大潮所淹没。

在现代管理中，为了保证计划目标的实现，除了需要组织、领导和控制等"维持职能"外，还必须不断调整系统活动的内容和目标，以适应环境变化的要求——这就是管理的"创新"职能。美国管理学家戴尔在《管理的理论和实践》一书中这样说："如果管理人员只限于继续做那些过去已经做过的事情，那么，即使外部条件和各种资源都得到充分利用，他的组织充其量也不过是一个墨守成规的组织。这样下去，很有可能造成衰退，而不仅是停滞不前的问题，在竞争的情况下，尤其是这样。"在动态环境中运行的企业系统，本质上是一个开放系统，如果只有维持是远远不够的，企业管理者必须能够对内外环境变化带来的机会和威胁有清醒的认识，并且能够动态地调整企业经营活动的内容和目标，以适应内外环境的变化，保持持续的竞争能力。

10.1　创新概述

创新是管理的基本职能之一，有效的管理是适度维持与适度创新的组合。组织生存内外环境不确定性的增加，迫使组织必须及时根据环境变化的要求，适时进行局部或全局的调整，这种为适应内外环境变化而进行的局部和全局的调整，便是管理的创新职能。组织系统的管理工作既涉及"维持"又包含了"创新"，维持和创新体现了管理的本质内容，它们是相互联系、不可或缺的。创新是维持基础上的发展，而维持则是创新的逻辑延续；维持是为了实现创新的成果，而创新则是为更高层次的维持提供依托和框架。

10.1.1 创新概念的提出

系统的创新理论最早源于经济学界。1912 年，美籍奥地利经济学家熊彼特在其《经济发展概论》中首度提出：创新是指把一种新的生产要素和生产条件的"新结合"引入生产体系。熊彼特的创新概念包含的范围很广，既涉及技术性变化的创新也包括非技术性变化的组织创新。自熊彼特提出创新概念之后，创新理论并没有得到学术界和企业界的重视，后来，由于经济危机导致的世界性的经济衰退，西方学者意识到创新特别是技术创新，对经济复苏的重要性，因此恢复了对技术创新理论的研究。1980 年熊彼特去世后，创新理论在西方沿着两个方向发展，即技术创新理论和组织创新理论。

1. 创新的内涵

熊彼特所描绘的创新，大致可归纳为三大类：一是技术创新，包括新产品的开发，老产品的改造，新生产方式的采用，新供给来源的获得，以及新原材料的利用；二是市场创新，包括扩大原有市场的份额及开拓新的市场；三是组织创新，包括变革原有组织制度及建立新的组织形式。在这些创新形式中，包含了技术创新与管理创新的内容。熊彼特的创新理论影响了后来的经济、管理及工程等领域的创新研究与实践。

之后许多研究者从不同角度对创新的内涵进行了定义，但基本上都是对上述三个方面的拓展和延伸。总体认为，创新包括观念创新、产品（服务）创新、技术创新、组织与制度创新、管理创新、文化创新。值得注意的是，创新并不一定是全新的东西，作为管理的重要职能，创新是生产要素的重新组合，一切创新应最终落实在价值创造上，能够真正创造新的商业价值。因此，无论学者从什么角度对创新进行定义，无论赋予创新多么丰富的内容，创新最重要的特征是：创新给经济主体发展的过程、要素、结构、形式等方面带来了新的变化（独特性），并且带来了新的绩效（目的性）。所以，从抽象意义上说，创新就是一种改善经济主体某方面绩效的创造性活动。

2. 创新与变革

创新与变革两个概念有很多相同之处，在现实中常常被等同起来。首先，二者都是组织为了适应内外部环境变化的需求而产生的一种组织活动；其次，二者的目标都是为了改善组织绩效。正是因为这些相同之处，很多时候它们都被认为是同一个意思，但仔细区分，创新与变革之间还是有特定差异的，具体体现在以下两点。

（1）创新与变革都强调变化，但变化的形式或内容有所差别。创新强调的变化主要是创造性的变化，突出全新的和独特性的改变；而变革所强调的变化，仅仅是为了适应内外部环境变化需求所做的一种改变，并不一定是全新的和独特性的改变。

（2）创新与变革的目标都是为了改善组织绩效，但二者对结果的强调是不一样的。创新一般都强调带来组织绩效的实际改善；变革则并不强调结果与目标的一致性，变革的结果可能会没有改善组织绩效甚至恶化了绩效，也可能是改善了组织绩效。因此，变革的内涵比创新的含义更为宽广。

10.1.2　创新的价值

1. 创新是经济增长和社会发展的根本源泉

纵观人类文明的进步，从古代的钻木取火到今天的计算机及其网络技术，创新一直扮演着重要的角色。18 世纪中叶，以纺织、机械和蒸汽机为主的工业革命使人类进入机器生产时代；19 世纪以电磁感应理论为基础的电气技术革命使人类进入电气时代；20 世纪爱因斯坦的"相对论"，形成以核技术、半导体技术、计算机技术等为代表的第三次科学技术革命，带领人类进入了原子、信息时代。创新在国家经济中的主导作用越来越明显，已成为国家、行业、企业获取竞争优势的关键因素。

2. 创新是企业获得竞争优势的关键

企业要在竞争中占据有利地位，必须把创新放在突出地位。只有创新，企业才能不断向市场推出新产品，不断提高产品中的知识含量和技术含量。成功的企业，其竞争优势的来源很大程度上是创新的结果，企业的竞争优势越来越建立在利用知识、技术和经验开发新产品、新工艺和提供新的服务方面。

创新的出现既给某一个企业的销售额、利润、影响力带来积极变化，也为全行业乃至整个产业链上下游带来成体系、可持续、正向的价值和意义。致力于以创新为导向的组织，应该最终把创新能力带来的成功体现在业务增长和长期盈利的增长。

 管理实践

赤脚鞋店

一家叫"罗毕"的鞋店在英国伦敦的一条大街上开张了，虽然店里鞋子款式丰富、质地优良，但因为这条街上同类的鞋店太多，竞争异常激烈，店里的生意一直都没有起色。

一天，两位时尚女性进到店里，她们试穿了很多双鞋后，最终买了一双，但付款的时候买鞋的顾客跟同伴抱怨："一次一次地脱鞋真是又烦又累。"店主听到后就心想，要是能让顾客赤脚进店就省了脱鞋、换鞋的一些麻烦，顾客购物起来也就能轻松许多。

但怎样才能让顾客自愿赤脚进店呢？店主后来从一些重要场合铺红地毯的做法中得到启发，于是决定在店里铺上名贵地毯。地毯铺好之后，他不仅改了店名为"赤脚鞋店"，还在门口放置了鞋架，并贴出告示：店内铺有名贵地毯，顾客须脱鞋进店购物，并由本店代为擦鞋。

告示贴出之后，顾客争相进店。既方便又舒适的购物体验，以及免费的擦鞋服务，广受顾客欢迎，鞋店的销量也因此大增。这个故事告诉我们，成功往往取决于在细微之处的另辟蹊径。

10.1.3　创新的特征

美国创新研究专家詹姆士·奎因等人总结了创新的八大特征。

（1）创新的概率性。创新具有随机的偶然性特征。

（2）复杂性。创新活动需要个人、团队，组织之间的智力协同，内外环境之间的互动作

用；创新过程是一个复杂的系统过程，必须运用系统方法才能提高创新效应。

（3）耗时性。创新具有不可预见性，因此，其时间周期难以确定。

（4）非线性。创新过程极少是线性的。创新会出现急进、倒退和不可预见的延迟等现象，并夹杂着随机相互作用，从而导致创新发展的不平衡。比如，对创新变革持敌意和反对声浪会影响创新过程。

（5）需求导向性。经典研究表明，大约 70% 的重大创新是由已被认识到的市场需求驱动的，而不是由一个新的概念、技巧或技术出现以后反过来再寻找需求的。

（6）风险性。创新会遇到多方面的阻力，任何重要创新都将对现有的权力结构构成冲击，都会遭到内外部的阻挠。

（7）直觉与意会知识。新思想的出现没有一定的逻辑通道，隐性知识对创新具有重要影响。

（8）执着性。创新需要坚持不懈的努力。

一般来说，创新源于企业内外部的一系列不同的机会。这些机会可能是企业刻意寻求的，也可能是企业无意中发现后立即有意识地加以利用的。德鲁克曾把诱发企业进行创新的不同因素归纳成 7 种，即意外的成功或失败、企业内外的不协调、过程改进的需要、产业和市场的改变、人口结构的变化、人们观念的改变、新知识的生产等。了解和把握创新的诱因或来源，对于理解企业为什么要创新和如何实施创新，并能够适时而有效地进行创新都是非常有帮助的。

10.2　创新分类

10.2.1　按照创新的对象划分

创新主要包括管理创新、制度创新、技术创新、文化创新。

1. 管理创新

管理创新是指企业把新的管理方法、新的管理手段、新的管理模式等管理要素或要素组合引入企业的管理系统，创造出不同于过去的新事物、新方法、新手段，以更有效地适应环境、实现组织目标的活动过程。管理创新包含以下内容。

（1）管理者是管理创新的主体，管理创新贯穿于管理者的管理活动过程中。

（2）管理创新包括创立新的管理方法、新的管理手段、新的管理模式，其实质是创立一种新的、更有效的资源整合和协调模式。只要新的资源整合和协调模式能够使管理活动更有效，就属于管理创新的内容。

（3）管理创新的目的在于适应环境变化，实现组织目标，达到提高组织整体效率和效益的目的。企业要在动态多变的环境中成长，就要适应环境，管理创新是企业主动适应环境变化的途径。

2. 制度创新

制度是组织为约束主体效用最大化行为而制定的规则和程序，是组织运行的原则规定。企业制度创新就是通过企业制度变革，调整和优化企业所有者、经营者和劳动者之间的关系，使各个方面的权利和利益得到充分体现。制度创新主要包括产权制度创新、经营制度创新和管理制度创新三方面的内容。

3. 技术创新

技术创新是一个从新产品或新工艺设想的产生，经过研究、开发、工程化、商业化生产，到市场应用的完整过程的一系列活动的总和。技术创新是企业创新的重要内容，因为企业创新的内容大部分都与技术创新有关。但技术创新要与技术发明相区别，技术发明只是创新中的一部分。发明是在新知识、新理论基础上创造的全新技术，而技术创新既可指全新技术的开发，也可指原有技术的改变，甚至是几种原有技术的简单组合。具体包括材料创新、产品创新、工艺创新、设备创新等。

4. 文化创新

企业文化是企业成员共有的价值和信念体系，代表组织成员所持有的共同观念。企业文化在很大程度上决定了企业成员的行为方式，在企业发展中起到导向、维系和约束的作用，具有很强的维持现有组织模式的作用。

企业文化创新是指为了使企业的发展与环境相匹配，根据本身的性质和特点形成体现企业共同价值观的企业文化，并不断创新和发展的活动过程。企业文化创新的实质在于，打破与企业经营管理实际脱节的文化理念和观点的束缚，实现向新型经营管理方式的转变。

无论是技术创新还是制度创新，都要经过组织的管理职能来实施，通过管理的各个层级来执行，因为任何创新活动都需要通过组织的管理活动来实现。管理创新是组织形成创造性思想并将其转换为有用的产品、服务或作业方法的过程。组织通过引进有效的管理方法或自愿组织形式，从而在要素不变的情况下，提高产出水平，或者在用较少要素投入条件下，获得同样高产出水平。因此，管理创新是一种更有效的资源整合模式，它既可以是通过对组织全部资源的重新整合以达到组织目标和责任的全过程管理，也可以是对具体资源的新的整合及具体目标制定等方面的细节管理。因此，管理创新是企业的生命线，它揭示了组织不断为创新和适应环境、优化市场要素的变革规律。只有借助管理的创新职能，才能将计划、组织、领导、控制等职能推进到一个新的组织管理的均衡状态，从而使组织在更高层次上实现目标、结构与功能的有机整合，以创造性地适应环境变化，赢得竞争优势。

10.2.2　按照技术变动的方式划分

技术变动方式包括两种，一种是结构性变动（architectural change），另一种是模式性变动（modular change）。结构性变动是指技术（产品或工艺）要素结构或联结方式的变动，模式性变动是指技术原理的变动。比如，有线电话到无线电话的变化就是通信技术的结构性变动，从模拟通信技术到数字通信技术的改进则是通信技术的模式性变动。

按照技术变动方式，创新划分为四种，如图 10-1 所示。

1. 局部创新

局部创新，又被称为渐进性创新，是在技术结构和技术模式都没有变动情况下的局部技术改进，比如，手机书写方式由按键式变为手动触摸式的创新就是一种局部性创新。

2. 模式创新

模式创新是指在技术原理变动基础上的技术创新。比如，通信技术中的模拟交换到数字交换的创新就是模式创新。

3. 结构创新

结构创新是指由于技术结构的变动而形成的创新。比如,无绳电话的创新,在一定程度上改变了通信方式,但原理并未发生变化。

4. 全面创新

全面创新是技术结构和模式都发生变化而形成的创新。比如,从有线通信技术到无线通信技术的变化就是全面创新。

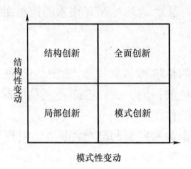

图 10-1　按照技术变动方式划分的创新类型

10.3　创新过程

在管理实践中,为了保证创新的实现,组织必须对创新实施有效的管理。除了在理念层面树立创新意识以外,组织应该用切实的行动进行创新活动。同时,创新具有风险性,看待创新需要一分为二,既要看到创新所提供的发展动力,也要谨慎防范创新背后的风险。另外,持续创新是任何一个组织保持活力的重要因素之一,若想持续创新,应将创新渗透在组织的制度、结构和路径上;渗透在人才的选拔、培养和激励中;渗透在产品、服务以及技术进步里。

10.3.1　影响和推动组织创新的因素

国内外学者们对影响和推动组织创新的因素进行了大量研究与分析,将影响和推动创新的因素分为组织内部因素和外部因素两大类。

1. 组织内部因素

企业组织内部,通过组织结构与资源、组织文化和人才资源三方面激发组织创新。

1）组织结构与资源因素

结构因素对组织创新的作用最显著。特别地,当组织结构具有灵活、多样性的特点时,易形成有机式组织,能够摆脱高集权化和规则的束缚,有利于发展组织的应变能力和跨职能工作能力。同样,富足的组织资源和多向的组织沟通是实现组织创新的重要基础。

2）组织文化因素

创新型组织以创新导向为核心,具有独特的组织文化,如鼓励试验、容忍失败、注重奖励等。它通常具有下列五种特征。① 多样化思路。鼓励头脑风暴式的创作过程，通常在收集思路阶段有较高的容错率，能容忍不切实际的想法和主张。② 积极承担风险。免除方案的试错代价，鼓励员工大胆尝试。③ 强调开放系统。对环境的变化保持敏感性，能够以环境动态为导向迅速做出反应。④ 容忍冲突。中等程度的群体冲突对调节群体气氛有正反馈作用，进而实现更高的经营绩效。⑤ 削减外部控制。一般创新型组织为了加大管理自由度，将规则、条款、政策等外部控制减少到最低限度。

3）人才资源因素

人才资源是组织创新的基本保证。创新型企业家具有自信、坚持、乐于冒风险等共同的个性特征，并处于拥有相当大决策自主权的职位。他们对组织的干部员工坚持开展培训和发展，这样既能保持他们的学习能力，也能加快知识与技能的更新。在不断交流、传播、互鉴中，员工之间形成的学习吸引力，使得一旦产生新思想，创造者者会主动将新思想提出，一同将其深化完善，以确保组织创新方案得到推行。

2. 组织外部因素

从组织的外部环境因素考虑，产品与服务市场的变化和组织所处的政治、经济及社会文化因素等都会影响组织创新的整个过程。

1）产品与服务市场的变化

产品与服务市场变化是组织创新的首要外部因素，包括需求变化与竞争变化等，最重要的是需求变化。市场需求是消费者需求的总和，决定着组织在市场中的供应量。组织应该敏锐地捕捉到顾客的需求从而提供创新性的产品和服务。其次，竞争变化使得市场瞬息万变。组织在激烈的竞争或者市场压迫下，主动或被动地革新，能够帮助自己更快地顺应市场，通过更低成本和更高质量取得竞争优势。此外，资本与劳务市场变化也能激发创新。

2）组织所处的政治、经济与社会文化因素

政治、经济与社会文化因素是推动管理创新的重要外部因素。历史唯物主义认为，上层建筑反映经济基础并反作用于经济基础。因此，组织所处的社会具有的政治、经济与社会文化因素，例如政府的政策、法令、法律、规划等，对组织创新行为具有明显的约束力。此外，随着企业经营规模不断扩大，技术层次不断提高，企业需要培养有效的信仰体系，使得所有员工对企业产生较强的凝聚力，挖掘他们的创造热情。但是，这种信仰体系如管理理念与文化价值观在很大程度上也受到政治、经济与社会文化因素变化的制约。

10.3.2　创新的基本条件

有效的创新工作需要管理者能够为员工的创新提供条件、创造环境，有效地组织系统内部的创新。创新主体普遍指企业家、管理者和企业员工，为了使创新有效地进行，创新主体必须具备以下六个基本条件。

1. 良好的心智模式

良好的心智模式是实现管理创新的关键。心智模式是指由于过去的经历、习惯、知识素养、价值观等形成的基本固定的思维认识方式和行为习惯。当创新主体具备远见卓识、较好的文化素质和价值观时，认为其具有完备的心智模式。

2. 较强的能力结构

创新主体应具有较强的能力结构。能力是管理创新主体实现管理创新的基本工具。为了进行有效的创新，核心能力、必要能力和增效能力是必不可少的。核心能力突出指创新主体是否具备创新意识和创新能力。当理念层面拥有创新意识后，需要通过操作方案化虚为实，形成产品或技术，进而形成竞争优势。必要能力能够培养员工将创新转化为实际操作方案的能力以及从事日常管理工作的各项能力，帮助创新落地。另外，注重提升增效能力，以"提质增效，控制协调"为主要目标，可以起到调整企业经营结构，完善经营管理的作用。

3. 较好的基础管理条件

现代企业中的基础管理一般包括标准化工作、定额工作、计量工作、数据处理、资料储存等信息工作。基础管理的科学性和先行性，为企业管理提供准确的资料信息与规则，有助于管理创新的顺利进行。

4. 良好的创新氛围

影响员工创新行为的氛围因素称为组织的创新氛围。企业应该尽量营造出轻松自由的工作开展环境、包容性的组织支持、多样化的团队合作、持续的学习成长与宽广的能力发挥平台，这样更容易激发出员工创新构想的行为。

5. 正确的得失态度

管理创新应理智地对待失败，树立正确的"失败观"。创新的过程是一个充满起落的过程。失败是正常的，甚至是创新路上必需的驱动力。组织应该让员工懂得只有直面失败，才可能用平常心允许失败、支持失败甚至鼓励失败。

6. 合理的奖酬制度

合理的奖酬制度是激发个人创新热情必要的条件。同时，为了持续激发创新热情，还必须建立合理的评价和惩罚制度。自我价值的实现是创新的原始动机，但是如果创新的成果得不到社会的认可，无法获得公正的评价和合理的回报，创新的动力就会被逐渐削弱。促进创新的奖酬制度至少要符合下列三方面条件。

1）物质奖励与精神奖励的结合

物质奖励是衡量个人工作成果和努力程度的统一标准，精神奖励是他人或者社会的直接赏识与认可。值得注意的是，物质奖励必不可少，但在某些情况下，精神奖励也许比物质报酬更能激发荣誉感与进取心，驱动企业员工创新。

2）奖励应是对特殊贡献，甚至是对希望做出特殊贡献的努力的报酬

就组织发展而言，也许重要的不是创新的结果，而是创新的过程。奖励的对象不限定在成功以后的创新者当中，还应当包括那些正在尝试的努力者和失败者。

3）奖励制度要有利于组织内部的竞争和合作

奖励制度既要能促进内部竞争，又要保证成员间的合作。内部竞争与合作之间对立统一，相互渗透，共同激发组织的创新欲望，有利于创新机会的发现和创新构想的产生。但是过度的竞争会导致组织内部各自为政，挤压自由创新的空间。没有竞争的合作也难以彰显个人的贡献，久而久之组织内就会缺乏生机与活力。因此，要保证竞争与协作相结合，相应地，在奖励项目的设置上，可考虑多设集体奖，少设个人奖。

10.3.3　创新的过程

创新过程是一个有机的系统工程，具有循序渐进性。创新的第一步往往是技术与产品的

研发，逐步渗透到生产、销售、组织制度与结构等管理实践活动中，进而进入战略与文化的创新层面。在这个渐进过程中，不仅会受到组织内部个体创新特征、群体创新特征和组织特征的影响，还要受到社会经济环境的制约。另外，创新行为又会直接影响包括市场绩效、竞争能力、盈利情况等在内的组织绩效。

通常，创新过程包含四个阶段。

1. 对现状的不满

创新是人们对旧秩序不满进而做出变革的过程。管理者在运营中观察到企业内部存在或出现了某种不协调的现象，因此产生了对现状的不满，想要打破原有的秩序。所以，不协调为创新提供了契机与动力。

2. 从其他来源寻找灵感

透过现象找到原因是在仔细观察旧秩序中不协调的情况后，预判其对于组织所带来的积极或消极后果，在此基础上给出解决这些情况并使系统实现更高层次平衡的创新想法。创新者寻找灵感的范围应该是广泛、自由的。既可以源自集大成者的理论，也可以借鉴先行者的成功经验，还可以来自那些未经证实却非常有吸引力的新观念。

具体来说，有些灵感源自管理思想家等集大成者的理论。呷哺呷哺 1998 年于北京开业，主打台式自助小火锅。其执行总裁杨淑玲正是通过约翰科特《变革的力量：领导与管理的差异》这一管理学名著，将管理不仅实践在制度上，更体现在顾客的用餐体验中。在呷哺呷哺，服务员观察并满足顾客服务需求，但又不过分打搅顾客，给予顾客更多隐私空间，这是当时许多内地火锅店所没有的。除此之外，自助一次性调料让消费者基于自身口味需求调配适合自己的调料，使顾客体验更加干净卫生，也是其创新点。

3. 实施创新方案

创新者针对不满的现状寻找到变革的灵感后，进入方案创想和实施环节。实施过程的重复渐进性使创新过程也是循序上升的趋势。创新成功的秘诀在于及时付诸实践。从获得灵感到方案落地的过程中，一定会出现提出的构想、方案还不完善的情况。如果为了追求完美，等到把方案做到完美时，组织就可能错失创新的良机。脱离实践活动的思想，在应用过程中失去实践经验的指导，将会难以长期存在。因此，创新方案只有在不断尝试中才能逐渐完善，组织只有迅速地行动才能有效地将创新灵感落地。

4. 争取内外部的认可

大部分人潜意识对于创新存在抵制心理。这是因为创新自身存在巨大风险、预期回报率不确定的问题。而且，许多创新往往在数年后才会有明显的成果，漫长的等待时间让人们对每一个创新的潜在收益表现出不信任。因此，对创新者来说关键是争得他人对创新构想的认可与支持。在创新的初级阶段，获得组织内部人员的认可是更为关键的。创新构想实施的开端需要坚实的拥护者。如果有高威望的高管参与，将会大有裨益。此外，创新还需要获得"外部认可"，以说明这项创新获得了相关人员的认可，进而促进内部创新。外部认可包括四种来源：① 商学院学者；② 咨询公司；③ 媒体机构；④ 行业协会。外部认可具有双重性：一方面，对外增加同行组织借鉴创新成果的可能性；另一方面，对内增加创新的持续性。

知识测试

1. 下列选项中，不属于管理的"维持职能"的是（　　）。

   A. 组织　　　　　　　B. 领导　　　　　　　C. 控制　　　　　　D. 创新

2. 下列选项中，不属于创新活动的是（　　）。

   A. 设备的更新改造　　　　　　　B. 产品的开发

   C. 质量的检验　　　　　　　　　D. 工艺的改进

3. 关于创造和创新两者区别的说法，正确的是（　　）。

   A. 创造与创新是指产生一种新思想

   B. 创造与创新都是指引入一种新产品或一种新的生产方法

   C. 创造是指采用新的产品，创新是指变革原有的生产技术

   D. 创造可以产生新的思想，创新是把新的思想引入新的领域

4. 能够有效地促进创新的组织通常具有的一个特征是（　　）。

   A. 外部控制较多　　　　　　　　B. 强调目的性和专一性

   C. 成员大多高度自信，敢于冒险　D. 组织正规化，集权化程度较高

5. 海底捞一线服务员具有一定额度的免单权，这是基于信任和授权的管理手段，在企业中属于（　　）。

   A. 技术创新　　　　　　　　　　B. 管理创新

   C. 商业模式创新　　　　　　　　D. 盈利模式创新

6. 以下属于组织结构方面的变革是（　　）。

   A. 增设新的部门　　　　　　　　B. 工艺流程自动化

   C. 报酬制度改革　　　　　　　　D. 改变组织的文化

7. "有心栽花花不开，无心插柳柳成荫"，说明（　　）是创新的源泉之一。

   A. 不懈的努力和奋斗　　　　　　B. 随机应变的才能

   C. 意外的成功或失败　　　　　　D. 对未来的预见能力

8. 有个著名的商战案例：日本两家鞋厂各派一名推销员到太平洋上的一个岛屿推销鞋子。这个岛屿地处热带，居民四季都打赤脚，找不到一个穿鞋的人。一家鞋厂的推销员很失望，给厂里拍了一封"没有市场"的电报，第二天打道回府；另一个推销员见岛上没人穿鞋，则心中大喜，也给厂部拍了份电报："市场潜力很大，速寄 100 双鞋来。"后来，当然是第二个推销员打开了岛上的市场，为公司创造了巨大的商机和效益。这个案例说明，（　　）为源泉的创新可以给企业带来发展和增长的机会。

   A. 观念的改变　　　　　　　　　B. 人口结构的变化

   C. 意外的成功或失败　　　　　　D. 行业和市场结构的变化

9. 某公司技术人员开发出一种新的技术，之后该公司管理人员将技术应用于生产，研制出新产品投入市场。在此过程中，可称为创新者的是（　　）。

   A. 管理人员　　　　　　　　　　B. 技术人员

   C. 管理人员和技术人员都是　　　D. 难以确定

10. 小何在改革开放初期创办了一家小型私营食品企业。由于产品口味好、价格面向一

般大众，很快就确立了消费者认可的品牌，销路非常好。在此情况下，企业员工也随之增加：由原来的 6 名家族成员增加到现有的 120 名，工厂规模也扩大了很多。在感受成功喜悦的同时，小何也意识到前所未有的困扰：他越来越感觉到工作力不从心，每天疲于奔命处理各种各样的琐事。但是，尽管如此，工厂的管理还是给人以混乱的感觉。为此，小何请教了许多人，具有代表性的建议有以下四种，其中最有效的是（　　　）。

  A. 小何应抽出时间去某著名商学院接受管理方面的培训

  B. 应聘请一位顾问，帮他出谋划策

  C. 对于企业的组织结构进行改组，在小何和一线工人之间增加一个管理层

  D. 应招聘一位能干的助理，帮助他处理各种琐事

 **技能训练**

瑞幸咖啡火箭式的上市

  瑞幸咖啡从成立到上市，仅用 18 个月的时间完成了蜕变。瑞幸咖啡创始人钱治亚是神州租车创始人陆正耀的得力手下，在瑞幸咖啡奔跑的路上，神州作为后盾给予了丰厚的人脉、资金与资源。可以说，瑞幸咖啡也是"含着金汤匙出生"的。2019 年初，瑞幸咖啡公布了该年的战略目标——成为中国最大的连锁咖啡品牌，将在杯量和门店数全面超越星巴克。那么，瑞幸真的能打败稳坐世界咖啡连锁市场第一把交椅的星巴克吗？或许，这是所有人对这位年轻"宠儿"的担忧。毕竟，久经沙场的星巴克拥有深厚的顾客情谊、成熟的创新能力和稳定的成长底线。

  瑞幸打造的轻奢、精致的白领风以及快捷的灵巧销售模式很好地迎合了当下年轻人理想生活的状态。星巴克自成立便以"客户体验"作为传统，为每位到店顾客营造独一无二的"星巴克式"味蕾享受。不可否认，随着中国消费者习惯的养成，需求水平大幅提高，对咖啡连锁企业来说，产品和便捷显得更为重要。因此，当以瑞幸咖啡、连咖啡为代表的互联网咖啡在中国迅速崛起时，星巴克通过自身的革新快速顺应市场需求。2019 年 5 月 27 日，星巴克中国宣布管理团队重组为"星巴克零售"（第三空间）和"星巴克数字创新"（第四空间）两个业务单元。同时，推出"专星送"外卖服务与线上 App 点餐服务以推进企业数字化。成熟快速的创新能力，让星巴克在中国竞争激烈、多变的市场中稳如磐石。此外，星巴克已经为自己构建了一条稳健的成长底线——星享卡。这条线上的业务不一定能给星巴克创造高额的利润，但是它保护着星巴克基础业务，为业务扩张提供基础的养分。仅 2015 年全年，星巴克全球销售了 50 亿美元的礼品卡，占到全年销售额的近 1/4。这批忠诚的客户来源可以为星巴克一年 1/4 的销量托底。

  反观瑞幸咖啡，则处在一直烧钱的状态。前期，虽然依靠"广告+补贴+快速开店"的营销手段，使得瑞幸咖啡的获客成本从 103.5 元下降至 16.9 元，但这并不意味着亏损减少。据有关数据显示，瑞幸咖啡在 2018 年营业收入约为 8.41 亿元，净亏损为 16.19 亿元；2019 年一季度营收 4.79 亿元，净亏损 5.52 亿元。如此计算，瑞幸目前的亏损近 22 亿元。截至 2019 年 3 月末，瑞幸咖啡持有的现金和现金等价物总额为 11.58 亿人民币，如果照 2019 年一季度的亏损速度，这个现金流只够支持半年。同时，作为仍是当

下国内咖啡连锁市场第一的星巴克，手握行业定价权。如若下调咖啡价格必定挤压瑞幸咖啡的利润空间，可能直接导致瑞幸咖啡陷入更深的亏损。并且，当瑞幸咖啡的盈利路径变得清晰，会有更多新竞争者入场，互联网思维、线下店规模、客户流量、管理团队操盘经验，这些都难以成为瑞幸咖啡强有力的护城河，更多的竞争者参与意味着更激烈的竞争和更低的利润。另外，餐饮业决定了线下门店的持续运营管理以及产品高频率的调试和迭代……这对瑞幸咖啡来说都是残酷的考验。

瑞幸咖啡董事长陆正耀曾说过"阶段性亏钱可以，长期看必须赚钱"，那么，瑞幸咖啡需要用什么新的运营模式实现突破，成为又一个中国企业造就的商业传奇？2019 年的战略目标能实现吗？

【模拟训练】

全班分为若干小组，每个小组 3～5 人，1 人为小组长，其余为组员，大家共同分析并讨论瑞幸咖啡进行怎样的创新，并提交创新方案。

每个小组由组长来介绍其创新方案，其他成员扮演消费者和瑞幸咖啡管理层的管理者。组长介绍完该组的方案后，负责回答消费者和管理者的有关提问。

每个小组在进行介绍时，其他小组负责评价打分，最后由指导老师进行点评和总结。

思维拓展

创新先锋 3M 公司

美国明尼苏达矿业制造公司，即 3M 公司，以其为员工提供创新的环境而著称，视革新为其成长的方式，视新产品为生命。公司的目标是：每年销售量的 30%从前 4 年研制的产品中取得，每年都要开发 200 多种新产品，它那传奇般的注重创新的精神已使 3M 公司连续多年成为美国最受人美慕的企业之一。在过去 15 年中，著名的《财富》杂志每年都出版一份美国企业排行榜，其中有 10 年 3M 公司均名列前 10 名。面对知识经济的挑战，3M 公司的创新实践为企业提供了不可多得的范例。

3M 公司的文化突出表现为鼓励创新的企业精神。3M 公司的核心价值观是：坚持不懈，从失败中学习；好奇心；耐心；事必躬亲的管理风格；个人主观能动性；团队合作精神。

1. 创新的机制

通过正确的人员安置、定位和发展提高员工的个人能力。公司发展既是员工的责任，也是各级主管的责任。提供公平的个人发展的机会，对表现优秀的员工给予公平合理的奖励。

个人表现按照客观标准进行衡量，并给予适当的承认与补偿。3M 公司鼓励每个人开发新产品，公司有名的"15%规则"允许每个技术人员至多可用 15%的时间来"干私活"，即搞个人感兴趣的工作方案，不管这些方案是否直接有利于公司。当产生一个有希望的构思时，3M 公司会组织一个由该构思的开发者以及来自生产、销售、营销和法律部门的志愿者组成的风险小组。该小组培育产品，并保护它免受公司苛刻的调查。小组成员始终和产品待在一起直到它成功或失败，然后回到各自原先的岗位上。每年，3M 公司都会把"进步奖"授予那些新产品开发后 3 年内在美国销售额达 200 多万美元或者在全世界销售达 400 万美元的风险小组。

3M 公司在组织结构上上采取不断分化出新分部的分散经营形式，而不沿用一般的矩阵型组织结构。组织新事业开拓组或项目工作组，人员来自各个专业且全是自愿。提供经营保证和按酬创新，只要谁有新主意，他就可以在公司的任何一个分部申请资金。新产品搞出来了，不仅要加薪，还包括晋升。例如，开始创新时的一位基础工程师，当他创造的产品进入市场，他就变成了一位产品工程师。当产品销售额达到 100 万美元，他的职务、薪金都会改变。当销售额达到 2 000 万美元时，他已成了"产品系列工程经理"。在达到 5 000 万美元时，就成立一个独立产品部门，他也成了部门的开发经理。

3M 公司鼓励员工勇于革新。只要是发明新产品，就不会受到上级任何干预；同时，允许有失败，鼓励员工坚持到底。公司宗旨中明确提出：绝不可扼杀任何有关新产品的设想。公司上下已形成了以自主、革新、个人主动性和创造性为核心的价值观。这是因为 3M 公司知道为了获得最大的成功，它必须尝试成千上万种新产品构思，把错误和失败当作是创造和革新的正常组成部分。事实上，它的哲学似乎成了"如果你不犯错，你可能没做任何事情"。但正如后来的事实所表明，许多"大错误"都成为 3M 公司最成功的一些产品。3M 公司的老职员很爱讲一个化学家的故事——她偶尔把一种新化学混合物溅到网球鞋上，几天之后，她注意到溅有化学混合物的鞋面部分不会变脏，该化学混合物后来成为思高洁牌织物保护剂。

2. 创新的管理

在 3M 公司，人们时刻都可以感受到 3M 就是要成为"世界上最具有创新力的公司"。

3M 公司对创新的基本解释既醒目又简单。创新就是：新思想+能够带来改进或利润的行动。在他们看来，创新不仅仅是一种新的思想，而且是一种得到实施并产生实际效果的思想。创新不是刻意得来的。3M 公司证明了一件事，那就是当公司越是刻意要创新时反而越是不如其他公司。易贴便条是在一连串意外中诞生的，并不是依循精密的计划而来。每次意外的发生都是因为某个人可以完全独立从事非公司指定的工作，但同时也履行了对公司的正式义务。发明者往往比管理者有更多的空间，可以表达自我。

3M 公司极有威望的研究带头人科因称，公司的管理哲学是一种"逆向战略计划法"。3M 公司并没有先将重点放在一个特定的工业部门、市场或产品应用上，然后再开发已经成熟的相关技术，而是先从一个核心技术的分支开始，然后再为这种技术寻找可以应用的市场，从而开创出一种新的产业。这是一种"先有解决问题的办法后有问题"的创新模式。研究人员通常都是先解决技术问题，然后再考虑这种技术可以用在什么地方。3M 公司的首席执行官德西蒙说："创新给我们指示方向，而不是我们给创新指示方向。"3M 公司试图通过一种类似温室的、允许分支技术自己发展的公司文化来支持研究活动。3M 公司有时在自然创新方面非常有耐心，明白一种新技术要想结出果实，可能会需要许多年的时间，因为过去公司研制最成功的技术也曾经走进过死胡同。

思考题：

1. 从管理的角度，你认为 3M 公司取得巨大成功的主要原因是什么？

2. 3M 公司的易贴便条、思高洁牌织物保护剂等产品的发明说明了什么问题？

3. 结合本案例，谈谈如何发挥企业内部员工的创新精神，从而激发创新动力，提高企业竞争力。

推荐阅读

［1］圣吉. 第五项修炼：学习型组织的艺术与实践. 张成林，译. 北京：中信出版社，2018.

［2］吴晓波，穆尔曼，黄灿，等. 华为管理变革. 北京：中信出版社，2017.

［3］韩博天. 红天鹅：中国独特的治理和制度创新. 石磊，译. 北京：中信出版社，2018.

参考文献

[1] 达夫特，马西克. 管理技能构建：行动为先的方法. 张秀萍，等译. 北京：清华大学出版社，2015.

[2] 蒋冬青，苏娴. 管理学：原理与技能. 上海：上海财经大学出版社，2018.

[3] 芮明杰. 管理学：现代的观点. 3 版. 上海：格致出版社，2013.

[4] 张玉利. 管理学. 3 版. 天津：南开大学出版社，2013.

[5] 吉耶尔. 真实情境中的管理学. 耿云，巢超，孙贞英，等译. 北京：中国人民大学出版社，2010.

[6] 罗宾斯，库尔特. 管理学. 刘刚，程熙镕，梁晗，等译. 13 版. 北京：中国人民大学出版社，2017.

[7] 田泽永，石红. 管理学：原理与技能. 上海：立信会计出版社，2012.

[8] 邢以群. 管理学. 5 版. 杭州：浙江大学出版社，2018.

[9] 刘易斯. 思维的发现：关于决策与判断的科学. 钟莉婷，译. 北京：中信出版社，2018.

[10] 卡尼曼，特沃斯基. 选择、价值与决策. 郑磊，译. 北京：机械工业出版社，2018.

[11] 王玉民，颜基义，潘建均，等. 决策学的研究对象与逻辑前提. 中国软科学，2018（6）：128-138.

[12] 何中旺. 大数据对企业管理决策影响分析. 纳税，2018，12（25）：166-167.

[13] 奥斯特罗夫. 水平组织. 陶宇辰，译. 海口：海南出版社，2006.

[14] 加尔布雷斯. 如何驾驭矩阵组织：像 IBM 与宝洁那样运作. 张浩林，译. 北京：清华大学出版社，2011.

[15] 樊景立，郑伯埙. 华人组织的家长式领导：一项文化观点的分析. 本土心理学研究，2000，13（1）：127-180.

[16] 李超平，时勘. 变革型领导的结构与测量. 心理学报，2005，37（6）：803-811.

[17] 李志，宋赟. 国内企业领导力研究及相关建议. 重庆工商大学学报（社会科学版），2006，23（6）：39-42.

[18] 罗文豪，李朋波. 追随者中心视角下的企业领导力发展探析. 中国人力资源开发，2016（4）：26-33.

[19] 罗文豪. 追随研究的历史溯源、现实驱力与未来展望. 中国人力资源开发，2015（15）：6-15，33.

[20] 郑伯埙，周丽芳，黄敏萍，等. 家长式领导的三元模式：中国大陆企业组织的证据. 本土心理学研究，2003（20）：209-252.

[21] 魏江，等. 管理沟通：成功管理的基石. 4 版. 北京：机械工业出版社，2019.

[22] 冯云霞，沈远平. 管理沟通：基于案例分析的视角. 2 版. 北京：中国人民大学出版社，2015.

［23］康青. 管理沟通. 5 版. 北京：中国人民大学出版社，2018.

［24］余世维. 有效沟通. 2 版. 北京：北京联合出版公司，2012.

［25］霍华德合伙管理咨询公司. 管理控制精要. 王煦逸，译. 8 版. 上海：上海财经大学出版社，2018.

［26］甄晓非. 基于质量竞争力的制造企业质量成本控制系统研究. 哈尔滨：黑龙江大学出版社，2016.

［27］缪匡华. 管理学：案例、技能与实践. 北京：清华大学出版社，2016.

［28］胡欣悦，孙飞，汤勇力. 跨国企业国际化研发合作网络结构演化：以华为为例. 技术经济，2016，35（7）：1-5.

［29］侯光明. 面向中国创新发展实践的组织管理系统学构建思考. 中国软科学，2018（7）：105-116.

［30］谢代国."互联网+"对现代企业经济管理创新模式影响分析. 科技经济市场，2018（12）：106-107.